통번역학 연구 입문

Getting started in interpreting research

존 벤자민스 통번역 총서 13
한 국 통 역 번 역 학 회

John Benjamins Series

13

통번역학 연구 입문

Getting started in interpreting research

다니엘 질·헬 V. 담·프리델 듀스라프·보딜 마틴젠·앤 숄다거 편저 | 최은아 옮김

HU:iNE

발간사

통역학을 포함하는 넓은 의미의 번역학은 1960년대 캣포드(J. C. Catford)와 니다(E. Nida) 이후 현대적인 본격 학문 분야로 부상하기 시작하였다. 캣포드의 '언어학적 접근'과 니다의 성서 번역을 위한 '소통 효과 중심'의 접근에 이어 '문화전환(cultural turn)'과 '맥락전환(contextual turn)'의 패러다임 시프트를 거치면서 번역학은 학제적 성격(interdisciplinarity)을 더욱더 공고히 하게 되었다.

번역학이 대표적인 학제적 학문분야인 것은 연구대상인 문제와 현상의 설명을 위해 가져오는 이론 틀과 연구방법의 다양성 때문이라 할 수 있다. 번역학은 번역과정과 번역 결과물을 모두 연구 대상으로 삼는다. 번역사의 '블랙박스' 안에서 번역 행위를 둘러싸고 연속적으로 이루어지는 무수한 의사결정 과정과 그 과정에 작용하는 다양한 변수들을 설명하는 한편 이들 작용의 가시적 구현체로서의 번역결과물을 모두 다룬다. 이렇다 보니 번역사의 머릿속에서 이루어지는 일들을 들여다보기 위해 사고발화법(TAP), 기능적 자기 공명 영상 기법(fMRI), 통계처리를 포함하는 코퍼스 분석, 담화분석 및 체계기능문법 등 다양한 인접학문분야의 연구성과와 분석도구를 차용하기도 한다. 이런 다양성 덕분에 번역학은 일견 상당한 성과를 이룬 것처럼 보이기도 한다.

그러나 번역학이 언제까지나 학제성에 만족하고 있을 수만은 없다. 번역학의 학제성은 그동안 어쩌면 번역학의 일방적 '짝사랑'이었을 수도 있다는 문제의식이 필요한 시점에 와있다. 프랑스 번역학자 질(D. Gile)의 이야기는 이런 면에서 시사하는 바가 크다.

> [번역학이] 타 학문 분야와 맺은 파트너십은 균형을 이루지 못한 경우가 대부분 이어서, [우월한] 지위, 파워, 재정능력 및 실제 리서치 능력은 일반적으로 파트너 관계에 있는 학문분야에 있다. 뿐만 아니라 학제성이 패러다임의 확산을 도와 결과적으로 독립적인 학문분야로서의 통번역 연구의 지위를 약화시키고 있다.
>
> (질 2004: 29)

질의 이야기는 학제성을 장점으로 부각시켜온 번역학의 입장에서 다시 한 번 곱씹어볼 만하다. 핌(A. Pym) 역시 번역학의 대표적 학술지의 하나인 『타겟(TARGET)』의 역할을 돌아보면서, 번역학이 인접 학문분야의 연구 성과를 도입해오고 있지만, 정작 번역학의 연구 성과가 인접 학문분야로 전파되는 경우는 상대적으로 드물다는 점을 지적하고 있다. 그만큼 쌍방향의 균형 잡힌 호혜적 지적(知的) 파트너십은 이루어지지 못했다는 이야기일 것이다.

이런 시점에서 번역학을 연구하는 우리가 해야 할 일은 번역학 자체의 고유 연구영역을 더욱 분명하게 규정하는 한편, 학문적 엄격성(academic rigor)을 갖춘 연구방법론을 확립하는 일일 것이다. 이런 맥락에서 그동안 전 세계적으로 번역학의 다양한 연구 성과와 새롭게 개척되는 연구방법론을 선도적으로 꾸준히 소개해온 존 벤자민스

(John Benjamins) 출판사의 통번역 총서의 기여를 인정해야 할 것이다. 번역학 연구자라면 누구나 이 총서 가운데 최소한 서너 권 이상은 읽어보았을 정도로 번역학의 학문적 성과를 집대성하여 소개하였기 때문이다. 『존 벤자민스 통번역 총서』 번역 작업에 누구보다도 바쁘신 교수연구자들이 다수 자원한 것은 바로 이 총서에 대한 지적 향수(知的 鄕愁) 때문은 아닐지.

국내 최초의 전문통번역학 연구단체인 한국통역번역학회(KSCI)가 이번에 『존 벤자민스 통번역 총서』 가운데 대표적인 업적들을 선별하여 번역 출간하게 된 것은 특별히 의미가 크다. 1998년 학회 창립 이래 국내 최초의 한국연구재단 등재지 『통역과 번역』, 국제전문학술지 『포럼(FORUM)』을 발행해오면서 국내외 통번역학의 발전과 소통에 이바지 해온 본 학회의 통번역총서 번역 발간이 우리말로 쓰인 번역학 자료에 목말라해 온 연구자들에게 도움이 될 수 있기를 희망한다.

경기침체로 출판계 전망이 장밋빛이지만은 않은 상황에서, "뜻있는 기획출판일수록 대학 출판부에서 맡아야 한다."며 선뜻 『존 벤자민스 통번역 총서』 출판 추진에 합의해주신 한국외국어대학교, 특히 장지호 지식출판원장님과 신선호 팀장님께 고개 숙여 감사를 드린다. 학회를 대표하여 출간을 총괄해주신 김대진 서울과학기술대학교 교수님과 실무조정을 도와준 최은아 교수님, 이주연 교수님 등 학회 회원들께도 감사의 마음을 전한다.

2016년 3월 16일

한국외국어대학교 영어통번역학부 교수
존 벤자민스 통번역 총서 기획위원장
정호정

역자 서문

2015년 가을 학기에 박사논문을 제출한 후에 본격적으로 번역작업에 착수한 내게 이 책은 남달랐다. 몇 년을 끌어온 학위논문을 던져버리고 자유로워지나 싶었는데, 박사연구의 고충이 어떤지 아직 생생했기 때문에 책 속 저자들의 이야기는 꼭 나의 수기 같았다. 자신의 경험을 공유한 외국 학자들과 마찬가지로 나 역시 논문의 주제가 바뀌고 방향을 잃어 헤매기도 했다. 통번역 업무와 연구를 병행하면서 균형을 잡지 못하고 '박사과정 우울증(doc blues)'을 겪으며 '박사학위를 향한 고난의 길(via doctorosa)'(본 권, p. 20 참고)을 걸었다. 그러니 비슷한 길을 앞서 간 선배 학자들의 수기와 구체적 조언을 읽으면서 한편으로 깊이 공감하고 다른 한편으로 책을 진작 읽었다면 한없이 늘어졌던 박사 연구 기간이 조금이라도 단축되지 않았을까 싶은 아쉬움이 들었다.

그만큼 통번역학 박사연구가 쉽지 않았지만 긴 어둠의 터널을 뚫고 나와 다시 '자유인'이 되니 그래도 끝까지 버티기를 잘했다, 통역자료를 다루어야 하는 번거로움을 감수하고 통역 관련 논문을 완성하길 잘했다 싶은 생각이다.

연구자의 길로 들어설지 고민하는 분들에게는 통역학 박사과정이 어느 수준의 책임감과 집중력을 필요로 하는지 알려드려 신중한 결정을 내리는데 도움을 드릴 수 있기를 바란다. 이미 박사과정 입학을 결심하셨거나 현재 과정을 밟고 계신 분들에게는 선배들의 경험이 반면교사가 되기를 바란다. 비록 유럽의 경험을 토대로 한 내용이지만 선배 학자들의 연구 경험과 구체적 연구 사례를 통해 향후 어떤 방향으로 연구를 준비할지 고민하는 계기가 되길 바란다.

마지막으로 존 벤자민스 번역총서 시리즈에 참여할 수 있도록 기회를 주신 정호정 교수님과 이 책이 나오기까지 애 써주신 한국외대 지식출판원 여러 선생님들에게 감사를 드린다. 그리고 딸이 온전히 번역에 매진할 수 있도록 돌도 되지 않은 외손녀를 매일 돌보며 고생하신 친정 부모님과 여행지까지 가서 번역한 아내를 너그럽게 이해하고 응원해준 남편에게 고마움을 전한다.

2016년 4월
최은아

차례

발간사 • 5

역자 서문 • 9

제 1 장 들어가기
_ 다니엘 질, 헬 V. 담, 앤 솔다거 • 15

제 2 장 통역학 박사학위논문 주제의 선정
_ 다니엘 질 • 27

제 3 장 (통역)연구, 비판적으로 읽기
_ 다니엘 질 • 58

제 4 장 과학적 텍스트에 대해 보고하기
_ 이브 강비에 • 81

제 5 장 통번역학 박사학위논문 작성하기: 맞닥뜨리는 문제, 우려, 제안
_ 하이드룬 게르지미쉬-아보가스트 • 105

제 6 장 프라하의 석사학위논문:
지도교수의 관점에서
_ 이바나 첸꼬바 • 123

제 7 장 트리에스테 SSLMIT의 통역연구:
과거, 현재와 미래
_ 알레산드라 리카르디, 안나 지암발리, 마리아키아라 루소 • 144

제 8 장 소규모 통역 연구 프로젝트
Small projects in interpretation research
_ 잉그리트 쿠르츠 • 163

제 9 장 학생의 관점에서 본 통역학 박사 연구
_ 피터 미드 • 194

제 10 장 초보 연구자가 경험한 통역학 연구의 어려움
박사학위논문 프로젝트의 발전 과정에 대한 수기
_ 프리델 듀스라프 • 226

제 11 장 데이터의 조작:
통역 결과물 중심의 박사연구를 통해 본 데이터 기술의 문제
_ 헬 V. 담 • 250

제 12 장 담화분석을 통해 통역에 접근하기
_ 세실리아 바덴조 • 279

제 13 장 이론적 틀 내에서 연구하기
_ 프란츠 푀히하커 • 299

제 14 장 동시통역 박사학위논문에 대한 소고
_ 앤 솔다거 • 331

제 15 장 결론: 문제 및 전망
_ 다니엘 질, 헬 V. 담, 앤 솔다거 • 349

들어가기

다니엘 질(Daniel Gile), 헬 V. 담(Helle V. Dam),
앤 숄다거(Anne Schjoldager)

1997년 1월 덴마크 오르후스(Aarhus)에서는 오르후스경영대학(Aarhus School of Business) 연구자들을 중심으로 통역학 분야의 여러 주제를 연구 중인 박사과정생들을 위한 연구–교육 세미나가 일주일간 진행되었다(수년간 통역학에 대한 각별한 관심을 보이며 후배 연구자들의 박사연구를 도운 본 대학 언어학의 헤닝 놀케(Henning Nølke) 교수와 다니엘 질의 지휘하에 헬 담, 프리델 듀스라프(Friedel Dubbslaff), 보딜 마틴젠(Bodil Martinsen), 앤 숄다거 등이 참여했다). 해당 세미나는 루뱅카톨릭대학교(Catholic University of Leuven)의 조세 람베르트(José Lambert)가 1989년부터 시작한 신진 연구자를 위한 번역학 연구 입문 과정인 연례 CE(T)RA 세미나의 형식을 본떠 기획되었다(질, 1996). 이와 비슷한 형식을 따라 통역학을 중심으로 진행된 1997년 오르후스 세미나는 경험이 풍부한 학자들의 강연, 대담(interactive session), 개인 면담 등으로 구성되었으며 여러 사정으로 참여하지 못한 빌 이샴(Bill Isham), 헤닝 놀케, 미리암 슐레징거(Miriam Shlesigner), 소냐 티르코넨-콘딧(Sonja Tirkkonen-Condit) 등을 제외하면 세미나에 동참했던 학자 대부분은 본 저서에 글을 기고하였다. 1997년 세미나의 취지는 젊은 학자들이 통역학 분야에 근본적인 과학적 사고와 연구방법론을 익히고 신진 연구자와 상대적으로 연구경험이 많은 선배가 직접 교류하도록 하는 데 있었다.

세미나 직후에 수렴한 의견과 현장에서 배포한 설문지의 응답에 의하면 참석자들은 세미나가 유용했다고 평가했다(Basel, 1997; 감베티와 미드(Gambetti and Mead), 1998 참고). 주최 측은 세미나의 발표논문집을 그대로 출판할 계획이었으나 고심 끝에 발표논문집의 골격을 유지하고 비슷한 내용을 담되 내용 일부를 수정하고 새로 추가하여 발간하는 편이 관련 주제를 보다 유연하고 충분하게 다루며 더 폭넓은 독자층에게 다가갈 수 있을 것으로 판단하였다. 이 책이 그 노력의 결실이다.

이 책은 두 종류의 독자를 염두에 두고 구성되었다.

1. 새내기 연구자, 특히 통역학 분야의 주제에 대해 연구하고자 하는 이들. 하지만 책을 읽으면서 깨닫겠지만 책에서 다루는 주제와 조언은 (통)번역학 전반에 폭넓게 적용 가능하며 그 외의 연구분야에도 유효하다.
2. 위의 학생을 교육하고 연구를 지도하는 교수진 및 통번역학 연구자는 아니지만 (통)번역학 연구의 발전에 관심 있는 학자. 이런 독자에게는 특히 제도적 환경을 다룬 논문이 의미 있을 것으로 생각한다.

이 책의 편집 방향은 실용성이기에 독자에게 유용한 내용을 친숙하게 전달하는데 목표를 두었다. 개인적이고 격식을 차리지 않는 문체를 선택했다. 수록된 논문은 유럽의 여러 대학교에 재직 중인 학자들이 기고했다. 이들 대부분은 현장에서 활동 중인 전문통역사인데, 오랜 현장 경험을 갖춘 저자도 있고 최근에 박사학위를 취득한 이도 있어서 (사실 저자 중 한 사람은 기고문을 집필할 당시까지만 해도 박사학위 논문을 채 완성하지 못한 상태였다) 박사과정생 및 수료생들에게 자신의 최근 경험을 충분히 나눌 자격이 있는 사람들이다.

이 책은 박사과정 교재도 아니고 기술적·전통적 의미에서 연구방법론을 소개하는 입문서가 아니라는 점을 꼭 강조하고 싶다. 번역학은 물론이고 통역학 내에도 다양한 연구 패러다임이 사용되는데 인지-실험적, 언어학적, 사회학적, 역사적, 계산적 접근 등 연구자가 택하는 연구방법론이 무엇이든 간에 관련한 설명을 상세히 제공하는 기술서(technical books)가 존재한다. 물론 그중에는 통역이라는 특정 환경에 맞게 적용해서 활용해야 할 서적도 있을 것이다.

책에 기고한 저자 모두 독자층을 염두에 두고 글을 쓰고자 했다. 자신이 직접 경험한 내용 중 독자에게 가장 유용할 것으로 생각하는 부분을 골라 기술하려고 했다. 그 결과로 탄생한 이 책은 여러 논문을 엮은 것으로 연구의 원칙을 현장 사례를 곁들여 설명하고 있고, 연구주제 선정, 이론적 틀의 선택, 기존 연구의 활용, 시간의 제약, 지도교수와 학생의 관계, 피험자 섭외, 자료 수집과 준비, 학제간 연구, 제도적 틀, 이론적 연구 대 경험적 연구의 문제 등 대부분의 새내기 연구자가 맞닥뜨리는 다양한 실용적·방법론적 문제를 폭넓게 다루고 있다. 여러 주제를 개괄하기도 하고 저자 자신의 경험을 직설적이고 진솔하고 개인적으로 전달하면서 연구를 시작할 당시의 야심 찼던 계획과 연구의 진행방법, 직면한 문제와 극복 전략 등을 전하기도 한다. 또한 이론적 연구와 (실험과 관찰 기반의) 경험적 연구에 대해서도 다루고 있는데 박사과정 수준에 초점을 맞추고 있지만 석사 수준에 적용 가능한 내용도 있다. 그렇기 때문에 연구에 첫발을 딛는 이들은 자신의 경험, 의구심, 문제와 직접 연관된 정보 및 조언을 충분히 얻을 수 있으리라 본다. 대개 이러한 정보와 조언은 동료 학생이나 지도교수를 직접 만난 자리에서나 들을 수 있지만 그러한 이야기를 한 권의 책으로 엮었으니 이 책이 아니라면 서면으로 접하기 어려운 정보라 본다.

이 책의 구성을 보면 일반적 주제를 다룬 논문을 서두에서 살펴본 이후에 보다 구체적이고 상세한 내용의 논문들이 뒤를 잇는다. 물론 '일반적' 논문이라 할지라도 구체적 예시를 포함하고 있으며 개인적 경험을 다룬 산문에서도 보편적 용어로 근본적 사안을 논의하고 방법론적 조언을 한다. 서두에 실린 몇 편의 논문은 일반적인 방법론상의 원칙을 제시한다. 뒤 이은 두 편의 논문은 재학생의 통역학 연구가 비교적 활발한 두 기관의 환경 및 역사를 각각 다룬다. 다음으로는 보다 구체적인 주제의 논문과 몇몇 학자가 자신의 박사학위 연구를 중심으로 개인적 경험을 공유하는 논문이 이어진다. 독자의 편의를 위해 아래에는 사실상 '절'의 형태로 논문을 분류해서 제시하고 있지만 이와 같은 구성을 염두에 두고 책을 기획하지 않았을 뿐더러 이런 구조적 경계를 뛰어넘는 통(번)역학 연구의 측면도 많다.

종합적 논문

다니엘 질(뤼미에르대학교(리옹2대학, Unversité Lumière Lyon 2), 프랑스)이 쓴 첫 두 편의 논문은 가장 종합적이며, 수 년 간 여러 상황에서(자신의 모교 언어학부 내 '여러 학과에서 통역, 번역, 일본 언어 및 문화 전공생들을 가르친 바 있다) 젊은 학자를 훈련시킨 저자의 경험을 바탕으로 신진 연구자가 성공하는데 매우 기본적이고 필수적이라 여기는 두 가지 문제를 개괄적이고 체계적으로 다루고 있다. 첫 번째 논문에서 질은 연구주제선정이 어떤 면에서 타당성 평가를 포함하는 계획의 과정인지, 그리고 연구를 계획하는 전체 과정이 얼마나 중요한지 설명한다. 두 번째 논문에서는 비판적 읽기에 대한 체계적 접근방법을 제시하면서, 초보 연구자들이 연구 과정에서 읽고 연구배경 자료로 참고하는 문헌을 최대한 활용할 수 있도록 도우려 한다. 두 편의 논문 모두 구체적 조언을 담고 있으며 논문에서 개괄적으로 다룬 여러 문제는 다른 기고문의 저자들이 개인 경험을 바탕으로 보다 세밀하게 묘사하고 있다.

세 번째 논문의 저자는 이브 강비에(Yves Gambier, 투르크대학교(University of Turku), 핀란드)로 통역을 포함한 다방면의 연구관심을 가지고 있는 활발한 번역학자이다(강비에, 질과 테일러(Taylor), 1997 참고). 그는 지면을 통해 과학적 텍스트 및 해당 텍스트를 다룬 보고서에 관한 분석을 제시한다. 특히 그는 과학적 텍스트가 정보 제공의 기능 외에도 학술 공동체 내에서 중요한 사회적 기능을 한다는 점을 강조하면서, 과학적 텍스트에 특정 주장이 포함된 이유를 설명한다(같은 이유로 텍스트에서 배제되는 주장도 생긴다). 이런 관점에서 그는 소규모 코퍼스를 분석해 과학적 텍스트에 대한 서평을 집중 조명하는데, 이런 텍스트의 강점과 약점을 강조하고 초보 연구자들이 문헌을 읽을 때 피해야 하는 함정과 오해에 대한 의식을 제고한다.

해당 절(節) 마지막 논문의 저자 역시 유명 번역학자로서 자신이 속한 대학교에서 박사과정생을 지원하고 소통하는데 많은 시간과 노력을 투자한 하이드룬 게르지미쉬-아보가스트(Heidrun Gerzymisch-Arbogast, 잘란트대학교(University of the Saarland), 독일)이다. 박사과정 중에 어떤 어려움을 겪는지 박사과정생 학생들에게 직접 설문한 내용과 자신의 개인적 경험을 토대로 그는 학생들이 맞닥뜨리는 기본적인 문제를 개괄한다. 여기에는 학생들이 박사과정 입학 전에 갖추지 못했다고 응답한 문헌 활용 능력, 연구관리 및 연구방법, 시간관리 등이 포함된다. 또한 성격과 동기의 문제, 학생들이 느끼는 고립감, 지도교수와 학생 간의 관계 등 인적 요인에 상당한 지면을 할애한다. 그런 다음에는 현 상황을 개선할 수 있는 방법으로 '박사과정 예비학교', 박사과정 훈련을 위한 국제 협력, 지도교수와 학생의 역할을 명시한 '박사과정 계약서(PhD contract)' 등을 제안한다. 게르지미쉬-아보가스트는 번역학자로 더 널리 알려졌지만 지도교수로서 통역학 연구에 대한 경험이 있고, 그의 조언은 통역학 연구에도 동일하게 적용된다.

제도적 환경

게르지미쉬-아보가스트의 논문은 독일의 박사과정 환경을 간략하게 설명하고 있다. 다음 두 편의 논문은 많은 통역 연구 논문에 기여한 두 곳의 통역교육기관을 보다 자세히 소개한다(흥미롭게도 해당 통역논문은 석사졸업논문이며 두 곳의 학교에서 나온 통역학 박사학위는 거의 없다). 두 기관에서는 오래 전부터 졸업생들이 통역을 연구했고, 따라서 학교 과정도 이를 수용하는 방향으로 조직되었다. 반면 파리 통역번역대학원(ESIT)이나 제네바 통번역대학원(ETI) 등 통역학 연구에 크게 기여한 것으로 잘 알려진 다른 교육기관에서는 대개 오랜 경력의 숙련된 통역사들이 연구에 참여한다.

왕성한 활동을 하는 통역학자이자 통역 교육자인 이바나 첸꼬바(Ivana Čeňková, 프라하 카렐대학교(Charles University of Prague), 체코 공화국)는 자신이 속한 대학교의 번역학연구원(Institute of Translation Studies)을 소개하는데, 대다수의 다른 통번역 교육기관보다 연구훈련과 학생 연구가 제도화되어 있다. 학생들을 위해 연구방법론 세미나가 개설되고 탐구해볼만한 연구 주제 목록을 제시하고 각 학생을 위해 지도교수가 작성해야 하는 요구사항 서식을 포함해 몇 단계에 걸쳐 프로젝트 승인과 논문지도 절차가 제도화되어 있다. 이론적 연구와 실증적 연구의 사례를 각각 하나씩 들면서 프로젝트에 대한 두 가지 예시를 설명하고 요구사항 서식의 예도 보여준다. 논문은 피험자 섭외, 표본을 일반화할 때 주의할 사항, 논문 작성의 어려움, 지도교수와 학생 간의 관계 등 실질적 조언으로 마무리 짓는다.

알레산드라 리카르디(Alessandra Riccardi), 안나 지암발리(Anna Giambagli), 마리아키아라 루소(Mariachiara Russo)는 이탈리아 트리에스테대학교(University of Trieste) SSLMIT 소속이다. 해당 기관은 실증적 학제간 연구에 초점을 두고 있고 지난 십 년간 다량의 연구를 진행했으며 1980년대 말 통역학 연구가 다시 활기를 띄는데 중요한 공로를 한 곳이다(그랜(Gran)과 도드스(Dodds), 1989 참고). 세 명의 저자는 SSLMIT 교강사진이 학자와 전문 통역사로 구성된 점을 언급하며 학교에서 그간 진행된 연구를 개괄하고, 지도교수의 연구 관심과 학생의 연구주제 간의 긴밀한 연결고리를 강조하면서 졸업논문 준비 절차 등을 설명한다. 또한 대학 교강사가 끊임없이 논문을 발표해야 하는 이탈리아 교육제도의 제도적 요인 때문에 교수진의 연구 동기가 유지된다는 흥미로운 분석을 제시한다.

구체적 경험

잉그리트 쿠르츠(Ingrid Kurz, 비엔나대학교(University of Vienna), 오스트리아)는 통역을 배우는 학생의 동시에 듣고 말하는 능력이 어떻게 향상되는지 살펴보는 실증적 연구로 박사학위를 취득하면서(핀터(Pinter), 1969) 서양에서 통역학으로 박사학위를 취득한 첫 통역사가 되었고, 그 이후로도 왕성한 연구를 이어가 가장 활발한 연구 활동을 이어가는 통역학자로 손꼽힌다. 그는 논문에서 자신의 연구를 사례로 들며 소규모 연구 프로젝트의 중요성을 역설한다. 그는 보다 규모가 큰 프로젝트에도 적용할 수 있는 조언을 한다. 특히 이미 출간된 연구를 토대로 기존 이론이나 다른 연구자의 결론을 확인함으로써 연구주제를 선정하거나 기존 연구를 재현하거나 확장할 수 있는 방법을 소개한다. 또한 심리학자로서 지닌 개인적 경험을 공유하며 통역학 분야에 표준화된 심리 성격 검사를 활용하는 문제에 관해 조언한다.

피터 미드(Peter Mead, 볼라냐대학교(University of Bologna), SSLiMIT, 이탈리아)는 석사논문을 직접 지도하는 동시에 본인도 박사과정생이기 때문에 지도교수와 학생 간의 관계에서 양쪽을 동시에 경험하는 흔치 않은 상황에 놓여 있다. 이탈리아에서 외국어로서 영어를 가르치던 그가 회의통역을 거쳐 박사학위 논문을 준비하기까지의 매우 개인적인 이야기를 전하면서 미드는 동기부여, 학교와 지도교수의 선정, 주제선정, 학제간 연구 및 통계의 활용 등 학생들이 관심 가질만한 여러 문제를 다룬다. 그는 이메일로 원거리 논문지도를 받는 문제를 포함해서 지도교수와 자신 간의 상호작용과 관련된 기술적 문제 등을 상세히 설명하고 구체적 사례를 들면서 특별히 지도교수가 기여할 수 있는 중요한 영역을 지적한다.

프리델 듀스라프(Friedel Dubslaff, 오르후스경영대학, 덴마크)는 미리암 슐레징거가 '박사학위를 향한 고난의 길(via doctorosa)'[1]이라 명명한 학위과정에 대해 설명하면서 초보 연구자들이 문제를 자주 경험하는 영역을 구체적으로 살펴보고 있다. 듀스라프는 자신의 생생한 경험을 토대로 특정 영역에 대한 사전 연구 경험과 훈련의 부족, 가까운 주변에 통역을 잘 아는 지도교수의 부재 등으로 인해 애초에 연구주제선정, 참고문헌의 활용, 이론적 틀의 선정, 연구방법의 결정, 데이터 수집 및 분석, 논문 집필 전반에 걸쳐 어려움을 겪었다고 설명한다. 특히 확실한 지도를 받지 못한 상황에서 타 분야의 이론을 빌려 통역학에 접목했을 때 느낀 어려움을 지적하면서 이로 인해 상당한 시간과 노력을 낭비할 수 있다는 점을 강조한다. 결론에서 그는 박사과정생을 대상으로 한 준비반 성격의 연구 세미나를 제안한다.

헬 V. 담(오르후스 경영대학, 덴마크)의 소논문 역시 박사논문 과정에 대한 개인적 소고이지만 과정 전체를 다루기보다는 기존문헌에서 간과되고는 하는 데이터 수집 후 분석을 위한 데이터 준비 작업을 살펴보고 있다. 출발 텍스트(ST, source text)와 도착 텍스트(TT, target text)를 비교분석한 박사논문에서 저자는 자료를 전사(transcription)하고, 추후 분석작업에서 '비교점(tertium comparationis)'으로 활용하기 위해 출발 텍스트를 번역하고, 분석을 위해 보다 작은 단위로 텍스트를 분절(segmentation)하는 등 관련 데이터를 준비하는 작업을 진행했다. 저자는 데이터 준비에 필요한 실무적 작업과 직면했던 문제를 설명하는 것 외에 해당 과정이 데이터의 선별, 축약, 해석—다시 말해 조작(manipulation)—을 필요로 하는 점을 보여주고 이런 조작의 개념적 한계를 논한다.

세실리아 바덴조(Cecilia Wadensjö, 린셰핑대학교, 스웨덴)는 지역사회 통역(community interpreting)을 주제로 한 자신의 박사연구에 대해 보고하고 있다. 본 권에 투고한 다수의 저자와 마찬가지로 바덴조는 다학제적 접근방법을 취한다. 특별히 사회학 및 담화분석의 관점에서 연구를 진행했다. 담화분석을 간략히 설명한 후 그는 보다 실질적 차원에서 방법론적 문제에 집중한다. 그는 통제된 환경에서 실험을 진행하기보다 통역 현장에서 사람들의 상호작용을 관찰한다는 점에서 인지과학에서 흔히 택하는 자연주의적(naturalistic) 접근방법을 취한다는 점을 강조한다. 이를 위해서는 통역사가 참여하는 관찰 가능한 상황에 접근할 수 있어야 할 뿐만 아니라 관련 상호작용을 기록해도 된다는 허락을 받아야 한다. 바덴조는 이런 접근과 사전동의 문제 외에도 담화분석을 위한 전사본 활용의 원칙, 관찰연구의 코퍼스 크기, 상호작용을 기록하는 방법 등의 문제를 논의하고 추가 연구를 위한 참고자료를 소개한다.

연구에 입문하고 이론중심 연구를 진행했던 프란츠 푀히하커(Franz Pöchhacker, 비엔나대학교, 오스트리아)는 개인적 연구과정을 회고하면서 박사연구의 이론적 측면을 집중 조명한다. 특별히 번역학의 기존 이론과 통역학 연구에서 이론이 갖는 위상을 토대로 논의를 진행한다. 그는 연구자가 소속된 기관의 환경적 변수가 어떤 이론적 틀을 선택하는지 여부에 지대한 영향을 미친다는 점을 강조하고 이런 측면에서 자신의 경험을 이야기한다. 흥미롭게도 그는 자연주의적 코퍼스를 분석하는 내용으로 박사연구를 시작했고 해당 코퍼스를 분석해 실증적 연구로 박사학위를 받을 수 있었겠지만 궁극적으로 이론에 관심을 돌리게 되었다. 푀히하커는 이론연구의 가장 기본적 패러다임이라 할 수 있는 기존 이론에 대한 비판적 분석 과정을 논하고, 모델 구축 및 검증과 관련된 측면을 다룬다.

앤 숄다거(Anne Schjoldager, 오르후스대학교)는 자신이 박사학위를 위해 진행한 실증적 연구를 소개한다. 푀히하커와 마찬가지로 저자는 여러 연구의 이론을 살펴보고 이를 번역에 접목했다. 보다 구체적으로 보자면 투리(Toury)가 제시한 번역규범의 개념을 토대로 탐색적 실험에서 ST와 TT의 관계를 보고자 했다(이는 인지심리학에서 일반적으로 사용하는 가설검증 목적의 실험과 대비되는 실험 방법이다). 그는 자신의 연구를 비판적으로 검토하고 연구과정에서 내린 여러 결정의 근거를 제시한다. 자료를 분석하는 과정에서 저자는 ST와 TT의 관계를 정의하는 분류체계를 개발하고 이를 데이터 분석에 적용했다. 저자는 초보 연구자들에게 방법론상의 실질적 조언을 주며 논문을 마무리하는데, 특히 박사연구를 배움의 과정이라 강조하면서 불필요한 시간 낭비를 줄이기 위한 신중한 계획의 필요성을 역설한다.

책은 주요 저자의 논점을 요약하고 간략히 논의하면서 짤막한 결론을 내리고 있으며, 인명 혹은 구체적 개념을 찾아보고자 하는 독자를 돕고자 색인으로 마무리 한다.

따라서 독자는 체계적 검토와 실질적 조언, 저자의 개인적 경험 등의 형태로 개인적, 제도적, 방법론적 문제를 구체적으로 다룬 다양한 논의를 접할 수 있을 것이다. 또한 투고된 논문을 살펴보면서 편집자들이 느낀 점이지만 이런 제반 문제를 놓고 신진 연구자와 노련한 연구자 간의 연구 노력이—연구자가 언어학, 사회학 등의 연구배경을 갖고 있든, 전문통역사이든, 이론연구를 하든 실증적-실험연구 혹은 실증적-관찰연구를 하든 간에—상당히 수렴되고 있다는 사실을 독자도 느끼리라 본다. 박사과정생 한 사람 한 사람을 지원할 자원이 부족한 상황에서 통(번)역 연구가 여전히 여러 지역과 기관에 걸쳐 산발적으로 이루어지는 현 단계에서 이 책이 모든 이들이게 유용하게 쓰이기를 바란다.

미주

1) 역자주: 험난한 박사학위 과정을 예수가 죽기 전 걸었던 십자가의 길인 'via dolorosa(라틴어로 '고난의 길' 혹은 '슬픔의 길')'에 빗대어 표현함.

참고문헌

Basel, E. 1997. "Research-based teaching". *The Jerome Quarterly* 12(2): 8-9.

Gambetti, M. and Mead, P. 1998. "The Aarhus Seminar on Interpreting Research." *The Interpreters' Newsletter* 8: 169-180.

Gambier, Y.,Gile, D. and Taylor, C. (eds). 1997. *Conference Interpreting: Current Trends in Research.* Amsterdam/Philadelphia: John Benjamins.

Gile,D. 1996. "La formation à la recherche traductologique et le concept CERA Chair" '*Meta* 41(3): 486-490.

Gran, L. and Dodds, J. (eds). 1989. *The Theoretical and Practical Aspects of Teaching Conference Interpretation.* Udine: Campanotto Editore.

Pinter. I. 1969. *Der Einfluss der Übung und Konzentration auf simultanes Sprechen und Hören.* Unpublished doctoral dissertation, University of Vienna.

통역학 박사학위논문 주제의 선정

다니엘 질(Daniel Gile) 뤼미에르대학교(리옹2대학)

1. 들어가기

과학적 학문분야는 대부분 연구하는 대상을 토대로 정의되며 (가령 물리학은 현실세계의 물리적 측면을, 동물학은 동물을, 천문학은 천체를, 언어학은 언어를 연구하는 학문인 것처럼) 학제적 차원에서는 당연히 구체적 연구문제와 주제를 다룬다. 연구실과 대학의 학과 등 기관 차원에서는 정부부처, 업계 후원사, 기타 후원기관 등 외부주체 및 상황이 많은 연구문제와 연구목적을 결정한다(쉬운 예로 의료계를 들 수 있다). 개인적 차원에서는 위 기관에 소속된 연구자들이 해당 기관의 필요에 따라 연구주제를 할당 받는 경우가 많다. 다른 경우에는 경험이 많은 연구자들이 이전에 진행한 연구를 바탕으로 자연스레 연구주제와 연구목적을 정하기도 한다.

따라서 연구주제를 선정하는 일은 꼭 어렵지 않다. 하지만 신진 연구자, 보다 정확히 말하자면 박사과정생(그리고 박사과정 입학을 희망하는 이들)이 혼자 연구주제를 선택해야 할 경우 큰 어려움을 경험하며(물론 경우에 따라 지도교수로부터 연구주제 목록을 받아 고르는 경우도 있다 – 본 권에 투고된 첸꼬바(Čeňková)의 논문은 유사한 석사학위 논문 제도를 소개한다.) 특히 통역학 분야라면 더욱 힘들다. 실제로 상당수의 박사과정생이 이 문제를 극복하지 못해 논문작업에 본격적으로 착수하지 못하고, 구체적 통계수치는 없지만 끝내 미완성으로 머물고 마는 박사학위논문의 상당수도 주제선정의 문제에서 비롯됐다고 봐도 무리는 없을 것이다. 본고는 통역학계에 초점을 맞추고 학계 내의 사례를 들어 박사학위논문을 준비하려는 이들에게 연구주제선정에 대한 전반적 조언을 주고자 한다.

2. 연구 프로젝트에서 무엇을 기대하는가?

연구는 기본적으로 목표지향적 활동이기 때문에 적절한 주제를 선정하려면 먼저 연구에 대해 무엇을 기대해야 하는지 아는 게 중요하다.

근본적으로 과학이란 현실세계를 대상으로 한 체계적이고 종합적이며 규칙에 의거한 탐구다. 과학적 탐구를 표방하는 학계 내에서는 연구자 개인의 연구 노력이 기존 지식 혹은 지식습득을 잠재적으로 돕는 도구에 새로운 내용을 추가하거나 기존의 내용을 수정, 통합해서 과학적 탐구에 기여해야 한다는 것이 지배적 규범으로 자리잡고 있다.

더 구체적으로 살펴보면 연구자 개인의 기여도는 다음의 세 가지 형태를 띨 수 있다.

2.1. 실증적 기여

미지의 물리적, 사회적, 행동적 대상의 발견이나 이러한 대상의 성격과 행동양태를 설명하는 사실을 밝히는 일이 여기에 해당한다. 통역학계에서도 이에 해당하는 무수한 사례가 있겠지만 아래에 열거한 주제에 대한 새로운 정보를 제공하는 실증적 기여를 예로 들 수 있다.

- 언어별 통역전략(도런트(Dawrant), 1996)
- "진짜 이중언어구사자"인 회의통역사의 개인사와 언어적 행태(티에리(Thiéry), 1975)
- 통역을 전공한 학생의 동시에 듣고 말하는 능력 향상(핀터(Pinter), 1969)
- 원문을 통역할 때 통역사가 사용하는 어휘력의 개인차(람버거-펠버(Lamberger-Felber), 1998)
- 통역사의 작업기억(working memory span) (파딜라(Padilla), 1995)

일반적으로 사회 제도로서 과학적 연구를 표방하는 학계에서는 새로운(*new*) 실증적 발견이 최우선으로 꼽히지만, 기존 연구결과에 대한 수정(*corrections*)도 중요하게 평가 받으며, 재현을 통해 기존 연구결과를 확인(*confirmation*)하는 일 역시 없어서는 안 된다. 따라서 일상적 과학 탐구에서 새로운 정보 발견을 일반적으로 요구하지 않는다. 물론 박사학위 수준에서는 대개 일정 정도의 혁신이 요구되지만, 새로운 이론, 새로운 모델, 새로운 법칙을 발견하는 수준의 혁신일 필요는 없다. 박사과정 입학을 희망하는 이들은 이를 염두에 두고 불필요하게 높은 목표를 설정하지 않도록 해야겠다.

2.2. 개념적 ('이론적') 기여

또 다른 형태의 학문적 기여는 개념적 기여로서 새로운 이론, 새로운 연구질문, 실험해야 하는 새로운 가설, 이미 알려진 사실이나 연구결과에 대한 새로운 분석 등이 여기에 해당한다. 예를 들어 원문 연설 중 객관적 난이도가 높지 않은 부분에서 많은 오류가 발생하는 이유는 무엇인가(질, 1989)? 즉흥 연설에 비해 낭독연설을 통역하기 더 어려운 이유는 무엇인가(데쟁 르 페알(Déjean Le Féal), 1978)? 회의참가자들이 인식하는 통역품질에 큰 편차가 존재하는 이유는 무엇인가(질, 1999)?

일반적으로 개념적 기여는 실증적 연구로 이어지고 이는 다시 실증적 연구결과를 낳지만, 반대의 경우는 성립하지 않는다는 점을 기억해야 한다.

통역학 연구 초기에 이루어진 대부분의 개념적 연구는 자기성찰(introspective)의 성격을 띤 에세이 형태의 논문이었고 연관 학문의 문헌을 참고하는 경우가 적었으며 이론을 실험해보려는 시도는 드물었다. 지난 10-15년간 이러한 연구 패러다임은 보다 정교한 방향으로 선회했다. 과거에 내성(introspection, 內省)을 기반으로 추측했다면 그 자리에는 행동과학과 맥을 같이 하는 개념적 연구가 등장했고, 문헌에 소개된 기존 이론을 충분히 참고하는 동시에 언어학과 인지과학 등을 포함하는 다학제적 요소가 강하게 나타난다(딜링거(Dillinger), 1989; 세튼(Setton), 1997 참고). 박사과정 입학을 희망하는 이들은 이론 기반의 연구 프로젝트를 진행하기 위해 연관 학문의 이론에 대한 충분한 조사가 필요하며, 조사 결과에 따라 프로젝트의 타당성을 평가할 필요가 있다는 점을 염두에 두어야 한다(3절 참고).

2.3 방법론적 기여

현실세계의 복잡다단한 양상을 탐구한다는 것은 어려운 일이다. 따라서 과학적 연구의 중요한 측면 중 하나는 현실세계를 보다 섬세하고 정확하며 신뢰도 있게 탐구할 수 있도록 돕는 도구를 개발하는 일이다. 따라서 한 연구 프로젝트의 가치는 새로운 정보를 수집하고 새로운 개념/이론적 분석을 제시하는지 외에도 탐구에 사용할 새로운 도구를 개발하는지 여부에 따라 평가할 수 있다. 이러한 기여는 새로운 실험설계, 통계적 절차, 계량법, 측정도구, 분석적 절차, 분류 및 범주화 도구 등을 개발하는 형태로 나타날 수 있다. 일례로 푀히하커(Pöchhacker, 1994)는 통역의 난이도에 따른 원문 텍스트의 변수를 측정할 수 있는 도구를 설계했고, 톰몰라와 회나(Tommola and Hyöna, 1990)는 통역상황에서 통역사가 느끼는 정신적 부담을 측정하는 지표로 동공확대 수치가 타당한지 여부를 검증한 바 있다.

개념적/이론적 기여와 마찬가지로 방법론적 기여는 실증적 연구결과로 뒷받침되어야 하는 게 일반적이다. 실증적 연구결과 없이는 새로 제시되는 연구도구의 가치를 평가하기 어렵기 때문이다.

2.4 연구논문에서 요구하는 최소한의 기여도는 어느 정도인가?

초보 연구자들이 흔히 오해하는 부분은 연구 프로젝트가 "해답을 찾아야 한다"거나 "문제를 해결해야 한다"고 믿는 것이다. 이러한 오해는 비현실적 야심에서 비롯되는데, 논문의 서문에서 "이론과 실제 간의 괴리를 좁히고자 한다"거나 "최상의 훈련방법을 규명/개발하고자 한다", "통역의 정신적 과정을 보여주려고 한다", "통역사의 성격이 통역 스타일에 어떻게 반영되는지 보고자 한다", "B 언어로 통역할 때의 수행능력이 A 언어로 통역할 때보다 좋다/나쁘다는 것을 보여주려고 한다", "부스에서 특정방법에 따라 컴퓨터를 활용하는 것이 가장 효율적이라는 점을 증명하려고 한다"는 등의 형태로 표출되고는 한다. 우리의 현실은 매우 복잡다단해서 하나의 연구로 이러한 질문에 대한 완전하고도 최종적인 해답을 찾기가 어렵다. 대부분의 연구는 학술 공동체의 많은 일원이 세운 건축물에 '겨우' 하나 내지는 몇 개의 벽돌을 얹는 수준으로 기여할 뿐이다. 보다 종합적인 (그리고 대개는 임시적인) 해답을 얻으려면 장기간에 걸쳐 수십 혹은 수백 명의 연구자가 노력해야 한다. 박사과정생들은 이를 알고 실망하는 경우가 많다. 자신의 연구에 공을

들이던 중에 지도교수로부터 학위논문을 발표하기에 충분한 연구를 했으니 그쯤 해도 된다는 말을 듣고 당혹스러워하는 것이다.

초보 연구자들이 이토록 실망하는 이유를 처음에는 이해하기 어렵다. 논문을 준비하는 과정에 기존 문헌을 검토하면서 과거의 연구논문들도 종합적인 해법을 제시하지 못했다는 사실을 충분히 확인했을 터이다. 그럼에도 불구하고 실망하는 이유는 박사논문을 시작하면서 품은 동기가 강해 기대 편견(expectation bias)이 생겨서 일지 모른다. 어찌되었건 일반적으로 연구자 개인이 진행하는 연구 프로젝트는 학술 공동체의 공동 탐구 노력에 작은 기여만 한다는 점을 초보 연구자들에게 주지시킨다면 이들이 보다 겸손한 목표를 세우는데 도움이 될 것이다.

3. 연구주제선정 및 타당성

연구주제를 선정할 때 고려해야 하는 또 다른 점이 있다면 과학은 '기회주의적'이라는 점이다. 다시 말해, 과학적 연구의 목적과 방법은 타당성이라는 기준에 맞춰지며 사용할 수 있는 연구도구, 개념, 인적·재정적 자원이 많아지면서 점진적으로 연구의 범위와 한계가 확정된다는 것이다. 자신의 논문을 계획할 때 현실적 제약을 고려하지 않는 박사과정생은 일반적으로 학위논문을 완성하지 못하거나 허점이 많은 결과물을 낳고 만다. 흔히 발생하는 타당성 문제로는 다음을 열거할 수 있다.

3.1 시간 부족

석사 및 박사학위에 대한 학내 규정을 보면 대개 수여 요건을 충족하기까지 시간적 제약을 두고 있다. 규정에 따른 형식적 제약 외에도 연구자들은 학술활동 외의 개인생활을 영위해야 하고, 박사 연구에 배치하는 여타 동기와 제약을 경험하기도 한다. 경력에 학위가 필요한 경우라면 연구를 지속할 동기가 있지만 그에 따른 시간적 제약이 생길 수 있다(예를 들어, 장학금이나 연구지원금이 만료되는 기간이 있다거나, 정해진 기간 내에 학위논문을 완성해야만 임용이 되거나 유지할 수 있는 경우). 또 많은 박사과정생들은 연구와 강의 외에 중요한 전문적 혹은 개인적 활동을 하는 경우가 있다. 특히 통역학계 내에서는 후자의 경우 성공한 전문 통번역사들이 큰 수입을 벌고 바쁘게 지내다가 박사과정을 마친 후 연구가 다른 활동에 밀리면서 연구할 동기를 잃는 경우가 생길 수 있다. 시간이 지나면서 통역업무가 늘어나고 식구도 늘고 활발한 사회생활을 누리다가, 박사학위 취득에 따른 혜택보다 기회비용이 크게 느껴져 학업을 중단하는 박사과정생들이 많다.

따라서 연구주제를 선정하는데 두 개의 독립적인 시간 제약을 별개로 고려해야 한다(특히 박사과정생이 박사 연구의 타당성을 검토할 때 고려할 사항이다). 첫째는 논문 완성까지 필요한 기간이고, 둘째는 정기적으로(매일, 주별, 월별) 연구에 투자할 수 있는 가용 시간이다. 연구자가 충분한 시간을 내지 못할 정도로 바쁜 상황이라면 현장조사나 실험작업을 많이 요구하는 프로젝트는 타당하지 않겠다. 하지만 이러한 사항을 간과하는 경우가 많다. 같은 맥락에서 보면 수개월 이상 지속되는 프로젝트를 중심으로 연구가 설계되거나 (예를 들어 2년 간 훈련 받는 통역대학원 재학생의 학업성과를 추적하는 경우) 정기적인 행사를 연구대상으로 삼았는데 그 사이의 간격이 길다면 (졸업시험의 경우) 연구계획을 철저히 세우고 빈틈없이 실행한다 해도 자료 수집에만 수년이 걸릴 수 있다. 더구나 처음 자료 수집할 때 문제까지 생긴다면 상황은 더욱 어려우리라.

또한 신진 연구자들은 학위논문의 초안 작성에 소요되는 시간을 충분히 계산하지 않는 경향이 있다. 자료분석을 마치고 연구결과가 도출된 상태라면 집필은 단기간 내 수월하게 할 수 있는 것으로 생각하는 이들이 많다. 그러나 방대한 양의 정보와 생각을 명료하고 정확한 문체로 전달하고, 서문부터 결론에 이르는 글 전체의 논리적 흐름에 따라 독자를 설득력 있게 끌어가는 수백 페이지에 달하는 문헌을 작성하고 구성하는 일은 상당한 시간을 요구하는 작업이다. 꾸준히 작업할 수 있는 상황이라 해도 짧게는 수개월에서 길게는 1년에 가까운 시간이 소요될 수 있다. 실제로 박사과정생 중에 연구설계 후 자료 수집과 분석까지 마치고 학위논문을 '쓰기만 하면' 되는 상태에서 포기하는 경우도 적지 않다.

3.2 기초지식의 부족

초학문적(transdisciplinary) 성격을 지닌 연구를 진행하면서 발생하는 또 다른 문제는 기초지식과 관련이 있는데, 연구 프로젝트를 진행하기 위해 필요한 전문성을 연구자가 당장 갖추지 못해 발생하는 문제를 말한다. 여기서 말하는 기초지식은 선언적 지식('무엇인가를 아는 것', 특히 연구와 관련한 기존의 이론과 사실)과 절차적 지식('어떻게 해야 하는가' 즉, 노우하우('know-how'), 예를 들어 실험설계나 데이터 처리에 대한 방법론적 지식)을 모두 아우른다. 연구자가 이 격차를 깨닫지 못하면 연구 프로젝트를 채 완성하지 못하고 포기하거나(대체로 개념을 정리하는 연구 초반에 연구자가 문제를 극복하지 못하면서 발생하는 경우) 심각한 결점이 있는 연구로 이어진다(대개 부족한 부분을 나중에 깨닫지만 그럼에도 불구하고 연구자가 프로젝트를 추진해서 완성하는 경우). 통역학계에서 선언적 전문성의 격차는 심리학적·언어적 개념, 이론, 도구 등에서 발견되고, 절차적 전문성의 부족은 실험설계, 통계처리, 코퍼스(corpus)에 대한 언어학적 분석 등은 고사하고 추론 과정에서도 찾아볼 수 있다(본 권에 실린 질의 두번째 논문 참고).

연구를 지도하는 지도교수도 위와 같이 전문성이 부족할 수 있다는 점에 주목할 필요가 있다. 교수의 전문분야가 학위논문의 주제 및 패러다임과 관련이 없지만 논문을 지도할 마땅한 사람이 없다는 이유로 배정되거나 선정되는 경우이다(4.2.3절 참고).

3.3 연구문헌에 대한 접근성 부족

통역학 연구의 고질적 문제 중 하나는 관련된 연구문헌을 구하기 어렵다는 점이다. 소수의 대학 도서관만 통역학 연구문헌을 폭넓게 갖추고 있다. 교내에 전문 통번역학과가 없는 경우는 물론이고, 통번역학으로 유명한 서유럽 대학에서조차 상황은 마찬가지다. 역설적으로 인지심리학 및 언어학 분야의 전문 자료는 상대적으로 쉽게 구할 수 있다. 인접분야 연구자들이 진지하게 수행한 연구 중에 통역의 메커니즘에 대한 이해 부족으로 잘못 전개된 프로젝트가 많은데, 통역학 문헌이 충분히 제공되었다면 예방할 수 있었을 지 모른다. 통번역학계 내에서도 연구문헌이 충분히 보급되지 않아 중첩되는 연구가 많고 결국 기회의 낭비가 많은 실정이다.

3.4 연구대상 섭외 및 자료 수집의 어려움

연구대상 섭외의 어려움은 모든 통역학 연구자에게 익숙한 문제로서 연구문헌에 반복적으로 언급된다(하지만 본 권에 소개된 개별 사례는 이를 뒷받침하지 않는다. 본 권의 마지막 결론 참고). 회의통역사의 전체 모집단이 작은 탓도 있고(많은 국가에서 법정 통역사와 지역사회 통역사의 수가 월등히 많다.) 이들의 지리적 분포가 넓은 탓도 있지만 통역사들이 실험대상으로 연구에 참여하기를 꺼리기 때문이기도 하다. 가공되지 않은 실제 현장의 연설을 찾는 경우도 있지만 언어적 요소와 정보의 측면 등 사전에 정한 여러 특징이 연구 목적에 정확히 맞아떨어지는 텍스트를 찾기 어렵고, 이러한 연설을 통역한 결과물 역시 라디오나 TV, 인터넷으로 방송된 경우를 제외하고는 수집하기 힘들다.

지도교수 중에는 학생이 연구계획을 적절히 세우도록 도움을 주는 이들이 있다(특히 본 권의 논문 중 프라하 카렐대학교(Charles University)의 번역학연구원(Institute of Translation Studies) 석사과정의 제도적 지원을 소개하는 첸꼬바의 글 참고). 반면 연구에 대한 책임이 전적으로 학생에게 있다고 보는 지도교수도 있다. 과중한 업무로 인해 지도를 맡고 있는 여러 학생을 개별적으로 충분히 지도하지 못하고 논문의 타당성을 충분히 검토해주지 못하는 지도교수도 있다. 마지막은 앞서 언급했듯이 교수가 잘 모르는 주제의 논문지도를 맡아서 효율적으로 타당성을 분석하기 위해 필요한 지식이 없어서 지도가 어려운 경우다. 어떤 경우든 간에 학생은 자신의 운명을 스스로 개척해나가야 한다.

4. 타당성 문제의 해법: 프로젝트 계획 수립

연구 프로젝트를 시작한 이후에 뜻하지 않은 타당성 문제로 발목이 잡혀 위기에 빠지지 않으려면 연구에 필요한 요건과 잠재적 문제를 가용 자원과 비교, 검토한 후에 신중하게 연구주제를 선정하는 것이 최선의 방법이다.

4.1 관심분야, 주제, 목표

우선 하나 혹은 그 이상의 관심분야를 찾는 것이다. 예컨대 통역품질, 통역교육, 통역사의 성격, 통역사의 사회적 지위 등이 있겠다. 각 관심분야 내에서도 하나 이상의 주제를 검토해볼 수 있다. 일례로 통역품질 평가라는 영역 내에서 코야도스 아이스(Collados Aís, 1996)는 통역품질의 여러 측면 중에서도 청자가 인식하는 통역품질에 단조로운 억양이 미치는 영향에 초점을 맞췄다. 통역사의 인지능력이라는 영역 내에서 가능한 폭넓은 주제 중에서도 파딜라(1995)는 한 가지 정보를 기억해내는 통역사의 기억력에 초점을 맞췄다.

각 연구주제 내에서도 구체적 목표를 고려해야 한다. 새로운 사실을 발견하겠다는 발견적 목표를 갖고 연구할 수 있는데, 예를 들어 '진짜 이중언어구사자'인 통역사들은 누구인지, 그들의 성장배경과 행태를 처음으로 기술한 티에리의 박사학위 논문(1975)을 들 수 있다. 위에서 언급한 코야도스 아이스의 논문처럼 구체적 질문에 역점을 두거나, 한 개 이상의 가설 혹은 이론을 검증하겠다는 연구목표를 설정할 수 있다.

4.2 방법론과 자원

연구목표를 최종적으로 결정하기 전에는 연구방법을 선택하고 그 방법을 사용하는데 필요한 요구사항 대비 가용자원을 반드시 검토해야 한다. 일반적인 접근방법에 대한 검토만으로 부족하며 가용자원을 정확히 파악하기 위한 구체적 계획을 평가해야 한다. 박사과정생은 어떤 연구문헌을 읽어야 할지, 해당 문헌을 어디서 구할 수 있는지, 어떤 연구대상과 자료를 사용해야 하고 어떻게 구할 수 있는지, 구체적으로 어떤 연구방법을 사용할지, 연구 단계별 소요시간은 어떤지, 여타 다른 자원의 동원 가능 여부 등을 살펴야 한다. 특히 다음 사항은 중요하게 고려해야 한다.

4.2.1 기초지식

검토 중인 연구방법이 이론적 논의이거나 특정 이론을 확장하는 내용이라면 연구자는 배경이 되는 관련 자료를 수집하고, 해당 자료가 발행된 언어를 알아야 하며 해당 분야에 대한 충분한 전문성을 갖추고 있어야 한다. 예를 들어 마싸로(Massaro)가 제안한 모델을 근거로 새로운 동시통역이론을 제시한 모저(Moser)의 1976년 논문의 경우, 인지심리학에 대한 이론적 지식이 전제되었기에 가능했다. 연구진행에 필요한 최소한의 기초지식을 습득하기 위해서는 많은 사전준비가 요구되며, 길게는 몇 년의 박사과정 기간 동안 언어학, 인지심리학, 신경생리학 등 여러 분야를 공부해야 한다는 점을 기억해야 한다. 교재 몇 권, 논문 몇 편 읽었다고 초보 연구자가 천재 언어학자, 인지심리학자, 신경생리학자가 되지 않는다. 관련 분야의 근간을 이루는 이론, 사고방식, 연구방법론 등에 대한 종합적이고 균형 잡힌 이해를 하려면 해당 분야 전문가들과 토의하고 의견 수렴하며 지도 받는 과정이 있어야 한다. 연구설계를 정할 때도 마찬가지이다. 제아무리 명석한 학생이라도 교재를 보면서 전통적 연구 설계방법에 대한 설명을 읽어보는 것만으로는 부족하다. 여러 함정은 피하면서 적절한 추론과정을 이행하기 위해서는 방법론을 충분히 익힐 때까지 직접적인 지도편달이 있어야 한다.

박사과정생이 필요한 기초지식을 갖추지 않은 경우에는 세 가지 방법이 있다. 첫째는 기초지식을 습득하는 방법, 둘째는 전문가에게 도움을 요청하는 방법, 셋째는 다른 연구주제를 택하는 방법이다. 만약 지도교수가 해당 분야의 전문가라면 최소한의 전문성을 쌓고 진행할 수 있는지 여부를 결정하는데 도움을 줄 수 있을 것이다. 그러한 도움 없이도 연구를 계속 진행한다면 위험이 뒤따를 수 있다.

4.2.2 표본집단의 대표성

전체 집단(*모집단*)의 일부(*표본집단*)를 선택해서 조사할 때는 선정한 표본집단이 모집단에 대해 대표성을 갖는다고 볼 타당한 근거가 있는지, 즉 "대표 표본(representative sample)"인지 혹은 모집단과 일부 성격이 상이할 수 있는 부분 모집단(sub-population)을 대표하는지 여부를 반드시 알아야 한다. 표본의 크기가 표본의 대표성을 담보하지 않는다는 점을 꼭 기억해야 한다. 예를 들어, 전체 통역사 중 여성의 비율은 50퍼센트를 훌쩍 넘기겠지만 사회적 행동, 자아상(self-image), 개인적 야망 등의 측면에서는 남성 통역사와 상당히 다른 특성을 보일 수 있다. 위의 변수를 연구대상으로 삼을 때 표본집단을 여성으로만 구성한다면 모집단의 절반 이상을 차지하더라도 통역사 중 여성 부분 모집단을 대표한다고 볼 수 있을 뿐, 통역사 전체로 추론할 경우 당연히 비판을 받게 된다. 반면 수천 명의 사람을 잘 선정해 표본집단을 구성한다면 수백만 명에 해당하는 모집단의 행동양태를 비교적 정확하게 대표한다고 볼 수 있다.

연구대상 섭외가 어렵고 실증적 연구가 양적으로 부족한 통역학 연구에서는 이 문제가 특히 민감한데, 일반화의 가능성 여부를 판단할 데이터가 많지 않기 때문이다. 하나의 텍스트, 하나의 언어, 하나의 집단, 하나의 작업 환경에서 얻은 연구결과를 다른 텍스트, 다른 언어, 다른 집단, 다른 작업 환경으로 확장해 추론하는 것이 어느 정도로, 그리고 어느 영역에서 하는 것이 적합한가?

이와 관련해서 두 가지 기본적 규칙을 제시하고 싶다.

첫째, 주어진 모든 정보를 검토해서 연구에 동원 가능한 표본집단이 연구하고자 하는 현상을 대표하는지 여부를 결정해야 한다. 대표성이 없다고 판단된다면 연구 방향을 바꾸는 것을 검토하라. 예컨대, 복잡한 속성을 가진 통역사의 자동화된 인지과정을 연구하고 싶은데, 연구에 동원할 수 있는 인력은 통역을 배우는 학생뿐이라고 가정하자. 또한 문헌을 검토하고 선배 연구자들과 상의한 결과 해당 연구문제에 있어서 만큼 학생들이 통역사 인구를 대표할 수 없다는 결론을 내렸다고 하자. 이런 상황이라면 연구 프로젝트를 진행할 의미가 없다. 다른 예를 들자면 통역사의 성격을 연구하고 싶은데 연구대상으로 삼을 수 있는 사람들은 국제기구에 근무하는 상근통역사밖에 없는 경우가 되겠다. 사회학, 심리학 등 관련분야의 기존연구를 검토, 분석한 결과 상근

통역사와 프리랜스 통역사의 성격이 다를 수 있다는 결론을 내리게 되었다. 이 상황이라면 해당 연구를 진행하되 연구목적을 좁히면 된다. 즉, 상근통역사의 성격을 다루는 연구로 범위를 축소하는 것이다.

둘째, 연구결과를 일반화할 때 주의해야 한다. 다시 말해, 상근통역사의 성격에 대한 연구를 한다면 연구결과는 상근통역사 인구 전체로만 일반화가 가능하며, 그것도 특정 기관에 근무하는 경우로 한정될 가능성이 있다. 일반화의 문제는 풀기가 복잡하다. 과학적 회의주의를 엄격하게 적용하자면 철저하게 무작위 표본추출(random sampling)을 하지 않는 한 눈에 띄지 않는 연구자의 편견이 개입될 가능성이 항상 있고, 연구결과가 연구에 직접 참여한 개개인에게만 적용된다고 반박할 수 있다. 하지만 통역학 연구는 물론이고 대부분의 행동과학 분야에서는 이런 식의 철저한 통제가 타당하지 않다. 연구자로서 택할 수 있는 차선책이자 타당성을 확보하기 위한 유일한 전략은 동료 연구자들이 이미 제시한 자료와 연구결과를 모두 검토한 후 어느 선까지 일반화할지 결정하고, 논문에는 '일반화 한 영역'을 넘어 연구결과를 일반화하는 것이 가능한지, 그 근거와 주의사항을 기술하는 방법이다.

이 시점에 일반화의 한계를 정해줄 비교연구가 없다면 위와 같은 결정은 대개 주관적이다. 그렇기 때문에 주어진 모든 정보를 바탕으로 일반화에 대한 결정을 신중하게 내리고 그 한계점을 분명히 기술하는 것이 올바른 연구방법이다(본 권 솔다거 참고).

4.2.3 표본집단 규모

통역학 연구에서 특별한 주의를 요하는 부분이 있다면 표본집단의 규모이다. 실증적 연구에서는 관찰하는 대상 혹은 실험과정에 참여하는 대상의 숫자가 중요한 변수다. 가설을 검증하는 성격의 연구라면 무작위 편차(random variation) 때문에 소규모 표본에서 어떠한 결과도 일반화하기가 어렵다(표본 내 편차(intra-sample variability)가 작은 경우는 예외가 되겠다). 이 정도의 판단은 상식적으로 내릴 수 있을 테지만, 숫자를 대입해서 살펴보면 이러한 원칙의 정확성을 확인할 수 있다. 즉, 연구표본 4개의 값이 각각 2, 3, 3, 2인 경우와 2, 3, 75, 60인 경우에 연구결과를 일반화하려고 한다면 전자의 경우가 상대적으로 합리적이다. 특히 대부분의 실험연구가 그렇듯 2개의 표본을 비교한 후 같은 모집단의 표본인지 판단하려고 한다면 이 원칙은 더 중요해진다(예를 들어, 학생과 전문가의 수행능력을 측정한 후 비교하는 연구, A와 B 언어 간 통역 방향성에 따른 수행능력을 비교하는 연구).

반대로 통역품질을 측정한 점수, 생리학적 지표, 정해진 특징을 보이는 인구 비율 등 특정한 값의 평균을 계산해서 일정한 기준보다 큰지 작은지 검토하는 경우, 혹은 특정한 평균값이 '비교적 큰지', '비교적 작은지' 알아보려고 하는 연구라면 분산도(variability)가 큰 표본집단일지라도 일정 수준의 일반화는 가능하다. 예를 들어, 기존연구에서 자주 보고된 바와 같이 통역상황에서 통역사들이 고유명사의 처리를 실제로 어려워하는지 여부를 알아보는 것을 연구질문으로 정한 후, 무작위로 선정한 피험자들이 통역할 때 고유명사를 정확하게 전달하는 비율을 계산하는 경우를 가정하자. 측정한 값이 각각 30%, 85%, 50%, 60%, 25%라고 한다면 비록 표본집단 규모가 작고 측정한 값의 분산이 크지만 모든 피험자가 고유명사를 어려워했다는 점은 분명하다. 이런 경우 통계분석을 해도 위에서 정의한 연구질문의 정확한 답을 찾는데 아무런 도움도 받지 못할 것이다.

확률이론(probability theory)과 추리통계(inferential statistics)의 수학적 원리를 적용하면 변수분포(variable distribution)에 대해서 더 많은 정보를 얻을 수 있고, 특히 정상분포를 나타내는 가우스 곡선(Gaussain curve)에 가까울수록 연구결과를 일반화할 수 있는 가능성이 높아지게 된다("종형 곡선(bell-shaped curve)" 혹은 "정상분포곡선(normal curve)"이라고도 불린다). 표본집단 규모에 대한 기술적 정보나 구체적 지침을 원한다면 행동과학 분야의 실용통계 서적을 구해서 보거나 통계전문가와 상의하기를 권한다.

하지만 무리한 일반화만 피한다면 소규모 표본을 대상으로 한 연구를 진행하는 것 자체에는 문제가 없다. 심지어 단일표본을 대상으로 한 사례연구도 충분히 과학적으로 타당하며, 특히 탐색적 연구(exploratory study)일 경우에는 사례연구에서 비롯된 중요한 과학적 발견도 많다. 실제로 브롬니(Bromley, 1986, 쿨리칸(Coolican), 1999, p. 126에서 인용)는 사례연구를 "과학적 탐구의 근본(the bedrock of scientific investigation)"이라 불렀고, 롭슨(Robson, 1993)은 실험 역시 사례연구로 간주해야 한다고 주장했는데 실험이 단일표본 혹은 하나의 표본집단을 대상으로 한다는 점에서는 일리 있는 주장이라 할 수 있다.

4.2.4 능력 있는 지도교수의 섭외 가능성

과학적, 사회적, 제도적 이유로(질, 1995 참고) 연구역량(특히 실증적 연구에 대한 전문성)과 통역현장에 대한 이해를 모두 갖춘 지도교수는 여전히 부족한 실정이고, 학생이 선택한 구체적인 연구주제를 지도할 역량이 있는 교수가 당장 주변에 없을 수도 있다(이 문제는 다학제적 연구를 설명한 본 논문 6.1절에서 다루며 본 권의 다른 논문에서도 여러 차례 논의된다.). 이럴 경우에 학생은 주변에 섭외 가능한 교수가 지도할 수 있는 연구주제를 선정하거나 외부기관 소속 전문가를 공동 지도교수로 초빙하게 된다. 현대 기술이 발전한 덕에 타지에 있는 전문가의 도움을 받는 것도 가능해졌다(본 권, 미드(Mead) 참고). 하지만 제도적, 개인적 장애물이 있는 경우도 있다. 외부 전문가의 논문지도를 허용하지 않는 대학이 있고, 지도교수가 공동지도 자체를 꺼릴 수도 있다. 외부 전문가에게 비공식적으로 도움을 받을 수도 있지만, '공식' 지도교수와 '비공식' 지도교수의 의견 충돌이 있을 경우에는 위험이 따를 수 있다.

5. 전략

박사과정은 과정생들에게 연구가 무엇인지 일러주고 연구방법론을 가르치는 곳이라고 하지만, 박사과정에서 학습한 내용의 총체라고 할 수 있는 박사학위논문은 역설적으로도 현장에서 진행되는 연구 프로젝트와 크게 상이한 경우가 많다. 이 간극이 생기는 근본적 이유는 자격을 갖춘 학자들이 주도하는 현장연구는 연구문제에 대한 해답을 찾는데 초점이 맞춰진데 반해, 박사학위논문을 위한 연구는 졸업요건을 채우기 위해 진행되며 해당 대학의 학풍과 규범에 의해 큰 제약을 받기 때문이다. 이 둘이 늘 양립하지 않기 때문에 선택을 내려야 하는 상황이 발생하기도 한다. 박사학위 연구는 학계에 발을 들이기 위해 거쳐야 하는 관문이고, 학위논문의 주제가 뭐든 학위취득 이후에 학자는 그 어떠한 주제로도 연구할 자유가 보장된다. 따라서 장기적인 연구목표가 있는 학생이라면 학계가 일반적으로 따르는 연구규범을 준수하려고 하기보다는 일단 박사학위를 취득하는데 필요한 구체적 요건을 충족하는데 우선순위를 두는 편이 최선일지 모른다. 그렇게 하기 위해서는 구체적인 전략을 갖고 연구주제를 선정할 필요가 있다.

5.1 타당성에 우선순위 두기

박사학위 연구 자체는 널리 통용되는 연구기준에 부합해야 하는 게 맞지만 위에서 언급한대로 박사 연구 프로젝트의 궁극적 목적은 학위취득이다. 따라서 학위와 무관하게 연구하는 학자와 박사과정생의 우선순위는 같을 수 없다. 더 구체적으로 말하자면, 특정 연구문제의 해결책을 찾는 문제보다 주어진 환경과 자원, 제약에 어떻게 적응할지 고민하는 일이 우선되어야 할지 모른다. 그런 의미에서 연구관심이 있는 주제라 할지라도 주어진 환경을 감안했을 때 박사논문 연구로 진행하기 까다롭다면 연구 진행이 상대적으로 수월한 다른 주제를 선택하는 것을 권한다. 특히, 위에서 언급한 바와 같이 주변에 도움을 줄 수 있는 지도교수의 전문성과 연구관심을 고려해서 주제를 선정하는 것이 현명한 전략이겠다. 물론 그 전에 학생은 관심이 다소 떨어지는 주제를 수년간 연구하는 상황이 괜찮은지 사전에 고민해봐야 할 것이다.

5.2 대안 마련하기

일반연구와 달리 학위취득을 목표로 하는 연구에 적용되는 전략이 있다면 미리 대안을 마련하는 일이다. 진행 방법이 명확한 연구 프로젝트도 있지만 사전에 꼼꼼히 준비했음에도 불구하고 혁신적이거나 독창적인 요소가 개입되면서 어떤 문제가 발생하고 결과가 나올지 예상하기 어려워진다. 따라서 연구의 실행계획을 준비하는 일 못지 않게 계획과 다른 대안적 경로를 준비하는 것이 연구가 진행될수록 굉장히 중요해진다. 연구 초기에는 배경 자료 확보가 예상보다 어렵다거나 논문 진행에 필요한 기초지식을 쌓을 시간이 없다고 판단해도 큰 시간과 자원의 손실 없이 다른 방향으로 연구를 틀 수 있다. 하지만 많은 자원을 들인 후에야 수집한 자료가 논문에 부적합하다고 판단하거나 데이터의 변동성이 커서 당초 연구질문에 대한 답을 얻기가 힘들어지면 논문의 방향을 바꾸기가 더 어렵거나 상대적으로 많은 비용이 들게 된다.

대안을 세울 때는 즉흥적으로 하기보다 사전에 계획해야 하며, 방향을 선회하기로 결정한 시점까지 진행된 연구에서 가능한 많은 자료를 활용하는 방식으로 이루어져야 한다. 그런 의미에서 동일한 배경 문헌, 자료, 연구대상 표본을 대부분 사용해서 진행할 수 있는 몇 가지 연구 시나리오를 생각할 필요가 있다. 이러한 계획을 세우지 않으면 극복하기 어려운 장벽에 맞닥뜨린 후에 그때까지 진행한 연구를 상당 부분 버려야 하는 위험이 있다.

5.3 연구의 규모 정하기

대안적 경로를 마련하는 문제는 연구의 규모를 어느 시점에서, 어떻게 결정할지 여부와도 연관이 있다. 연구의 모든 단계에 신중한 계획을 세우는 일은 이론상 크게 장려할만하다. 또한 전통적인 실험연구의 패러다임에서 보면 실험군의 수와 크기, 사용하는 코퍼스(대개 원문을 모은 코퍼스를 말한다) 등 연구 규모는 사전에 결정되어야 한다. 하지만 통역학 연구분야에서, 그것도 시간 제약이 있는 박사학위논문 과정에서는, 늘 가능하지도 않거니와 현장에서 사용된 실제 원문 연설문 확보나 연구목적을 위한 전문 통역사 섭외의 어려움을 감안하면 현명하지도 않다. 유연하지 못한 방식으로 연구 규모를 사전에 확실하게 정하면 지나치게 욕심을 부린 경우에는 실패할 위험이 있고, 반대로 작게 설정한 경우에는 소중한 정보 수집의 기회를 놓칠 공산이 크다. 더 나은 연구결과를 얻기 위해서는 표본 크기나 자료의 양을 최소한으로 설정하고 추후에 수집되는 자료나 정보를 추가할 수 있는 개방형 설계(open-ended design)를 채택하는 편이 나을 것이다.

일례로 질(1999)의 연구를 들 수 있다. 박사학위 연구는 아니었지만, 충실성(fidelity)에 대한 인식의 변동성을 살펴본 연구로서 여러 단계로 진행되었고 연구 참여자의 수도 점차 확대해나간 방식으로 진행되었다. 사람들이 인식하는 통역품질의 변동성이 통역사와 일반인 등 그룹별로 어떻게 달라지며, 통역의 전달 방식에 따라 (녹음 파일 혹은 전사본) 어떻게 달라지는지 보고자 하는 연구였다. 문어(전사본)로 전달한 방식에 대한 청자의 반응은 설문조사로 측정했는데, 통역사를 포함한 연구 참여자가 새롭게 섭외될 때마다 점진적으로 실시했다. 구두로 전달된 통역(녹음 테이프)에 대한 반응은 일정 규모 이상의 참가자가 모집되었을 때 조사했는데, 모든 참여자가 동일한 조건에서 응답할 수 있도록 실험 방법과 환경을 마련할 필요가 있었다. 마침 한 통역대학원에서 국제회의통역 연구를 주제로 일일 워크샵을 개최하고 나에게 강연을 부탁하면서 실험을 실시할 기회가 찾아왔다. 그러니 실험 진행에 필요한 시간도 충분했고 참가자 표본도 컸다. 물론, 연구자가 이런 기회를 기다리려면 멀지 않은 미래에 비슷한 기회가 온다는 사실을 알고 있어야 취할 수 있는 전략이겠다. 완성된 논문을 심사한 연구자 중에는 전통적 실험연구에 정통한 분이 있었는데 연구가 사전에 계획된 게 아니라 즉흥적으로 실시된 듯하다고 평가했다. 그러나 기회가 왔을 때 포착하기 위해서는 정확한 계획과 실험자료의 준비가 필요한 게 사실이다. 그 기회가 언제 찾아올지, 정확히 몇 명의 실험 참가자를 확보할 수 있을지 등 불명확한 부분도 있었다는 사실을 인정하지만 폐쇄형 설계(close-ended study)를 택했다면 훨씬 적은 규모로만 진행할 수 있었을 것이다.

비교 가능한 자료를 더 많이 확보하는 하나의 방법은 기존 연구에서 사용한 코퍼스를 공유하고 해당 연구에서 사용한 연설문이나 연구결과를 활용하여 후속연구를 진행하는 것이다. 느슨한 의미에서 표본 크기를 늘릴 수 있는 하나의 방법이기도 하다(물론 엄격하게 따지면 표본 크기를 키운다고 보기 힘들다. 특정 표본을 통해서, 그것도 다양한 수행과제나 환경적 조건 하에서만 수집 가능한 데이터가 있기 때문이다.). 개방형 설계는 타당하고 효율적인 방식인데, 점진적으로 연구를 진행했을 때 실험 조건이 어떻게 달라지는지 신중하게 파악해서 근거 없는 추론을 내리는 일이 없도록 해야 한다.

5.4 연구를 진행하는 규범적 단계

일반적으로 과학연구는 하나 혹은 그 이상의 현상을 설명할 수 있는 하나 혹은 여러 개의 이론을 연구해서 발전시키거나 (이론적 연구의 경우) 실험한다는 점에서 (실증적 연구의 경우) 이론적 근거에 바탕을 두는 학문이라 한다. 그러나 현실에서 연구는 충분한 이론적 바탕 없이 실질적 문제에 초점을 맞추는 경우가 많다. 즉, 사용자 그룹에 따라 기대하는 통역품질이 다른가? 통역사는 A 언어와 B 언어 중 어느 방향으로 작업할 때 통역을 더 잘하는가? 특정 회의 준비 방법이 통역사에게 얼마나 유용한가? 등의 실질적 문제에서 출발하는 연구가 많다.

이러한 질문 뒤에는 넓은 의미의 "이론"이 어떤 형태로든 항상 존재하지만, 실증적 연구에 적용되는 이론의 경우 과학적 텍스트에 등장하는 만큼 포괄적이거나 응집력이 있거나 명확하게 표현될 필요가 없다. 인문학계, 특히 인문학적 관점을 견지하는 번역학계(그 반대는 사회과학적 관점을 고수하는 번역학계가 되겠다)에서는 박사학위논문에 최소 한 장(章) 분량의 서론을 요구하는데 연구자의 이론적 고민부터 시작해서 정확한 연구질문에 도달하게 된 과정을 그리도록 한다. 박사 후보생이라면 누구나 연구주제의 이론적 배경을 탐구해야 하지만 타당성 문제가 생겼을 때 되돌아가야 하는 것을 감안한다면 이론적 배경을 유일한 근거로 삼아 연구주제를 최종 결정하는 일은 효율적인 전략이 아니다. 오히려 하나 혹은 둘 이상의 연구질문을 잠정적으로 만들어놓고, 연구 계획을 수립하고 타당성을 검토하는 동시에 선택한 연구질문에 대한 사전 연구를 먼저 조사한 후에 자세한 문헌 검토를 포함한 서론의 초안 작성을 나중으로 미뤄서 실제 연구질문을 독자에게 소개하는 방법이 좋다. 다시 말해, 학위논문의 구성을 보면 연구자가 연구주제에 대한 이론적 탐구부터 시작해서 가설을 세우고 실험한 것처럼 기술되었을지라도 연구 프로젝트가 진행된 실제 순서는 많이 다를 수 있다는 것이다.

6. 기타 문제

6.1 학제간 연구

지난 10여 년 동안 학제간 연구(본 맥락에서는 심리학, 언어학, 사회학 등 인접학문의 정보를 충분히 받아 진행하는 통역학 연구를 말한다)가 많은 인기를 끌면서 상당수의 박사과정생들이 인지 혹은 신경생리학과 관련한 주제에 눈길을 주고 있다. 이러한 주제를 대상으로 문헌조사나 간단한 실증적 연구를 성공적으로 진행한 석사학위 논문은 일부 있지만, 박사학위연구로 진행할 때는 타당성 문제가 더 크기 때문에 결코 과소평가해서는 안 된다. 특히 인지적 영역에서는 박사학위 연구의 실험 설계가 매우 엄격해야 하고(예로 딜링거(Dillinger), 1989 혹은 류(Liu), 2001의 정교한 설계를 참고할 것), 특별히 교육을 받거나 상당한 경험을 쌓아야 관련 전문성을 확보할 수 있다.

이런 차원에서 아래 기술한 몇 가지 사항에 특별히 주목해야 한다.

- 원칙적으로 박사학위논문을 학제간 연구로 진행하려면 관련 인접학문분야 전문가의 지도 혹은 공동지도를 받아야 한다. 이러한 외부 전문가의 경우 해당 학문분야에 대한 학생의 사전 지식을 과대평가거나, 박사 연구를 진행하는 단계에서 통상 필요한 기본 지식이나 기술을 학생이 습득하도록 지도하기를 꺼려하거나, 반대로 최신 동향을 파악하라는 의미에서 연구주제와 무관하거나 통역학과 동떨어진 여러 과목을 수강하게 하는 경우가 있다. 학제간 연구를 고민하는 학생은 이러한 여러 가지 가능성을 인지하고 이를 감내하고서라도 진행할 의사가 있는지 결정해야 한다.
- 경우에 따라서, 특히 학생 자신이 경험 많은 통역사일 때, 인접학문분야의 지도교수는 실제로 지도를 하지 않으면서 학생이 스스로 '알아서 잘하길' 믿고 맡기고, 논문 완성본이 심사위원단에 제출되

었을 때도 학생이 '외부인'이자 노련한 통역사라는 이유에서 필요 이상으로 관대하게 대응할 수 있다. 이럴 경우에는 통역학과 관계 있는 내용은 물론 (지도교수가 통역의 세계와 관련 문헌에 대해 충분한 지식이 없기 때문에) 인접학문과 연관된 내용까지 취약한 결과가 나올 수 있다.

- 학생과 지도교수 사이에서 척도 선정과 데이터 해석에서 차이를 보일 수 있다. 예컨대, 통역의 충실성을 평가할 때 외부 연구자인 지도교수는 통역전략은 고려하지 않은 채 엄격한 측정을 위해 출발 텍스트(ST, source text)와 도착 텍스트(TT, target text) 간의 명제를 비교하는 등 텍스트상의 형식적 기준을 사용하자고 주장할 수 있다. 통역 수행능력이 종속변수인 실험에서 이와 같은 접근방법은 상당한 문제를 야기할 수 있다.

따라서 박사학위 논문을 학제간 연구로 진행할지 여부를 고민할 때 관련 분야의 지도교수가 물리적으로 가까이 있는지 뿐만 아니라 박사 연구의 지속기간 동안 신경 써 줄 정신적 여유와 의지가 있는지 확인하고 당사자의 자세와 요건은 어떠한지 알아봐야 한다. 박사학위논문이 완전히 인접학문 분야의 영역에 속해 있는 경우(통역사의 기억력에 대한 파딜라의 1995년 논문처럼) 상황은 상대적으로 명확하지만, 순수 통역을 논의하기 시작하면 문제는 쉽게 생길 수 있다. 전반적으로 봤을 때 기술적이고 자연주의적 요소가 강한 언어학 및 사회학 분야와의 학제간 연구가 상대적으로 문제가 적은 반면, '빡빡한' 실험 절차를 선호하는 경향이 있는 인지심리학 분야와 학제간 연구를 진행할 때는 그렇지 못하다.

6.2 과학적 규범

또 다른 중대한 문제는 통역 연구에 사용할 과학적 규범을 선정하는 문제이다. 과학적 규범의 종류도 다양하고 시간의 흐름에 따라 변하기 때문에 쉽지 않은 사항이다. 1970년대 중반에서 1980년대 중반에 이르기까지 지배적이었던 통역사 겸 연구자들의 연구 규범(질, 2000 참고)은 당시 지배적이었던 패러다임의 적용 가능성을 고찰하는 에세이 형식의 소고에 가까웠으며("왜 의미통번역론(theorie du sens)이 한국에도 적용 가능한가"와 같은 형식 고찰–최(Choi), 1986 참고) 엄격한 실험연구나 모저(1976) 혹은 '동시통역의 역동적 모델(dynamic model of simultaneous interpretation)'에 대한 미즈노(Mizuno)의 연구(1993), 화용론에 기반한 세튼의 연구(1997) 등 엄격한 의미에서 이론을 발전시킨 연구가 아니었다. 1980년대 후반으로 접어들어 학제간 연구가 인기를 끌기 시작하면서 변화가 생겨서 연구주제와 방법뿐만 아니라 연구에 적용되는 학문적 기준도 영향을 받았다. 앞서 언급한 바와 같이 현재 인지심리학 분야와 학제간 연구를 옹호하는 이들의 핵심 입장은 엄격한 의미의 실험연구 패러다임을 고수해야 한다는 것이고, 통역사 겸 연구자들 사이에서는 진정한 의미의 *과학*이 되기 위한 요건을 충족하는 것은 실험연구밖에 없다는 믿음이 있다.

실험연구 패러다임은 분명 혼란변수(confounding variables, 즉, 연구대상이 되는 현상에 영향을 미치지만 연구자가 통제하지 않는 변수)에 대응하기 위한 강력한 단서를 준다. 하지만 널리 알려진 생태적 타당성(ecological validity, 즉, 실험실 환경이 측정해야 하는 현상의 실제 현장을 얼마나 정확히 반영하는가?) 외에도 몇 가지 단점이 있어 인지심리학계 내에서도 비판을 받고 있다. 이 문제에 대한 흥미로운 논의와 그 대안이 될 수 있는 질적 연구 방법론에 대해 보고자 한다면 쿨리칸, 1999을 참고하길 바란다.

이러한 근본적 근거 외에도 여러 현실적인 이유 때문에 방법론과 타당성에 심각한 문제가 발생해 결국 가설을 검증하는 전통적인 실험 패러다임을 통역 연구에 적용하기가 어려워지고 실험 패러다임 자체가 효력을 발휘하지 못할 수 있다. 이러한 제약을 야기하는 현실적 이유를 보자면 피험자를 충분히 모집하지 못하는 문제, 변수분포(variable distribution)에 대한 이해 부족, 피험자간 및 피험자내 변동성(inter- and intra-subject variability)에 대한 이해 부족, 수행지표(performance metrics)를 위한 실증적 증거의 부족 등을 들 수 있다.

여기서 실험연구 패러다임이 과학연구 중에서 유일하게 타당한 패러다임은 아니라는 점을 기억하는 것이 중요하다. 천문학, 지질학, 식물학, 동물학, 전염병학 등 많은 과학적 학문분야에서는 자연주의적 패러다임(naturalistic paradigm)이 표준으로 자리잡고 있다. 쿨리칸(1999)을 인용하자면 인지심리학을 중심으로 한 행동과학의 경우 "실험 없이 가설 증명은 얼마든지 가능하다. 심리학 분야의 실험(testing) 중 상당 수는 아동의 행동을 관찰하거나 사람들의 생각을 묻는 등의 방식으로 진행된다."(p. 12). 그는 이렇게 설명한다. "연구자들은 심리학 연구방법론 강의에서 이상적 연구방법이라고 제시된 엄격한 규칙을 따르기보다 지식 탐구에 실용적인 태도를 취한다."(p. 197) 심리학을 정통 과학분야로 주창한 알포트(Allport)는 "연구대상에 방법론을 최대한 맞춰야지 우리의 불완전한 방법론에 맞추어 연구대상을 정의해서는 안 된다"고 설명하고 있다(쿨리칸, 1999, p. 198에서 인용). 이 외에도 페미니스트적 관점에서 전통적인 실험연구 패러다임을 비판하는 시각이 있는데, 이들의 평가를 보면 다음과 같다.

> [전통적인 실험연구 패러다임은] 연구에 대한 남성적 접근방법이 특징이다… : 변수 정량화에 역점을 두고; 통제, 숙달, 조작을 강조하고; 연구대상과 (직접) 참여하기보다는 거리를 유지하는 경향이 있고; 자연주의적 탐구보다는 도구를 활용한 연구를 선호하고; 경쟁과 자아구축[이 중요하다]. (쿨리칸, 1999, p. 207).

실험연구 패러다임에 대한 비판까지 검토하지 않더라도 박사과정생은 과학적 규범 선택에 있어서 어느 정도의 자유는 타당하다는 것을 알아야 한다. 현실적인 이유가 아니라면 (예컨대 전통적인 실험연구를 통한 가설검증을 강요하는 학위과정에서 속해 있어서 선택의 여지가 없는 경우) 박사과정생들은 자신의 취향과 타당성을 기준으로 여러 과학연구 패러다임 중 선택할 자유가 있다. 물론, 특정 패러다임 선택에 대한 근거는 분명해야 한다는 단서가 붙는다. 그런 의미에서 자연주의적 연구를 중시하면서 본질적으로 실험연구만큼이나 엄격한 잣대를 고수하는 사회학적 연구 패러다임을 제시한다면 논문지도를 꺼려하는 지도교수를 설득하기에 좋겠다.

7. 결론: 연구주제선정을 위한 준비

살펴본 바와 같이 박사학위논문을 위한 주제선정은 본격적으로 연구를 하기에 앞서 쉽고 간단하게 치르는 예비고사가 아니다. 오히려 논문을 계획하는 과정의 일부라고 봐야 한다. 때로는 복잡하고 오랜 시간을 소비하는 경우가 많다. 실제로 주제선정이 문헌조사와 데이터 수집 단계를 넘어서서 데이터를 분석하는 단계까지 이어지는 경우도 있는데(본 권에 수록된 듀스라프(Dubslaff)와 숄다거의 수기 참고) 이로 인해서 연구의 방향을 어쩔 수 없이 바꿔야 할 때도 있다(본 권에 수록된 듀스라프의 글 참고). 주제선정의 과정을 최적화하기 위해서는 많은 고민이 필요하며 유연하고 현실적인 태도를 견지하는 것이 중요하다. 통역학으로 박사연구를 진행하는 학생 중에는 현장 경험이 많은 통역사로서 통역 경력에 박사학위가 필요 없고 통역과 관련된 문제를 해결하거나 특정 질문에 대한 답을 얻기 위해 연구를 시작하는 사람이 많다. 이들은 연구의 현실을 받아들이지 못하고 자신의 연구논문이 궁극적인 해답이나 해법을 제시하지 못한다는 사실에 수긍하기가 더 어려울 수 있다.

그렇다면 연구주제를 선정하는 일이 보편적으로 어려운 것일까? 주제선정은 틀림 없이 중요한 과정이다. 그리고 논문을 지도해본 필자의 개인적인 경험을 비춰보거나 번역학, 문학, 언어학 등 여러 인접학문의 동료 연구자들과 이 문제를 토의해본 내용을 돌이켜보면 많은 학생들이 연구주제를 잡는데 어려움을 느낄 수 있다. 잘 정립된 실증적 학문분야에서는 상대적으로 주제선정이 쉬우리라 본다. 석사학위를 취득하는 과정에서, 아니면 심지어 학사과정일 때도 학생들은 연구방법을 배우고 해당 학문의 개념과 이론의 발전사를 공부하면서 시대별로 여러 연구설계 및 방법론을 면밀하고 비판적으로 검토하게 된다. 때로는 과정의 일부로서 직접 실증적 연구를 설계하고 수행해야 하는 경우도 있다. 박사과정에 들어와서 주제선정을 할 때가 되면 이미 연구 전체를 계획하고 의사결정을 내릴 수 있는 기반이 닦여있다. 더욱이 이러한 학문분야에서는 이미 검증 받아 정립된 몇 가지 연구방법이 있고 충분한 자격을 지닌 지도교수가 있어서 학생들을 적절한 방향으로 지도할 수 있다.

통역학 분야에서는 학생들이 자신의 길을 스스로 개척해야 하는 경우가 많고 자연스럽게 연구에 대비할 수 있는 교육과정이 없는 경우가 많다. 이러한 신진 연구자를 위한 교육과정에는 비판적 읽기 훈련 외에 (본 권에 수록된 필자의 두번째 논문 참고) 연구주제선정 혹은 연구계획에 대한 구체적 교육이 포함하는 것이 도움이 되리라 본다. 학생에게 연구질문 혹은 연구주제를 주고 이를 탐구하고 구체적인 해답 혹은 해법을 찾는 박사논문 프로젝트를 구상해보도록 하는 것이다. 이 과정에 예상되는 난제, 활용할 수 있는 자원, 잠재적 전략, 대안적 경로 등을 명시하도록 한다. 학생들의 분석과 연구설계를 강의실에서 함께 토의한 후 같은 주제 혹은 연구질문을 놓고 실시한 실제 연구와 비교하는 방식으로 진행한다. 이와 같은 과목이 개설되지 않은 상황이라면 지도교수를 포함해서 경험 많은 선배 연구자들에게 최대한 많은 도움을 구하기를 권한다.

참고문헌

Bromley, D. B. 1986. The *Case Study Method in Psychology and Related Disciplines.* Chichester: Wiley.

Choi, Jungwha. 1986. *L'interprétation consécutive coréen-français du point de vue de son enseignement.* Unpublished doctoral thesis, ESIT, Université Paris III.

Collados Aís, Á. 1996. *La entonación monótona como parametro de calidad en la interpretación simultánea: la evaluación de los receptores.* Doctoral dissertation, Universidad de Granada.

Coolican, H. 1999. *Research Methods and Statistics* in *Psychology.* London: Hodder & Stoughton. 3rd Edition.

Dawrant, A. 1996. *Word Order in Chinese-English Simultaneous Interpretation: An Initial Exploration.* Unpublished M. A. thesis, The Graduate Institute of Translation and Interpretation Studies, Fu Jen Catholic University, Taipei.

Déjean Le Féal, K. 1978. *Lectures et improvisations- Incidences de la forme de l'enonciation sur la traduction simultanée.* Unpublished doctoral dissertation, ESIT, Université Paris III.

Dillinger, M. 1989. *Component Processes of Simultaneous Interpretation.* Unpublished doctoral dissertation , McGill University, Montreal.

Gile, D. 1989. *La communication en réunion multilingue. u s difficultés de la transmission informationneiie en interprétation simultanée.* Unpublished doctoral dissertation, Université Paris III.

Gile, D. 1995. *Regards sur la recherche en interpretation de conférence.* Lille: Presses Universitaires de Lille.

Gile, D. 1999. "Variability in the perception of fidelity in simultaneous interpretation". *Hermes* 22. 51-79.

Gile, D. 2000. "The history of research into conference interpreting: a scientometric approach". *Target* 12:2. 299-323.

Lamberger-Felber, H. 1998. *Der Einfluss kontextueller Faktoren auf das Simultandolmetschen. Eine Fallstudie am Beispiel gelesener Reden.* Unpublished doctoral dissertation, Karl Franzens Universität Graz.

Liu, Minhua. 2001. *Expertise in simultaneous interpreting: a working memory analysis.* Unpublished doctoral dissertation, The University of Texas at Austin.

Mizuno, A. 1993. "Doujitsuuyaku no doutaimoderu ni mukete". ("Towards a dynamic model of simultaneous interpreting"). In *Conference Proceedings of the 4th International Japanese/English Translation Conference.* University of Auckland, Brisbane, Australia. 421-443.

Moser, B. 1976. *Simultaneous translation: Linguistic, Psycholinguistic, and Human Information Processing Aspects.* Unpublished doctoral dissertation, University of Innsbruck, Austria.

Padilla, P. 1995. *Procesos de memoria y atención en la interpretación de lenguas.* Doctoral dissertation , Universidad de Granada.

Pinter, I. 1969. *Der Einfluss der Übung und Konzentration auf Simultanes Sprechen und Hören.* Unpublished doctoral dissertation, Universität Wien.

Pöchhacker, F. 1994. *Simultandolmetschen als komplexes Handeln.* Tübingen: Gunter Narr.

Robson , C. 1993. *Real World Research.* Oxford: Blackwell.

Setton, R. 1997. *A Pragmatic Theory of Simultaneous Interpretation.* Doctoral dissertation, The Chinese University of Hong Kong.

Shlesinger, M. 2000. *Strategic Allocation of Working Memory and Other Attentional Resources in Simultaneous Interpreting.* Unpublished doctoral dissertation, Bar-Ilan University.

Thiéry, C. 1975. *Le bilinguisme vrai chez les interprètes de conference professionnels*. Unpublished doctoral dissertation, ESIT, Université Paris III.

Tommola, J. and Hyöna, J. 1990. "Mental Load in Listening, Speech Shadowing and Simultaneous Interpreting: a Publilometric Study". In *Foreign Language Comprehension and Production*. AFinLA Yearbook 1990, Tommola, J. (ed). 179-188. Turku: Publications de l' Association finlandaise de linguistique appliquée AfinLA.

(통역)연구, 비판적으로 읽기

다니엘 질(Daniel Gile) 뤼미에르대학교(리옹2대학)

1. 들어가며

다른 저자의 글을 읽는 것은 연구에 필수적이며 다음과 같은 다양한 기능을 갖는다.

(1) 과거 그리고 현재 진행 중인 연구의 *내용*(관심영역, 접근방법, 연구방법론, 연구결과) 및 *형식*(집필 언어, 제시 방법 등)에 대한 정보를 수집한다.
(2) 기존에 완성된 연구를 *활용*하여 *연구의 방향을 잡는다*(연구 주제선정, 추후 연구를 위한 주제선정, 진로 계획 등).
(3) 다른 연구를 *분석하고 평가*하여 연구의 강점에서 영감을 받고 잠재적 약점은 타산지석으로 삼는다. 연구목적을 위해 *비판적* 관점에서 논문을 읽는 일은 필수적이다.
(4) 과학연구 공동체의 효익을 위해 다른 연구자의 연구성과에 대해 *보고한다*(문헌고찰의 형식으로).
(5) 자문을 주는 지도교수의 경우, 학생의 연구를 발전시키는데 *도움을 준다*.

(6) 논문을 *심사하는* 경우, 편집자 혹은 기타 의사결정자(예를 들어 연구자를 채용해야 하는 기관의 담당자)가 바른 판단을 내리도록 돕고, 편집본과 학술지일 때는 저자가 자신의 논문을 개선할 수 있도록 돕는다.

흥미롭게도 통역연구의 경우 기존 문헌에 대한 검토가 제대로 이루어지지 않는 사례를 많이 보게 된다(관련 분석과 예시를 보려면 질, 1999b 참고). 기존 문헌을 제대로 활용하지 못하는 이유가 비판적 읽기를 해야 하는 연구 당사자의 성격 때문일 때가 있다. 장시간에 걸쳐 꼼꼼히 읽어야 하는데 성격상 부주의하거나, 인내심이나 끈기가 부족한 경우가 그렇다. 이런 성격은 연구의 다른 영역 즉, 연구의 설계, 설계의 적용, 데이터의 분석, 보고서 혹은 논문의 집필 등에서도 드러나기 마련이다. 하지만 많은 경우 비판적 읽기가 필요한 문헌연구만 엉성하고 이를 제외한 나머지 요소는 양호하다. 여기에 두 가지 이유를 들 수 있다. 첫째는 연구자들이 비판적 읽기를 연구의 다른 구성요소에 비해 중요하게 생각하지 않는다는 점이다. 둘째는 연구의 다른 요소와 달리 비판적 읽기에 대한 방법론적 지침이 없다는 점이다.

박사학위 연구뿐만 아니라 그 이후의 연구를 위해서 본 논문은 비판적 읽기라는 요소가 연구에서 갖는 중요성에 대해 독자의 인식을 제고하고 관련 지침을 제시하고자 한다. 이를 통해 통역학계 내에 학문적 과업 중 필수적인 비판적 읽기의 질을 개선하는데 기여하고자 한다.

2. 비판적 읽기의 세 가지 기준

본 논문은 비판적 읽기와 관련한 문제를 폭넓게 다루고 있지만 논의의 초석을 닦는 의미에서 다음과 같은 세 가지 기준을 제시하며 시작하고자 한다.

(1) 비판적 읽기는 다른 연구행위와 동일한 기준이 적용되는 연구행위이다

과학연구의 가장 중요한 기준 중 하나는 체계적이고 엄격하고 신중하며 객관적이어야 한다는 것이다. 비판적 읽기는 새로운 연구과제에 착수하기 전, 필요한 배경지식을 충분히 제공하는 중요한 과정인 만큼 동일한 기준에 따라 진행되어야 한다. 그런 의미에서 연구자가 타인의 논문을 평가할 때는 혁신적 내용뿐만 아니라 그 논문이 기존 문헌을 어떻게 활용했는가 역시 참고해야 한다는 점을 시사한다.

또한 비판적 읽기를 온전한 연구행위에 걸맞게 최대한 신중하고 체계적이고 객관적이며 명시적으로 수행한다면 1절에서 명시한 구체적 기능 외에도 신진 연구자가 연구 기술을 배우고 익히는데 매우 유용한 훈련이 된다. 덧붙이자면 경험 많은 연구자는 긴장의 고삐를 늦추지 못하게 하는 역할도 한다.

(2) 평가하기 전에는 이해했는지 확인하라

필자의 경험상 다른 연구자의 논문 특히 그들의 입장과 의견을 잘못 해석하는 경우를 빈번하게 본다(여러 예시를 보기 위해서는 질, 1999b 참고). 이는 논문에서 기술 혹은 논의하는 현상이나 생각이 복잡하고, 저자의 필체가 모호하거나 엉성한 탓도 있지만 독자가 비판적 읽기를 제대로 하지 않거나 독자의 편견이 개입해서 벌어질 수 있는 일이다.

문헌연구에 포함된 정보와 현장에서 수집한 정보를 사실적 근간으로 해서 연구 프로젝트는 구축된다. 프로젝트의 성격에 따라 기존 문헌에서 수집하는 정보가 현장 데이터와 비교했을 때 중요도가 높거나 낮을 수도, 경우에 따라서는 중요도에 차이가 없을 수도 있다. 어느 경우이든 간에 문헌에서 얻은 사실과 현장에서 취합한 정보 모두 진지하게 취급해야 한다.

(3) 자신의 비평을 의심하라

독자의 편견은 항상 존재한다. 특히 독자와 반대 의견 혹은 다른 입장을 표명한 글에 대해서는 편견이 강하게 나타난다. 읽고 있는 글의 의견이나 입장이 나와 반대라고 단정하기 전에 해당 부분을 신중하게 다시 읽어보기를 권한다. 특히 텍스트의 내용이 비논리적이거나 얼토당토아니한 것처럼 느껴진다면 반드시 재차 확인해서 잘못된 결론을 선불리 내리고 그 내용을 공개적으로 발표해서 원문 저자와 본인 모두 망신 당하는 일이 없도록 해야 한다. 그런 경우가 아니더라도 텍스트를 꼼꼼하게 읽어서 저자의 의도를 정확히 파악하는 것이 중요하다. 텍스트에 대한 최종 결론을 내리고 저자를 비판하기에 앞서서 저자의 생각이 아닌 글쓰기 자체에 오류가 있을 가능성도 고려해야 한다. 즉, 저자가 자신의 원어가 아닌 언어로 글을 집필했을 가능성이 있고, 텍스트를 충분히 검토할 시간적 여유가 없었을 지 모르며, 출판 과정에서 없던 오류가 생겼을 가능성도 생각해야 한다.

3. 이해를 위한 읽기

평가를 할 때 규범과 평가자의 주관적 선호도가 개입하게 되는데, 이는 독해에 방해를 주어 오해를 낳기도 한다(위 절 참고). 따라서 처음 읽는 글일 경우에는 텍스트를 오해할 잠재적 요인을 줄이기 위해 개인적인 평가를 잠시 보류하고 내용을 이해할 목적으로 읽는 것이 바람직하다. 글에 대한 평가는 다시 읽으면서 진행하는 것이 좋다. 특히 연구 관련 텍스트를 읽는 독자라면 다음 질문을 염두에 두고 읽는 것이 도움이 된다.

3.1 저자의 의도를 파악하라

텍스트를 집필한 저자의 의도를 파악하는 것이 중요하다. 구체적 질문에 대한 답을 찾기 위해서 진행된 연구인가? 가설을 검증하기 위한 것인가? 특정 현상을 탐구하려는 목적인가? 많은 경우 독자는 저자의 의도가 아닌 자신의 연구관심에 따라 연구논문을 평가하는데, 둘 사이에는 큰 간극이 존재할 수 있다. 예컨대, 일본 전통 문학을 전공한 한 심사위원이 일본어-프랑스어 과학기술 텍스트에 드러난 번역전략을 주제로 한 논문을 평가하면서 "어설프게 쓰여진" 현대 일본어 ST를 연구대상 텍스트로 선정했다며 비판했다. 그의 주장은 ST가 타당성 혹은 대표성이 없다는 게 아니라 현대 일본 작가들, 특히 비문학계 작가들의 일본어 집필 능력이 떨어진다는 것이었다. 하지만 좋은 텍스트인지 여부와 상관 없이 현장에서 실제로 번역 의뢰가 되는 텍스트를 대상으로 한 해당 연구를 향해 이런 비판을 하는 것은 타당하지 않았다. 또 다른 예를 들면, 박사학위논문의 심사위원 중 한 명이 프랑스어-영어 법률언어를 비교하는 청구논문에 대해서 언어적 설명을 할 때 사용한 특정 어법을 문제 삼았다. 저자가 구축한 코퍼스를 검토했을 때 문제가 있다는 것은 아니었고 단지 더 현대적이고 포괄적인 어법이 있다는 비판이었다. 이 지적 자체는 유용한 정보가 될 수 있겠지만 박사학위 후보자가 선택한 어법이 두 언어를 비교하려는 목적에 부적합하다는 취지의 지적이 아니었다는 점에서 과연 의미 있는 비판이었는지 의문이 간다.

연구는 목표지향적인 행위이기 때문에 연구논문의 질을 평가할 때는 심사자의 관심사나 관련 분야에 대한 기여도 등을 판단하기에 앞서서 저자의 의도를 참고해서 평가하는 것이 옳다고 본다. 흥미로운 예로 앤드류 체스터맨과 로즈마리 아로요(Andrew Chesterman and Rosemary Arrojo, 2000)의 논문을 들 수 있다. 이 논문은 번역학계 내에서 다양한 입장을 취하는 대표 학자들의 사상을 규명하는데 목적이 있었는데, 애당초 저자들이 고려하지 않았던 목적을 충족하지 못했다는 지적을 여러 학자로부터 받은 바 있다(질, 2001 참고).

3.2 연구방법을 이해하라

연구논문을 보면 연구배경, 연구의 타당성, 연구방법론의 장단점 등에 대해 길고 상세히 설명하고는 하는데, 방대한 정보를 읽는 중에 독자는 방향을 잃기 쉽다. 타인의 연구를 평가하기에 앞서서 독자는 연구배경, 참고문헌, 용어사용 관습 등을 장황하게 설명하는 내용 속에서 실제로 활용된 연구방법이 무엇인지 확실히 파악해야 한다. 저자가 활용한 연구방법을 제대로 이해했는지 확인하기 위해서는 내용을 글로 요약해보는 방법이 있다.

연구방법이 특정 개념 혹은 이론의 내적 일관성을 논의하는 것인가? 해당 개념 혹은 이론의 적용범위나 현장 데이터와 일관성이 있는지 여부를 논의하는 것인가? 이론과 모델을 비교하는 연구인가? 이론 혹은 관점에 대한 시계열적 분석인가? 관찰적(자연적) 기법인가? 설문지를 기반으로 하는가? 면접을 활용하는가? 실험연구인가? 기본 설계는 어떤가? 단일표본을 연구한 사례연구인가? 실용적인 이유에서 연구의 주요 변수와 연구과정이나 절차 등 상세한 내용을 몇 문장으로 적어두는 것이 좋다(6절 참고). 예컨대 다음과 같이 요약하는 것이다.

(1) "저자는 교실에서 순차통역 시의 노트테이킹이 청취에 소요되는 처리용량을

빼앗는지 여부를 알아보기 위해 학급을 두 그룹으로 나누어 동일한 연설을 순차통역 하게 하면서 한 그룹만 노트테이킹을 하게 했다. 고유명사를 지표로 활용해 고유명사의 통역을 기반으로 결과를 비교하였다."(질, 1995)

(2) "저자는 복문(complex sentence)의 통역이 단문(simple sentence)보다 어려운지 알아보기 위해 통역사의 동공 지름을 정신적 부담(mental load)의 지표로 활용해 연구했다."(톰몰라와 니에미(Tommola and Niemi), 1986)

(3) "저자는 스코포스(skopos) 이론이 통역에 적용되는지 여부를 알아보기 위해 통역의 특징을 규명하고 스코포스 이론이 이러한 특징을 얼마나 반영하는지 측정했다."(쿠르츠(Kurz), 1996)

(4) "저자는 통역에 대한 기대치가 사용자 집단에 따라 달라지는지 알아보기 위해 설문지를 활용해 사용자들에게 아홉 가지의 통역품질 항목을 제시하고 중요도를 1부터 7까지의 척도로 평가하게 했다."(쿠르츠, 1996)

기존 논문을 보다 자세히 이해, 평가, 보고하거나 향후에 참고할 목적이라면 표본 규모 및 구성, 분석대상이 된 연설문의 종류 및 개수, 정확한 실험설계, 사용된 통계기법 및 척도 등 연구방법에 대한 세부사항까지 포함해서 요약, 기술하는 것이 독자에게 도움이 될 것이다. 이러한 관련 세부사항은 연구결과 및 결론을 요약한 내용과 같이 연결하면 된다(아래 참고).

3.3 연구결과 및 결론 이해하기

연구결과를 보면 특히 실증적 연구의 경우에는 많은 표와 평균, 유의수준, 기타 정량적 혹은 정성적 지표가 동반되기 마련이다. 이 중에서 가장 의미 있는 정보를 선택하고 요약하는 것이 비판적 읽기를 제대로 하는데 매우 유용하다.

대부분의 논문은 연구결과에 이어 결론을 내리는데 (만약 탐색적 연구

(exploratory research)라면 구체적 질문에 대한 해답을 찾는 것이 아니기 때문에 결론이 없을 수 있다.) 가설이 입증되었는지, 기대했던 차이가 발견되었는지, 연구의 진행과정에서 발생한 문제가 있었는지 등을 기술하게 된다. 여기서도 마찬가지로 향후에 논문을 평가하려면 결론을 요약해서 제시할 수 있어야 하는데, 다음과 같은 짤막한 설명으로 갈음할 수 있을 것이다.

- "노트테이킹 없이 순차통역을 한 조건에서 올바르게 통역한 고유명사의 개수가 노트테이킹을 하며 통역한 조건보다 많아, 노트테이킹이 초보자의 청취에 악영향을 준다는 가설을 뒷받침하는 결과를 도출했다."
- "수치를 보면 엔지니어가 의사보다 전문용어를 중시한다는 것을 알 수 있다. 실제로 여러 품질 항목에 대해 부여하는 상대적 가중치가 사용자 집단에 따라 다르다는 것을 나타낸다."
- "X 이론은 현장의 참석자 간에 이루어지는 직접적 상호작용을 고려하지 않기 때문에 통역학 이론의 요건에 부합하지 않아 보인다."

거듭 강조하지만 다른 학자의 연구논문을 잘못 해석하는 일은 빈번하게 일어난다. 독자가 충분한 주의를 기울이지 않아 논문을 읽는 과정에서 생기는 경우도 있지만 더러는 장기 기억 과정에서 비롯되는데, 독자가 저자의 입장 혹은 과거 논문에 대해 일반적인 편견을 갖거나 감정이 개입해 실제 논문 내용에 대한 기억을 왜곡하는 경우다. 따라서 특정 논문에 대한 최종평가를 글로 옮기기 전에는 논문을 글로 요약해보고 인용문과 의견을 적어두는 것이 바람직하다. 학과마다 컴퓨터가 있고 거의 대부분의 학자도 컴퓨터를 사용하는 오늘날 이렇게 내용을 요약해두는 일은 비교적 쉽다(7절도 참고할 것).

4. 내용 평가하기

4.1 연구 목적 평가하기

저자가 사용한 연구방법을 평가하기 전에 연구 목적을 평가하는 것이 도움이 된다(연구 기저의 광범위한 목적이 아닌 구체적 목적을 말한다). 이때 보다 전반적인 문제나 질문과 관련이 적은 세부적 목적에 집중하곤 한다.

예를 들어 최근 한 논문의 저자는 "통역사가 태어나는가 만들어지는가"라는 질문을 연구하고자 했고 (이 질문에 대한 해답을 찾는 것이 연구 기저의 광범위한 목적이라 하겠다) 연구의 구체적 목적을 교육을 받으면 통역 수행능력이 향상되는지 점검하는 것으로 정했다. 문제는 연구 근거에 있다. 통역사의 자질을 갖고 태어나지만 수년에 걸쳐서 통역 기술을 연마했기 때문에 1-2년의 훈련으로 눈에 띄게 향상되지 않거나(예를 들어 카이(Cai), 2000; 류, 2001) 특정 교육 패러다임이 맞지 않아 도움을 받지 못할 수 있다. 그런가 하면 교육과정에 걸쳐서 실력이 향상되지만 전문가 수준으로 절대 도달하지 못하는 학생이 있을 수 있다. 다시 말해 교육기간 동안 수행능력이 얼마나 향상되는지 보겠다는 이 단독 연구가 광범위한 연구질문의 해답을 찾는데 유용할지 의구심이 든다. 만약 연구질문의 다양한 측면에 각각 초점을 맞추는 연구를 구상하고 이 단독 연구를 전반적인 전략의 일부로 제시한다면 그 유용성은 달리 평가될 수 있을지 모르겠다.

더 큰 문제는 타당성을 이유로 단일 연구를 통해 결코 달성하지 못하는 목적을 설정하는 경우다. 가장 대표적인 사례는 몇 년에 걸쳐서 여러 연구팀이 막대한 연구를 진행해야 하기 때문에 단일 저자가 단일 연구로 도저히 목적을 이룰 수 없는 경우나(예컨대 "이론과 실제의 격차를 좁히고자 한다"거나 "번역과 통역 간의 번역전략 차이를 규명한다") 연구에 필요한 코퍼스 혹은 개념적, 기술적 도구를 획득하거나 개발하기 어려운 경우가 되겠다.

다른 저자의 글에서 위와 같은 목적을 평가하는 일은 의식을 제고할 수 있는 훈련으로서, 박사과정생들이 자신이 세운 연구목적의 약점을 파악하고 특정한 방향으로 연구를 깊게 진행하기 전에 필요한 방향 수정을 하는데 도움을 줄 수 있다.

4.2 연구방법 평가하기

다음은 위와 같은 목적을 이루기 위해 사용되는 연구방법의 설계와 이행이 적절한지 여부다. 여기서 타당성, 대표성, 신뢰성의 문제가 발생하게 된다. 전반적인 접근방법이 적절한가? 설문지가 필요한 사실을 충실히 보여주는가? 응답자를 심층 면접할 필요는 없는가? 아니면 응답자의 답변과 실제 행동 간의 격차가 클 수 있기 때문에 관철법으로 연구를 진행해야 하는가? 연구대상이 되는 관련 변수를 외부영향으로부터 통제하기 위해 실험을 실시하는 것이 옳은가, 아니면 실험상황은 너무 인위적인가? 표본의 크기가 충분히 크고 대표성을 갖고 있는가? 실험과제와 조건이 연구목적에 부합하는가? 저자가 선택한 자료 처리 방법이 적합한가? 여러 상황을 고려했을 때 최상의 방법인가? 더 향상할 수는 없는가?

물론 연구방법의 일부 기술적 측면은 독자가 전문지식과 경험이 있어야 평가가 가능하다. 특히 추리통계의 사용, 일부 언어학적 분석, 심리학적·신경학적 절차의 경우가 그렇다. 하지만 연구문헌을 해석하는 과정에서 연구절차의 근거 자체에 근본적 문제가 여전히 많이 눈에 띄는데, 이는 기본상식과 통역에 대한 일반적 지식만으로도 분별할 수 있다. 예를 들어, 통역품질 평가방법으로 TT의 어순변화를 오류로 정의하게 되면 결과가 왜곡될 수 있다는 사실을 통역사라면 알 것이다. 마찬가지로 특정 인종을 대상으로 타당성이 검증된 심리검사를 통역사에게 실시하면 문제가 발생할 수 있다는 것도 알 것이다(통역사 집단이 단일 인종집단과 똑같은 특징을 갖고 있지 않을 가능성이 있기 때문이다). 이러한 잠재적 오류가 야기할 심각한 결과를 평가하는 일은 상대적으로 어렵겠지만 이런 문제를 잡아내는 일은 비판적 읽기를 하는 독자에게 유익할 뿐 아니라 저자에게 피드백이 제공된다면 저자에게도 도움이 될 수 있다.

4.3 보고된 사실을 평가하기

연구방법에 대한 질문에 답을 하려면 저자의 근거와 타당성도 중요하지만(본 권에 실린 주제선정에 대한 질의 논문 참고) 현장의 사실에 대한 저자의 인식, 이런 사실에 대한 저자의 해석, 이런 해석을 연구에 어떻게 적용하는가 등도 간과할 수 없다. 가령, 통역시장의 규모가 작고 협소한 국가의 저자는 한 문헌에서 통역사가 "손에 꼽히는 적은 수의 동료 외에는 통역을 들을 일이 거의 없다"고 반복적으로 주장하면서, 그렇기 때문에 통역사들이 "자신의 통역을 다양한 통역결과물과 비교하지 않는다"고 한다. 이러한 주장의 근거는 옳을지 몰라도 사실은 잘못되었으며 "지역주의(provincialism)" 혹은 "편협"(자신이 소속된 "지역(province)"의 사실을 빌어 그 지역 바깥의 상황을 확인하지 않고 일반화하는 일–바비(Babbie), 1992, p. 77)의 결과라 하겠다. 실상은 많은 시장에서 통역사들이 일하는 과정에서 수십 명의 통역사와 호흡을 맞추기 때문에 자신의 통역을 많은 동료들과 충분히 비교할 수 있는 입장이 된다.

현장에서 수집된 데이터 외에도 연구방법을 적용해서 생산되는, 즉 연구 자체에서 발생하는 데이터도 있다. 저자는 이러한 데이터를 올바르게 확인하고 분류하고 있는가? 최근 한 연구에서는 "의미 오류(meaning error)"의 항목에서 "누락(omission)"과 "추가(additions)"가 별도의 설명 없이 제외된 것을 볼 수 있었는데, 이는 문제가 아닐 수 없다. 타당한 이유 없이 정보가 누락되거나 추가되었는데 이것을 "의미 오류"가 아니라고 볼 수 있는가? 저자가 내린 결론에 관련된 사실이 모두 고려되었는가? 그렇지 않다면 제외된 이유가 정당화되었는가? 예를 들어, 질 1999a를 포함한 일부 연구에서 필자는 명확히 확인된 오류만 사용하기로 했다. 이때 신뢰도가 높아진다는 장점이 있는 반면 관련 있는 많은 정보를 놓칠 위험이 있다는 것이다. 비판적 읽기를 하는 독자는 소실된 정보로 인해 큰 그림이 왜곡될 수 있기 때문에 이를 좋지 않은 전략으로 볼 수 있다.

4.4 문헌자료를 어떻게 활용했는지 평가하기

문헌자료에서 수집할 수 있는 정보로는 과거 연구와 연구결과, 다른 저자의 이론, 입장 및 주장 등이 있다. 전통적으로 연구논문 서두에는 기존 문헌에 대한 검토가 이루어지는데 저자는 대개 기존 문헌을 제시하고 연구배경으로 문헌을 분석하면서 기존 연구의 약점 혹은 한계를 지적하며 자신의 연구로 기여할 수 있는 부분이 무엇인가로 글을 이어간다. 경우에 따라서는 기존 저자의 입장을 직접 시험해보는 내용의 연구도 있다.

연구논문의 문헌자료 활용을 평가할 때 두 가지를 반드시 따져봐야 한다. 하나는 관련 분야에서 가장 의미 있는 저자와 참고자료가 제시되었는지 여부이고, 다른 하나는 참고문헌이 잘못 인용되지 않고 올바르게 표기되었는지(질, 1999b 참고) 여부이다.

다음으로 물어볼 질문은 참고문헌의 선정과 관련이 있다. 모든 참고문헌이 연구결과나 논의된 의견에 대한 정보를 제시하거나, 주장을 뒷받침하거나, 저자의 관점을 올바르게 보여주는 등 독자에게 충분하고 의미 있는 부가가치를 제공하고 있는가? 이런 관점에서 봤을 때 부가가치가 작다면 참고문헌이 '정치적' 혹은 외교적 동기를 갖고 있는가(만약 그렇다면 해당 문헌은 선정한 저자의 소속 혹은 '정치적' 입장에 대한 반증일 수 있다)? 논문에 기재된 저자의 소속을 보면 왜 일부 저자는 연구대상이 되는 문제에 기여한 정도가 작은데도 중요하게 다뤄지는지 그리고 반대로 큰 기여를 하고도 간과되는지 설명이 가능하다. 논문에서 문헌의 활용을 평가하려면 이러한 '정치적' 변수를 고려해야 하며 그랬을 때 저자가 문헌에 대한 이해가 부족하다는 잘못된 결론을 섣불리 내리지 않을 수 있다(본 권, 강비에(Gambier) 참고).

문헌 활용을 기반으로 연구자로서 저자가 갖는 전문성을 평가할 때는 언어적 측면과 자료의 입수 가능성을 고려해봐야 한다. 상당량의 자료는 통역학계의 대다수 연구자가 이해하지 못하는 언어로 쓰여졌고 불행히도 통번역 교육기관을 포함한 대부분의 도서관은 관련 문헌의 극히 일부만 보유하고 있다. 따라서 관련 문헌이 누락된 것을 두고 저자가 반드시 관련 문헌에 대한 사전 탐구를 진중하게 못했다고 단정 지을 수 없다.

4.5 저자의 추론 평가하기

과학이란 데카르트식으로 명백히 '논리적'이어야 한다. 모든 경험적 절차, 특히 실험 설계 및 추리통계(inferential statistics)는 이와 같은 논리에 기반을 둔다. 이상적이지 못한 연구 전략은 환경적 제약(물리적 제약, 실험대상과 데이터에 대한 접근 부족, 시간 부족, 예산 부족)으로 설명이 가능하고 정당화할 수 있지만(본 권에서 질의 또 다른 논문 참고), 정확한 근거는 과학의 필수적 요소로서 환경적 요인의 영향을 받지 않으며 비판적 읽기를 할 때 우선순위를 두고 따져야 하는 부분이다.

기본적인 질문은 연구의 근거가 정확한지 여부인데, 연구 설계의 타당성과 검정력(power)부터 시작해서 획득한 연구결과를 바탕으로 저자가 내린 결론에 이르기까지 검토해야 한다. 연구 논리의 모든 단계가 직전 단계에서부터 논리적이고 명확하게 이어지는가? 저자가 선택한 모든 절차가 연구문제 혹은 주제에 대한 논리적 해답을 제공하는가? 저자가 내린 결론은 데이터에서부터 논리적인 전개에 따라 직접적이고 연속적이며 논리적으로 이어지는가 아니면 하나 혹은 그 이상의 단계가 누락되었는가? 저자가 내린 결론이 데이터에서 논리적으로 도출할 수 있는 유일한 것인가 혹은 가능성이 있는 또 다른 타당한 결론이 있는가? 만약 그렇다면 저자는 여러 개의 가능성 중에서 한 가지 결론을 내린 이유를 설득력 있게 논의하고 설명하는가? 특정 환경에서 도출한 결론을 넓은 맥락으로 일반화한 저자의 논리가 정당화되는가? 모든 연구결과가 고려되고 있는가? 이 모든 측면은 실증적 연구, 그 중에서도 구체적 질문에 답을 찾고자 하는 실증적 연구의 결론을 평가하는데 특히 중요하다.

5. 형식 평가하기

상대적으로 중요성은 떨어지지만 의사전달을 위해서 마찬가지로 중요한 것이 있다면 연구가 잘 제시되었는지 여부인데, 이는 저자의 전문성을 상당 부분 반영한다.

5.1 글의 구성 평가하기

글이 어떻게 구성되었는가? 독자들이 연구의 배경을 먼저 이해한 후에 연구목적과 방법, 이어서 연구결과와 결론을 파악할 수 있도록 '논리적'이며 선형적 형태로 구성되었는가? 각 절(節)의 상대적 길이는 적절한가? 편집이 부실한 연구논문에서 빈번히 드러나는 문제 중 하나는 지면을 고려하지 않은 채 중요하지 않은 내용을 지나치게 길게 채우는 일이다. 연구목적, 방법 및 추론 등 필요한 설명은 모두 이루어졌는가? 많은 실증적 학문에서 IMRD 구조(도입(Introduction), 자료 및 방법론(Material and Methods), 결과(Results), 논의(Discussion))를 규범으로 사용하는데, 실증적 연구를 제시하는 합당한 방법으로 반드시 이 형식만 고집할 필요는 없다.

5.2 언어 평가하기

언어적 적합성(문법 등)이라는 자명한 고려사항 외에 글이 잘 읽히는가? 문장이 명료한가? 복잡한 구문 혹은 높은 정보 밀도 때문에 독자에게 큰 인지적 부담을 주는가? 어휘 및 전문용어는 표준에 따라 일관적으로 사용하는가? 저자가 불필요하게 새로운 표현을 만들어내지는 않았는가? 약어를 많이 사용했는가? 그런 약어를 풀어 설명했는가? 논문을 읽는 목표 독자에게 친숙하지 않을 수 있는 어려운 전문용어에 대한 설명은 이루어졌는가? 외국어로 된 인용문은 (적절하게) 번역 혹은 설명되었는가?

5.3 시각적 구성 평가하기

단락의 길이, 제목과 소제목, 여백, 폰트 등 텍스트의 레이아웃은 보기 좋은가? 표와 그림 등은 충분한가? 이러한 표와 그림이 유용한가 아니면 불필요한가? 읽고 이해하기 용이한가? 출판사와 학술지 편집자가 자료 제시 기준을 주는 경우가 많지만 저자의 자율성도 일정 부분 인정되며, 다른 저자의 논문을 비판적으로 읽으면서 향후 본인이 글을 쓸 때도 무엇을 어떻게 할지 여부를 결정하는데 좋은 단서를 얻을 수 있다.

5.4 참고문헌의 제시 방법 평가하기

저자명, 출판물의 시기와 장소를 포함한 관련 세부내용 등 모든 참고문헌이 정확하고 완전하게 기재되었는가? 작성지침은 지켜졌는가? 논문 본문에 언급된 모든 문헌은 참고문헌에 포함되었는가? 반대로 참고문헌 목록에 있는데 본문에 없는 문헌은 없는가? 물론 저자에게 최종 검토 및 교열을 하도록 교정쇄를 보내지 않은 경우나 저자와 출판사가 다른 소프트웨어로 작업을 하면서 포맷이 변경되어 강조된 글자, 특수문자, 장식 및 그래픽 포맷 등 형식이 깨지는 경우처럼 저자가 통제하지 못하는 일부 실수와 누락도 있다. 그런가 하면 저자 스스로 작업 품질을 지키지 못했다는 사실을 여실히 보여주는 실수도 있다. 세부사항을 꼼꼼하게 점검하는 일은 전문성의 표시이다. 풍부한 지식과 창의성을 갖춘 식견 있는 연구자라 해도 세부사항을 세심히 살피지 못한다면 연구자로서의 역량과 연구결과 모두 의심 받을 수 있다.

6. 전반적 평가

연구논문에 대한 독자의 평가는 대개 '객관적' 요소 (가장 중요하게는 데이터와 추론 능력) 및 독자의 개인적 평가 잣대에 따라 이런 요소에 부여하는 주관적 가중치, 더 나아가 연구방법론과 학파, 참고문헌 목록, 문체, 레이아웃 등에 대한 주관적 선호도에 따라 결정된다. 그리고 평가요소의 상대적 가중은 상황에 따라 달라진다. 저자의 지위와 텍스트의 종류에 따라 달라질 수 있다. 학생의 연구 보고서라면 수용되는 것도 노련한 연구자의 논문에서는 절대 용납되지 않을 수 있다. 텍스트 유형이 석사학위논문(thesis)인지 박사학위논문(dissertation)인지에 따라 가중이 달라지며, 콜로키움(colloquim)의 구두 발표 때 사용하는 논문과 저명 학술지 투고논문을 같은 기준으로 평가하지 않는다. 셋째, 환경적 제약으로 인해 중요도가 결정되는 부분도 있다. 예를 들어, 관련 참고문헌이 누락되었다 하더라도 저자가 그런 문헌에 물리적으로 접근하기 어렵다거나 저자가 소속된 학문적 환경에서는 '정치적'인 이유 혹은 이데올로기, 개인적 사유로 인해 특정 연구자를 인용하지 않는 강한 학풍이 있다고 알려지거나 추정되는 경우라면 문헌을 누락했다고 '범죄자 취급'을 받는 일은 상대적으로 적으리라.

반면 연구 근거에 근본적 결함이 있다면 아무리 초보 연구자라 해도 연구 자체가 무효가 될 수 있는 다분히 '객관적'인 일이다. 이와 유사하게 숫자의 반복적 오류, 여러 개의 오탈자와 잘못된 인용 등에서 드러나는 부주의는 저자가 진지하지 않다는 점을 보여주는 '객관적' 결함이다. 하지만 논문이 얼마나 길어야 하는지, 문헌연구가 얼마나 종합적이어야 하는지, 여러 연구전략 중 '올바른' 선택은 무엇인지 등은 모두 일장일단이 있어서 '객관적'인 기준이 없다. 저자의 선택을 (부정적 의미에서) 비판할 때 독자는 저자가 자신의 선택이 갖는 단점을 알고 이를 정당화하고 있는지 혹은 그런 단점을 모르고 있는 것으로 보이는지 살펴야 한다. 후자의 경우라면 근거에 결함이 있을 수 있다. 예컨대, 저자가 소규모의 비확률 표본(non-random sample)을 심층 연구하기로 하고 연구결과에 대한 추리통계를 실시하지 않았다면 저자가 그런 소규모 표본의 한계를 인지하고 추리통계가 적절치 않다고 판단한 것으로 볼 여지가 있다. 반드시 저자가 통계기법에 무지하거나 표본 크기의 중요성을 모른다고 단정 지을 수 없다.

마지막으로 독자의 평가 자체도 다양한 형태로 나타날 수 있다. 저자의 발전을 돕고자 (특히 저자가 학생이라면) 논문을 긍정적이며 건설적인 방향으로 평가하는 경우부터 연구보조금 대상작이나 관련 수상작 선정을 위한 비판적이고 중립적 평가와 개인 연구를 위한 영감을 찾기 위해 비판적 읽기를 하는 중간 점검 성격의 평가 등 그 종류는 다양하다.

후자의 경우처럼 학습 목적으로 비판적 읽기를 할 때는 전반적인 평가보다 연구의 각 구성요소를 살피면서 각각의 장단점을 평가하는 일이 더 중요하겠다.

7. 실질적 조언

2절에서 일반적 원칙을 논의하며 언급했듯이 비판적 읽기는 그 자체로 과학적 행위이며 가능하면 체계적이고 신중하게, 명시적이며 논리적으로 이루어져야 한다. 다음은 비판적 읽기를 위한 실질적 조언이다.

7.1 읽으면서 메모하기

① 비판적 읽기를 할 때는 관련 데이터 및 생각을 잊어버리거나 기억이 왜곡되기 전에 반드시 종이와 필기도구(혹은 컴퓨터)로 내용을 기록해야 한다. 필자는 주로 연필로 중요한 대목을 밑줄 치거나 여백에 메모를 하는데, 내 소유의 출판물이 아닌 경우만 예외다. 이럴 경우에는 정확한 참고문헌의 제목과 메모할 내용이 담긴 페이지 번호 및 몇 번째 단락 몇 번째 줄까지 베껴 적는다.

② 비판적 읽기 작업을 할 때는 메모를 시작하기에 앞서 논문을 찾은 도서관 혹은 기타 장소를 포함한 논문의 서지정보를 빠짐없이 적도록 한다. 그렇지 않으면 관련 정보를 잊어버리고 불완전한 정보를 채우기 위해 해당 논문을 어렵게 다시 찾아야 하는 불상사가 생길 수 있다(그렇게 다시 찾으면 다행이다).

③ 논문의 중요한 대목, 특히 본인이 비판할 의도를 갖고 있는 내용은 (논문을 소장할 수 없다면) 글자 그대로 기록하도록 한다. 이렇게 하면 해당 텍스트를 정확히 참고할 수 있고 그 내용을 비평하거나

본인의 논문에 인용할 때마다 그 의미와 범위를 재차 확인할 수 있게 된다.

④ 나중을 위해 특히 중요한 대목은 표시해두고 밑줄을 치거나 여백에 별 한 개, 두 개, 세 개 등의 기호로 본인이 생각하는 중요도를 표시하면 편리하다.

⑤ 출판될 서평을 쓰는 경우에는 특히 그렇지만 특정 연구의 접근방법, 논문 속 주장이나 행위 등 불확실한 점이 있다면 가능할 때마다 저자에게 확인 요청을 한다. 보편적 절차는 아니지만 이렇게 했을 때 문제점을 정확히 파악할 기회가 생기고 저자를 오해하거나 부당한 평가를 내리는 일이 없다. 필자의 경험에 비춰볼 때 저자들은 자신의 생각을 명확히 전달할 수 있는 기회가 주어지면 늘 긍정적으로 반응하며, 공개적으로 '판단' 받기 전에 자신의 전략을 변호하는 경우도 있다.

7.2 논문 요약 보고서 및 자료 정리

비판적 읽기를 마친 후 결과물을 정리하는 편리한 방법은 아래와 같이 두 부분으로 구성된 보고서를 남기는 것이다. 전반부는 논문을 읽으면서 메모한 내용과 해당 페이지 번호를 적어둔 것으로서 아래와 같이 작성하면 된다. 아래의 '박스'는 이러한 요약 보고서 중 일부분을 나타낸 것이다. 왼쪽 여백의 단어는 비판적 읽기를 한 독자가 추후에 보고서를 한눈에 신속하게 훑어볼 수 있도록 주제어를 삽입한 것이다. 보고서 본문에는 페이지 번호 옆에 인용문을 글자 그대로 적거나 인용된 대목에 대한 설명이 있고, 해당 인용구 혹은 설명 바로 밑에 비판적 읽기를 한 독자의 개인적 의견이 들어간다.

수행능력 p. 6 "……………………………………"(인용문)

비고: 재미있다/흥미롭다

시간 제약 p. 7 "……………………………………"(인용문 혹은 본문 속 정보)

처리용량 p. 7 "……………………………………"(인용문 혹은 절차에 대한 설명)

비고: 추론에 문제가 있음. 왜냐하면……

기억력 p. 10 "……………………………………"(인용문)

비고: 혁신적인 생각

기타 등등

보고서 후반부는 전반부의 내용을 토대로 데이터와 의견을 요약한 것이다. 이와 같은 '논문 요약보고서'는 (소논문의 경우는 한 장에서 여러 장 길이, 책과 박사학위논문의 경우는 20여 장까지) 기록해두었다가 추후 연구에 활용할 수 있다.

더 많은 자료를 읽고 더욱 많은 데이터가 축적되면서 필요한 인용문을 찾기 위해 수십 장, 많게는 수백 장의 글을 읽어야 하는 경우가 생겨 구체적인 정보를 찾아내는 일은 점점 어려워진다. 이때 몇 단계의 간단한 정리 작업으로 어려움을 덜 수 있다. (위 예에서 볼 수 있듯이) 각 인용문 옆 여백에 적힌 주제어는 추후 문헌조사를 할 때 특정 내용을 가리키는 같은 종류의 인용문을 쉽게 찾을 수 있도록 해준다. 주제어만 훑어보고 관련이 있는 내용이 나왔을 때 옆의 인용문과 의견만 읽으면 되는 것이다. 한 단계 더 나아가 주제어와 관련 참고문헌(저자명, 출판연도, 페이지 번호 등 정보 포함)을 연결함으로써 주제어를 활용한 데이터베이스를 만들 수도 있다. 추후 연구를 진행하면서 관련된 인용문을 찾아야 할 경우 이 데이터베이스를 활용하면 시간 절약도 되며 단순히 기억에 의존하는 것보다 높은 수준의 완성도를 보장할 수 있다.

8. 보고하기

비판적 읽기를 마친 후에 보고서를 작성할 때 가장 중요하게 기억해야 하는 점은 보고서 수신자 즉 학술지와 편집본의 편집자, 선정 및 평가 위원회의 위원, 학술지의 서평을 읽는 독자, 그리고 논문을 집필한 저자에게도 도움을 줘야 한다는 것이다. 모든 보고서에는 평가 내용 외의 정보가 포함되어 있어야 하며, 다른 연구 보고서를 대상으로 한 비평과 마찬가지로(본 권, 강비에 논문 참고) 모든 비평에 대한 증거를 제시해야 한다. 요청 받은 보고서의 종류에 따라, 그리고 지면에 따라 사실적 내용의 정도와 명료화의 수준은 달라진다. 학술지에 실리는 경우라면 요약 보고서의 형태로 작성한다. 평가위원회에 제출할 보고서라면 그 길이가 더 길 수 있다(특히 부정적인 의미에서 비판적인 보고서라면 더욱 그렇다). 출판할 원고를 평가해달라는 출판사의 부탁을 받고 쓰는 보고서라면 짧게 작성하기를 권한다. 의뢰자인 출판사 측이 먼저 살펴보는데 도움을 주기도 하지만 원고에서 발견되는 문제점과 해당 참고사항(페이지, 단락, 줄 번호를 포함)을 종합적으로 보여주기 때문에 출판사를 비롯한 다른 심사자나 저자 본인이 확인해서 평가 내용을 점검할 수 있고 필요하다면 지적 사항에 대한 수정도 할 수 있을 것이다. 보고서의 한 형태라 할 수 있는 서평에 대한 더 많은 논의를 보려면 본 권에 실린 강비에의 논문을 참고하라.

9. 결어

서두에서 비판적 읽기의 몇 가지 기능을 소개한 것을 시작으로 본 논문은 이와 같은 읽기가 상당한 가치를 지닌 활동이라는 점을 내세워 여타 연구행위와 동일한 기본적 규칙을 따라야 한다고 주장했다. 막대한 분량의 출판물로 인해 과중한 부담을 안고 있는 동종 학계의 연구자들에게 비판적 평론은 잠재적으로 중요한 정보를 제공하는 한편 읽어볼 가치가 있는 옥고를 소개하는 역할을 한다. 연구의 출판 여부, 연구자의 채용 혹은 승진 여부(본 권, 강비에 참고) 등을 정해야 하는 의사결정자들에게는 올바른 결정을 내릴 수 있도록 돕는다. 저자에게는 연구를 개선할 수 있는 피드백과 조언 제공의 역할을 하는데 특별히 박사학위논문을 마친 후 연구의 진척을 감독하거나 지도해줄 사람이 없는 상황이라면 이런 조언을 들을 기회가 드물다. 비판적 읽기를 하는 독자 자신에게는 꼼꼼한 읽기를 강제한다는 점에서 유용한 훈련이고, 이 때문에 논문 속 정보에 대한 이해력과 기억력을 향상할 수 있다. 마지막으로 비판적 읽기를 하는 초보 연구자는 다른 연구자가 무엇을 했는지 보고 평가하며 배울 수 있고 데이터를 체계적이고 신중하게 탐색, 사용, 보고하는 과정을 통해 기본적인 과학적 기술을 스스로 훈련하도록 한다.

참고문헌

Babbie, E. 1992. *The Practice of Social Research.* Belmont, California: Wadsworth Publishing Company.

Cai, Xiaohong. 2000. *Le processus de l'interprétation consécutive et le déveioppement de la compétence interprétative - Etudes empiriques, observations des étudiants et des interprètes de français.* Unpublished doctoral dissertation, Guangdong University of Foreign Studies.

Chesterman, A. and Arrojo, R. 2000. "Shared Ground in Translation Studies". *Target* 12(1): 151- 160.

Gile, D. 1995. "Fidelity assessment in consecutive interpretation: An experiment". *Target* 7(1) : 151-164.

Gile, D. 1999a, "Testing the Effort Models' tightrope hypothesis in simultaneous interpreting". *Hermes* 23: 153-171,

Gile, D. 1999b. "Uses and abuses of the literature in interpreting research", *The Interpreters' Newsletter* 9: 29-43.

Gile, D. 2001. "Being Constructive about Shared Ground". *Target* 13(1): 151-155,

Kurz, I. 1996. *Simultandolmetschen als Gegenstand der interdisziplinären Forschung.* Wien: WUV- Universitätsverlag.

Liu, Minhua. 2001. *Expertise in Simultaneous Interpreting: a working memory analysis.* Unpublished doctoral dissertation, The University of Texas at Austin.

Tommola, J. and Niemi, P. 1986. "Mental load in simultaneous interpreting: an on-line pilot study". In *Nordic research in text linguistics and discourse analysis,* Evensen, L.(ed), 171-184. Tapir.

과학적 텍스트에 대해 보고하기

이브 강비에(Yves Gambier),
투르크대학교, 핀란드

1. 과학적 담론의 다양한 기능

부르디외(Bourdieu)를 비롯한 일부 사회학자는(1984, 학계에 대한 글에서) 일명 '눈에 보이지 않는 길드(invisible guild, "*collèges invisibles*")'라고도 불리는 과학 공동체가 의식을 따르고(정기적으로 총회를 갖고 같은 정기간행물을 구독하는 등) 여타 사회적 집단과 마찬가지로 정당성, 인지도, 진급, 배척 등을 보장하는 규칙을 두고 있다는 점을 지적한다. 연구 고유의 품질은 이러한 역동적 체제의 한 요소일 뿐이다. 특히 여러 구어 및 문어 형태를 띠고 특정 전문용어를 사용하는 과학적 담론은 이러한 공동체가 기능하는 방식 중 하나이다. 과학적 담론의 역할은 구성원들이 연구를 발표하고, 평가하고, 주요 개념을 확인하고, 구성원들이 집단과 동질성을 공유할 수 있는 관습과 가치를 확인하고, 집단에 가입하면 뒤따르는 한계와 제약을 상기하는데 있다. 과학 공동체의 주요 역할은 구성원들의 주장이 갖는 과학적 '진실'을 인가하고 집단 구성원의 자격을 보증하는 것이다. 이런 배경에서 과학적 담론은 실험결과를 보고하거나 혁신적 발견을 소개하는 것에 국한되지 않는다는 사실을 쉽게 알 수 있다. 실제로 과학적 담론은 과학 공동체의 형태를 잡아나가고 의미를 부여하며 그 존재를 가시화한다는 의미에서 공동체를 지탱하는 역할을 한다고 볼 수 있다('발표하지 않으면 망한다!(Publish or perish!)'는 신조가 그 일례다).

젊은 연구자들은 이러한 담론 속에서 자신의 정체성을 구축하고 발견하려고 한다. 그렇기 때문에 텍스트의 내용을 이해할 뿐만 아니라 과학적 담론 및 소속된 과학 공동체 내에서 해당 텍스트의 위치를 규명할 줄 아는 일은 중요하다.

석사 및 박사학위논문, 소논문 등 과학 혹은 학술 텍스트를 준비, 작성, 구성하는 방법에 대한 서적이 있고, 텍스트를 비평하려면 먼저 읽어야 함에도 불구하고 텍스트를 어떻게 읽어야 하는지 알려주는 글은 부족하다는 사실에 주목할 필요가 있다. 본 논문은 서평 작성법에 대한 지침을 알려주는데 목적을 두고 있지 않다. 오히려 과학적 담론의 틀 내에서 비평이 갖는 위치를 해설하고 서평을 작성하기에 앞서 고려해야 하는 텍스트의 다양한 측면을 안내하고자 한다. 과학 텍스트의 특징을 소개한 후, 본 논문은 서평의 구체적 기능과 목적을 설명하고자 한다(과학 텍스트를 대상으로 한 비판적 보고서에 대한 일반적인 내용도 다룬다). 이어서 이러한 보고서 혹은 요약문을 작성해야 하는 연구자의 인식 제고를 도울 몇 가지 기준과 질문을 열거하고, 서평을 대상으로 한 소규모 코퍼스를 분석함으로써 이런 형태의 보고서가 갖는 강점과 약점을 보여주고자 한다.

2. 과학 텍스트의 일반적 특징

진공 상태에서 집필되는 글은 없다. 텍스트는 어느 정도의 사전지식을 갖춘 사회적 주체 사이에서 소통되는데, 정립된 '장르'에 의존해 메시지를 보다 효율적으로 전달하고 상호작용을 높인다.

2.1 과학 텍스트의 두 가지 차원

텍스트 종류 및 장르는 수십 년간 텍스트언어학의 관심의 초점이었으며(예를 들어 베를리흐(Werlich), 1975, 1983; 롱에이커(Longacre), 1976; 아담(Adam), 1985, 1992 참고) 그보다 짧게는 번역학의 관심사이기도 했다(예를 들어 트로스보그(Trosborg) (ed.), 1997 참고). 명확한 기준을 정의하고 적용하기 어렵다는 이유로 상당히 다양한 텍스트의 분류 방법이 제시되어왔다. 마찬가지로 과학 텍스트에 부여된 명칭도 유사한 정도의 다양성을 보여왔다. 본 논문에서는 그 명칭을 일일이 살펴보지 않겠다(이에 관해서는 강비에, 출판 준비 중, 참고). 다만 모든 과학 텍스트에는 아래와 같이 두 가지 차원이 있다는 점을 알아두면 된다.

2.1.1 사회적·인지적 차원

과학 텍스트란 정해진 지식 분야, 활동 영역, 사물과 개념을 모두 가리키는 분석적·참조적 측면의 텍스트이다. 반면 한 공동체 내의 과학적 담론을 구성하는 텍스트의 범위에 속한 동시에 다른 텍스트와 상호작용한다는 점에서 '상호텍스트적(inter-textual)' 측면을 지닌다. 상호작용하는 특질 때문에 다른 텍스트의 관점, 연구결과 및 가설을 인용, 평가, 참조할 수 있다. 또한 권력 관계를 반영하기도 해서 때로는 논쟁과 묵인의 측면을 나타내고 암시, 인유(引喩), 풍자의 여지가 존재한다. 과학 텍스트를 집필하는 연구자는 조작적 정의, 설명, 분류 방법을 제시하며 단순히 지식만 전달하지 않는다(2.2.1절 참고). 과학 텍스트를 통해 동료를 인정하거나 인정을 구하기도 하고, 공동체의 또 다른 구성원을 끌어들이기 위한 시도도 하고, 집단 내의 소속감을 높이려고 하거나, 해당 과학분야의 경계를 규정하는 집단의 일원이라는 사실을 드러내기도 한다.

2.1.2 시각적 측면

또한 텍스트에는 시각적 측면이 있는데 최소한 두 개의 분명한 기호 체계를 포함한다는 점에서 구분이 가능하다. 한 가지는 선형적인 것으로서(문어 텍스트의 수평축에 해당) 언어 및 상징을 포함한다(숫자가 여기에 포함된다). 또 다른 하나는 비선형적인 것으로서 지면 혹은 화면에 독자적인 공간을 차지하며 그림과 같은 도상(icon) 및 도표와 같은 도상학적 요소(iconographic element)가 여기에 포함된다. 이와 같은 시각적 측면은 항상 과학적 글쓰기의 일부였지만 미세한 사물의 '순간포착'을 가능하게 하는 이미징 기술과 시각적 표현을 가능하게 하는 재생 기술 덕분에 최근 들어 그 존재가 더 두드러지고 있다. (인터넷, CD-ROM 등) 멀티미디어 기술의 폭넓은 보급으로 이와 같은 시각적 측면의 역할은 향후 더욱 커질 것이다(텍스트의 시각적 측면이 중요하기 때문에 간략히 언급하고 있지만 본 글에서는 더 깊게 논의하지 않겠다).

2.2 상황 및 소통 관련 변수

모든 과학 문헌은 특정 상황 및 소통 관련 변수에 의해 결정된다. 그 변수는 아래와 같이 세 가지 항목으로 분류할 수 있다.

2.2.1 송신자와 소통대상자

송신자(sender)와 소통대상자(addressee)를 정의하는 변수로는 사회적 지위, 전문적 활동, 소속 기관, 교육 정도, 전문성의 수준 등이 있다. 이들 변수는 텍스트의 신뢰도와 권위에 영향을 주고 원고가 수용되거나 거부되는데도 관여한다(2.3절 참고). 송신자와 소통대상자(동종 분야, 인접 분야, 타 분야에 속한 전문가, 교사, 언론인 등)는 (대개의 경우) 언어 생산 및 해석을 주관하는 암묵적 규칙을 공유하고는 한다. 그들은 공유된 경험, 지식, 가정, 전문용어를 바탕으로 비슷한 패턴에 따라 자신의 정보 및 텍스트를 정리, 참고, 표현한다. 비슷한 패턴에 맞춰서 지면 절약, 정확성, 객관성, 관련성 등을 같은 사항을 고려하는 것과 마찬가지다. 그리고 저자와 소통대상자 모두 동일한 가독성 전략과 수사적 관례를 공유하기 때문에 저자의 의도와 소통대상자의 기대는 최고로 잘 들어맞게 된다. 박사과정생들은 문헌을 읽고 세미나 및 콜로키움 등에 참여하면서 이러한 규칙, 전략, 관례 등을 배우게 된다.

2.2.2 텍스트의 목적

텍스트를 통해 우리는 다른 전문가들에게 실험결과를 배포하거나, 관리당국에게 이런 저런 장비를 빨리 구매해야 한다는 점을 설득하거나, 새로운 현상을 설명하거나, 과정을 기술하거나, 특정 이론의 근간에 도전하거나, 실험의 실험적 조건을 비교하거나, 새로운 가설을 제안하거나, 연구결과에 대한 저자의 해석에 의문을 던지는 등 텍스트의 목적은 다양할 수 있다. 즉, 과학 문헌은 설명 외에도 정보전달, 변화 유도, 설득, 행동 유발 등 여러 기능을 가질 수 있다. 이러한 목적에 따라 텍스트의 소통 범위가 일부 결정된다고 할 수 있다.

2.2.3 매체

문어텍스트는 인쇄물에서부터 전자매체에 이르기까지 온라인(인터넷)과 오프라인(CD-ROM)을 막론하고 다양한 매체에서 찾아볼 수 있다. 자료는 전체공개를 하거나 일부에게만 공개하거나 특정 네트워크

회원들에게만 공개할 수 있다. 이러한 변수는 텍스트의 구조, 추정을 명시화하는 정도, 제시된 정보의 계층적 구조, 정보 수신자를 호칭하는 방식 등에 영향을 준다. 다시 말해 이러한 변수는 담화-조직화 과정(discourse-organisation process)에 저자를 안내한다(브론카트(Bronckart), 1996 참고). 따라서 논문이 제한적 용도로 사용되는 것인지 저명 매체를 위한 것인지, 목표 독자가 학생인지 일반 대중인지에 따라 전문용어의 사용, 정의, 도표, 사진, 새로운 정보의 밀도 등은 달라질 것이다.

이러한 변수를 기반으로 과학자가 작성하는 텍스트는 실험실 일지, 전문학술지를 위한 논문, 저명 비전문 과학 학술지(대개 타 분야 전문가를 대상으로 함), 일반 과학 학술지, 학생을 위한 입문서, 장관급위원회 학술위원회 등 위원회에 제출하는 보고서, 학술대회 논문집 등의 장르로 분류할 수 있다.

2.3 편집절차

과학텍스트가 전문학술지에 기고되는 과정을 예로 보면 상황과 관련된 변수와 장르와 관련된 제약 간의 상관관계를 가장 잘 엿볼 수 있다. 논문을 검증하는 단계를 보면 다음과 같다.

1) 학술지의 편집위원회에서 논문 투고요청을 한다. 특히 특별호를 준비 중이거나 학술지가 널리 알려지지 않아서 원고를 구하고 있다면 이 단계는 더욱 중요하다.
2) 대개의 경우 편집위원이 투고 논문을 일차적으로 보며 학술지의 일반 투고규정을 준수 했는지 여부를 평가한다. 학술지의 목적과 범위에 부합하지 않는 논문은 학문적 기여도와 무관하게 거절될 수 있다. 예를 들어 *Interpreting*지는 맥락 없이 문장으로만 구성된 코퍼스를 기반으로 한 비교분석 논문은 싣지 않으며 언어 정책

에 대한 제안 역시 기고하지 않는다. 논문이 거절된 경우에는 저자에게 통보를 한다.

3) 이렇게 1차 검증을 통과한 논문은 한 명 혹은 다수의 심사자가 읽는데 이들은 편집위원이거나 편집고문(editorial consultant), 기타 전문가로서 논문에 대한 추가적인 심사를 하고 의견을 준다. 1차 2차 검증은 동일인물에 의해 시행될 수 있다.
4) 이러한 평가결과를 바탕으로 편집위원회는 투고된 상태의 원본 혹은 심사자의 의견을 반영하여 내용과 형식을 수정한 수정본의 기고 여부를 결정한다. 논문의 제목, 부제, 초록을 비롯한 다른 기술어(descriptor)를 변경할 권리는 편집위원회에게 귀속된다.
5) 투고된 상태의 원본 혹은 수정을 거친 논문은 학술지의 특정 호에 할당된다.
6) 논문 형식에 대한 최종교열을 위해 교정쇄를 저자에게 송부한다. 최종본은 인쇄소로 송부한다. 논문 투고에서부터 최종본 승인까지는 원고의 상태, 필요한 수정사항, 저자의 응답 속도, 학술지의 지면에 따라 몇 개월에서부터 약 2년까지 걸릴 수 있다.

보다시피 선별 과정은 두 가지 종류의 기준에 따라 이루어진다.

- 편집학적 관점에서, 동료 심사자가 적용하는 과학적 기준에 따른 선별 과정
- 편집의 관점에서, 논문의 편집과 배포, 때로는 상업적 고려사항과 관련된 기준에 따른 과정

기술 전(pre-drafting), 기술(drafting), 기술 후(post-drafting) 등 각 단계는 텍스트의 최종 '가치'를 만들어 나가는데 일정 정도 기여를 한다. 인터넷에 배포될 목적으로 투고하는 논문이라고 이러한 순서가 크게 바뀌는 것은 아니다. 하지만 전자매체는 상호작용이 높다. 특히 독자 누

구나 제한된 기간 동안 수정을 요청할 수 있고, 저자는 그 중에서 반영할 수정사항을 취사 선택한 후 편집위원회에게 논문을 재검토해달라고 요청할 수 있다는 점에서 그렇다. 더구나 수정사항에 대한 의견 교환은 보다 폭넓게 이루어질 수 있고 그 속도 또한 빠르다. 마지막으로 온라인 투고의 경우 투고에서부터 출판까지의 시차가 인쇄 논문을 투고할 때보다 짧다. 따라서 기존 인쇄매체에서 두 세 명의 심사자가 심사를 하는 것과 달리 인터넷 상에서는 열 명이 넘는 심사자가 논문을 검토한다는 점에서 검증절차의 집단적 측면이 크다고 볼 수 있다.

본 논문의 남은 절에서는 과학 텍스트에 대한 보고서를 살펴보겠다 (예술 혹은 문학에 대한 평론, 현장학습 보고서, 학술대회 보고서는 본 논문의 논의 범위에서 제외한다.).

3. 제도적 측면을 가진 과학 텍스트 보고서

출판물에 대한 보고서는 두 가지 이유에서 중요한 제도적 측면을 지니고 있다. 첫째 (출판물을 지지하거나 부정적 판단을 내릴 수 있다는 점에서) 과학 텍스트의 편집 공간의 일부이기 때문이고, 둘째는 학술지라는 체계 내에 제도화되었기 때문이다. 그렇다고 해서 이러한 보고서가 학계에서 반드시 가치를 인정 받는 것은 아니다. 많은 경우 연구자를 평가하는 연구업적에 보고서는 포함되지 않는다. 여기서 보고서의 '집단적' 측면이 관여한다(1절 참고). 즉, 저자가 보고서를 쓰는 이유는 자신의 학파를 지지하기 위해, 특정 접근방법의 타당성을 인정하거나 더 많은 사람들에게 알리기 위해, 동료에게 진 빚을 갚기 위해, 연구집단에게 충성심을 표현하기 위해, 과거에 연구물의 출판을 맡았던 편집자를 도와주기 위해 등 때문이다. 같은 맥락에서 '요약 문헌고찰'(5.1절)의 함축적 측면과 '선별적 문헌고찰'(5.3절)의 누락도 설명이 가능한데, 서평의 저자는 자신이 비평하는 저서를 비판하기 꺼려하기 때문에 함축과 누락이 생기는 것이다.

보고서는 두 가지 면에서 독자에게 유용하다. 첫째, 출판물(논문, 편집본, 학술대회 논문집, 기사, 학술지 특별호 등)에 대한 정보를 제공한다. 둘째, 특정 출판물을 직접 구매할지, 교내 부서 혹은 연구팀을 통해 구매 신청할지, 도서관에서 대여할지, 다른 독자를 위해 도서목록에 올릴지, 우선순위를 두고 읽어야 할 개인 도서목록에 올릴지 등을 결정하는데 도움을 준다. 필자가 연구대상으로 삼은 코퍼스(5절)에서도 드러나는 모순 중 하나는 보고서가 검토 대상인 출판물과 같은 언어로 작성되는 경우가 많다는 사실인데, 이럴 경우 해당 언어를 이해하지 못하는 공동체의 구성원들은 출판물에 대한 정보에 접근하지 못하게 된다.

3.1 소통대상자

서평이 어느 정기간행물에 실리느냐에 따라 분석적이고 비판적이거나, 상대적으로 도서목록의 성격이 강할 수도 있다. 전자의 경우 '서평'란과 '한눈에 보는 책'란에 실리는 서평으로 구분할 수 있겠다. 후자의 경우 저자의 평가를 기록하거나 설명하지 않고 대상 출판물의 내용만 간단히 요약하게 되는데 책의 속표지 혹은 카탈로그에서 찾아볼 수 있는 출판사의 홍보용 문구와 비슷한 성격의 글이라고 볼 수 있다. '~에 대한 연례 평가', '~의 최신 동향', '~연보' 등의 책에는 참고도서목록이 일부 제시되면서 내용을 설명한 주석도 있지만' 이러한 내용 설명의 맥락까지 반드시 주어지는 것은 아니며 평가 내용과 꼭 연결되지도 않는다. 본 논문은 이후로 '서평'에 초점을 맞출텐데, 서평의 경우 저자는 평가 대상이 되는 책을 받고 최대한 빠른 시일 내에 서평을 보내달라는 부탁을 받고는 한다.

다음과 같은 다양한 독자들이 서평을 훑어보거나 꼼꼼히 살펴본다.

(1) 자신이 속한 연구분야의 진척 사항과 최신 정보를 알고자 하는 동료 연구자
(2) 해당 저서를 완독할 시간은 없지만 최신 정보는 알고 싶어하는 인접분야의 연구자
(3) 읽어볼 책을 찾는 학생
(4) 학위논문의 배경을 쓰기 위해 기존연구를 요약하려고 하는 박사과정생

3.2 서평의 두 가지 목적

서평을 작성하는 목적은 두 가지로서 저자는 두 가지 소질을 다 갖추고 있어야 한다. 첫째, 기존문헌과 자신의 연구를 바탕으로 저서가 기여한 내용을 제시해야 한다(예로 쿠퍼(Cooper), 1998 참고). 둘째, 저서에 보고된 연구의 이론적 결과, 가설, 데이터, 접근방법 등을 평가해야 하는데, 저서에 기술된 목표와 실제 보고된 내용을 비교해야 하며 독자의 구체적 관점과 연계해서 평가해야 한다(이는 많은 경우 서평을 집필하는 평론가 자신의 관점, 지식, 경험과 목표와 연관 지어 평가해야 한다는 것을 의미한다.). 물론 해당 분야에 대한 이해가 부족할수록 평가는 조심스럽게 이루어져야 한다. 해당 분야를 잘 모르면 사실에 대한 지식이 부족하고 외부에서 판단할 수 있는 능력이 떨어지기 때문이다(본 권에서 비판적 읽기에 대한 질의 논문 참고).

이 두 가지 목적을 이루기 위해서 저자는 몇 가지 전략을 취할 수 있다. 책의 내용 전체를 두고 서평을 쓸 수 있는가 하면 장의 순서에 따라서 혹은 논리의 흐름, 사용된 주요 개념, 유사 출판물과 비교한 책의 한계점 등에 따라 작성하는 방법도 가능하다. 복수를 위한 서평에서부터 아첨하듯 열광하는 서평에 이르기까지(이 둘은 주로 개인적 동기에 의해 작성된다) 서평은 그 형태가 매우 다양하다. 그럼에도 불구하고 부르디외(1985)를 포함한 일부 저자는 서평의 전통적 기능과 수사가 저자로 하여금 '정당한 상징적 폭력(legitimate symbolic violence)'을 사용하도록 허

용한다고 봤다. 이런 입장은 이안 와트(Ian Watt, 1968)가 확인했는데, 그는 한편에는 평론가, 다른 한편에는 평가를 받는 책의 저자 간의 심각한 비대칭을 지적한 바 있다. 와트의 분석은 비평과 일정 형태의 공격성은 함께 존재한다는 서평의 파괴적 개념을 반영한다. 필자는 서평의 논쟁적(polemic) 측면(그리스어로 *polemikos*는 전쟁을 의미한다)이 여러 측면 중 하나라고 생각한다. 논란의 여지가 있는 성격의 책으로 인해 논쟁이 발생할 수 있지만 그렇다고 해서 지나친 주장과 문체의 평론일 필요는 없다. 어찌되었든 서평의 제도적 측면을 보면, 그리고 서평을 쓰는 저자가 대부분 공인된 권위자로서 학계의 일원이라는 사실을 감안하면, 이런 식의 폭력은 여전히 '정당'하다고 볼 수 있다.

4. 독자를 위한 기준과 질문

서평이 집필된 후속 단계가 학술지 기고라면(3절 참고) 집필 전의 단계에는 평론가가 서적을 읽기 전후 및 중간에 여러 가지 질문을 구상하게 된다(질, 1995 및 본 권에 실린 비판적 읽기에 대한 질의 논문을 참고할 것). 투르크대학교(University of Turku)는 대학원생이 졸업논문에서 사용하는 문헌 중 최소 한편에 대한 서평을 제출하도록 하는데, 다음은 지난 수 년 간 학생들이 참고해온 질문 목록으로서 그들이 읽는 텍스트의 다각적 성격에 대한 인식을 높이는데 도움이 된다.

4.1 텍스트를 읽기 전: 소통대상자처럼 행동하기

1) 책을 읽기 전 기대하는 바가 무엇인가?
   어떤 기준에서 이 책을 선정했는가?
2) 저자의 의도가 어떻다고 느끼는가? 저자가 목표로 한 독자는 누

구인가? 텍스트가 수록된 학술지 혹은 편집본을 생각해보면 위 질문에 대한 답을 얻는데 도움을 줄 것이다. (제목, 부제, 초록, 참고문헌 목록을 바탕으로 봤을 때) 저자는 독자가 무엇을 이미 알고 수용한다고 가정하고 있는가?

3) 전체 텍스트를 읽기 전 서론과 결론만 읽고 텍스트의 목표와 근거를 이해하는데 도움이 되었는가?
4) 참고문헌 목록을 보면 저자가 사용한 이론적 혹은 방법론적 틀을 이해하는데 도움이 되는가? 타 학문분야를 참고하는가? 자가인용을 하는가?

4.2 텍스트를 읽은 후: 텍스트의 구성과 구조에 반응하기

5) 데이터와 근거 중 저자는 어느 쪽에 더 무게를 두고 있는가? 저자는 데이터를 대표성이 있는 것으로 제시하고 있는가? 그렇다면 어떤 기준을 바탕으로 대표성을 주장하는가?
6) 표, 그래프, 도식과 다른 그림들은 읽기 편한가? 분명한 표제가 있는가? 표제가 텍스트 본문에도 언급되는가?
7) 저자는 개인 의견, 사실, 분석 결과를 분명히 구분하는가?
8) 텍스트에는 어떤 종류의 추론이 있는가? 문화마다 수사적 전통이 다르다는 점과 '연구의 근거(research rationale)'와 '편집자의 근거(editorial rationale)' 간에 차이가 존재할 수 있다는 점을 감안할 때 텍스트의 전개를 뒷받침하는 근거는 어떻게 정의하겠는가?
9) 제시된 모든 데이터(통계, 설문지에 대한 답변, 정량적 데이터, 참고문헌의 발췌 등)에 동의하는가? 저자가 제시하는 주장에 동의하는가?
10) 논문에 사용된 예시와 전문용어(특히 약어와 두문자어(acronym))의 역할은 어땠는가?
11) 연구의 목적과 접근방법은 충분히 명시화되고 정당화되었는가?

논문에 보고된 탐구 혹은 분석절차 및 제시된 연구질문의 중요성을 이해하는가?

4.3 텍스트의 참신한 기여도 평가하기

12) 텍스트가 충분히 참신한가? 아니면 저자가 사실, 생각, 연구방법을 제시할 때 내용이 반복되는가? 어떤 척도로 평가하는가? 이 척도에 따라 해당 텍스트를 유사한 프로젝트, 연구, 소고 등과 비교할 수 있는가?
13) 텍스트는 유사한 성격의 다른 연구를 참고하고 있는가? 이런 연구물을 개괄적이고 분명하며 객관적으로 제시하고 있는가?
14) 참고문헌은 어떻게 활용하고 있는가? 저자는 별다른 설명 없이 참고문헌의 문장을 인용하는가? 아니면 자신이 동의하는/동의하지 않는 생각, 의견 혹은 입장을 인용하는가? 단순한 인용인가 아니면 자신의 주장을 뒷받침하는 근거 혹은 새롭게 고려해야 할 생각으로서 발췌를 하고 있는가?
15) 참고문헌 목록은 최신 자료를 반영하고 있는가? 과학적인 이유라기보다 개인적인 이유로 두 세 명의 저자에게 집중되어 있지는 않은가?

4.4 텍스트 개괄하기

16) 텍스트를 읽으면서 얻은 것은 무엇인가? (생각, 근거, 연구방법, 분석절차, 가설검증 등의 측면에서). 텍스트의 한계점은 무엇이라고 보는가? (근거, 논증, 설명, 저자가 취하는 입장 등의 측면에서). 자신의 관점을 정당화하라.

위와 같은 질문은 과학 텍스트를 읽고 해석하는 것을 독려하고 자극을 주고 방향을 제시한다. 특별히 독자가 충분한 사전지식과 경험을 갖추고 있는 경우라면 더욱 도움이 되는 질문 목록이다.

5. 서평: 몇 가지 사례

특별한 선정기준 없이 통역의 여러 측면과 연관된 20개의 서평을 분석했다. 서평 1, 2, 4번을 제외한 모든 분석대상은 언어적 중재를 전문으로 하는 국제학술지에서 수집했다(첨부된 자료 목록 참고). 이미 언급했듯이 모순되게도 프랑스어 혹은 독일어 책에 대한 영어 서평은 적었으며(코퍼스 내에 세 건) 영어 혹은 스페인어 책에 대한 프랑스어 서평도 마찬가지였다(한 건). 대부분의 서평(20개 중 14개)은 영어로 집필된 책에 대한 영어 서평이었는데 모두 영어 원어민이 작성한 것은 아니었다.

코퍼스에서 1번 서평을 제외하고는 서평이 제출되고 출간되기까지의 시차에 대한 언급은 없었다. 이런 시차는 때로 상당히 길 수 있는데(4번 서평의 경우 14개월 이상-2.3절 참고) 같은 기간 동안 새로운 문헌이 출간되는 상황을 감안하면 서평이 이미 뒤떨어진 내용을 다루는 경우가 발생할 수 있다.

또한 학술지는 평론가에 대한 정보를 거의 제공하지 않는다. 대부분의 경우 평론가의 이름 뒤에 소속 학교 혹은 학교가 위치한 도시명이 기재된다. 1번, 3번, 20번 서평에는 소속 학과가 있고 (1번은 언론정보 및 사회학, 3번은 언론정보학, 20번은 ASL수화/영어통역학부) 17번 서평에는 평론가의 활동 분야가 공개되어 있다(지역사회 기반의 외국어으로서의 영어(Community-based ESL)). 따라서 독자에게는 평론가의 배경에 대한 정확한 정보가 주어지지 않는다. 독자가 해당 분야의 신참으로서 연구대상이 되는 정기간행물에 대해 잘 모른다면 평가의 주체가 누구이며 어떤 권위를 갖고 있는지 알 수 없다. 하지만 코퍼스 전체를 놓고 봤을 때 평론의 대상이 된 저자(예를 들어 질, 푀히하커, 바덴조(Wadensjö), 모리스(Morris))가 서평을 쓰기도 해서 미묘한 상관관계가 드러났다. 이로써 통역학계는 자체적인 네트워크 구조를 구축해가고 있는 것이다(3절 참고). 더욱이 서평 7번과 8번의 경우처럼 주장을 뒷받침하기 위해 위 연구자의 이름이 인용되고 반복적으로 사용되는 것을 볼 수 있었다.

코퍼스에 포함된 서평은 편의상 아래와 같이 세 가지 항목으로 분류했다(아래 5.1-5.3절 참고). 단, 본 코퍼스의 크기가 매우 작아서 대표성이 없고 모든 종류의 과학 텍스트 서평을 종합적으로 다루지 못한다는 점을 밝혀둔다.

5.1 '요약 문헌고찰(condensed review)' (No. 2, 5, 6, 9, 17, 19)

이런 종류의 서평은 대개 간략하며 각 장의 제목(6, 9, 17번), 주제어(9, 19번), 간략한 인용문(9번)의 형태를 띤다. 검토 대상인 책의 일반적인 목표가 간략히 언급되지만 책에 제시된 데이터나 분석, 설명을 충분히 보고하지 않는다. 때로는 선정 기준에 대한 별다른 설명 없이 몇 개의 수록 논문 혹은 장만 인용된다. 학술지의 지면 관계를 타당한 이유로 주장할 수 있다(5번). 이런 서평에서는 평론가의 의견이 강하게 드러나는데(6번과 17번의 경우 평론가는 서평의 3분의 1을 '공공서비스 통역사(public service interpreter)'에 대한 자신의 정의에 할애한다) 이러한 평론가의 뚜렷한 주장은 충분히 정당화되지 않는다. 때로는 텍스트에 대한 평론가의 관점이 편향된 경향을 보인다. 2번 서평의 경우 주요 관심분야가 담화분석인 저자가 응용언어학의 관점에서만 책을 다루고 있다.

이런 종류의 문헌고찰은 분석대상 텍스트의 맥락을 설명하지 않고, 참고문헌을 표시하지 않으며 분석대상 연구의 참신한 기여도를 언급하지 않는다. 19번 서평이 예외인데, 2쪽도 안 되는 분량에 걸쳐 저자는 분석대상 연구의 기여도를 설명한다. 단, 대상 텍스트가 박사학위논문이라는 점을 언급하지 않는다.

더 나아가 이러한 서평에는 주관성을 나타내는 표지들이 사용되는데, 주로 형용사와 부사에서 가치판단을 드러내고는 한다. 예를 들어 6번 서평에는 "폭넓은 범위(a broad spectrum)", "유일한 불만이 있다면(my only quibble)", "누가 봐도 이질적인 편집본(this apparently disparate collection)", "몇 가지 자명한 질문(some clear questions)", "폭넓은 범위는… 자극이 되는 동시에 도전과제를 안겨준다(the broad compass... is both stimulating and challenging)", "환영 받을만한 내용(a welcome addition)", "훌륭한 계획(an excellent initiative)" 등과 같은 표현이 사용된다. 9번 서평에서는 "이 책의 매우 중요한 특징(a very important feature of this book)", "~라는 인상(the impression that)", "전형적인 예시(a typical example)", "이런 차원에서 저자는 ~라 주장한다(in this respect the author maintains that)", "다니엘 질이 ~을 고려하지 않는다는 사실이 자명하다(apparently, Daniel Gile fails to appreciate)", "~를 안내하고 검토하는 매우 유용한 자료(an extremely useful guide to and review of)", 등의 표현이 등장한다. 17번 서평에서는 "유용한 내용(a useful addition)", "호기심을 돋우는 장(a curious chapter)", "~에 대한 분명하고 간결하며 종합적 설명(the clear, concise and comprehensive description of)", "하지만 필자는 ~라는 느낌으르 지울 수 없다(I cannot help but feel, however, that.)", "그럼에도 불구하고 필자는 ~가 인상적이었다(nevertheless, I was impressed by)", 등의 표현을 볼 수 있었다.

5.2 '체계적 문헌고찰(Systematic reviews)' (No. 4, 7, 10, 11, 12, 14, 18, 20)

이러한 서평에는 세 가지의 일반적 특징이 있다.

1) 이러한 고찰은 책의 배경을 설명하고 책이 새롭게 기여하는 부

분, 함의, 한계점 등을 제시하지만 반드시 다른 책을 언급하지 않는다(4번과 7번이 이에 해당한다). 때로는 평론가가 취하는 입장을 분명히 밝힌다. 예를 들어 10번 서평의 평론가는 이렇게 적고 있다. "본 서평은 프리랜스 번역가이자 국제회의 통역사인 필자 개인의 관점에서 작성되었다는 점을 분명히 밝혀둔다." 이렇게 밝힘으로써 서평의 제목 밑에 누락되었던 집필자의 이름 대신 정보를 보충하고 있다. 18번 서평의 작성자는 이렇게 적고 있다. "La version publieé··· sera analysée ici non pas comme un texte universitaire, mais dans l'interprétation"("출간된 텍스트를··· 여기서 학술 텍스트로 분석하기보다 통역학 연구에 관심이 있는 일반 비전문가 독자의 관점에서 접근하겠다.")

2) 이런 문헌고찰은 책의 장 전체를 다룬다. 때로는 내용을 개괄, 기술하고(11, 12, 20번), 때로는 연구의 근거를 제시하며(4, 7, 14, 18번) 책의 특정 대목에 소개된 혁신적 측면 혹은 약점에 대해 저자가 느낀 점을 설명하기도 한다. 이와 같은 설명이 있다고 글이 반드시 길어지는 것은 아니다(12번).

3) 위 두 가지에 이은 세 번째 특징은 솔직한 평가를 한다는 점이다. 특히 서평의 마지막 단락에서 이러한 평가로 마무리한다.

따라서 '체계적 문헌고찰(systematic reviews)'은 비교적 일반적인 개요를 따른다. 즉, 서두에 책의 전체적인 '입장'을 논의하고 이어서 책에 대한 전체적인 평가를 내리기도 한다(4, 7, 14, 18, 20번). 그 다음으로 모든 장의 내용을 제시한다. 경우에 따라 책의 원저자와 평론가가 가상의 대화를 나누는 형식으로 구성되어 연구근거 제시, 관련 질문, 반대의견과 그에 대한 논평, 그리고 데이터, 방법론, 연구결과 해석에 대한 예리한 제안 등을 주고 받는다(7, 18번). 이러한 대화형식의 서평에는 몇 가지 법성(法性, modality)이 등장한다. 가령, 18번에는 프랑스어 비인칭 "on"

을 사용했고("on voit mal(분명하지 않다)", "on notera tout de même que(여전히 다음에 주목한다)", "peut-on tirer des conclusions(결론을 내릴 수 있다)", "on y trouve tout de même(여전히 발견할 수 있다)", "on peut s'interrroger(의문을 제기할 수 있다")), 부사를 통해 신중한 언어를 사용했으며("il aurait peut-être étépreferable(~가 나았을 지 모른다)", "c'est peut-être aller un peu vite en besongne(조금 빠르게 진행된 듯 하다")), 감소("un petit commentaire(간략한 논평)", "il n'est past étonnant que(놀랄만한 일이 아니다)") 및 반대를 나타내는 형용사("particulièrement importants···mais(특별히 중요하지만···)", "ces differences sont intéressantes···mais(이러한 차이는 흥미롭지만···)")가 등장한다. 이러한 서평은 책의 전반적인 가치(연구의 이론적, 방법론적, 교육적 기여도 등)에 대한 평가로 결론을 맺는 경우가 많은데, 긍정적 평가(4, 10, 18, 20번)와 부정적 평가(7번)를 가리지 않으며 장단점을 모두 언급하기도 한다(11, 14번). 주목할만한 점은 대부분의 문헌고찰에서 저자는 거리낌 없이 강한 입장을 취한다는 것인데, 늘 근거가 되는 반론을 제기하고 있다. 이는 '요약 문헌고찰'과 대조적인 대목이다(7번과 14번은 "거슬리는 요소"를 언급하고 있고 20번은 "매력적인 책", "통역사가 중개하는 대화에 대한 광범위한 영향을 끼치게 될 새로운 접근방법"이라며 책을 추천하고 있다.).

5.3 '선별적 문헌고찰(Selective reviews)' (No. 1, 3, 8, 13, 15, 16)

이런 종류의 비평은 다소 당황스럽다. 책의 장 중 일부만 선별적으로 다루기 때문이라기보다는 그러한 선택을 한 이유가 분명하게 드러나지 않을 때가 많기 때문이다. 예외는 비평의 관점을 의도적으로 골라서 책이 인식된 방법을 정당화하는 경우이다(1번 서평은 베르크-셀릭손(Berk-Seligson)의 책을 두고 방법론과 학제간 연구를 시도한 저자의 용기를 집중 조명하고 있다). 이와 같은 문헌고찰의 저자는 지면을 빌려 자신의 개인적 관점을 상술하기도 하는데 이런 관점이 비평의 대상이 되는 책과 어떻게 연관되는지 보여주지 않는다.

예를 들어, 3번 서평의 저자는 비평의 대상이 되는 책이 법정 통역사를 다루는 관점에서 거리를 둔다. 인용문이나 8장의 보고만으로는 독자들에게 책의 잠재적 약점을 제대로 보여주지 못한다.

8번 서평은 책의 여러 장을 설명하면서 전체를 다 다루었는지 명시하지 않는다. 더 나아가 비평의 대상이 되는 학위논문의 모든 면을 설명하기보다는 자신의 생각을 변호하는데 집중하는 듯한 모습을 보인다(학위논문에서 자신의 연구를 잘못 해석했기 때문일 수도 있다). 이런 경우라면 객관성을 유지하기가 어렵다. 비평은 편파적이고 편향되게 비춰질 수 있는데 독일어 원문을 이해하지 못하는 독자는 사실 확인을 할 수도 없다.

13번 비평은 다소 색다른 방식으로 구성되었다. 마치 평론가가 책을 읽으면서 제목에 포함된 두 개의 주제어(즉, '개념'과 '방법') 그리고 책의 교육적 기능만을 염두에 둔 인상을 주는 구성이다. 그렇기 때문에 논평은 항목별로 제시되고 때로는 매우 구체적이며 어느 장에 대한 논평인지 밝히지 않았기 때문에 독자 입장에서는 일관성이 부족하다. 평론가가 제기하는 가장 큰 비판은 의도된 독자층에 대한 것으로서 제공된 일부 설명과 정보가 과연 독자에게 의미가 있는지 여부에 대한 문제 제기로 보인다. 이 때문에 격렬한 논쟁이 벌어지는 인상을 주면서 서평을 읽는 독자의 기대는 충족하지 못하고 있다.

마지막으로 15번과 16번 서평은 호의적인 논평으로 시작했다가 곧 내리막길을 걷는다. 몇몇 저자와 장이 인용되지만 글에 응집성이 떨어진다. 두 개의 서평 모두 다소 특이하게 끝을 맺는데, 전자는 색인의 약점과 참고문헌 목록의 오타를 지적하고 후자는 통역사에게 도움이 될 일반적인 의견을 개진하면서 마무리를 짓는다.

아무리 개인적이라고 해도 이러한 '선별적 문헌고찰'은 다른 종류의 비평처럼 평론가의 존재감을 충분히 드러내지 못한다. 비록 주관적인 입장이라도 충분히 의견을 서술하기보다는 지나치게 개략적인 관점을 제시한다는 점이 이러한 비평의 특징이다.

6. 결어

본 논문은 학술적 담론의 몇 가지 특징에 대한 사회학 중심의 논의를 시작으로 세 가지 종류의 문헌고찰에 어떠한 요소가 포함되고 누락되는지 분석하는데 초점을 맞추고 있다. 주목해야 할 점은 평론가마다 갖고 있는 기대치, 연구 참여도, 통역사로서의 전문성 혹은 교육 경험에 따라 글을 구성하는 방법이 다르다는 점이다. 이러한 점을 입증하기 위해 아래에서는 동일한 책에 대한 서평 몇 가지를 비교해보고자 한다. '요약 문헌고찰'에 해당하는 5번과 6번 서평과 '체계적 문헌고찰'에 해당하는 7번 서평이 대상이다. 5번과 6번 서평을 읽고 나서 대상 도서인 *Bridging the Gap*를 구매할지, 주문할지, 빌릴지, 인용할지, 꼭 읽어야 할 도서목록에 포함시킬지 등 결정하기가 쉽지 않다. 7번 비평을 읽고 나서 결정을 내릴 수 있고, 그런 의미에서 서평은 적어도 한 가지 측면에서 유용했다고 볼 수 있다(3절). *Basic Concepts and Models for Interpreter and Translator Training*의 경우 10번, 11번, 12번, 14번 서평의 독자는 결정을 내릴 수 있는 수준의 정보가 있지만, 9번과 15번 비평은 책의 근거, 독창적 기여도, 데이터 등을 언급하지 않아서 서평을 읽는 독자는 답답하기만 하다. 따라서 대부분의 문헌고찰이 융통성이 없고 편협한 평가를 내리지 않지만 그렇다고 모든 비평이 책에 소개된 과감한 혁신을 보고하거나 저자가 오래 숙고하고 달리 표현하기 위해 노력한 결실을 평가하는 것도 아니다.

어느 독자와 마찬가지로 책의 평론가는 대상 저서를 읽으면서 떠오르는 여러 가지 질문이 있겠지만 보고서에서 모든 질문에 대한 답을 제시하지 않는다. 따라서 서평을 읽는 독자는 호도되지 않도록 경각심을 가져야 한다. 이런 차원에서 보면 수 년에 걸쳐 축적한 경험을 여러 함정을 피하는데 중요한 밑거름이 된다.

본 코퍼스에 포함된 책과 문헌고찰

Berk-Seligson, S. 1990. *The Bilingual Courtroom. Court Interpreters in the Judicial Process*. Chicago & London: the University of Chicago Press.

서평 1. Morrill, C. *Language and Society* 21(1). 1992: 147-152.

서평 2. Stubbs, M. *Discourse and Society* 4(4). 1993: 470-473 (서평의 3분의 1은 Berk-Seligson(1990)을 다루고 나머지 3분의 2의 지면은 J. N. Levi & A. G. Walker: *Language in the Judicial Process*에 할애한다.)

서평 3. Wadensjö, C. *The Translator* 2(1). 1996: 104-108 (지면의 반 이상은 D. R. Gonzales 외, *Fundamentals of Court Interpretation*에 할애한다.)

서평 4. Yves Gambier, *Multilingua* 16(1). 1997: 101-105.

Lambert, S. and Moser-Mercer, B. (eds). 1994. *Bridging the Gap. Empirical Research in Simultaneous Interpretation*. Amsterdam & Philadelphia: John Benjamins.

서평 5. Viezzi, M. and Musacchio, M. T. *Language International* 7(5). 1995: 38-39.

서평 6. Mackintosh, J. *Parallèles* 17. 1995: 143-144.

서평 7. Pöchhacker, F. *Target* 7(1). 1995: 181-185 (특별호: 통역학 연구).

Pöchhacker, F. 1994. *Simultandolmetschen als komplexes Handeln*. Tübingen: Gunter Narr Verlag.

서평 8. Gile, D. *Target* 7(1). 1995: 185-188 (특별호: 통역학 연구).

Gile, D. 1995. *Basic Concepts and Models for Interpreter and Translator Training*. Amsterdam and Philadelphia: John Benjamins. (9-12: 영어 서평; 13-14: 프랑스어 서평).

서평 9. Musacchio, M. T. *Language International* 8(1). 1996: 40-41.

서평 10. Bauwelinck, E. *Translatio* 15(2). 1996: 302-309.

서평 11. Kiraly, D. and Sawyer, D. *Target* 8(2). 1996: 375-378.

서평 12. Ilg, G. *The Interpreters' Newsletter* 7. 1996: 153-154.

서평 13. Bastin, G. L. *Meta* 42(2). 1997: 732-736.

서평 14. Brunette, L. Meta 43(2). 1998: 320-325.

Gile, D. 1995. *Regards sur la recherché en interpretation de conférence*. Lille: Presses Universitaires de Lille.

서평 15. Ilg, G. *The Interpreters' Newsletter* 7. 1996: 150-153.

Colin, J. and Morris, R. 1996. *Interpreters and the Legal Process*. Winchester: Waterside Press.

서평 16. Shlesinger, M. *Meta* 43(1). 1998: 157-158.

서평 17. Ferrando, A. *The Translator* 5(2). 1999: 347-349 (특별호: 대화통역)

Kurz, I. 1996. *Simultandolmetschen als Gegenstand der Interdisziplinären Forchung*. Wien: WUV-Universitätsverlag.

서평 18. Gile, D. *Target* 11(1). 1999: 175-178.

Wadensjö, C. 1998. *Interpreting as Interaction*. Harlow: Addison Wesley Longman.

서평 19. Morris, R. *Target* 6(1). 1994: 121-122 (사실 본 서평은 1998년에 출간된 책의 바탕이 된 1992년 박사학위논문을 다루고 있다).

서평 20. Roy, C. B. *The Translator* 5(2). 1999: 337-342. (특별호: 대화통역)

참고문헌

Adam, J.-M. 1985. *Le texte narratif précis d'analyse textuelle.* Paris: Nathan-Université.

Adam, J.-M. 1992. *Les te.xtes: types et prototypes.* Paris: Nathan-Université.

Bourdieu, P. 1984. *Homo Academicus.* Paris: Editions de Minuit.

Bourdieu , P. 1985. "L'institution du compte rendu". *Actes de la Recherche en Sciences sociales* 59, septembre 1985.

Bronckart, J.-P. 1996. *Aetivité langagière, textes et discours. Pour* un *interactionnisme sociodiscursif.* Neuchâtel/Paris: Delachaux et Niestlé.

Cooper, H. 1998. (third edition). *Synthesizing Research. A Guide for Literature Reviews.* London: Sage.

Gambier, Y. (forthcoming) "Typologie des documents technico-scientifiques". In *Translating Scientific Texts,* Catani, E. and Laver I. (eds). Urbino : Quattroventi.

Gile, D. 1995. "La lecture critique en traductologie". *Meta* 40(1): 5-14.

Longacre, R. 1976. *An Anatomy of Speech Notions.* Lisse: Peter de Ridder Press.

Trosborg, A. (ed.) 1997. *Text Typology and Translation.* Amsterdam & Philadelphia: John Benjamins.

Watt, I. 1968. "Serious Reflections on *The Rise of the Novel". Novel* 1: 205-216. A brief extract was translated in Bourdieu (1985).

Werlich, E. 1975. *Typologie der Texte.* Heidelberg: Quelle & Meyer.

Werlich, E. 1983. *A Text Grammar of English.* Heidelberg : Quelle & Meyer.

통번역학 박사학위논문 작성하기: 맞닥뜨리는 문제, 우려, 제안

하이드룬 게르지미쉬-아보가스트(Heidrun Gerzymisch-Arbogast)
잘란트대학교, 독일

통번역학(T&I) 박사학위논문은[1] 여전히 참신한 연구분야여서 제도적 지원이 제한적이고 박사과정생의 노력을 뒷받침할 수 있는 해당 분야의 경험이 부족한 특징이 있다. 오늘날까지도 통번역학 박사학위과정이 개설된 대학이 극히 제한적이고[2] 그것도 대부분은 문헌학이나 응용 언어학과 같은 관련 분야 학위라는 점은 놀랄만한 일도 아니다. 본 논문은 통번역학 분야의 학위논문을 집필하는 과정에서 박사과정생과 지도교수가 겪은 경험을 바탕으로 한다. 체계적인 보고이기보다는 잘란트대학교의 박사학위 과정에 소속된 학생과 지도교수의 경험에 비추어 본 현존하는 문제점과 우려사항을 다룬 소고이다. 보다 많은 통번역학 전공자들이 해당 분야의 학위논문을 집필하는데 도전하기를 바라는 마음을 담아 학위논문 완성에 반드시 필요한 부분을 개괄하고자 먼저 과정생들이 제기하는 문제점을 중점적으로 다룬데 이어(2절) 여러 지도교수의 의견과 제안사항을 살펴본다(3절). 통번역학 박사학위과정을 운영하면서 터득한 경험 일부를 보고할 기회가 주어져 대단히 기쁘다.

1. 배경

다음 내용은 11명의 박사과정생과 연구하고 토의한 내용을 바탕으로 했으며(이 중에서 6명은 통번역학을 전공한 독일인이며 그 중에서도 다섯 명은 잘란트대학교 학부 출신이다. 나머지는 여러 다른 유럽 및 비유럽 대학을 졸업했다.) 1994년 말부터 2000년 중반까지 약 5년의 기간에 걸쳐 조사한 내용이다. 여기서 묘사하는 상황은 현재 독일의 학술 환경이 지닌 구조와 틀을 상당 부분 반영한다고 볼 수 있다. 공식적인 박사학위 훈련은 주어지지 않는다. 대개의 경우 학생에게 수석 지도교수(*Doktorvater*, '박사 아버지')와 공동 지도교수(*Zweitgutachter*), 두 명의 논문 지도교수가 붙고 이 중에서 수석 지도교수가 박사과정생을 자문하는 전체 책임을 맡는다. 전문 통번역 교육을 마쳐야 통번역학 박사학위 취득 자격을 주는 경우가 대부분이다. 이 요건을 충족하지 못한 경우에는 응용 언어학 박사학위를 수여하기도 한다. 학생들은 한 학기에 약 3-4회 정기적으로 박사과정 워크샵(*Doktorandenkolloquium*)을 열어 종일 상호작용을 하는데 이때 학생들은 개인 연구 진행 상황을 발표하고 맞닥뜨린 문제에 대해 토의한다. 때로는 공동 지도교수 및 타 학문분야와 타 학교에서 엄선된 동료들을 초청해서 학생들에게 외부 관점에서 다양한 의견을 제공하기도 한다. 이런 정례 모임을 제외하면 학생들은 정해진 면담시간 혹은 별도의 약속된 시간에 지도교수를 만나 자유롭게 자문을 구할 수 있다. 박사과정생 집단은 연령(25-35), 국적(독일, 유럽, 기타), 이전 학위(어학, 언어학, 통번역학), 학위논문의 진행 정도(초기, 중기, 말기), 논문 주제(응용 언어학, 번역 혹은 통역), 재정 지원 형태(장학금, 연구지원금, 자비) 등의 면에서 이질적이다. 후보생들이 진행하는 연구는 대부분 이론관련(theory-related)이고[3] 대략적으로 설명하자면 텍스트와 번역에 해당하는 영역에 집중되어 있다. 이러한 주제를 선정한 이유는 특별히 더 가치가 있는 주제라기보다는 논문을 지도하는 교수의 교육배경과 개인 연구분야와 관련이 있다. 11명의 학생 중 실증적 연구를 진행하는 사람은 단 한 명인데 사회학과 교수의 공동지도 및 지원을 받고 있고,[4] 다른 한 사람은 번역학과에서 공동지도를 받고 있으며(이중문화 텍스트와 번역) 비교문학학과의 학과장이 실제 논문지도를 맡고 있다. 통역을 논문 주제로 정한 사람은 두 명이며 나머지는 번역학 연구를 진행 중이다.

2. 주요 문제 및 우려사항

박사과정생들이 연구를 하면서 직면하는 주요 문제와 우려사항을 논의하기 위해서 먼저 후보생들에게 몇 가지 질문을 던졌다. 학위논문을 시작하기 위한 전제조건은 무엇이라고 보는지, 어떤 배경이 필요하다고 보는지, 주요 문제는 무엇인지(시간관리, 문헌의 활용, 지도교수와의 협업, 학과 혹은 대학 내에서 진행되는 (학제간) 박사과정 세미나의 향후 지원) 등의 질문이 포함되었다. 후보생들의 답변은 익명으로 수집되었다. 그들의 의견은 본 논문의 중요한 부분을 차지하지만 공식적으로 분석 평가되지는 않았다. 따라서 본 논문은 대표성을 지니거나 체계적인 연구는 아니며 학술연구의 중요한 측면인 학위논문 집필 과정에서 얻은 경험과 인상을 공유하는데 목적이 있다. 박사과정생들과 평소 대화를 하고 본 논문을 위해 구체적인 질문을 던진 결과 후보생들이 느끼는 가장 큰 문제점과 우려는 세 가지 영역으로 나눌 수 있다. (1) 배경지식, (2) 연구훈련, 그리고 (3) '사람 문제(the 'human factor')' 즉, 논문을 쓰는 과정에서 발생하는 대인관계 및 개인적인 문제였다.

2.1 배경지식

모든 후보생이 배경지식의 측면에서 박사학위 연구를 할 충분한 준비가 되어 있지 않았다고 이구동성으로 말했다. 대부분의 후보생은 자신이 연구 혹은 연구방향에 대해 의미 있는 결정을 내리기에는 연구분야 내의 기존 이론에 대한 이론적 고찰이 부족하다고 스스로 느끼고 있었다. 전통적인 형태의 강의 및 세미나는 내용 및 방법론상의 이유로 충분하지 않다고 느꼈다.

내용과 관련해서 통번역학을 전공하는 학부생과 석사과정생을 위해 개설되는 전통적 형태의 번역관련 강의는 지나치게 일반적인 내용을 다루고 있어서 박사과정생의 인식과 비판 능력을 높이기에는 문제 중심의 강의가 아니라는 의견이 많았다. 집중 세미나(advanced seminars)는 일부 엄선된 접근방법과 측면에 대한 지식을 제공하면서 유사한 혹은 상이한 접근방식과의 비교는 누락하고 보편적 연구의 맥락 안에서 이런 접근방법이 갖는 관련성이나 위치를 충분히 언급하지 않는다는 이유로 지나치게 구체적이며 '일차원적'이라는 평가를 받았다.

방법론에 대해서는 정규 코스워크 과정에서 교수의 지도를 받으며 상호작용할 기회가 너무 적어 학생 스스로 비판하거나 비판 받을 능력을 개발하지 못했다는 것이 지배적인 생각이었다. 이런 상황은 논리적 논쟁을 불러일으키거나 창의적 생각을 장려하는데 도움이 되지 않는다. 이런 능력은 박사논문을 진행하는 과정에서 관련된 이론의 장점 및 한계점을 평가하고, 지적인 거리를 두면서 학생 자신의 생각과 비교하기 위해 필요하다.

기본적으로 후보생들은 박사학위 연구를 준비하는 과정에서 통번역학 박사과정생에게 특화된 문제해결 중심의 이론 비교 세미나가 도움이 되리라는 점에 대체로 합의했다. 이런 세미나는 정해진 문제에 대해 다양한 관점을 통합해서 제시하고 대화를 주고 받으며 비판적 사고능력을 키우도록 설계될 수 있을 것이다.

2.2 연구훈련

충분한 훈련이 부족하다고 느끼는 두번째 영역은 연구관리로서 그 범위는 연구 방법론에서부터(질, 1999 참조) 시간관리까지 포함한다. 후보생 사이에서는 연구방법 및 방법론에 대한 전문성이 스스로 부족하다는 인식이 지배적이었고, 이는 위에서 논의한 배경지식 문제와 긴밀히 연관되어 있다. 합리적인 결정에 따라서 자신의 연구질문에 맞는 방법을 선정하려면 학제간 연구방법(해석학, 형식 논리학, 대조분석, 실증적 연구)에 대한 역량이 있어야 한다는데 대부분 동의했다.

하지만 가장 자명한 문제는 학위논문이 최신 연구동향을 반영하기 위한 전제조건이라고 할 수 있는 관련된 문헌에 접근하고 자료를 다루고 구조화하는 일이었다. 대다수의 후보생들은 개인적 차원에서 주먹구구식으로 노력하지만 체계가 없어서 비효과적이고 너무 많은 시간을 허비한다고 느꼈고, 이는 문헌조사를 하는 동안 느끼는 좌절감과 불필요한 우울감('doc-blues')에 큰 몫을 한다고 봤다. 최신 연구동향을 보여주기 위한 목적으로 다량의 정보를 정리하는데 필요한 효과적 전략에 접근할 수 있고 이러한 전략을 활용할 수 있도록 훈련을 받는다면 피할 수 있는 문제다. 문헌을 체계적으로 정리하는 하나의 전략은 매트릭스를 만드는 방법인데 문헌의 저자를 세로로 열거하고 어떤 맥락에서 논의 혹은 평가되는지를 가로로 적어두는 방법이다(게르지미쉬-아보가스트, 2001 참조).[5]

연구 텍스트로서 학위논문을 구성하고 정리하기 위해서도 체계적인 훈련과 지원이 필요하다는 의견이 있었다. 대부분의 후보생들은 연구논문을 작성할 때 통상 사용하는 서론 본론 결론의 3단 구성 및 참고문헌과 인용문의 형식을 다룬 방대한 양의 문헌이 있다고 봤다. 그런 반면 매우 일반적인 지침에 대한 안내도 거의 없고, 문헌의 사용 및 오용 사례, 표현의 경제성 및 사실성과 같은 일반적인 원칙, 정확성 명시성 검증가능성의 조건 등 논문 작성 과정에서 이러한 지침이 어떤 의미를 갖는지 설명하는 정보도 주어지지 않았다(단, 질, 1999b 참조). 그 외에도 학위논문의 구성[6], 가설의 전개, 기존 연구에 대한 최신 분석(학생 자신이 선택한 접근방법을 큰 그림 안에 배치하기), 생각의 논리적 전개 혹은 학생의 접근방법을 기존 데이터와 비교하는 검정 등의 영역에서 제공되는 훈련이 너무 적다는 것이 후보생들의 생각이었다. 후보생들은 연구훈련 및 연구논문 작성에 대한 일반 강좌를 수강한 후에 학위논문 프로젝트에 착수한다면 보다 큰 자신감을 갖고 연구를 진행하고 논문 작성에 속도를 내는데 도움을 줄 것이라고 했다.

2.3 사람 문제

학생들은 박사학위 연구를 하기 위해 필요한 자질과 기술을 전혀 예측하지 못했고 스스로 준비하지 못했다고 느꼈다. 박사학위논문을 작성하는 2-5년의 기간에 걸쳐서 학생들은 정해진 형식이 없는 세미나와 구조화되지 않은 수업 일정을 따르면서 부분적인 논문 진행 상황에 대한 외부 지원과 보강을 받지 못하는데, 그 때문에 자신의 능력과 잠재적 성공에 대해 계속되는 불안감을 느낀다고 했다. 후보생들은 이와 같은 상황을 극복하기 위해서는 자신이 선택한 연구분야에 대한 '바위처럼 단단한(rock-solid)' 지적 호기심과 관심, 강한 분석능력, 상당한 수준의 창의적 에너지 그리고 목표지향성 등의 '근성'이 많아야 한다고 봤다. 이러한 근성을 갖췄다 하더라도 박사학위 연구라는 도전은 엄청나서 성공하기 위해서는 올바른 마음가짐, 높은 수준의 동기부여 그리고 인내심이 필수 요건이라고 했다. 사실상 영구적 자질이라고 할 수 있는 이러한 자질 외에도 후보생들은 좌절감에 대한 강한 내성이 한차례

씩 찾아오는 '우울감(doc blues)'[7]을 넘기기 위한 분명한 자산이라고 했다. 습득하거나 학습한 기술 중에서는 절제력, 조언과 비판을 수용할 줄 아는 능력, 자기 자신과 인생 전반에 대한 긍정적인 태도, 그리고 압박에 긍정적으로 대응하는 능력 등이 이따금씩 도움이 될 수 있다고도 봤다. 특별히 스트레스 관리에 이러한 능력이 도움이 된다고 했다.

후보생들이 우려사항이라고 지적한 또 다른 영역은 다른 동료 후보생(즉, 집단 내 관계) 및 지도교수와의 상호작용이었다. 대부분의 학생은 독립적인 연구가 상대적으로 많아서 생기는 오랜 외로움으로 인해 대인관계에 문제가 생겨 강한 '생존 네트워크'를 필요로 했다. 학위논문의 헌사나 '감사의 말'에 배우자와 부모를 비롯한 가족에게 고마운 마음을 표현하는 경우가 많은 것을 보면 이러한 네트워크가 매우 중요한 지원의 원천이라는 점을 보여준다. 따라서 다음의 의견에서 볼 수 있듯이 동료집단이 동료와 동질감을 형성하는 중요한 틀로 인식되었고 모든 후보생을 통합하는 주요 역할을 증명했다.[8]

Durch den regelmäßigen Erfahrungsaustausch mit anderen Doktoranden konnte ich meine Einsamkeit überwinden. Wir unterstützen und ermutigen uns gegenseitig
(다른 박사과정생들과 정기적으로 나의 경험을 나누면서 외로움을 극복할 수 있었다. 우리는 서로를 지원하고 격려한다.)[9]
Die Doktorandenkolloquien haben nur positive Seiten. Der kritische Blick und die Fragen der Teilnehmer eröffnen neue Perspektiven in die jeweils besprochenen Themen. Hier gelingt es, eine gewisse Distanz zur eigenen Arbeit zu gewinnen
(박사과정 워크샵은 긍정적인 부작용만 남긴다. 참석자들의 비판적 시각과 질문은 논의되는 주제에 대한 새로운 관점을 제공한다. 워크샵 덕분에 우리의 연구에 대해 어느 정도의 거리를 둘 수 있게 된다.)

> …sind meiner Meinung nach durchweg positiv zu beurteilen
> (긍정적이라고 밖에 표현할 수 없다.)
> 박사과정을 시작한 이후 했던 가장 긍정적인 경험이다.

지도교수와의 상호작용은 복잡한 것으로 드러났다. 후보생들이 자신의 요청과 편의에 따라 지속적인 지도와 격려를 요구하기는 하지만 데드라인을 정하고 정해진 기한 내에 원고의 특정 부분을 수정해야 하는 데서 오는 부담은 환영 받지 못했다. "대안적 해법을 스스로 찾아야 하는" 책임이 본인에게 있다고 인정하고 지도교수의 역할을 전능한 부모의 모습보다(3.3절) '평론가'로 본 사람은 한 명에 불과했다. 대부분의 다른 후보생은 (항상 의식적이고 명시적이지는 않았지만) 지도교수에 대한 높은 기대치를 갖고 있었다. 한 사람은 다음과 같이 말했다.

> 다른 후보생들은… 지도교수가 계획 수립, 문헌 탐색, 스트레스 관리 및 글쓰기 기술 등에 대해 자신의 경험을 공유해주길 기대한다.

일부 후보생들은 자신이 지도교수에게 무엇을 요구하는지 알고 있었다.

> Die Kunst des Betreuers ist dabei, eine Balance zwischen Beratung und Freiheit zu finden. Die Beratung solte in klaren Worten erfolgen und im Verlauf der verschiedenen Beratungstermine schlüssig und aufeinander aufbauend sein
> (지도와 자율 간의 절묘한 균형을 잡는 것은 지도교수의 몫이다. 조언을 할 때는 지시가 분명해야 하고 면담이 진행되어도 일관성 있고 단계적인 조언이어야 한다.)

이와 같은 태도는 통번역학계에서만 볼 수 있는 독특한 시나리오일 수 있다. 이론과 관련된 전문성이 부족한데다가 연구훈련도 부족하여 개인적인 입지와 능력에 대한 깊은 불안감이 생겨 지도교수의 제안과 격려에 지나치게 의존하게 되는 것이다.

3. 요구사항과 제언

앞서 논의된 문제와 우려사항에서 통번역학 박사학위논문을 지도하기 위해 필요한 세 가지 중요한 요건이 드러난다.

- 통번역학에 특화된 이론적 사고에 학생을 철저하게 준비시키는 것
- 연구방법과 기법에 대한 역량
- 박사학위 연구과정에서 지도교수와 보다 공식적인 상호작용을 하는 것

이에 따라 국제적 협력과 외부 전문가의 지원을 받아 통번역학 예비학교를 만들자는 제안과 지도교수와 학생 간의 상호작용에 대한 규칙과 규정을 명시한 '박사과정 계약서(PhD contract)'를 도입하자는 의견이 있었다(3.1절과 3.2절).

3.1 박사학위 예비학교('PhD prep school')

박사과정생들과 진행한 추후 논의에서 학생들은 통번역 훈련이 (적어도 오늘날 독일의 대학 환경에서는) 이론적 내용과 연구훈련을 제공하지 못하고 있어 별도의 사전준비 없이 박사학위 연구에 착수하기 어렵다고 지적했다.[10] 결국 학생들은 학위논문을 실제로 작성하는 동시에 내용(이론적 내용)과 연구(관리)기법을 습득하게 되고 그 때문에 박사학위 공

부가 불필요하게 길어지게 되는 것이다. 이 과정에서 발생하는 비효과성과 박사과정생과 지도교수가 느끼게 될 불필요한 좌절감을 줄이기 위해 '박사학위 예비학교'라는 제도를 제안하게 되었다. 예비학교는 이상적으로 (1) 이론과 연구기법에 대한 사전 코스워크(실제 학위논문 주제가 선정되기 전) 그리고 (2) 학생의 시각을 넓힐 수 있는 보충 세미나를 제공하는 역할을 한다. 보충 세미나는 학위논문을 실제로 작성하는 동시에 수강할 수 있도록 개설할 수 있다. 방학과 휴일에 제공하는 집중 세미나, (국제)연사를 초청한 온라인 세미나 혹은 화상회의 세션 등 다양한 형태로 진행이 가능하다. 이를 통해 다른 구성원과 어울리고 지원받을 기회를 제공함으로써 학생들이 느낄 수 있는 외로움을 달래는데도 도움을 줄 수 있다. 이러한 박사학위 과정은 아래와 같은 모습으로 구성할 수 있으리라 본다.

도표 1. 세미나/강연의 형태

집중 세미나 II-IV까지의 주제 중 워크샵 형태로 방학 중에 진행	**온라인 세미나** 한 학기에 1회
화상회의 타 분야 초청연사 혹은 국제 통번역 전문가와 함께 한 학기에 1회	**소규모 행사** - 박사과정 워크샵 - 학제간 세미나

'연구관점(*Wider Research Perspectives*)' 세미나 및 '학제간 연구방법 및 기법(*Interdisciplinary Research Methods and Techniques*)' 세미나(도표 2)는 구체적인 연구주제를 정하기 전에 박사학위 예비과정으로 수료해야 하는 과정이다. '학위논문 프로젝트의 당면문제(*Problems of Current Dissertation Projects*)' 및 '학제간 관점(*Interdisciplinary Perspectives*)' 워크샵(도표 2)은 학위논문을 작성하는 동안 함께 제공할 수 있는 세미나다.

강의 내용은 이와 같은 목적에 맞춰 특별히 개발되어야 할 것이고 해당 분야 전문가들이 팀티칭 형태로 가르치는 것이 이상적이다. 학술적 글쓰기 능력을 키우기 위해서 방법론적 원칙을 가르치는 방안이 제안되었는데(무데르스바흐(Mudersbach), 1999; 게르지미쉬-아보가스트, 2001 참조) 학생들은 부담이 크고 '규범적(normative)'이었지만 도움이 된다고 생각했다.

도표 2. 주제의 분류

I	II	III	IV
학위논문 프로젝트의 당면문제 (*Problems of Current Dissertation Projects*)	*연구관점* (*Wider Research Perspectives*) (예시)	*학제간 연구방법 및 기법* (*Interdisciplinary Research Methods and Techniques*) (예시)	*학제간 관점* (*Interdisciplinary Perspectives*) (예시)
· 현재 논문 프로젝트에 대한 발표와 토의 · II의 주제에 대한 '학제간 관점 세미나(Interdisciplinary Perspectives Seminar)'	· 통사론, 의미론, 화용론 · 다국어 사용(multilingualism) · 텍스트 표현 모델 · 번역이론 · … · …	· 언어학 내의 실증적 연구 · 이론의 구성방식 · 멀티미디어 교수환경 · 번역학 연구방법 · … · …	· 문화간 소통 · 인지과학의 기초 · 통역학 연구 · … · …

보다 적절한 훈련과 사전준비가 이루어진다면 학생들은 실제로 박사학위 연구를 진행하고 싶은지 더욱 합리적으로 결정할 수 있을 것이고 보다 현실적이고 성숙한 태도를 갖고 자기 자신과 지도교수, 박사학위 연구 전반에 대한 기대치를 설정할 수 있을 것이다.

3.2 국제적 협력

예로부터 통번역 전문가의 수가 (국제적으로도) 적은데다가 현재 학계 내 통번역학의 위상이 낮아 한 대학교가 기관으로서 박사학위 과정에 필요한 충분한 이론적 준비와 연구훈련을 홀로 진행하기는 어렵다. 이와 같은 상황은 질(1999a)이 상술하고 있다. 이에 따라 박사학위 과정에 필요한 연구는 국가별로 현존하는 전문성을 모아 국제적 노력을 통해 제공해야 한다. 앞서 언급했듯이 일반 초청 강연, 방학기간에 개최하는 종일 혹은 집중 (국제)세미나 등 훈련의 형태는 다양할 수 있는데, 특히 국제 세미나의 경우는 보다 다양한 (국제)박사과정생에게 접근 가능하기 때문에 더 많은 국제교류를 장려하게 된다. 오늘날 새로운 미디어 매체 덕분에 연사 초청 강연을 화상회의 형태로 개최하거나 학제간 관점을 제공할 수 있는 타 학문 분야의 동료들과 통번역학 전문가가 공동 좌장을 맡아 온라인 세미나의 형태로 국제 세미나를 개최할 수 있다. 도표 3에서 보는 것처럼 일주일에 거친 집중 세미나를 구성해 봄이나 여름방학을 이용해 개최할 수 있을 것이다.

도표 3. 집중 세미나

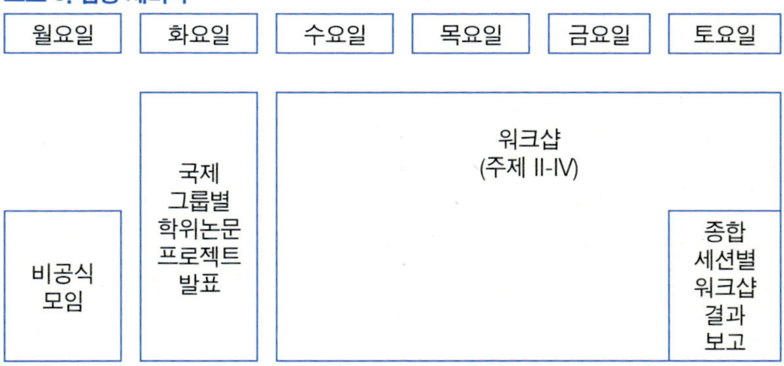

신청한 지원금을 받게 된다면 유럽 내 통번역학 '박사과정 예비학교'

가 오르후스경영대학(Aarhus School of Business), 프라하의 카렐대학교, 잘란트대학교 간 공동노력으로 2001년 발족할 예정이다.

3.3 박사과정 계약서

2.3절에서 언급했듯이 박사후보자들은 교수가 박사과정 연구 전반에 대한 개인적인 경험을 공유하기를 바라는 것부터 시작해서 스트레스 관리와 문헌 사용에 이르기까지 지도교수에게 거는 기대가 크다. (교수가 맡은 업무 중에서 학생 지도가 가장 보람되면서 가장 적은 시간을 소요하는 일일지 모르지만) 박사과정생을 자문해야 하는 부담스러운 업무를 진행하면서 학생들의 높은 기대치에 부응하기란 쉽게 않다. 그런가 하면 지도교수는 학생의 독립적 생각을 끌어내고 정기적인 연구결과물로 풀어낼 수 있도록 해야 하는 의무가 있다. 학생과 지도교수의 기대치를 일치시키고 오해와 혼란을 피하기 위해서 조사대상 학생들은 통번역학 박사과정생과 지도교수가 서로 갖고 있는 기대치를 구체적으로 명시한 '박사과정 계약서'를 작성하는 방안을 논의했다. 이는 두 당사자가 각자의 기대치, 요구사항과 제약에 대한 목록을 작성하고 서로의 요구조건에 대해 협상하고 수용한 다음에 계약을 맺는 형태로 진행할 수 있을 것이다. 아래에 후보생 집단과 지도교수들이 제시한 의견을 보면 박사과정 계약서에 어떤 요소를 반영해야 할지 결정하는데 도움을 줄 수 있다.

- 어느 시점이 되면 논문 주제에 대해서 학생이 지도교수보다 더 많이 알게 될 것이며 새로운 생각을 창조하는 주체는 지도교수가 아닌 학생 자신이라는 점을 학생 스스로 알도록 해야 한다.
- 박사과정생들이 지도교수의 역할을 부모처럼 뒤에서 돕는 '박사아버지/어머니(*Doktorvater/mutter*)'로 이해하고 받아들이도록 해야 한다. 즉, 모든 학생에

게 모든 문제에 대한 구체적 해답을 매번 제시하는 사람이 아니라 학생 스스로 문제를 해결할 수 있도록 돕는 주체라는 것이다.

- 면담 시간에 성공적인 자문과 조언이 이루어질 수 있도록 아래와 같은 방법으로 박사과정생도 책임을 공유하도록 해야 한다.
  · 면담 전에 필요한 사항을 글로 준비한다(지도교수와 면담 전에 문제를 특정하거나 문제의 특정 측면을 규명하여 글로 표현하는 것. 글로 표현하는 행위만으로도 문제를 해결할 수 있다.).
  · 면담 내용을 메모해서 지도교수와 '합의한 사항' 혹은 단계를 기록하고, 이 기록을 모두 모아 자신의 성공과 성과를 평가하는 잣대로 활용한다.
  · 무엇인가 분명하지 않고 일관성이 없어 보일 때 관련 있는 질문을 하도록 장려한다.
- 학생 스스로 여러 가지 해법을 고민한 후 조언을 구하고 일관성과 논리를 점검하는 공명판(sounding board)으로 지도교수를 활용하도록 장려한다.
- 시간과 관련해서 확실한 제한을 둔다(정한 기간 중에 최대 면담 횟수 및 면담 길이 정하기).
- 면담의 목적을 (가능하면 글로) 특정하고 지도교수와 학생 모두 합의한다.
- (부분적인) 연구결과를 개별 면담마다 제출할 수 있도록 조율한다.

물론 박사과정 계약서의 구체적인 내용은 박사과정생과 지도교수의 개인적 취향과 작업 방식을 반영할 수 있도록 여지를 남긴 상태에서 공동 노력으로 결정해야 한다.

4. 결어

본 고에서는 통번역학 학위논문을 작성할 때 직면하게 될 문제를 잠시 소개하고 있다. 그 중 많은 문제는 통번역학에 국한한 것이 아니라 일반적으로 적용될 수 있다. 다시 강조하지만 이 글은 제대로 된 양식을 갖춘 체계적인 보고라기보다는 자르뷔르켄(Saarbrücken)의 박사과정 소속 학생과 지도교수가 맞닥뜨린 문제와 우려사항을 잠시 엿본 것이다. 오늘날 통번역학 연구의 공식 훈련이 거의 전무한 상황에서 이러한 동향을 역전시키고 현재보다 통번역학 분야의 위상을 높일 수 있는 젊고 훈련 받은 연구자들을 더 많이 양성할 수 있도록 충분한 노력을 기울여야 한다. 그러한 노력에 우리도 기여할 수 있기를 희망한다.

미주

1. 이 맥락에서 'T&I'는 통번역을 의미하지만 통역학 박사학위 과정이 개설된 학교가 두 곳뿐이기 때문에 본 논문에서는 번역학 분야에 초점을 맞추고자 한다.

2. 독일에는 통번역학 박사학위 과정이 개설된 대학교가 겨우 한 손에 꼽힐 정도다. 예를 들어 하이델베르크대학교(University of Heidelberg)는 1986년이 되어서야 통번역학 박사학위를 수여할 권한인 Promotionsrecht가 생겼다. 잘란트대학교에서는 1994년에 통번역 교육을 받은 학생을 대상으로 한 통번역학 박사학위과정이 제도화되어 문을 열었다. 이처럼 제도적 지원과 연구역량을 강화할 훈련 프로그램이 부족하고 그에 따른 진정성 있는 통번역학 연구가 부족한 상황을 감안하면 통번역학계 안에서 이루어지는 연구의 수준이 낮다는 평가를 받는 것이 역시 놀랄만한 일은 아니다.

3. 여기서 '이론 관련(theory-related)' 연구란 '실증적(empirical)' 연구의 반대 개념으로 사용되고 있다. 연구의 초점이 실증적 데이터에 기초한 연구결과를 제시하는데 있지 않고 새로운 사조를 발전시키는데 있다는 점을 나타내고자 한 것이다. 일반적으로 보면 이러한 구분에는 논란의 여지가 있겠지만 둘의 목적이 다르고('연구결과'의 제시 대 '이론적 모델'의 개발) 그에 따른 박사과정 훈련과 학위논문의 구성 방식이 달라질 수 있기 때문에 통번역학 학위논문을 위한 방법론 및 평가에는 유용할 수 있는 구분법이라고 본다.

4. 이 후보생의 학위논문은 유럽연합(EU) 내 여성 번역사의 전문적인 경력개발에 대한 실증적 연구로서 근본적인 질문은 사회학적 특성을 지닌다.

5. 이 주제는 게르지미쉬-아보가스트(2001)에서 다루었기 때문에 여기에서는 다시 상술하지 않는다.

6. 연구논문의 구성을 위한 방법론적 원칙에 대한 상세한 내용을 보려면 무더스바흐(Mudersbach), 1999 참조.

7. 여기에서 언급된 기간 동안 (본 논문에 포함되지 않은) 네 명의 박사과정생이 진행하던 연구를 중단했다. 눈에 띄는 결과 없이 장시간에 걸쳐 지속적으로 프로젝트를 진행할 정도의 마음가짐이 아니라는 것을 알았거나, 자신을 위한 현실적인 목표를 세우고 홀로 연구계획을 발전시키는 등 독립적으로 연구하는데 어려움을 느꼈거나, 단순히 자신의 동기를 과대평가해서 당초 예상했던 것만큼 연구에 헌신

하고 전념할 준비가 안 되었다는 사실을 깨달았기 때문이다.

8. 의견은 익명으로 제출되어 이곳의 예시는 특별한 참고문헌 없이 인용된 것이다.

9. 의견은 익명으로 제출되어 이곳의 예시는 특별한 참고문헌 없이 인용된 것이다.

10. 이는 다른 유럽 국가와 국제적 맥락에도 통용되는 이야기이다. 유럽언어위원회(ELC, European Language Council)의 교육과정에서 통번역 훈련은 '최상의 실제(best practices)'에 역점을 두고 있으며(http://160.45.10.21/elc/index.htm 참조) 통번역 훈련의 국제통솔기관인 세계통번역대학·대학원협회(CIUTI)조차 최근 들어서야 연구를 훈련의 정규 요소로 통합했다(cf. http://www-gewi.kfunigraz.ac.at/ciuti/index.html).

참고 문헌

Gerzymisch-Arbogast, H. 2001. "Theory-related Translation Research - Some thoughts on methodology". *Hermes* 26: 81-95.

Gile, D. 1991. "Methodological Aspects of Interpretation (and Translation) Research". *Target. International Journal of Translation Studies* 3(2): 153-174.

GIle, D. 1999a. "Internationalization and institutionalization as promoters of interpretation research ". In *Wege der Übersetzungs- und Dolmetschforschung* [Jahrbuch Übersetzen und Dolmetschen 1] H. Gerzymisch-Arbogast, D. Gile, J. House and A. Rothkegel (eds). Tübingen: Narr.

Gile, D. 1999b. "Use and misuse of the literature in interpreting research". *The Interpreters' Newsletter* 9: 29-43.

Mudersbach, K. 1999. "Richtlinien zum Schreiben von wissenschaftlichen Publikationen-urzfassung". In *Wege der Übersetzungs- und Dolmetschforschung* [Jahrbuch Übersetzen und Dolmetschen 1], H. Gerzymisch-Arbogast, D. Gile, J. House and A. Rothkegel (eds). Tübingen: Narr.

프라하의 석사학위논문: 지도교수의 관점에서

이바나 첸꼬바(Ivana Čeňková)
카렐대학교, 번역학연구원, 체코공화국

1. 프라하의 석사 및 박사학위논문: 개괄

프라하에 위치한 카렐대학교에서는 1960년대부터 석사, 박사 및 박사후과정(post-doctoral) 학생들이 통번역학 학위논문을 준비하고 완성해왔다. 하지만 현재까지 많은 수의 박사학위논문이 완성된 것은 아니다. 본 고는 카렐대학교에서 진행되어 온 통번역학 연구의 역사와 제도적 환경을 기술하고 번역학연구원에서 가장 많이 배출하는 석사학위논문에 논의를 집중한다.

1.1 석사학위논문

체코슬로바키아/체코공화국에서 석사 수준의 통번역 교육은 1963년부터 제공되어 왔다. 졸업요건은 국가시험과 전공분야 즉, 통번역 논문이다. 첫 석사학위논문은 통번역학과(Department of Translation and Interpreting)에서 작성된 1967년 논문으로 거슬러 올라간다. 본 권이 통역에 초점을 맞추고 있는 만큼 나 역시 본 고에서 통역학 연구에 집중하겠다. 지금까지 통역을 다양한 측면에서 다룬 55편의 논문이 완성되었다(1967년부터 1995년까지 40편, 1996년부터 2000년 5월까지 15편). 석사학위논문의 요건은 점점 까다로워지고 있어서 이제는 독립적 연구 프로젝트를 통해 연구주제를 제대로 다루고 접근함으로써 학술연구에 대한 학생의 분석력 및 종합적 사고능력을 검증해야 한다.

카렐대학교에서 나온 통역학 석사학위논문은 대부분 실증적 성격의 연구였다. 구체적인 통역 상황의 언어 코퍼스를 분석하고, 통역의 여러 종류와 측면, 통역과정의 여러 단계 등을 조사해왔다. 통역품질, 등가, B 언어로의 통역, 통역사와 연사의 성격, 다국어 소통의 이해관계와 맥락의 중요성, 통역과 유머, 응결성(cohesion)과 응집성(coherence) 등이 모두 석사학위논문에서 주요 관심의 초점이었다.

1996년까지 학생들은 한 학기 동안 진행되는 '석사과정 세미나(diploma seminar)'에 참석해야 했는데 이 강의를 맡은 숙련된 강사는 학생들에게 방법론을 자문하고 실질적 조언을 해주는 지도교수의 역할까지 맡았다. 이와 같은 세미나는 영어, 독일어, 스페인어, 프랑스어, 러시아어 등 우리 학과에서 가르치는 모든 전공언어별로 제공되었으나 이후 교육과정에서 삭제되었다. 이는 새로운 학점제가 도입되어 학생들이 매주 들을 수 있는 강의 시수의 상한선이 생긴데 따른 조치였다. 또한 수강생들의 관심사가 서로 다르고 세미나의 목적과 반드시 일치하지 않아 강의의 명분 자체가 도전 받기도 했다. 예를 들어 뮤지컬 영화의 더빙과 자막에 관심 있는 학생들은 사회적·문화적 진화가 번역에 미치는 영향에 대해 배우는 것이 시간 낭비라고 볼 수 있다. 1993년에 본 학과는 '번역학연구원(Institute of Translation Studies)'으로 개명하고 (첸꼬바, 1995 참고) 폭넓은 전공을 갖춰 학생과 강사의 요구를 충족시키기 위해 조직을 개편했다. 이에 따라 번역이론과 교수법, 통역이론과 교수법, 비교번역과 번역사 총 세 개의 세부전공이 만들어졌다. 현재 각각의 세부전공 내에서 석사학위논문을 준비한다.

강의전담 교원(senior lecturer) 이상이면 누구나 졸업논문을 지도할 자격이 있다. 졸업논문은 필수이기 때문에 지도해야 하는 논문 편수가 많다. 논문 지도 자격이 있는 강사 전원은 매해 학생들을 위해 연구주제 목록을 작성한다. 사실 학생들은 논문 주제를 선택하는 것만큼이나 지도교수를 선택하는 것이라고 볼 수 있다. 다른 기관의 경우도 마찬가지겠지만 강사의 인기가 대개 좋아서 지도교수로 선호하는 경향이 있다.

1.2 PhDr 논문

체코슬로바키아/체코공화국에서 오래 전부터 존재해온 또 다른 학위명은 '철학박사(Doctor in philosophy)'에 해당하는 PhDr인데, 지위는 영미권 체제의 석사(MA)와 박사(PhD) 사이에 위치하며 1980년까지는 졸업논문과 심사위원회 앞에서 구술시험을 통과하는 요건이었다. 학위 소지자라면 누구나 시험을 치르고 최소 120 페이지의 논문에 담긴 연구결과를 발표할 자격이 있었다. 공식적인 지도교수는 필요하지 않았다. 일반적으로 통번역학 박사과정에 오는 사람들은 본 교의 통번역대학원 석사과정을 우수한 성적으로 졸업하고 심사위원회, 지도교수, 한 명의 '평론가(opponent, 논문의 지도에 직접 관여하지 않은 해설자)'가 개진한 의견에 따라 자신의 석사학위 주제를 보다 심층적으로 탐구해보기 위해 입학한 이들이었다. 이렇게 보강된 논문은 최소 두 명의 '평론가'가 읽고 평을 하게 되고 3인으로 구성된 위원회 앞에서 구두발표를 하게 되었다. 통역에 대한 PhDr 학위는 극히 일부였다. 오타 소프르(Ota Sofr)라는 독일어 프리랜스 통역사가 통역과정에 대해 논문을 집필한 바 있고(소프르, 1978) 내가 또 다른 통역 논문을 완성했다(첸꼬바, 1980 – 첸꼬바, 1995 참고). 1980년 이후 졸업논문 요건이 사라지면서 구술시험만 남게 되었고 이로써 학위의 가치가 상당히 떨어졌다. 1999년에 '고등교육제도에 관한 법률'이 새로 도입되면서 논문 요건은 다시 부활했다. 본 고를 작성하고 있는 현재 시점에 번역학연구원을 최근에 졸업한 학생이 PhDr 학위 취득에 관심을 보이고 있다. 내가 공식적인 지도교수는 아니지만 도움을 주고 있고 해당 학생은 자문을 구하기 위해 필자를 종종 찾아온다.

1.3 CSc 및 PhD 학위

또 다른 학위과정은 구소련 모델을 따라 체코슬로바키아에 도입된 CSc('Candidate in Sciences')로서 영어권 국가의 PhD 학위와 유사한 지위를 지닌다. CSc 학위는 러시아에 현존하지만 1990년 직후 체코 학계에서는 이를 없애고 PhD로 대체했다. 나는 1986년에 관련 시험을 통과하고 통역과정에 대한 논문의 학위 심사를 마치고 CSc 학위를 취득했다. 당시 통번역학과는 박사학위 과정을 개설하기 전이어서 나는 인문대학의 러시아어학과에서 학위를 마쳐야 했다. 1996년부터 본 연구원는 독립적인 학문분야로 번역학(번역 및 통역이론) 박사학위 PhD 과정을 제공하고 있다. 본 고를 집필하는 현 시점에 나는 체코공화국 내 유일한 CSc 학위소지자이며 통역이론의 유일한 '부교수(docent)'이다. 동시통역을 가르치는 강사진 전체가 연구에 그다지 시간을 들이고 싶어하지 않는 현장 전문가라는 점을 감안하면 이런 상황은 당분간 바뀌지 않으리라 본다(첸꼬바, 1995).

현재 두 명의 지원자가 입학시험을 통과하고 통역에 대한 논문을 쓰고자 한다. 한 사람은 '지원금을 받지 않는 일반학생(extern)'으로 학교를 다닐 예정인데 현재 입학 전에 출산휴가 중이다. 두번째 박사과정생은 입학시험을 갓 통과한 상태이고 '인턴(intern)'으로서 3년간 지원금을 받는다. 3년이라는 박사과정 기간 동안 몇 차례의 시험을 통과해야 하고 지도교수의 지도 하에 학위논문을 준비해야 한다.

1.4 교수 자격 취득 논문

PhD 논문을 지도할 자격을 갖추기 위해서는 카렐대학교 인문대학장의 임명을 받은 '부교수(docent)'이거나 정교수이어야 한다. '부교수' 지위를 갖추려면 상당한 교육경력과 다수의 소논문이 있어야 하며 2인의 심사자로 구성된 인문대학 소속 학술위원회 앞에서 교수 자격 취득 논문(habilitation thesis)에 대한 구두발표를 통과해야 한다. 그 후에 (약 17명으로 구성된) 학술위원회가 후보자의 교수 자격 부여에 대해 찬반투표를 한다. 찬성표가 나온 경우 총장의 승인을 거쳐 몇 개월 후에 엄숙한 분위기의 임명식에서 후보자를 임명한다. 필자의 경우 번역학 분야 지도교수로 임명을 받았다. 번역학연구원에서는 4명의 부교수와 2명의 교수 등 총 6명의 교직원이 이와 같은 권한을 부여 받았다.

2. 프라하에서 학위논문 준비하기

2.1 연구방법론 세미나

1996년에 번역학연구원은 기존에 존재했던 석사과정 세미나를 부분적으로 대체할 보다 야심차고 학술적 범위가 넓은 새로운 연구방법론 세미나를 개설하기로 결정했다(1.1절 참고). 학생 전원이 이수해야 하는 세미나는 교육과정의 7번째 학기에 개설되어 26시간에 걸쳐 진행되는데 여러 분야의 전문가들이 다양한 연구방법 및 연구의 종류를 소개하게 된다. 이론적, 실증적(자연주의적 대 실험적, 역사적(비교연구의 여부) 연구 및 기타 하위 분류가 여기에 해당한다(예로 질, 1998; 제트마로

바(Jettmarová), 1998). 학생들은 또한 통역학입문과 관련 연구방법에 대해서 배우게 된다. 세미나는 기존 연구를 개괄하고 기본적인 참고문헌 목록(본 고에 첨부된 목록 참고)과 실증적 연구의 몇 가지 사례(즉, 레즈꼬바(Rejšková), 1999; 질, 1999a)를 소개한다. 강의 시간에는 연구원에서 배출한 졸업논문뿐만 아니라 지도교수와 심사자들의 서면 심사평도 다루고 각 연구의 장단점에 대해 설명한다.

2.2 주제선정하기

2.2.1 강사진이 제안하는 주제

매해 강사진이 가능한 논문주제 목록을 만들어서 제안한다. 이는 강사가 소속된 세부전공의 필요와 강사가 개인적으로 진행하는 연구 프로젝트에 따라 결정된다. 3년 전에는 강사진 전원이 만장일치로 용어집을 더 이상 졸업논문으로 받지 않기로 결정했다. 이제는 순수하게 실증적 혹은 이론적 연구 프로젝트만 졸업논문으로 받는다(3절의 예 참고). 학생들은 자신의 전문분야, 관심사 및 언어조합에 따라 주제를 선정한다. 학생들에게 배포되는 논문주제 목록에는 제안된 각각의 주제 옆에는 해당 연구를 지도할 수 있는 지도교수의 이름이 명시되어 있어 학생들은 어떤 언어로 연구가 가능한지 알 수 있다. 이는 정해진 코퍼스를 처리해야 하는 실증적 연구에는 특별히 중요한 부분이다. 예를 들어 'B 언어로의 통역품질에 대한 실증적 연구'라는 주제를 정한다면 학생들은 내 지도 하에 러시아어, 프랑스어, 체코어 코퍼스로 연구를 진행할 수 있다는 것을 알 수 있다. 언어적 코퍼스가 상대적으로 중요하지 않은 연구 프로젝트의 경우라면 나는 다른 언어로 진행되는 논문 지도를 수락할 수도 있지만 올바른 언어조합을 가진 자문위원을 선정한다. 자문위원이라는 공식적 직책은 없고 학생 혹은 지도교수의 요청이 있을 시에만 참여하게 된다. 이들은 심사위원회의 위원은 아니지만 참관인 자격으로 논문 구두발표에 참여할 수 있다. 학생들이 학위논문의 도입부에 자문위원에 대한 감사의 인사를 전하는 것이 일반적이다.

2.2.2 학생이 제안하는 주제

학생이 희망하는 연구주제가 연구원에서 제안하는 목록에 없을 수 있다. 특히 통번역학과 동시에 다른 분야에 대한 연구를 진행할 경우는 더욱 그렇다(심리학, 사회학, 음성학, 응용 언어학, 등). 이때 학생 스스로 원하는 주제를 제안할 수 있는데 지도 받기를 원하는 교수의 조언을 구하고 희망하는 연구의 성격, 주제선정 이유, 연구의 전반적인 방향과 목적, 연구방법 등을 간략히 설명한 후에 승낙을 받아야 한다. 때로는 경제학, 심리학 등 타 학문분야의 논문을 쓰기로 정하는 경우가 있다. 이럴 때는 구두발표를 포함한 학위과정 전 과정을 해당 학문분야로 이관하고, 수여하는 학위에도 해당 분야에서 논문을 마친 것으로 표기를 하게 된다.

2.3 논문 주제 좁히기

논문 주제는 범위가 너무 넓어서도 안 되고 너무 일반적인 주제여도 안 된다. 학생들은 단순 기술을 넘어선 심층 분석이 가능한, 집중된 연구주제를 선택하기를 권한다. 주제선정 시에는 모든 객관적 기정 사실과 제약을 고려해야 한다. 특히 다음을 염두에 두어야 한다.

- 같은 주제에 대한 기존 연구가 있다면 해당 연구결과
- 고려 중인 연구와 관련된 연구방법이 존재하는지 여부
- 실증적 연구의 경우라면 코퍼스의 이용 가능성 여부
- 실험 혹은 조사연구에 필요한 피험자의 섭외 가능성 여부 (실험의 경우에는 전문 통역사, 통역 학생, 등; 조사연구의 경우에는 번역 에이전시, 국제회의 기획

업체(PCO), 통역사, 등)

- 필요 시 자문위원의 섭외 가능성 여부

관련 주제를 선정했다고 느끼는 즉시 학생은 장래의 지도교수를 만나 이런 모든 측면을 논의해야 한다. 지도교수는 논문 주제 목록에 해당 주제를 올리게 된 배경을 설명하고, 교수와 학생 모두 미래의 논문과 잠재적 기여도가 무엇일지 논의한다. 즉, 다음을 논의하게 된다.

- 새로운 연구방법 혹은 혁신적 접근방법의 도입
- 기존 가설 혹은 이론의 확인 혹은 기각
- 개인적인 가설 혹은 가설의 일반화를 토대로 한 새로운 결론 (제트마로바, 1992, 1998; 시넥과 세드라꼬바, 1994 참고)

모든 경우에 학생은 자신의 주제가 유용하고 자신의 연구가 통역사 개인과 통역업계, 통역교육 혹은 이론에 분명한 기여를 한다고 느껴야 한다. 임의로 선정한 주제는 별다른 효익을 거두지 못할 것이다. 폭넓은 주제가 존재하기 때문에 드물기는 해도 주제를 선정하고 연구를 시작하다가 마음을 바꿔서 완전히 다른 주제로 전향하는 학생이 1년에 한 명 정도 생긴다.

2.4 논문 제안서 양식과 지도교수와의 사전협의

주제선정 후에는 '논문 제안서' 양식을 작성한 후 지도교수의 서명을 받아 사무실에 제출한다. 7번째 학기에 제출하는 것이 일반적이다. 그런 후 번역학연구원장의 임명을 받은 지도교수는 표준 양식에 요구사항서식을 준비하고, 원장이 서명한 후 등기우편으로 학생의 자택으로 발송한다. 이런 요구사항서식의 기능을 보여주기 위해 아래와 같이 두 가지 사례를 번역해서 제시한다. 하나는 이론적 연구를 위해서 준비한 것이고(연구주제는 프랑스 파리통역번역대학원 학생이 방문을 앞두고 선정한 것이다) 다른 하나는 실증적 학제간 연구로서 학생의 이중전공(해당 학생은 심리학을 복수전공하고 있었다)을 십분 활용한 것이었다.

사례 A – 이론적 연구

A4용지 크기의 서식에는 학생의 이름, 학위의 구체적 내용(이 경우에는 "프랑스어 통번역"), 논문의 제목(*프랑스어권 통역이론에 대한 비평적 관점(이론적 연구)*), 지도교수의 이름과 '평론가'의 이름이 기재된다. 하단에는 지도교수가 아래와 같이 목적과 지시사항을 덧붙인다.

요구사항서식

1. 서론에 연구목적을 명시하고 비판적 연구의 필요성을 설명하라(즉, 현재까지 프랑스어권 국가의 통역이론에 대한 심층연구가 진행된 바 없다는 점). 연구의 대상이 되는 지리적 영역을 정의하라(프랑스, 벨기에, 스위스와 캐나다의 프랑스어권). 이들 국가의 통역 연구 변천사를 단계별로 요약하여 시간과 저자에 따라 정리할 것. 각 연구자가 기본적으로 취한 접근방법과 근무처 혹은 소속기관을 표시하라. 가설: 대부분의 연구자는 통역대학에서 통역을 가르치기도 하는 전문통역사다.
2. 현재 연구대상 지역 내 통역연구가 갖는 지위를 논하라. 몇 가지 상호의존적 기준을 선택하라. 즉, 통역의 종류, 통역 과정, 다른 학문분야 연구 내용의 활용(학제간 접근방법), 전문 통역 현장과의 상호작용(실증적 연구). 관련 있는 저자 (J. F. 로잔(Rozan), J. 에르베르(Herbert), H. 반 후프(Van Hoof), G. 일그(Ilg), D. 셀레스코비치(Seleskovitch), M. 르데레르(Lederer), K. 데쟁 르 페알, J. 딜라일(Delisle), D. 질 등)와 이들의 주요 연구업적에 대해 보다 상세히 논하라.

3. 다양한 '이론' 혹은 주요 저자의 접근방법과 관점에 대한 비판적 분류 및 분석을 시도해볼 것. 특히 기본이 되는 양대 통역이론, 즉 셀레스코비치와 파리통역번역대학원이 표방하는 '해석이론(interpretive theory, "théorie du sens")' 및 질의 수행능력분할모델(Effort Model)에 집중해서 심층분석하고 비교하라.
4. 이러한 접근방법과 관점을 넘어 일반화를 시도해보고 최근의 연구동향, 접근방법 간의 공통점과 차이점이라는 맥락에서 분석하라.

요구사항서식의 두 번째 장에는 지도교수가 추천하는 도서목록을 첨부한다(인쇄된 서식에는 인용하는 문헌 및 사전, 백과사전 등은 도서목록에 포함시키지 말라는 설명이 있다). 지면 관계상 추천 도서는 15개까지만 기재할 수 있다. 필자의 경우 참고문헌을 구체적으로 지목하기도 하지만 권호를 명시하지 않은 채 학술지만 알려주기도 하고(*The Interpreters' Newsletter, Meta, ELA, The IRN Bulletin, Babel, ToP, Target, Interpreting, Parallèles, Multilingua, Hermes, Language International, L'interprète, Ad Notam, Cizí jazyky ve škole, Folia Translatologica* 등) 통역학 연구에 대한 내용을 발표한 국제 학술대회(튀르쿠, 프라하, 비엔나, 스톡홀름, 헬싱외르, 트리에스테 등에서 개최한 회의도 포함) 논문집을 제시한다. 번역학연구원 도서관에 자료가 소장되어 있다는 점을 명시하지만 문헌 자료에 대한 완전한 정보를 제공하지 않는다.

사례 B – 실증적 학제간 연구

논문의 제목은 *회의 통역사와 전문 번역사의 성격에 대한 실증적 연구*이다. 해당 연구를 진행하는 학생은 심리학을 복수전공하고 있다. 지도교수는 본인이 모든 것을 안다고 주장해서는 안 된다. 따라서 지도교수가 논문에 포함되어야 하는 내용과 추천 참고문헌 목록에 대한 설명을 작성하려면 해당 분야 전문가의 의견이 필요하다. 더욱이 학생은 영어와 체코어 코퍼스를 사용하기를 원하고 있기에 자문위원과 '평론가' 모두의 언어조합에 영어가 포함되어 있어야 한다.

요구사항서식

1. 서론에 연구의 작업가설(working hypothesis)과 목적을 정의하라(전문 번역사와 회의통역사의 성격은 크게 다르다). 이 두 종류의 언어 중개자(linguistic mediator) 사이의 가장 큰 차이를 규명할 수 있는가? 어떤 기준을 사용할 것인가?
2. 각각의 직업이 처한 환경과 근로조건을 설명할 것. 현장의 여러 주체에게 연락하고(체코공화국회의통역사협회(ASKOT), 체코 통번역사연합(JTP), 번역사협회(Translator's Union) 등 전문협회, 통번역 에이전시, 대형 공공 및 민간 클라이언트, 정부부처, 국제회의 기획업체 등) 설문지를 활용해서 두 직종에 대한 관점을 조사하라. 관련 문헌을 참고하여 주요 성격요인을 표로 정리하고(카텔(Cattell)의 변인목록에서 볼 수 있듯이) 각 모집단을 대표하는 두 표본집단을 비교하기 위한 설문지의 초안을 만든다(제대로 된 통계분석을 위해 표본 집단별로 최소 30명의 응답자를 할당한다).
3. 예시: 각 집단을 대상으로 통역과 번역 실험을 실시한다(객관적인 기술적 제약으로 인해 각 집단별로 최대 6명의 참석자를 둔다). 실험 직후에 참석자들에게 설문지를 배포해서 자가평가를 하도록 한다.
4. 통번역 현장 그리고 가능하다면 통번역 교육과 통번역사 적성검사를 위한 제언 및 결론

이 경우에는 추천 참고문헌 목록에 심리학 연구도 포함되며 학생의 구체적인 언어조합을 감안했을 때 대부분의 참고문헌은 영어로 제시된다. 심리학 문헌은 브라티슬라바에서 유사한 주제로 박사학위논문을 준비 중인 동료의 도움을 받아 연구를 하게 된다.

물론 이런 서식은 논문에서 발생하는 모든 문제를 다 다룰 수는 없지만 학생이 무엇을 예상할 수 있는지에 대한 전체적인 그림을 보여준다. 때로는 지도교수와 학생이 이 서식을 채우는 과정에서 연구주제가 너무 폭넓고 기대치를 낮춰야 한다는 사실을 깨닫기도 한다. 어찌되었든 요구사항서식은 대상이 되는 논문이 완성될 초석의 역할을 하게 된다.

요구사항서식을 받은 학생은 연구에 착수하고 임시 일정표를 정하기 위해 지도교수에게 연락한다. 지도교수에게 바로 연락하는 것이 이상적이지만 그렇게 하는 경우는 드물다. 때로는 학생이 시간이 충분하다고 생각하고 몇 개월이 지나도록 연락을 하지 않기도 한다(고등교육제도에 관한 법률에 따라 구두발표와 국가고시를 치르기까지 최소 3학기가 지나야 하며 최대 7학기를 넘기지 말아야 한다). 지도교수는 학생의 연락을 기다리거나 아예 적극적으로 나서서 약속을 잡고 학생과 일정을 협의하고 (실증적 연구의 경우) 코퍼스에 대해 논의한다.

2.5 문헌고찰 및 학생의 개요

논문에 대한 실질적 작업은 참고문헌 목록의 문헌을 읽는 데서 시작한다. 그 전에 지도교수는 학생을 만나고 학생이 가진 에너지, 시간, 관심을 보다 효율적으로 사용할 수 있도록 지도를 해야 한다(질, 1999b 참고). 지면 및 특정 언어조합의 제약으로 인해 목록에 포함된 문헌은 샘플일 뿐이라는 점을 학생은 알아야 한다. 또한 추천 목록에 참고문헌으로 올라온 연구물, 번역학연구원 도서관이 소장한 학위논문, 회보 및 학술지의 최신 및 과월호 등도 찾아봐야 한다. 자신의 연구와 관련이 있는 논문 혹은 대목에 집중할 수 있도록 선별적으로 읽고 적절한 문헌을 신속하게 찾을 수 있어야 한다. 또한 인용을 위해 저자명, 논문 제목, 페이지 수, 출판사, 출판연도 등 참고문헌의 관련 정보 전체를 잊지 말고 기록해야 한다(ISO, 1985; Norma ČSN, 1971 참고). 이 목적을 위해서는 관리하기 손쉬운 A5 혹은 A6 서식의 파일이 가장 적합하다. 어느 논문에서 흥미롭고 유용한 정보나 주장을 본 기억은 나지만 출처가 어디였는지 상기하지 못하고 소장하고 있지 않은 일만큼 짜증나는 일도 없다(본 권, 비판적 읽기에 대한 질의 논문 참고).

참고문헌을 읽는 단계에서 학생은 연구주제의 초점을 재조정할 필요성을 느끼고 지도교수와 상의할 수도 있다.

모든 것이 잘 진행된다면 학생은 관련 문헌을 검토한 후 연구제안서 초안을 작성해 지도교수에게 제출한다(약 5페이지 분량 – 제트마로바, 1998 참고). 연구제안서는 다음과 같은 내용을 담고 있어야 한다.

- 최신 연구동향에 대한 간략한 검토
- 연구목적과 기본적인 근거 명시
- 연구문제 및 관련 작업가설의 정의
- 사용하게 될 자료 및 방법에 대한 설명
- 향후 논문의 임시 개요
- 연구 프로젝트의 단계별 일정표

2.6 코퍼스 자료 수집 및 연구 프로젝트 준비·실행하기

학생이 문헌연구를 마치고 개요 및 가설의 초안을 작성했다면 코퍼스에 대해 고민하고 프로젝트를 실제로 어떤 방향으로 실행할지 논의해야 한다. 이 시점에서 지도교수는 학생들이 실제 회의에서 연설의 현장 녹음을 할 수 있도록 돕거나 설문지 배포를 돕거나 심지어 기술자의 도움을 받아 회의 현장에서 녹취한 실제 녹음파일을 제공하는 등 실질적인 역할을 할 수 있다. 녹음을 하기 전 반드시 회의 주최 측의 양해를 구해야 하며 자료는 학생 연구 목적으로만 쓰인다는 것을 설명해야 한다. 대부분의 경우 회의 주최 측은 녹음을 허락하지만 전문 통역사들은 자신의 통역 음성이 녹음되는 것을 꺼린다. 나는 전문 통역사들에게 녹음을 허락해달라고 더 이상 부탁하지 않는다. 그와 같은 실제적 자료는 각각 다른 순간에 다른 연설을 통역하는 한두 명의 매우 작은 표본 밖에 대표하지 않는다. 오히려 내가 학생들에게 제안하는 것은 원문 연설을 녹음하고 많게는 6명의 피험자가 같은 연설을 동시에 통역할 수 있는 실험실 환경에서 추후 실험을 하라는 것이다. 물론 이런 실험 절차와 연관된 시사점 그리고 특별히 한계점은 반드시 염두에 두어야 한다.

나는 학생들에게 통역을 배우는 학생으로 구성된 한두 개의 실험군 (실험실 내 통역부스의 숫자로 인해 실험군 당 최대 6명으로 제한)과 전문 회의 통역사로 구성된 통제군을 짜라고 제안한다. 이때 (지도교수로서) 나의 역할은 체코공화국회의통역사협회인 ASKOT 소속 동료들에게 실험실로 와서 통역실험의 피험자가 되어 달라고 부탁하는 일이다. 지금까지 나는 전문 통역사들이 참여할 수 있도록 최소한 서너번 설득할 수 있었는데 학위논문 목적을 위해서는 충분한 참여 횟수이다.

필요한 언어조합에 따라 섭외 가능성도 달라진다. 예를 들어 러시아어를 B 언어로 두고 있는 협회 회원은 단 6명 뿐이다.

실험을 준비할 때 학생들은 최대한 객관성을 확보하기 위해서 실험을 통해 기대하는 결과가 무엇인지, 고려되지 않아야 하는 요소는 무엇인지, 통제가 필요한 변인과 매개변수는 무엇인지, 준수해야 하는 조건과 기준은 무엇인지 등을 정확히 알고 있어야 한다. 물론 이렇게 작은 샘플에서 일반화가 가능한 확정적 결과를 얻기가 어렵다. 학생들은 이러한 사실에 주의해야 하며 결론을 도출할 때 신중을 기해야 한다. 자신이 진행한 연구는 하나의 실험일 뿐이라는 것과 연구결과를 확인 혹은 기각하기 위해서는 동일한 조건 하에서 동일한 원문 연설문을 가지고 다른 통역사 집단을 대상으로 후속 연구가 필요하다는 점을 항상 언급해야 한다.

학생은 자신의 논문에 사용할 자료 전체를 전사(transcribe)해야 하고, 결론을 내릴 때 신중을 기해야 하며, 음성 자료를 전사하는 과정에서 일부 정보(억양, 목소리 조절, 몸짓 언어, 얼굴 표정 등)는 당연히 누락되는 사실을 안다는 점을 분명히 밝혀야 한다.

설문지 혹은 면담을 바탕으로 한 논문이라면 응답자 수는 훨씬 커야 한다. 하지만 모든 것은 맥락에 달려 있다. 예를 들어, 프라하에 약 30개의 통번역 에이전시와 몇 개의 국제회의기획업체가 있기에 나는 학생들에게 단순한 상황 설명을 위한 예시가 필요한 것이든 온전한 분석이 필요한 것이든 간에 모든 업체에 연락해보라고 거듭 강조한다.

2.7 분석 단계

학생이 실험을 진행하거나 설문지나 면담을 통해 자료를 수집했다면, 혹은 이론적 문헌을 읽고 내용을 메모했다면 고려 대상이 되는 연구 문제에 대한 결론을 내릴 수 있도록 데이터를 분석해야 한다(기술, 정의, 비교, 분류, 정량화, 데이터 모으기, 검증, 가설의 채택 혹은 기각 등). 학생은 데이터 조작의 덫에 빠지거나 가설을 지지하는 예시만 선택하는 오류를 범하지 않도록 주의해야 한다. 가설이 연구결과로 인해 기각될 수도 있는데 그럴 시에는 데이터를 존중하고 결과를 설명하려고 해야 한다. 최근 동시통역 전략에 대해 논문을 준비하던 학생은 예측(anticipation)과 긴 청성시차(ear-voice span)가 가장 빈번한 통역전략이라는 가설을 세웠지만 코퍼스가 이를 뒷받침하지 않았다(실험군과 대조군 모두에서 같은 데이터가 도출되었다). 학생은 연구결과를 어쩔 수 없이 받아들이고 자신이 세웠던 가설을 기각하는 증거로 인정하면서 경각심을 견지하고 샘플 크기가 일반화하기에는 너무 작다는 점을 지적했다. 학생들이 이러한 원칙을 준수하도록 하는 것은 지도교수의 역할이다. 그렇다고 이러한 실증적 연구에 대한 학생 본인의 주관적 감정을 논문에서 완전히 지우는 일 또한 불가능하다. 또한 지도교수는 학생이 학위논문에서 다음 단계로 넘어가지 않으면서 단순히 자신의 생각을 적시하고 예시를 나열하지 않도록 해야 한다. 다시 말해 연구결과를 제대로 분류하고 분석하도록 해야 한다는 말이다. 도표, 그래프, 통계는 마음껏 사용해도 좋다.

2.8 학위논문 집필하기

학위논문을 완성하는 과정에서 이 부분이 가장 민감하다. 코퍼스 분석을 마치면서 학생은 실질적인 결과 혹은 결론을 얻었다고 생각하지만 그 내용이 비교적 체계적이지 않은 방식으로 각종 노트와 컴퓨터 파일 이곳 저곳에 흩어져 있을지 모른다. 이제 이런 내용을 관련 규정을 준수하면서 최소 60페이지에 달하는 글로 정리해야 한다. 연구방법론 세미나를 수강한 학생들은 논문작성규정을 잘 알고 있지만 필요하다면 번역학연구원 사무실에서 규정을 명시한 내부문서를 받아 기억을 되살릴 수 있다(제트마로바, 1998 참고). 하지만 경험적으로 보면 학생들이 논문 작성을 주저하는 경우가 많다. 어디서부터 시작해야 할지, 최소 분량인 60페이지를 채울 수 있을지, 연구주제에 대한 기존 연구결과에 자신이 과연 새롭게 기여할 내용이 있는지 모르는 경우가 많다. 때로는 지도교수가 엄한 태도를 취하고 적어도 첫 몇 페이지는 쓰게끔 '강제'해야 하기도 한다.

학생들에게 학위논문에 등장하는 순서대로 내용을 작성할 필요가 없다는 점을 설명하는 것이 중요하다. 특히 서론의 경우 나머지 본문을 완성한 후 마지막에 집필해도 무방하다. 다시 말해 각각의 장을 어떤 순서로 작성하는지는 크게 중요하지 않다. 나는 학생들이 보기에 일관된 내용 단위로 글을 쓰라고 권한다. 분량으로 보자면 학위논문의 3분의 1에 해당하는 이론적 내용부터 작성한 다음에 실증적 내용을 쓰는 방식이다.

학생들은 지도교수에게 작업한 내용을 정기적으로 보여주고 논문의 진행 상황을 함께 논의한다. 현재 인터넷과 이메일의 보편적 사용으로 커뮤니케이션이 원활해졌는데, 학생 중에서는 거의 매일 지도교수에게 메시지를 보내는 경우가 있어서 처음부터 몇 가지 규칙을 정해야 한다. 나는 학생이 작성하는 글을 모두 읽겠다고 약속하지만 나에게 보내주는 텍스트는 초안에 불과하고 다시 쓰기가 필요할지 모른다는 점은 나와 학생 모두 이해하고 있다. 처음에는 지도교수가 긍정적인 자세로 학생의 동기를 북돋우고 자신의 생각을 글로 표현하도록 격려를 아끼지 말아야 한다. 지도교수는 기본적으로 내용에 대한 피드백을 주지만 학술적 글쓰기가 아닌 실용문 형식을 고수하는 경우가 많기 때문에 내용에 대한 피드백도 제공한다. 인용문과 부연(paraphrases), 논문에 제시된 예시의 숫자, 여러 장의 구성과 길이, 학생이 잠정적으로 내린 결론 등이 논의의 대상이 된다.

학생과 지도교수의 생각이 상충할 때 학생이 자신의 생각을 설명할 근거를 제시할 수 있다면 지도교수는 학생의 입장을 수용하되 구두발표에서 학생 스스로 정당화할 수 있어야 한다는 점을 경고한다. 때로는 학생이 논문의 여러 장에서 몇 페이지씩 산발적으로 제출하는데, 이때 지도교수는 텍스트 전체에 대한 올바른 이해를 하기 어려울 수 있다. 나는 학생들에게 논문의 초안을 완성한 후 논문을 잠시 제쳐 두었다가 나중에 다시 읽어볼 것을 권한다. 마찬가지로 지도교수도 논문을 군데군데 읽어 보기만 했다면 최종 제출 전에 논문 전체를 읽어보는 것이 중요하다.

2.9 최종 준비 및 구두발표

학위논문을 작성했다면 기회가 있을 때마다(많은 경우 학생이 마지막

순간까지 작업을 하기 때문에) 필요한 모든 요소가 들어가 있는지 확인하기 위한 최종점검을 한다. 인용한 문헌 전체가 참고문헌 목록에 포함되었다는 학생 본인의 선언문, 목차, 서론, 정해진 순서에 따라 정열된 각 장(이론적 내용을 시작으로 해서 연구방법론에 대한 설명, 실증적 내용, 코퍼스까지 이어지는 순서), 결론, 학생의 모국어와 주요 외국어로 작성된 논문 초록, 참고문헌 목록, 그리고 필요하다면 도표와 부록 등이 있는지 점검한다.

논문이 완성되면 2부를 제본해서 학과사무실에 제출한다. 그 중에서 1부는 지도교수가 받아 읽은 후 서면으로 평가한다. 학생이 지도교수에게 정기적으로 자문을 구했다면 지도교수가 어떤 의견을 어떻게 줄지 대충 예상할 수 있지만 '평론가'의 의견은 다를 수 있다. 사실 '평론가'의 평가는 지도교수의 작업에 대한 평가이기도 하다. 지도교수가 중요한 변수나 가설 등 연구에서 이런저런 부분을 누락하거나 간과했을지도 모르기 때문이다. 두 사람의 평가를 받은 학생은 구두발표 때 발표할 답변을 준비한다.

구두발표 현장에서 학생은 자신의 논문을 발표하고 가설, 연구목적, 연구방법을 설명하고 사전에 받은 평가서의 의견 및 심사위원들의 질문에 답변을 한다. 그리고 적어도 다음 학위논문의 지도를 맡을 때까지는 지도교수의 임무가 여기서 끝난다.

참고문헌

다음은 연구방법론 세미나를 수강하는 학생들에게 배포하는 참고문헌 목록으로서 매년 업데이트 된다. 학생 전원은 3학년 때 통역이론에 대한 강의를 수강하고(다섯 학기에 걸쳐 26시간에 이르는 강의 시간) 주요 저자와 연구물에 대해서는 잘 알고 있다는 점을 일러둔다.

보다 포괄적으로 학생들은 다음 자료를 참고할 수 있다.

- 번역학연구원 도서관에 소장 중인 학술지. 즉, Target, The Interpreters' Newsletter, Meta, The IRN Bulletin, Babel, ToP, Interpreting, Parallèles, Hermes, Folia Translatologica, Tetradi perevodtchika.

- 투르쿠, 프라하, 비엔나, 스톡홀름, 헬싱외르, 트리에스테, 자르브뤼켄, 부다페스트 등에서 개최한 통역연구에 대한 국제 학술대회의 논문집

- 번역학연구원에서 배출한 기존 석사학위논문 (저자는 I. 물러(Muller), D. 라자로보바(Lazarovová), L. 시따로바(Sitárová), L. 쉐반꼬바(Šebánková), K. 지드꼬보바(Židkovová), R. 바르가(Varga), J. 라즈몬(Rajmon), I. 무라쏘바(Murasová), T. 부히뗄레(Buchtele), J. 샤따보바(Šatavová), M. 꾸릴로바(Kurillová), I. 쉬빨로바(Šípalová), D. 쁘리히스탈로바(Prichystalová), L. 요아히모바(Joachimová), V. 야롤림(Jarolím), V. 꿈쓰따또바(Kumstátová), P. 자루보바(Zárubová), 등)

Čeňková, I. 1980. *Shody a rozdíly mezi překladatelským a tlumočnikým procesem (Differences between and similarities in translation and interpretation processes),* FF UK Praha, PhDr. thesis.

Čeňková, I. 1985. *Teoretické aspekty procesu simultánního tlumočení (Theoretical aspects of the simultaneous interpreting process),* FF UK Praha, CSc. thesis.

Čeňková, I. 1995. "La recherche en interprétation dans les pays d'Europe de l'Est: une perspective personnelle." *Target* 7(1): 75-89.

ISO 690. 1985. Bibliographic References.

Gile, D. 1997. "Interpretation Research: Realistic Expectations." In *Transferre Necesse Est. Proceedings of the 2nd International Conference on Current Trends in Studies of Translation and Interpreting,* 5-7 *September,* 1996, *Budapest, Hungary* Kinga, K. and Kohn, J. (eds), 43-51. Budapest: Scholastica.

Gile, D. 1999a. "Variability in the perception of fidelity in simultaneous interpreting." *Hermes* 22: 51-79.

Gile, D. 1999b. "Use and misuse of the literature in interpreting research." *The Interpreters' Newsletter* 9: 29-43.

Jettmarová. Z. 1992. *Pokyny pro vypracování diplomové práce (Recommendations for the MA thesis).* Internal document. Prague: Institute of Translation Studies.

Jettmarová, Z. 1998. *Zpracování diplomového úkolu (How to write an MA thesis).* Internal document. Prague: Institute of Translation Studies.

Norma ČSN 01 0197 (I971) *Bibliografické citace (Bibliographic citations)*

Rejšková, J. 1999. "Establishing a Correlation between Performance in Consecutive Interpreting and Potentionally Good Performance in Simultaneous Interpreting." *Folia Translatologica* vol. 6: 41-60.

Sofr, O. 1978. *Analýza procesu tlumočení (Analysis of the interpreting process),* FF UK Praha. PhDr. thesis.

Synek, M. and Sedláčková, H. 1994. *Diptomová práce. Metodický návod jak psát diplomové a seminární práce (Degree theses. A methodological handbook on writing theses and seminar papers),* Praha: VŠE.

트리에스테 SSLMIT의 통역 연구: 과거, 현재와 미래

알레산드라 리카르디(Alessandra Riccardi),
안나 지암발리(Anna Giambagli), 마리아키아라 루소(Mariachiara Russo)
SSLMIT - 트리에스테대학교, 이탈리아

1. 연구의 발전 배경

트리에스테 SSLMIT(Scuola Superiore di Lingue Moderne per Interpreti e Traduttori)는 50년 전 트리에스테대학교의 경제경영학부 내에 통번역사를 위한 특별 강좌로 미약하게 출발했다. 그리고 창설 이래 유연성을 항상 중요한 개념으로 삼았다. 1978년 완전한 학부로 승격되면서 제도적 변화가 수반되었을 뿐만 아니라 새로운 대학 환경에 맞는 교육 및 강의 기준에 부합하는 역량 있는 강사진을 필요로 했다. 특히 그 시점까지 통역사 양성에 성공적으로 적용했던 통역 교육의 실용적 측면을 통역 연구에 기반을 둔 이론적 측면에 접목시키는 일은 명실상부한 학부로 자리매김하기 위한 필수조건이었다. 본질적으로 통역학교를 명실상부한 학부로 탈바꿈시킨 과정으로서 이에 따라 연구에 대한 필요와 관심이 자연스럽게 생긴 것이다. 통역을 가르치던 교사들은 어느덧 대학 강사가 되어 있었고 새로 임명된 학장과 교과과정을 만드는데 참여한 세 명의 정교수가 연구를 독려하는 역할을 맡게 되었다. 프랑코 크레반틴(Franco Crevatin) 당시 학장은 고전어를 전공한 언어학 교수로서 상대적으로 연구 경험이 부족했던 새로운 교수진에게 연구에 많은 시간을 할애하라고 늘 격려했다. 과거 '통역학교' 전통에 머물면서 통역 연구의 중요성을 부인하던 동료들의 저항에도 불구하고 크레반틴 학장은 지칠 줄 모르는 끈기와 친절로 유용한 지원과 지도를 아끼지 않았다. 학장의 친절한 설득과 함께 전통적인 학문분야의 학자들이 교수진에 새로 영입되면서 신선한 자극제가 되었다. 대부분 언어학자와 번역사였던 이들은 자신의 독자적인 경험을 가지고 오면서 팀워크로 진행된 연구에 기여하게 되었다.

트리에스테 SSLMIT에서 진행된 연구의 역사는 세 시기로 분류할 수 있다. 첫 번째는 학부가 설립된 1978년부터 1980년대 말까지의 시기이고, 두 번째는 1990년대를 의미하고, 4절에서 다루게 될 세 번째 시기는 DSLIT(Department of Language, Interpretation and Translation Studies)가 태동한 1998년에 시작되었다. 첫 번째 시기에는 통번역 관련 국제회의가 늘어나고 교수진의 연구·출판 활동이 활발해지면서 이탈리아 대학 제도 내에서 통번역이 단순한 직업이 아닌 엄격한 과학적 분석이 이루어지는 학문 분야로 인정된 시기였다.

SSLMIT에서 진행된 연구는 통역 과정과 통역 결과물의 다양한 측면에 대한 개인적인 관심과 지적 호기심의 결과였다. 연구진 간에는 구어 텍스트의 전사와 분석, 통역 전략과 기법, 통역에 대한 언어적 이론의 적용 등 개별 영역에 있어서 지속적인 접촉이 과거부터 있었지만 각 연구자는 항상 자신의 연구분야와 방법론적 접근을 자유롭게 선택할 수 있었다. 따라서 과거부터 현재까지 '트리에스테 학파'라든가 학교만의 정해진 통역 모델 혹은 교수 방법론은 없었다. 이런 기본적인 태도는 연구 관심의 중첩을 의미하기도 하지만 반대로 새로운 생각과 독창적 접근방법을 낳을 수 있는 토대를 제공하기도 한다. 연구에 대한 관심을 키운 데는 여러 가지 요소가 작용했다. 학교가 학부가 되면서 타 분야 연구자를 만날 수 있는 기회가 주어졌고, 첫 학장은 타 분야 학자와의 회의를 주최했을 때 인센티브를 제공했다. 또한 통역의 과정과 결과물을 연구하고자 하는 욕구, 성격과 관심사는 다르지만 비슷한 목표를 향해 나아가면서 이루었던 협력 등 여러 가지 요소가 연구에 대한 관심에 불을 지폈고 이러한 관심은 시들지 않았다. SSLMIT 교수진의 초기 연구 활동은 이들의 전문 경력과 교육 경험을 반영했으며 순차통역(CI)(그랜(Gran), 1981, 1982; 브로지흐-리뻬저(Brozich-Lipizer), 1981)과 동시통역(SI)(렙하르 뽈리띠(Lebhar Politi) 1981; 보시안 시아본(Boschian Schiavon), 1983a, 1983b; 미크(Meak), 1983) 교육 및 회의통역(미크, 1981; 스넬링(Snelling), 1983)의 여러 측면에 집중했다.

프랑코 크래반틴, 로라 그랜 및 존 도드스(John Dodds)의 첫 주요 연구 프로젝트는 1986년 회의 통역에 대한 국제회의를 개최하는 일이었다. 그 전에는 통역 관련 회의는 단 한 차례 있었는데, 1977년 베니스에서 개최한 나토 회의로서 다양한 분야의 연구자를 한 데 모아 통역 연구와 새로운 연구 동향에 대해 논의하는 것이 목적이었다. 트리에스테 회의는 여기서 한 단계 더 나아가 통역 교육과 관련된 문제에 집중했다. 회의 제목은 *회의통역 교육의 이론 및 실제(The Theoretical and Practical Aspects of Teaching Conference Interpretation)*(그랜과 도드스, 1989)였으며 전문가와 연구자들이 모여 통역 교육과 통역 현장을 향상시키기 위한 통역 연구와 이론의 적용 방안을 논의하는 장으로 마련된 자리였다.[1]

1985년 즈음에 그랜이 심리학연구소와 학제간 노력으로 새로운 분야의 연구에 착수했다(그랜은 리디아 미크(Lidia Meak), 베스타 보시안 시아본(Vesta Boschian Schiavon), 줄리아나 브로지흐 리뻬저(Giuliana Brozich Lipizer), 모니크 렙하르 뽈리티(Monique Lebhar Politi), 모니카 마리아 메켈(Monika Maria Mechel), 이디스 스필러 보사트라(Edith Spiller Bosatra), 데이빗 스넬링(David Snelling)과 함께 SSLMIT의 초창기 통역 교수진이었다). 그랜은 실어증, 난독증, 등 임상적 관점에서 본 뇌의 언어표현과 통역과정에 작용하는 정신적 기능과 각 기능 간의 상호작용 등 관심사를 묶어 대뇌 반구 중 우뇌나 좌뇌를 강제적으로 활성화 혹은 비활성화하는 다중청취(dichotic listening), 뇌-손 협응(mental-manual coordination)과 이중과제(dual tasks) 등의 기법을 활용한 실험연구를 시작하였다(초기에는 안토니오 브라바(Antonio Brava)와 연구를 진행했고 이후에는 프랑코 파브로(Franco Fabbro)와 손을 잡았다)(그랜과 파브로, 1988, 1991; 파브로 외, 1990, 1991). 뇌의 언어표현에 대한 당시 문헌은 극명하게 대조되는 연구결과를 보여줬는데, 그랜과 파브로의 연구는 뇌 전체가 통역과정에 관여한다는 것을 보여줬다. 특히 언어의 이해와 생산 시에 활성화되는 대뇌의 특정 영역이 기존에 알려진 바와 달랐고 언어 습득과 통역 훈련의 과정에서 언어적 역량이 한쪽 대뇌 반구에서 반대 쪽으로 옮겨간다는 점을 밝혔다. 점차 윤곽을 드러낸 주제는 기억력의 역할(그랜, 1990), 통역과정에서 집중력 전략의 역할(그랜과 파브로, 1988; 그랜, 1989), 통역과정의 특정 시점에서 자동화 반응과 전략의 습득(그랜, 1989) 등이었다.

이런 연구가 성공할 수 있었던 이유는 한편에서는 신경생리학, 다른 한편에서는 통역학이라는 상이한 각도에서 통역 문제에 대한 관심이 융합했기 때문이다. 서로 다른 기능의 협응이 요구되고 절차적 기술이 의식적·무의식적으로 동원되는 여느 복잡한 과제와 마찬가지로, 통역이란 새로운 신경회로의 생성과 활성을 요구하는 기술이다. 언어 습득의 과정에서 대뇌가 언어를 다르게 정리하는데, 대뇌에서 언어가 어떻게 정리되었는지에 따라 통역 기술을 습득하는 과정에서 신경 회로가 생성되는 방식이 영향을 받을 수 있다. 그랜의 연구(1989, 1992)는 이중언어 사용, 언어 습득과 이중언어 사용자의 대뇌 언어 조직 등을 설명할 수 있는 복잡다단한 기제를 조명함으로써 이중언어 학생의 종류에 따라 통역을 다르게 가르칠 수 있는 여러 가능성에 대한 인식을 높였다. 그 당시 학생들은 실험 대상과 공동연구자로서 실험 연구에 적극적으로 참여하기 시작했고 이는 (통역과정의 신경생리적 측면뿐만 아니라 다른 연구 영역까지) 학부 내 과학적 연구에 대한 관심을 더욱 일깨웠다(그랜과 테일러(Taylor), 1990; 스넬링, 1992).

SSLMIT의 두 번째 연구 시기는 1990년대로 대표된다. 이 시기에는 졸업생들이 통상적인 공채 절차를 통해 통역을 가르치는 강사로 초빙되어 SSLMIT가 한 단계 더 진화하는 계기가 되었다. 따라서 학생 시절에 이미 시작했던 연구를 이어서 진행하거나 새로운 탐구 영역을 개척할 수 있었다. 연구에 진지한 관심을 보이는 젊은 졸업생들에게는 폭넓은 기회가 주어지고 통역 연구를 진행하게끔 격려를 한다. 또한 선배 연구자의 지도하에 국제 학술대회와 워크샵에 참여할 것을 독려한다. 그 결과 통역 교육, 연구, 현장의 최근 동향과 요구를 반영한 방법론이 끊임 없이 개발되었다. 순차 및 동시통역 강의에서는 언어학, 신경생리학, 심리언어학 분야의 학제간 연구에서 비롯된 통역의 이론적 개념과 모델을 실제 통역의 실질적 측면과 통합하여 가르치고 있다.

다음으로 SSLMIT의 통역연구 역사에 대한 설명을 이어나가기 전에 여러 발전 상황에 부분적인 영향을 미쳤던 이탈리아 학계의 상황과 채용 제도를 언급할 필요가 있다. SSLMIT 교수진에는 늘 전문 통역사들이 포진해 있었다. 처음에는 개인적인 차원에서 임시 계약직 형태로 고용했다가 이탈리아 대학교에서 교수를 채용하는 전통적 절차에 따라 공채를 거쳐 정년을 보장 받는 교강사가 되었다. 이탈리아 대학교의 채용 제도 하에서는 공개 채용된 교수의 연구 업적을 평가한 후에 승진 여부가 결정된다. 따라서 교육 경력과 전문 활동이 있어도 연구가 동반되지 않으면 승진은 불가능하다. 이 시점에서 대학교에 임용되려는 열망이(물론, 이것만으로 차후에 연구 활동이 크게 증가한 것을 충분히 설명하지는 못하지만) SSLMIT의 연구 발전에 영향을 미쳤다고 볼 수 있다. 또한 경력에 대한 압박은 연구 업적의 양적 증가와 상관관계가 있지만 반드시 연구 수준의 질적 향상을 가져오지는 않는다.

2. 이탈리아 학계의 상황

1980년 대학 개혁 이후 세 개의 직무 구조가 등장하면서 교직원의 구성이 통합하고 바뀌었다. 기존 '조교(assistant; *assistente*)'는 '연구조교(research assistant; *ricercatore*)'로 대체되었고 교수직은 '교수(full professor; *professori de prima fascia*)'와 '조교수(associate professors; *professori di seconda fascia*)'로 나뉘었다. 연구조교 지원 자격은 학사학위소지자 이상이지만 박사학위소지자에게 우선권이 주어진다. 1차 심사는 3인으로 구성된 위원회에서 연구업적을 평가하고 2차 심사는 필답시험으로 이루어진다. 2차까지의 심사 절차를 통과한 후보는 구술면접을 보게 된다. 최종심사까지 성공적으로 마친 후보자는 처음에는 3년 계약으로 연구조교로 채용된다. 계약기간이 만료되면 새로 구성된 위원회에서 연구업적을 검토하고 종신 재직권을 줌으로써 임용을 확정하기도 한다. 심사결과가 부정적이라면 2년 후에 재평가가 이루어지고 평가 결과는 긍정적일 수도 그렇지 않을 수도 있다. 종신 재직권이 주어진 연구조교에게는 교육의 책임도 주어지게 된다.

다른 두 개의 교수직에 해당하는 조교수와 교수도 유사한 절차를 밟아 임용된다. 5인으로 구성된 심사위원회(2명의 조교수, 3명의 교수)가 연구, 교육, 전문 활동 경력을 바탕으로 선발한 조교수직 후보자는 두 개의 영역으로 나뉜 구술시험을 치르게 된다. 첫 영역은 연구 업적에 대한 면접이고 두 번째 영역은 5인의 심사위원회가 선정한 주제로 1시간 동안 강의를 진행해야 한다. 임용 후 3년이 되면 3인으로 구성된 위원회에서 교육과 연구 활동을 평가한다. 마지막으로 교수(full professor)에 대한 공개 채용은 5인의 교수(full professor)로 구성된 위원회에서 후보자의 연구, 교육, 전문 활동 경력을 평가하는 방법으로 진행된다. 3년 후 또 다른 3인의 위원회에서 교육 활동과 관련 연구 업적을 평가하고 긍정적인 방향으로 결론이 나면 종신 재직권을 부여한다. 반대의 경우에는 2년 후에 평가 절차가 새로 진행되고 그 결과는 긍정적일 수도 그렇지 않을 수도 있다(위 절차는 조교수에게도 똑같이 해당된다).

3. 연구, 교수법, 졸업논문

이미 언급했듯이 통역을 가르치는 교강사진 중 상당수는 SSLMIT가 학부로 승격되면서 큰 동기부여를 받았고 수년 간 연구에도 적극적으로 참여하여 통역 실무와 탄탄한 이론적 근간을 통합할 수 있었다. 이는 교수법에 긍정적인 영향을 주는 결과를 낳았다. 즉, 이제는 순차 및 동시통역을 가르칠 때 단순히 재치(*savoir-faire*)가 아닌 지식(*savoir*)을 동원하게 된다. 다시 말해서 통역을 가르치는 교강사진은 자신의 전문적 경험을 폭넓게 활용하는 한편 관련 있는 연구결과로 교수법을 보강함으로써 전략 습득을 위한 단계적이고 목표지향적이며 신중한 방법론을 설계하고 통역 과정에 관여하는 언어적·비언어적 기제 전반에 대한 학생의 의식과 민감도를 높이게 된다. 예를 들어 통역의 이론과 실제를 다루며 회의 통역의 다양한 면모를 안내할 목적으로 개설된 통역입문 세미나와 같은 교수법 향상 프로그램은 대단히 유용하고 성공적이었다. 1993년 이후 40시간에 걸쳐 진행되는 본 세미나는 언어 조합과 상관 없이 연초 혹은 연중에 학생 전체를 위해 개설되었다. 세미나는 순차 및 동시통역 연구와 직접적으로 연관된 여러 주제에 초점을 맞추거나 의사소통으로서의 통역, 소통행위로서의 회의 현장, 여러 통역 방식, 재표현(reformulation), 문장구역, 순차통역과 동시통역의 차이, 순차통역에서의 정보 유지(information retention)와 노트테이킹, 순차 및 동시통역에서 단기기억과 장기기억 간의 상호작용, 기억과 주의력, 동시통역 시의 일반 전략과 언어 특수한 전략, 회의 통역에 대한 신경과학의 기여도, 원격 통역(remote interpreting), 미디어 통역(media interpreting)과 대화 통역(liaison interpreting) 등 회의 통역과 관련이 있는 일반적인 주제를 다룬다. 세미나에서 다룬 내용을 모아 이론적 기초와 교수 방법론을 포괄하는 통역에 대한 입문서를 만들기도 했다(팔보 외(Falbo et al.), 1999).

지난 15년 간 통역을 가르치는 교강사진 사이에서 연구의 중요성이 크게 대두되면서 개인 프로젝트와 공동 연구 프로젝트 모두 탄력을 받았을 뿐만 아니라 지도교수와 학생 간의 긴밀한 협력의 결과인 졸업논문에서도 연구의 중요성이 부각되었다. 1980년대 말의 논문은 여전히 용어집과 언어학에 기반한 분석에 집중했다면, 구체적인 통역의 특징을 조사하고자 하는 방향으로 서서히 관심이 옮겨가면서 오늘날 대부분의 논문은 실험연구와 관련된 제반 문제에 대한 보다 깊은 이해를 반영한다. 학위논문 준비의 각 단계를 개괄함으로써 이러한 변화가 어떻게 생겼는지 설명하고자 한다.

SSLMIT에서는 졸업시험(순차통역과 동시통역 시험)을 마친 학생들이 대학교육의 최종 관문으로서 지도교수와 부지도교수(co-supervisor)의 지도 하에 정해진 연구분야를 다루는 능력을 논문의 형태로 증명해 보여야 한다. 일반적으로 학생이 교강사 중에서 지도교수를 부탁하고픈 사람에게 먼저 연락을 취하고 논문의 연구주제에 따라 전문성을 갖추거나 전문지식을 보완해줄 수 있는 부지도교수(co-supervisor)를 다음으로 선정하게 된다. 매우 기술적인 주제의 경우에는 외부 전문가를 참여시키는 경우도 있다. 때로는 학생 스스로 특정 주제에 대한 관심을 표명하기도 한다. 따라서 연구주제에 대한 생각과 프로젝트의 타당성을 논의하는데 상당한 시간을 할애하게 된다. 논문 작업은 평균 12개월이라는 기간 동안 진행된다. 논문에 대한 일차적 책임을 지는 지도교수는 학생과 한 달에 한 차례 혹은 그 이상 정기적으로 만나(부지도교수와 함께 만나거나 따로 본다) 기본적인 지침과 전체적인 계획을 세우고 각 장과 절을 정하며 연구의 진행 과정을 비판적으로 평가한다. 논문 본문은 외국어로 작성해도 무방하나 이탈리아어로 작성하는 것이 원칙이다. 1년이라는 기간 동안 학생 혼자 작업하는 경우도 있지만 논문의 막바지에는 지도교수와 보다 빈번하게 접촉할 필요가 있다. 어떤 내용으로 얼마나 자주 상의를 하는지는 학생의 업무 조직력에 따라 개인차가 있다. 그렇기 때문에 정해진 면담 일정이 따로 있는 것은 아니다. 졸업식 날 지도교수와 부지도교수는 (이탈리아 법에서 정한 바에 따라) 11인의 패널 앞에서 학생과 그의 연구를 선보이고 패널은 학생이 발표하는 연구 목적, 방법론, 결과를 바탕으로 공동 평가를 내린다. 패널의 위원은 각각 10점까지 점수를 줄 수 있고 이에 따라 학생은 110점 만점 안에서 평가를 받는다. 우수 논문의 경우 학생은 만점을 받고 우등(*cum laude*)으로 졸업하게 된다.

논문의 연구주제는 거의 예외 없이 지도교수의 연구분야와 관심에 따라 정해진다. 이에 따라 학생의 연구결과는 지도교수의 연구분야에 새로운 통찰력을 제공하기도 한다. 대부분의 지도교수와 부지도교수 모두 통역전공 소속 교강사지만 구체적인 연구주제에 따라 둘 중 한 사람 혹은 두 사람 모두 학부의 다른 전공 소속일 수 있다(대개는 언어학 전공 소속이다). 논문 작업 기간은 통역이론을 심층적으로 배우는 시기로 간주한다. 따라서 이 기간 동안에는 올바른 방법론적 접근방법(연구자료 및 방법) 규명하기, 관련이 있는 참고문헌의 선정 및 정리하기, 각 장의 내용을 정리하고 순서 나열하기, 그리고 수년 간 구두 발표에 절대적 우선순위를 두었기 때문에 글쓰기 숙달하기 등 학생이 여러 문제를 극복할 수 있도록 지도를 받는다. 능력이 있는 젊은 통역사라도 연구에 필요한 능력과 역량을 충분히 갖추고 못할 수 있다는 사실은 이미 충분히 증명되었다. 물론 반대의 경우도 마찬가지로 성립한다.

SSLMIT에서 진행되는 논문 주제들은 세 개의 하위주제로 분류할 수 있다. 언어학, 화용론, 기술적(descriptive) 통역 연구가 전체 주제의 60%를 차지하고(예를 들어, 통역 목적을 위한 구체적인 언어 사용, 담화의 문화적 측면과 문화 간 문제, 영화 동시통역을 위한 전략 등) 유럽위원회의 문헌 자료실에서 간혹 요청해서 출판하는 용어집은(예를 들어, 농업, 환경, 교통, 보험 등) 25%를 차지한다. 통역에 대한 실험연구는 약 15%에 달한다(예를 들어, 순차통역에서 노트테이킹의 인지적 측면, 오류 분석, 통역에 대한 준비 훈련, 다른 통역 방식에 대한 비교와 대조 등).

실험 연구는 일반적으로 많은 시간을 요구하는 매우 고된 작업인데, 연구 논문에 착수하는 학생들을 위한 연구 방법론 강의가 특별히 마련되어 있지 않기 때문에 더욱 어렵다. 따라서 실험 연구는 정말 연구지향적이면서 교수 임용에 관심이 있을지 모르는 소수의 학생들에게 추천한다. 현재 졸업생 중 세 명은 학위논문에서 진행한 연구의 후속작업으로 SSLMIT에 4년 계약으로 연구조교에 채용되었고(아래 5절 참고) 두 명은 영국에서 박사과정에 입학해 동시통역을 연구 중이다. 그러나 대부분의 SSLMIT 졸업생은 통역사 혹은 학교 공부와 관련이 있는 다른 유망 직종으로 취업하기 위해 구직을 한다.

지도교수와 부지도교수 간의 긴밀한 협력은 때로 공동 연구 활동을 반영하거나 상호보완적인 연구 활동으로 이어진다. SSLMIT에서의 연구가 개인의 특정 관심사에 따라 자유롭고 유연하게 진행되는 것이 원칙이지만 현재 진행 중인 공동 연구도 있으며(즉, 통역과정의 구술성(orality)에 대한 코퍼스 기반 연구, 미디어 통역) 이러한 프로젝트에 통역 전공 소속이 아닌 외부 동료의 참여는 더 이상 이례적이지 않다. 그 결과로 의미 있는 연구 논문 결과들이 교육 현장에 다시 적용되고 있고 때로는 새로운 강좌의 개설로 이어지기도 한다. 대중연설과 순차통역의 관계를 살펴본 논문의 예비실험의 일환으로 대중연설에 대한 강의가 개설된 바 있다. 이는 올해 외부 전문가가 운영하는 *대중연설(Course on Public Speaking)*이라는 강의가 개설되는 밑거름이 되었다(해당 강의는 비디오 녹화를 이용해 순차통역에 필요한 언어 외적능력(구두 커뮤니케이션의 비언어적 요소)을 배양할 목적으로 설계되었다). 이러한 움직임은 개인 혹은 공동연구를 입증하는 귀중한 도구가 되기도 한다. 더욱이 SSLMIT의 교수 및 연구진 간에는 끊임 없는 생각과 경험의 교류가 있으며 재학생과 국제기구의 인사가 참여하는 내부 회의의 형태로 통역 연구와 제반 문제에 대한 토의와 토론을 갖고 있다(그랜과 리카르디, 1997; 비에찌(Viezzi), 1999).

특화된 교육을 제공하는 당연한 결과로 1999년에는 학생들(특히 공부를 곧 마치는 학생들)에게 통역 연구를 염두에 둔 통계 조사 원칙을 가르칠 목적으로 외부 통계 전문가를 초청해 10시간에 걸쳐 통계 방법론 입문 강의를 진행한 바 있다(실제로 심리언어학을 기반으로 한 통계 방법론이 통역학 연구에 가장 적합하다). 심화 과정까지 있는 해당 과정은 1999-2000학년도에도 열렸으며 향후 SSLMIT 공식 교육과정에 편입될 가능성이 있다.

현재 모든 연구 활동은 새로 설립된 언어 및 통번역학과(Department of Languages, Interpretation and Translation Studies)에서 효과적으로 조율하고 있다. 본 학과의 설립 취지에는 학제간 연구를 장려하기 위한 목적도 포함되어 있는데, 학제간 연구가 시작되면서 사실상 SSLMIT가 연구의 세 번째 단계에 들어섰다고 볼 수 있다.

4. 언어 및 통번역학과(DSLIT)

1998년 12월부터 SSLMIT는 언어 및 통번역학과(*Dipartimento di Scienze del Linguaggio, Interpretazione e Traduzione* – DSLIT)라는 상위기관에 편입되었다. 트리에스테대학교의 교수, 강사, 연구자라면 누구나 학과 소속이 될 수 있다. 이렇게 함으로써 트리에스테대학교에서 같은 연구분야에 관심을 갖고 있는 사람들 간의 상호작용의 폭을 넓힐 수 있게 된다. 대다수의 SSLMIT 교수진은 DSLIT 소속이다.

DSLIT는 SSLMIT의 연구 활동을 학술적·행정적으로 조율하는 새로운 기구다. DSLIT에서는 개인의 요구사항을 평가하고 학과의 운영에 할당되는 인적·재정적 자원의 관리를 최적화하는 역할을 한다. 조직을 보면 학과장, 학과 이사회, 학과 위원회, 사무국과 연구 코디네이터가 포함된다. 이 중에서 연구 코디네이터는 학과장과 연구자 사이의 다리 역할을 하며 진행 중인 연구 프로젝트에 대한 최근 근황을 개괄하고 가용 자원을 가능한 효율적으로 사용하기 위해서 공동의 관심사 될만한 학문적 영역이나 문제를 발굴한다. 학과 위원회는 연구자 개인의 자유를 온전히 존중하는 가운데 일반적인 연구분야를 제안한다. 특히 연구와 관련된 위원회의 권한은 기금의 사용 기준을 정하고(기금은 트리에스테대학교와 교육부에서 학과에 배정함) 인사, 장비 및 시설, 연간 연구 프로젝트 계획, 개인 연구 활동에 대한 학과장의 보고서 등의 활용을 조율하는데 있다. 대학연도가 시작하게 되면 본 위원회는 연구자의 학술 프로젝트 및 컨퍼런스, 회의, 세미나 등 학과가 관장하는 기타 연구 관련 계획을 승인한다.

연구 시설의 경우 DSLIT에는 통역 관련 실험에 필요한 장비를 충분히 갖추고 있다(통역 부스, 컴퓨터, 어학 실습실, 듀얼 트랙 녹음 기능 등). 구체적 실험에 필요한 장비의 경우 신경언어학이든 심리언어학 등 다른 분야든 간에 연구 프로젝트에 참여하는 파트너들이 지금까지 장비를 제공해왔다. 하지만 갈수록 연구자의 수가 늘어나는 상황을 감안하면 기존 장비를 보강할 필요가 있는데다가(특히 음성과 구어 텍스트의 녹음과 분석에 있어서) 기술력이 향상된 첨단 하드웨어와 소프트웨어에 대한 수요가 생기고 있다. 게다가 소프트웨어 어플리케이션을 위한 끊임 없는 기술적 지원과 전문 인하우스 기술진의 통계 분석이 바람직하다고 본다.

5. 진행 중인 연구 프로젝트

현재 SSLMIT의 통역 전공에는 2명의 정교수, 8명의 부교수와 4명의 연구조교 등 14명의 교직원이 상근하면서 개인적인 연구 활동을 진행 중에 있다. 교수진의 학술 업무 중에는 실증적 연구논문을 준비 중인 학생을 지도하는 것도 포함되어 있는데, 학생들의 연구결과는 반대로 지도교수가 진행하는 개별 연구 프로젝트에 기여하기도 한다(3절 참고). 현재 여러 가지 연구 프로젝트가 진행 중이다. 주요 연구분야로는 회의 통역, 법정 통역, 미디어 통역, 대화통역과 수화통역이 있다. 대부분의 프로젝트는 다음에 보듯이 위에서 열거한 첫 세 개의 분야와 관련이 있다.

1. 통역 코퍼스에 적용한 구어(口語)분석
2. 프랑스어: 말하기와 글쓰기에서의 구술 담화(oral discourse)
3. 회의통역을 위한 적성검사
4. 순차통역의 전달력과 프리젠테이션
5. 스페인어에서 이탈리아어로의 통역: 오류 분석 및 분류
6. 극복 전략(recovery strategy)과 추가(addition)의 분류
7. 동시통역의 주의력과 집중력 양상
8. 동시통역 시 단기기억의 역할
9. 동시통역의 언어적, 인지적 전략
10. 정치·법률기관에서의 통역
11. 대화통역과 통역이 매개가 되는(interpreter-mediated) 미디어 행사
12. 번역사/통역사를 위한 전자 도구
13. 특수목적 언어: 인지적 메커니즘의 습득 및 처리 전략

최근 이탈리아 고등교육제도에는 새로운 연구 조교직, 일명 단기 계

약직 연구조교직(*titolare di assegno di ricerca*)이 도입되었다. 연구조교는 4년 간 연구기금을 받아 한 명의 교수와 합의한 구체적 연구 프로젝트를 진행하게 되고, 이때 파트너가 되는 교수는 연구를 지도하면서 프로젝트 코디네이터의 역할을 하게 된다. 이 기금은 공채시험을 통과한 졸업생이라면 수혜대상이 될 수 있다. 기존의 연구조교는 교직원으로 상근하면서 종신직을 부여 받은 후에 강의 의무를 져야 할지도 모르는 것에 반해 새로 도입되는 연구조교직은 구체적인 연구 프로젝트에만 전념하며 계약기간이 끝나고 프로젝트가 완료되면 다른 곳에 취업할 수 있다.

SSLMIT의 통역 전공에는 이와 같은 새로운 연구자가 세 명 있다. 한 사람은 컴퓨터 기반의 통역 정보 시스템을 개발하기 위한 프로젝트에 참여하고 있고, 두 번째 연구자는 독일어-이탈리아어 언어 조합에서 인지적, 언어적 전략에 대한 구체적 가설을 실증적으로 검증하는 내용의 프로젝트에 참여하고 있으며, 세 번째 연구자는 회의통역의 적성에 대한 프로젝트를 진행해서 예측가능성과 비용 효과성 두 가지 측면에서 검증될 다양한 적성검사를 개발 중이다.

6. 결어

SSLMIT은 세계의 다른 통역전문 교육기관과 유사한 길을 따라 연구를 발전해왔다. 다른 교육기관과 차별화 된 특징이 하나 있다면 지난 수년 간 교강사진 전체가(각자 정도의 차이가 있지만) 통역 연구에 참여하면서 개별 연구뿐만 아니라 공동연구도 지원할 수 있는 연구 네트워크를 형성했다는 점이다. 단순히 통역 교육을 보완하는 성격의 연구가 아닌 본격적인 연구를 하는 자주적 연구기관으로 자리매김하기까지 여러 단계의 연구를 거쳤다. 연구의 첫 단계는 통역 전문가이자 통역을 가르치는 교강사로서의 개인들이 자신의 경험을 반영한 일인데, 이는 이들이 대학교 교수직을 얻는데 중요했다. 두 번째 단계는 SSLMIT 교직원의 선구적 노력과 개인적 헌신 덕분에 가능했으며 젊은 연구자들이 협력하면서 연구 프로젝트와 실증적 연구논문들이 한층 발전하게 되었다. 세 번째 단계에 접어든 지금, DSLIT는 보다 자주성이 높은 통역 연구가 가능한 구조를 갖추게 되었다. 한때는 개인적인 경력 쌓기가 동기였다면 현재는 국가적·국제적 연구 공동체라는 보다 넓은 네트워크의 일원이 되고, 전문통역과 연구 활동, 다독에서 얻은 지식을 검증하는 시험장에 서고자 하는 소망을 반영한 연구가 이루어지고 있다. SSLMIT의 설립 이래 교직원 전원은 통역 교육의 여러 변화에 유연한 태도를 견지해왔고, 이러한 자세가 없었다면 통역 분야 연구는 가능하지 않았으리라 본다.

미주

* 본 원고는 공동 논의의 결과이지만 1-2절은 리카르디, 3절은 지암발리, 4-5절은 루소가 각각 집필을 맡았다. 6절은 공동으로 작성했다.

1. 트리에스테 회의의 후속 작업으로 1988년에는 회의를 계기로 연구 활동에 대한 정보 교환이 이루어진 것을 지속적으로 이어 나가자는 취지에서 연 1회 발행하는 The Interpreters' Newsletter의 창간호가 나왔다. 초창기 편집인은 로라 그랜과 존 도드스(1988-1992), 로라 그랜과 데이빗 스넬링(1993-1998)이었고 1999년부터는 알레산드라 리카르디와 모리찌오 비에찌(Maurizio Viezzi)가 편집을 맡고 있다.

참고
문헌

Boschian Schiavon, V. 1983a. *Interpretazione simultanea di discorso letto* [Monografie n. 8]. Trieste: SSLMIT.

Boschian Schiavon , V. 1983b. *Velocità di parola e interpretazione simultanea* [Monografie n. 20]. Trieste: SSLMIT.

Bottan.L. 1998. *La presentazione nell'interpretazione consecutiva: come sviluppare un'attività di base.* Unpublished graduation thesis. Trieste: SSLMIT.

Brozich-Lipizer, G. 1981. *L'interpretazione consecutiva: considerazioni sulla versione tedescoitaliana.* Trieste: SSLMIT.

Fabbro, F, Gran, L., Basso, G. and Bava, A. 1990. "Cerebral lateralization in simultaneous interpretation". *Brain and Language* 39: 69-89.

Fabbro, F., Gran, B. and Gran, L 1991. "Hemispheric specialization for semantic and syntactic components of language in simultaneous interpreters". *Brain and Language* 41: 1--42.

Falbo, c., Russo, M. and Straniero, F. (eds) 1999. *Interpretazione simultanea e consecutiva-problemi teorici e metodologie didattiche.* Milano: Hoepli.

Gran , L. 1981. "La tecnica dell'interpretazione consecutiva". *Scuola e Lingue Moderne* 3: 54-58.

Gran, L. 1982. *Annotazioni grafiche nell'interpretazione ccnsecutiva:* Trieste: SSLMIT.

Gran , L. 1989. "Interdisciplinary research on cerebral asymmetries : significance and prospects for the teaching of interpretation". In The *Theoretical and Practical Aspects of Teaching Conference Interpretation,* L. Gran and J. Dodds (eds). Udine: Campanotto.

Gran, L. 1990. "Interaction between memory and note-taking in consecutive interpretation". In *Übersetzungswissenschaft und Sprachmittlerausbildung,* H. Salevsky (ed.). Berlin: Humboldt Universität.

Gran, L. 1992. *Aspetti dell'organizzazione cerebrale del linguaggio: dal monolinguismo all'interpretazione simultanea.* Udine: Campanotto.

Gran, L. and Dodds, J. (eds) 1989. *The Theoretical and Practical Aspects of Teaching Conference Interpretation.* Udine: Campanotto.

Gran, L. and Fabbro, F. 1988. 'The role of neuroscience in the teaching of interpretation". The *Interpreters' Newsletter* 1: 23-41.

Gran, L. and Fabbro, F. 1991. "A dichotic-listening study on error recognition among professional interpreters". In *Translation. a Creative Profession* [Proceedings of the XII World Congress of FIT], M. Jovanovic (ed.). Belgrade: Prevodilac.

Gran, L. and Riccardi, A. (eds) 1997. *Nuovi orientamenti negli studi sull'interpretazione.* Trieste: SSLMIT.

Gran, L. and Taylor, C. 1990. *Aspects of Applied and Experimental Research* on *Conference Interpretation.* Udine: Campanotto.

Lebhar Politi, M. 1981. *L'interpretation simultanée de l'italien au français: Apprentissage.* Trieste: SSLMIT.

Meak, L. 1981. *L'interprete al congresso: Proposte per una metodologia di lavoro.* Trieste: SSLMIT.

Meak, L. 1983. *La selezione dell'informazione per l'interpretazione simultanea della letteratura medica.* Trieste: SSLMIT.

Snelling, D. 1983. *Interpretation: Theory vs Practice.* Trieste: SSLMIT.

Snelling, D. 1992. *Strategies for Simultaneous Interpretation: from Romance Languages into English.* Udine: Campanotto.

Viezzi, M. (ed.) 1999. *Quality Forum* 1997. *Esperienze, Problemi, Prospettive* [SERT 13]. Trieste: SSLMIT.

소규모 통역 연구 프로젝트
Small projects in interpretation research

잉그리트 쿠르츠(Ingrid Kurz)
비엔나대학교, 오스트리아

1. 들어가기

나는 비록 몇 개의 큰 연구 프로젝트(핀터, 1969; 쿠르츠, 1996)를 진행하고 한 곳 이상의 대학 학과가 주도한 대규모 학제간 연구에 참여한 경험이 있지만(예를 들어, 동시통역 시의 뇌파지형도(EEG mapping), 쿠르츠, 1994, 1995, 1996; 펫쉐와 에틀링거(Petsche & Etlinger), 1998) 대부분의 연구 활동은 소규모 프로젝트에 집중되어 있었다.

본 소고는 소규모 통역연구를 진행한 나의 개인적 경험을 토대로 한 것이다. 이러한 소규모 연구 프로젝트는 '1인 연구팀'에 대한 나의 오랜 관심과 노력의 결과라고 할 수 있다. 이 글을 통해서 나는 통역분야가 여전히 미지의 영역이기 때문에 소규모의 단순한 프로젝트라 할지라도 통역에 대한 지식에 상당한 기여를 할 수 있다는 점을 보여주고자 한다. 내가 선택한 예시에는 큰 규모 연구로 이어진 소규모 연구가 포함되어 있다. 이런 예시는 개인 연구자라도 연구에 활기를 불어넣는 역할을 할 수 있다는 점을 보여준다. 체계적이고 종합적인 연구를 위해서는 연구팀의 협동이 필요하고(많은 경우 학제간 노력이어야 한다) 적절한 제반 여건이 전제되어야 하지만 설계가 잘된 소규모 연구도 가치 있는 결과와 새로운 통찰을 제시할 수 있다.

물론 다른 학자들의 논문 중에서 좋은 실례가 되며 충분히 인용될 가치가 있는 훌륭한 논문도 많다. 특히 다니엘 질은 지난 수년 간 소규모 연구 프로젝트의 유용함을 변호해왔다. "연구 방법론에 대해 말할 것 같으면 참여하는 통역사들에게 직접적인 도움을 주는 소규모의 단순하고 실질적인 프로젝트에 우선 순위를 두어야 마땅하다."(질, 1990a, p. 226). 질은 또한 추진할 수 있는 몇 가지 흥미로운 주제와 관찰연구, 실증연구 프로젝트를 제안하기도 했다.

하지만 그 어떤 글이든 주제를 골라야 하기에 나는 개인적으로 가장 친숙한 자료, 즉 내 개인 연구를 소개하기로 했다.[1] 물론, 내가 연구 프로젝트에 착수하는 동기가 다른 연구자에게 적용되지 않을 수 있으리라.

이러한 제약에도 불구하고 새내기 연구자를 염두에 둔 나의 개인적 경험이 유용한 팁 혹은 이정표의 역할을 하고, 연구를 진행하면서 만날 수 있는 장애나 함정을 피하는데 도움이 되길 바란다.

2. 개괄적 이야기

가장 먼저 떠오르는 질문은 다음과 같다. 애당초 통역(이라는 분야, 기술, 학문)을 연구하고자 시간과 노력을 들이는 이유는 무엇인가? 내 경우에 합당한 답은 단 한 가지, 바로 호기심 때문이다. 왜? 어떻게? 만약에 ~하다면 어떨까? 등의 질문에 대한 답을 찾고자 하는 열망 때문에 연구를 한다. 질(1990a, p. 227)도 유사한 관점을 견지하고 있다.

실무자이지 과학자가 아닌 통역사들이 자신의 직종에 대한 연구에 임해야 하는가? 일단 통역, 특히 동시통역은 호기심과 궁금증을 유발하는 비범한 활동이다. 통역사들이 통역의 과정을 이해하고자 하는 것은 지극히 당연하다. 더욱이 훈련 목적의 원칙을 세우고 방법을 만들기 위해서라도 (통역)과정에 대한 어느 정도의 통찰은 필요하다.

젊은 연구자로서의 연구 노력이 호기심을 동력 삼아 움직이고 있다면 주제를 찾는데 아무런 문제가 없을 것이다. 오히려 탐구의 범위를 좁히는 것이 문제가 될 가능성이 높다. 따라서 나의 첫 번째 조언은 다음과 같다. 너무 많은 일을 하려고 하지 않도록 조심하라.

수도 없이 목격하는 일이지만 활동을 갓 시작한 젊은 연구자들이 어김없이 실수하는 것은 바로 모든 것을 발견하겠다고 하는 것이다. 비엔나대학교의 제자 중에는 석사학위논문으로 20세기에 일어난 영어의 변천사를 기술하겠다고 한 학생이 있었다. 그 학생은 진심이었다! 나는 이 주제에 대해서 이미 나온 책만 해도 자기가 읽을 수 없을 만큼 많다는 점을 지적하고 호기심을 자극하는 이 주제를 연구하며 남은 여생의 대부분을 보내고 싶은지 아니면 석사학위를 받고 싶은지 물었다(참고로 이 학생은 결국 의료 환경에서의 지역사회 통역(community interpreting)에 대한 논문을 썼다.).

석사과정과 박사과정생 중에는 매우 특별한 상황에 처한 사람들이 있다는 사실을 안다. 이들이 다니는 대학원의 연구 프로그램은 명확하게 정해져 있다. 지도교수는 자기 자신의 연구 관심을 따라 공부하기를 기대한다. 물론 여기에는 장단점이 모두 있다. 단점은 시키는 대로 따라야 한다는 것이다. 본인만의 생각이나 관심을 좇아 연구하지 못할 수도 있다. 장점은 연구 공동체에 소속되어 공동체의 제반 여건을 누리고 지원을 받을 수 있다는 점이다.

하지만 위에서 설명한 여건에서 연구하고 있는 이들은 이미 연구 공동체의 일원이기 때문에 이 글의 일차적인 목표 독자가 아니다. 나의 글은 개인 연구자가 적당한 기간 내에 성공적으로 다룰 수 있는 의미 있는 연구주제를 찾으려는 이들을 위한 것이다.

서두부터 강조하고 싶은 점은 소규모 연구 프로젝트가 순풍에 돛단 것처럼 쉽기만 하다는 생각을 그 누구도 하지 않았으면 한다. 소규모 프로젝트라고 적용하는 과학적 기준이 덜 엄격하거나 덜 까다로운 것은 결코 아니며 명확히 정해진 단계를 따라야 한다. 먼저 문제를 규명하고 연구의 대상이 되는 현상을 주의 깊게 관찰하여 관련된 정보 혹은 데이터를 수집한다. 이 정보를 토대로 일차적 일반화(preliminary generalization) 혹은 가설을 세우고 해당 가설을 실증적으로 검정한다. 기본가설에서 도출한 결론이 모든 검정을 성공적으로 충족하면 가설은 과학적 이론으로 채택한다. 추가적으로 도출한 정보가 가설과 배치하면 기존 가설을 수정하거나 기각하고 새로운 가설을 세워 다시 검정을 거친다. 이미 채택한 이론이라도 충분한 증거가 발견되면 결국 기각될 수 있다.

1997년 덴마크 오르후스에서 개최한 통역연구 세미나에서 헤닝 놀케(Henning Nølke)는 과학적 연구 접근방법의 기준을 강조했고(신중히 계획되고, 체계적이고, 공정하고, 논리적이고, 비판적이고, 지식 공유에 열려 있으며, 소통적이다) 다니엘 질은 학술적 글쓰기에서 일관성과 명료함을 보장하기 위한 기준을 발표했다(예를 들어, 명확한 계획과 목적, 논리의 일관성, 사실과 인용문의 세심한 점검, 출처의 명확한 표시, 명료한 주장의 전달, 참고문헌의 세심함 점검 등)(감베티와 미드, 1998).

따라서 규모가 크든 작든 간에 연구 프로젝트에 착수하는 사람이라면 (실증적) 연구를 진행하는 기본적인 규칙에 익숙해야 한다. 이러한 배경이 없는 상태에서 연구자가 되고자 하면 아무리 최선의 의도를 갖고 있어도 연구를 시작하기에 앞서 연구방법론에 대한 공부를 해야 할 것이다.

질(1990a, 1995)은 연구 방법론에 대한 지도가 필요하다는 점을 강조하면서 몇 가지 전략적 원칙을 제시하고 있다. 즉, 방법론의 측면에서 봤을 때 단순하고 규모가 작으며(예컨대 사례연구나 단독 실험) 통역의 구체적 양상과 관련이 있는 실질적 프로젝트에 우선순위를 둬야 한다는 것이다.

이 주장에 대해 부가적 설명을 삼가겠다. 대신 설명이 따로 필요하지는 않지만 몇 가지 기본 원칙을 간략히 상기해보겠다.

- 규모가 어떻든 간에 연구 프로젝트를 시작하기 전에는 조사하고자 하는 주제에 대해 남들이 무엇을 발견하고 발표했는지 철저하게 아는 것이 당연하다. 그렇지 않으면 이미 판 우물을 또 파며 쓸데없이 시간을 낭비할 수 있다.
- 연구질문과 기대성과(가설)를 가능한 명확하게 표현하도록 한다. 너무 많은 일을 하려고 하지 않도록 주의하고 변수의 수를 제한하라. 실험 설계가 과학적 표준에 못 미치는 일이 없도록 한다.

내가 논하고자 하는 질문은 이렇다. 관심이 가는 연구주제는 어떻게 찾는가? 내 개인적인 경험에 비춰 봤을 때 소규모 연구 프로젝트의 설계로 성공적으로 이어질 수 있는 몇 가지 접근방법을 개괄하고자 한다. 물론 아래 목록은 매우 주관적이며 모든 접근방법을 총망라한 것은 아니라는 점을 밝혀둔다.

3. 연구주제를 찾고자 하는 연구자를 위한 유용한 접근방법

3.1 직관적 인상을 입증(혹은 논박)하기

직관적 통찰 혹은 인상을 큰 집단이 공유하거나 대다수가 받아들이는 경우 객관적 사실이라고 자동적으로 보는 일을 자주 보게 된다. 물론 주관적 인상을 객관적 요소로 확인하는 것은 흔히 있는 일이다. 하지만 직관적 인상은 오해를 불러 일으킬 수 있으며 액면 타당도(face validity)만 있는 것으로 드러날 수 있다. 자신의 직관적이고 주관적인 통찰 혹은 인상이 맞는지 확인할 수 있는 유일한 방법은 실증적 조사를 진행하는 것이다.

사실 1980년대 초 내가 처음 박사후연구(post-doctoral research)를 할 때 택했던 접근방법이다. 당시 나의 연구 관심사는 환경적 스트레스를 유발하는 요소, 더 정확히 말하자면 통역 부스의 실내 기후(climate)였다.

높은 온도와 습도 등의 불리한 환경적 조건은 개인의 과제 수행에 악영향을 미치는 것으로 알려진 스트레스 요인이지만(호요스(Hoyos), 1944; 뮐러-림로스(Müller-Limroth), 1980; 바이틀(Vaitl), 1980) 근무환경을 적절히 설계함으로써 (예를 들어 충분한 환풍/냉난방) 완전히 제거하거나 최소한 줄일 수 있다. 그때 당시에는 통역사들이 부스 안에서 "덥다"거나 "불편하다"고 호소하는 일이 자주 있었다. 방의 기후가 어떤지 판단할 때 우리는 대개 주관적이고 직관적인 인상에 의존하곤 한다.

나는 매우 단순한 질문에 대한 답을 찾고자 했다. 즉, 부스 내의 높은 온도에 대한 통역사들의 불평을 정당화할 수 있는가, 그렇지 않은가? (쿠르츠, 1981)

이에 대해 두 가지 가능성이 있었다. (1) 통역사들의 직관적 인상과 객관적 변수 (즉, 실제 온도) 간에 양의 상관관계가 확인되는 경우와 (2) 통역사들의 직관적 인상이 실제 상황과 다르게 확인되지 않는 경우(즉, 온도가 예상보다 낮은 경우)였다.

실험설계 역시 단순하고 복잡하지 않았다. 1980년 9월 말부터 11월 초까지 회의가 개최되는 20일 동안 통역부스 내의 온도를 1시간 간격으로 측정해서 부스를 사용함으로써 하루 동안 실내 온도가 어떻게 변하는지 보는 것이었다. 조사대상에는 상설부스(12일)와 간이식 부스(8일) 모두 포함되었다.

조사결과에 따르면 (최대 8시간까지 이어지는) 회의 날 동안 부스 내의 온도는 평균 5.4℃까지 상승했다. 회의가 종료되는 시점의 온도는 평균 26.4℃를 기록했다. 흥미로운 것은 거의 모든 사례에서 초기 온도 상승폭이 매우 컸다가(처음 두 시간 동안 평균 2.2℃ 상승, 첫 네 시간 동안 평균 4.7℃ 상승) 그 이후로 높은 온도가 유지되는 것을 관찰했다. 다과와 점심식사를 위한 휴식시간 후에도 온도가 크게 떨어지지 않았다. 온도 상승폭은 상설부스보다 간이부스에서 일반적으로 더 컸다.

모든 사례를 통해서 환기/냉난방이 적절히 이루어지지 않고 있다는 것을 분명히 볼 수 있었다.

온도의 객관적 측정치와 통역사의 주관적 인상을 비교한 결과 불만을 제기한 경우는("너무 덥다", "불쾌할 정도로 후끈하다") 20일 중에서 6일에 불과해 전반적으로 통역사들이 이와 같은 높은 온도를 잘 참는 것으로 나타났다.

이 예시는 통역사들이 환기/냉난방 시설의 개설을 요구할 때 자신의 주장을 뒷받침하는데 사용할 수 있는 유용하고 객관적 정보를 온도계 외의 '기술'을 요하지 않는 아주 평범한 조사를 통해서도 얻을 수 있다는 것을 보여준다.

물론 회의장에 가면 통역사만 높은 온도에 시달리는 게 아니라 회의 참석자들도 이와 같은 악조건에 노출되어 있지 않느냐고 반박할 수 있으리라 본다. 이러한 반대 주장의 타당성을 검증하기 위해서 또 다른 연구가 진행되었다(쿠르츠, 1983a). 연구의 목적은 실증적, 정량적 정보를 얻어서 다음 질문에 대한 답을 얻는 것이었다.

1. (1) 회의를 시작할 때,
   (2) 그리고 회의가 종료될 때 통역부스 내의 온도와 회의장 온도를 비교하면 어떤가?
2. 다음의 네 가지 경우 중 가장 빈번한 것은 무엇인가?
   (1) 부스와 회의장의 온도가 만족스럽다.
   (2) 부스와 회의장의 온도가 지나치게 높다.
   (3) 부스의 온도가 회의장 온도보다 높다.
   (4) 회의장 온도가 부스의 온도보다 높다.
3. 상설부스와 간이부스 간의 차이는 있는가?

위 질문에 대한 답을 얻기 위해 1981년 9월 중순부터 11월 중순 사이에 회의가 개최는 날 20일을 골라 회의가 시작되고 종료되는 시점에 부스와 회의장의 온도를 시중에서 구할 수 있는 똑같은 온도계 두 개로 각각 측정했다. 이전 연구와 마찬가지로 상설부스와 간이부스 모두 측정 대상이었다.

그리고 마찬가지로 결과는 매우 흥미로웠다.

회의가 시작되는 시점에 부스와 회의장의 온도가 거의 똑같았으나(평균 온도차는 겨우 0.9℃) 종료 시점에는 부스 온도가 회의장보다 평균 4.3℃ 더 높은 것으로 나타났다. 따라서 통역사들은 회의 참가자들보다 더 불리한 기후조건에서 일을 하고 있는 것으로 분명히 드러났다. 다른 연구자들이 보고한 것처럼(쟈지(Jaggers), 1981) 통역사들이 "정신이 혼미하다"거나 "불편하다"고 불평하는 이유를 설명하는데 도움이 될 수 있을 것이다. 여기서도 간이부스의 온도 상승폭이 상설부스보다 일반적으로 큰 것으로 나타났다.

검토한 사례를 보면 회의장의 온도가 정상범위를 유지했기 때문에 부스 내 불리한 기후조건이 만들어진 이유는 회의장이 붐비거나 방의 냉난방 시스템 문제 때문은 분명히 아니라는 점을 본 연구는 보여주고 있다. 오히려 부스의 냉난방 (혹은 환기) 시스템이 충분하지 않았던 것이다.

1983년 7월 9일부터 16일까지 진행된 세 번째 소규모 연구에서는 연구 범위를 확장해 습도라는 두 번째 변수까지 포함했다. 잘 알려진 바대로 온도와 상대적 습도 모두 육체적 편안함에 영향을 끼치고 똑같이 높은 온도에서도 상대적 습도가 높을 때와 낮을 때를 비교해보면 습도가 높은 경우에 느끼는 불쾌감이 더 크다(쿠르츠와 콜머(Kolmer), 1984).

기상학자들은 따뜻한 날씨에서 느끼는 쾌적함(혹은 불쾌함)을 측정하기 위해 온도와 습도의 대기조건을 반영한 지수를 개발한 바 있다. 바로 메가바(mbar)로 표현하는 수증기압이다. 이 지수가 16 mbar일 때 대부분의 사람은 쾌적하다고 느끼지만 18.6 mbar 이상일 경우 대부분 불쾌감을 느낀다. 첨단 측정 장비가 필요하지 않다. 관찰하는 사람은 단순히 온도와 상대적 습도를 기록하고 (모든 측정은 시중에서 구할 수 있는 모코(Moco)사의 온습도계로 이루어졌다) 적절한 표에서 온도와 습도에 해당하는 수증기압 혹은 '쾌적지수(comfort index)'를 찾아보기만 하면 된다.

단 두 차례를 제외하고 (7일과 9일의 시작) 모든 측정치는 18.6 mbar이라는 임계치를 넘는 쾌적지수를 기록했다. 이러한 객관적 결과는 "후텁지근함"과 "숨막힐 듯한 더위"에 대한 통역사들의 불만이 정당하다는 것을 확인해주며 여름철의 극심한 더위에 견딜 수 있는 좋은 성능의 냉방 시스템이 부스에 필요하다는 것을 보여준다.

이러한 소규모 연구를 비교적 상세히 설명한 데는 두 가지 이유가 있다.

첫째, 국제회의통역사협회(AIIC, Association Internationale des Interprètes de Conférence) 기술보건위원회에서는 위 연구에서 진행한 환

경적 스트레스 요소에 대한 실증적 조사(그리고 대여 장비를 사용해서 실시한 이산화탄소 및 산소 수치에 대한 예비실험)에 큰 흥미를 보이고 부스 내의 이산화탄소 및 산소 수치에 대한 유사한 향후 연구를 실시할 목적으로 실내 공기 질(IAQ, Indoor Air Quality)을 측정하는데 필요한 장비, 즉 소형 휴대용 복합가스감지기(Multi Gas Detector)를 마련했다(쿠르츠, 1983b).

통역사의 근무조건을 변호하기 위한 타당한 근거를 제시하려면 환경의 스트레스 요인에 대한 객관적 측정치를 갖고 있는 것이 중요하다는 사실을 인식하게 된 것이다. 국제회의통역사협회와 연방거래위원회(Federal Trade Commission) 간의 갈등에서도 그 중요성이 절실히 부각되었다.

둘째, 이러한 문제는 그 화제성을 잃지 않았다. 국제회의통역사협회는 통역사들이 어떤 육체적·심리적 스트레스에서 일하는지 알아보기 위해서 통역 직종의 특성과 근무 환경 조사를 목적으로 하는 종합적인 직무부담 연구(workload study)를 발주 의뢰했다. 온도, 상대적 습도 그리고 공기 질(이산화탄소, 산소) 즉 20년 전에 신중하게 설계한 소규모 연구에서 처음 조사했던 변수들이 컨설턴트들이 제안한 조사 대상 목록에 포함되어 있다.

개인 연구자가 종합적 직무부담 연구를 감당하기에는 수단과 역량이 턱없이 부족하지만 여러 개의 소규모 연구를 통해서 개별 변수를 성공적으로 연구할 수 있다. 그리고 이런 작은 연구가 모여 전반적인 지식의 총체에 분명히 의미 있는 기여를 할 수 있다.

3.2 다른 사람의 이론 시험하기

다른 사람의 이론을 정밀하게 조사하는 일은 학술 공동체 내에서 정당한 행동이다. 과학에 독단적 진리가 없기 때문에 반대로 이설도 존재하지 않는다. 과학에서는 이론과 실험이 함께 움직인다. 실험이 새로운 이론을 낳는 경우가 자주 있고 이런 이론이 또 다른 실험으로 이어지기도 한다. 나는 다른 사람의 연구결과물을 열린 마음과 비판적 시각으로 읽을 것을 제안한다(본 권에서 비판적 읽기에 대한 질의 논문을 참고할 것). (유명 저자의 연구결과라 할지라도) 출판된 결과물을 보고 위압감을 느낄 필요가 없다.

다수의 "개인적" 이론이 존재하는데(질, 1990b), 이 중에서 매우 그럴듯하게 들리지만 검증되지 않은 이론도 많다. 액면 타당성만 있는 것은 아닌지 여부를 알아볼 수 있는 유일한 방법은 실증적 연구를 해보는 것이다.

통역에 대해 아는 바가 전혀 없는 사람들이 가장 인상 깊게 느끼는 것은 동시에 말하고 듣는 회의 통역사들의 능력이다. 셀레스코비치와 르데레르(1989, p. 168)는 동시통역에서 동시에 말하고 듣는 것이 가장 큰 문제가 아니라고 주장한다. "동시통역의 문제는 동시에 듣고 말하려고 노력하는 것으로 보인다(···) 하지만 오늘날 우리는 동시에 듣고 말하는 것이 문제가 아니라는 사실을 안다(...)(Le problème de la simultanée semble être de parvenir à entendre et à parler en même temps. (···) Aujourd'hui on sait que le problème n'est pas d'entendre et de parler en même temps (···))".

내 박사학위 연구에서 연습량의 정도에 따라 동시에 말하고 듣는 능력에 상당한 차이가 있는 것을 발견했기 때문에 위 주장이 그럴듯하다고 생각했지만 그럼에도 불구하고 이를 검증해보기로 했다. 셀레스코비치와 르데레르가 맞다면 종단 연구(longitudinal study)를 통해서 비교적 짧은 기간 후에 동시에 말하고 듣는 기술이 상당히 향상되는 것으로 나타나야 한다.

1990년 봄에 비엔나대학교에서 1학년 통역 전공생(n = 5)을 대상으로 종단 연구를 실시했다(쿠르츠, 1996). 난이도가 다른 세 가지 과제를 단일언어(독일어)로 준비했는데, 피험자들이 문장을 반복하고 '예/아니오'와 '왜'를 묻는 질문에 답을 하는 과제였다. 모든 문장과 질문은 10~12개 음절 사이였으며 피험자들은 헤드폰을 착용한 채 새로운 내용을 청취하는 동시에 문장을 반복하거나 질문에 답을 해야 했다. 학생들이 과제 수행을 하는 음성은 테이프로 녹음했다.

학생들은 여름방학이 시작되고 끝나는 시점에 두 차례에 거쳐 시험되었다(서로 대응되는 두 세트의 문장과 질문을 사용했다). 1차와 2차 시험 사이 4개월이라는 기간 동안 피험자들은 주 1회 2시간씩 동시통역 수업을 들어야 했다.

박사학위논문에서 동일한 자료를 사용했기 때문에(핀터, 1969), 나는 연습량이 학생의 과제 수행에 미치는 영향을 평가할 수 있었을 뿐만 아니라 핀터(1969)의 실험에 참여했던 국제회의 통역사들의 과제 수행의 특징과 비교할 수 있었다.

연구결과를 통해 4개월이라는 기간 후에 (1) 세 개의 동시에 듣기와 말하기 과제에 대한 학생의 수행능력이 크게 향상되었으며 (2) 학생과 통역사의 수행 능력 간의 차이는 유의미하지 않은 것으로 분명히 나타났다.

이는 동시에 말하기와 듣기가 (물론 동시통역과 혼동해서는 안 되지만) 비교적 빨리 습득할 수 있는 기술이라는 가설을 뒷받침하는 실증적 증거가 되었다(학생과 통역사의 통역 수행능력을 비교했다면 매우 상이한 결과를 도출했을 지도 모른다).

3.3 다른 사람의 결론 재검토하기

누군가의 접근방법과 연구결과에 동의해도 저자가 도출한 일부 결론에 대해서 회의적인 생각이 들 수도 있다. 많은 경우 이 지점이 생산적인 소규모 프로젝트를 시작하기에 좋은 출발점이라고 생각한다. 나의 개인적 경험을 예시로 들어 이 점을 보여주고자 한다.

뷜러(Bühler, 1986)는 몇 가지 언어적·비언어적 기준을 포함한 설문지를 제작하고 47명의 국제회의통역사협회 소속 통역사들에게 통역품질에서 이러한 기준이 갖는 상대적 중요성에 따라 점수를 매기게 했다. 통역이 그 목적을 다할 때 성공했다고 볼 수 있으며 이상적 통역의 절대적 기준이 없다는 뷜러의 기준에 나도 동의했다. 하지만 결론에서 "본 고에서 논의한 기준은 사용자뿐만 아니라 동료 통역사의 요구사항을 (바라건대) 적절한 비율로 반영했다"(뷜러, 1986, p. 233)는 말에는 즉각 수긍하기가 어려웠다.

첫째, 일부 국제회의통역사협회 회원 통역사들이 매긴 점수가 사용자의 기대를 정확하게 반영한다는 보장을 할 수가 없다. 이는 사용자에게 직접 물어봐야만 확인이 가능하다.

둘째, 사용자 그룹마다 중시하는 기준이 다를 수 있다고 추정할 수 있다. 따라서 가능하면 *사용자*라고 하기보다는 목표 청중에 따라 구분을 짓는 게 맞다. 내가 세운 가설은 사용자 집단에 따라 통역에 대해 갖는 기대치가 다르다는 것이었다.

이러한 비판적 고찰을 바탕으로 뷜러가 사용한 첫 여덟 개의 품질 평가 기준(원어민 발음, 듣기 편한 목소리, 발화의 논리적 응결성, 원문과 통역 내용의 합치, 통역의 완전성, 올바른 문법의 사용, 올바른 단어의 사용)을 가지고 이중언어(영어/독일어) 설문지를 제작해 조사를 진행했다. 이는 국제회의통역사협회 소속 통역사를 대상으로 실시한 뷜러 연구와의 비교 가능성을 확보하기 위한 것이었다. 조사 대상은 세 개의 상이한 그룹이었다. 하나는 일반내과 회의 참석자 47명, 두 번째는 품질관리에 대한 국제회의 참석자 29명, 세 번째는 유럽평의회(Council of Europe) 회의 참석자 48명이었다.

해당 연구는 다음과 같은 질문에 대한 답을 찾기 위해 설계되었다.

1. 위에 열거한 품질 기준에 대한 점수가 전문 통역사와 회의 참석자 간에 차이가 있는가?
2. 사용자 집단에 따라 개별 품질 기준을 다르게 평가하는가? 혹은 높은 수준의 통역에 대해서 같은 기대를 갖는가?
3. 회의 통역에서 상황성과 소통적 맥락이 중요하다는 주장이 실증적으로 검증될 수 있는가?

연구결과는 여러 출판물에서 논의되었다(쿠르츠, 1993, 1996 참고). 요약하자면 세 개의 사용자 집단에서 통역을 평가한 양상이 달랐다는 것이다. 일부 평가 기준에 대해서는 세 집단 모두 비교적 높은 수준의 중요성을 인식하고 있었지만 다른 기준에 대해서는 통역사와 사용자 간에, 그리고 사용자 그룹 간에 합치된 의견이 없었다. 상황성과 소통적 맥락의 중요성을 강조하는 여러 이론의 타당성을 확인할 수 있었던 것이다.

물론 외부 지원금 없이 개별 연구자가 회의 통역 사용자의 기대라는 복잡다단한 영역의 모든 측면을 다 조사한다는 것은 불가능하다. 그러나 자신의 연구가 아니라면 외면 당할 수 있는 특정 주제를 골라 학계의 관심을 끌고 온전히 새로운 연구영역을 개척할 수는 있다. 실제로 내 연구 후에 (정밀한 설문지를 활용한) 사용자 기대에 대한 광범위한 연구가 국제회의통역사협회의 의뢰로 진행된 바 있다(연구결과를 보려면 모저, 1996 참고.).

3.4 기존 연구를 재현/수정하기

질은 절실히 필요한 실증적 자료를 수집하기 위한 목적으로 다른 학자의 연구를 단순히 재현하는 것의 가치를 지적하며(학계에서는 실증적 자료의 부족을 반복적으로 규탄했다, 예를 들어, 슈텐츨(Stenzl), 1983; 쿠르츠,

1996) 기존 연구를 보완하는 합당한 방법이라고 말한다.

> "(…) 재현이 특히 중요한 것은 단독연구에서 얻은 자료의 대표성을 평가할 수 있는 수단을 통번역학계에게 제공하기 때문이다"

또 다른 유용한 접근방법은 기존 연구의 변수를 하나 (혹은 둘 이상) 수정했을 때 연구결과가 어떻게 달라지는지 검토하는 일이다. 이에 더해 연구 범위를 확장해서 진행할 수 있다(다시 말해, 다른 변수를 새로 추가해서 연구를 진행하는 것).

아래는 화상통역의 특수한 요건을 규명할 목적으로 유럽전기통신표준협회(ETSI, European Telecommunications Standards Institute)와 국제회의통역사협회가 공동으로 진행한 실증적 탐색연구(뵈커와 앤더슨(Böcker and Anderson), 1993)를 토대로 한 예시이다. 연구자들은 종합적 설문지를 활용했으며 설문에 포함된 질문들은 아래 사항을 규명하려고 했다.

1. 영상의 유익
2. (화상통역을 통해) 경험하게 되는 '사회적 현장감(social presence)', 즉 연사에 대한 인상을 형성할 수 있는 능력, 같은 회의장에 있다는 느낌 등
3. 면대면 통역 상황과 비교했을 때 느끼는 피로감

해당 설문의 결과는 후속 연구의 첫 토대를 마련하게 되었는데, 후속 연구에서는 중요한 변수가 하나 변경되었다. 유럽전기통신표준협회 실험은 33인치 모니터를 사용한 반면에 새 실험은 2 X 3미터 크기의 화면에 연사의 TV 영상을 투영했다. 더욱이 새 실험은 시각적 정보의 유무의 장단점을 평가하기 위해 영상과 음성 정보를 동시에 제공했다가 음성 정보만 제공하는 등 번갈아 가며 다른 자극을 받도록 실험을 설계

했다(쿠르츠, 1997a).

일방적이고 상호작용이 없는 의사소통 상황, 즉 연사가 강연을 하는 상황을 선택했다. 상호작용이 없고 청중의 참여가 부재한 상황에서도 영상의 존재 유무가 통역을 배우는 학생에게 영향이 있을 것으로 기대를 한 것이다.

실험에 참여한 학생들(A 언어가 독일어, B 혹은 C언어가 영어인 상급 학생 10명)은 영어에서 독일어로 동시통역을 해야 했다. 5분 간격으로 번갈아 가며 시각 및 음성 정보가 함께 제공되었다가 시각 정보만 제공되도록 했다. 통역을 마친 후, 실험 참가자들은 유럽전기통신표준협회의 선행 연구에 사용했던 설문지 중 관련 있는 부분에 응답을 하도록 했다.

1점("전혀 아니다")부터 5점("매우 그렇다")까지 척도에서 학생들은 유럽전기통신표준협회 실험에 참여했던 전문 통역사보다 영상이 도움이 된다고 응답했다(2.9점 대 2.3점). 이는 모니터가 아닌 대형 화면을 사용했기 때문일 수도 있다. 또한 대형 화면의 영상은 연사와 같은 회의장에 있다는 느낌('사회적 현장감')을 주는데 도움이 되는가는 질문에 1점("전혀 아니다")부터 5점("매우 그렇다")까지의 척도에서 통역사는 2.1점을 준데 반해 학생은 3.7점을 줘서 대형 화면의 영상은 '사회적 현장감'을 주는데 도움이 되는 것으로 나타났다. 실험시간이 겨우 20분이었지만 '화상통역' 상황은 1점("더 피로하지 않다")부터 5점("훨씬 더 피로하다")까지 척도에서 2.2점을 기록해 면대면 통역 상황보다 더 많은 피로를 유발하는 것으로 드러났다. 그리고 당연히 음성 정보만 갖고 통역하는 상황이 (전체 실험 시간 중 10분 소요) 훨씬 더 큰 피로감으로 이어지는 것으로 밝혀졌다. 이는 화상 통역이 되도록 짧은 시간으로 제한되어야 한다는 많은 전문 통역사들의 입장을 확인한 연구결과였다. 영상의 부재가 통역 수행에 영향을 미친다고 보는가를 묻는 질문에 대해 실험 대상자들은 1점("전혀 아니다")부터 5점("매우 그렇다")까지의 척도에서 2.5점을 줘서 아무런 상호작용 없이 연사의 일방적인 발화를 통역하는 과제에서도 시각적 정보가 중요하다는 점을 확인할 수 있다. 이는 "연사가 보이지 않으면 더 집중해야 한다", "이번에는 연사를 반드시 볼 필요가 없었지만 볼 수 있어서 훨씬 좋았다" 등의 학생 의견에서 추가로 확인할 수 있었다.

보다 최근에는 여러 연사가 관여하는 대화식 상황으로 본 연구의 범위가 확대되어 진행되기도 했다.

3.5 큰 연구의 세부사항을 집중 조명하기(그리고 다른 연구질문과 연결하기)

특히 종합적 연구의 경우를 보면 보다 심층적이고 세부적으로 조사할 가치가 있는 내용들이 드러나는 경우가 많다. 이는 아래의 사례에서 볼 수 있듯이 소규모 연구의 좋은 시발점이 될 수 있다.

쿠퍼, 데이비스와 텅(Cooper, Davies and Tung, 1982)은 국제회의통역사협회의 지원을 받아 전세계 국제회의 통역사들이 느끼는 업무 스트레스의 원인을 밝히는 대규모 연구를 진행했다.

장문의 설문지에는 직업 만족도에 대한 부분이 포함되어 있었다. 대부분의 통역사(88%)가 업무와 관련한 일부 조건이 개선될 필요가 있다고 응답했지만 훨씬 더 많은 수의 응답자는 직업에 대해 대체로 만족하는 것으로 보였다. 응답자의 88.3%는 "억지로 일하러 간다"는 말에 동의하지 않았다. 83.6%는 "현재로서는" 직업에 만족한다고 했다. "일하는 하루 하루가 끝이 보이지 않는다"는 말에 동의하지 않은 사람이 86.6%, "다른 직장을 구할 생각"을 자주 하지 않는다는 사람이 75.9%, 그리고 "통역사가 아닌 다른 직종으로 전직할 생각을 자주 한다"고 응답한 사람이 불과 14.7%인 것을 보면 대부분의 응답자는 자신의 직업을 크게 두려워하지 않는 것으로 나타났다.

이러한 연구결과는 두 개의 소규모 연구를 진행하는데 토대가 되었다. 그 내용은 아래와 같았다.

(1) 쿠퍼 연구의 설문 대상이었던 전세계에 흩어진 AIIC 회원과 오스트리아 출신 AIIC 통역사를 비교했고(쿠르츠, 1983c);

(2) 오스트리아와 기타 지역에 거주 중인 국제회의 통역사의 직업 만족도와 통역 직종의 지위와 선호도에 대해 더 많은 정보를 수집할 수 있었으며(쿠르츠, 1991);

(3) 통역 직종에 대한 통역사들의 관점을 이해하고 비통역사들도 통역사들이 느끼는 통역직의 지위에 공감하는지 알아보려는 시도가 있었다(쿠르츠, 1983c, 1991).

이를 위해 쿠퍼의 선행연구에서 사용된 직업 만족도에 대한 질문과 연구자가 추가한 몇 가지 질문을 응답자들에게 제시했다.

연구결과 오스트리아 설문조사에 참여한 응답자 중에 업무량에 만족한다는 비율은 40%에 불과했지만, 오스트리아 표본의 직업 만족도가 쿠퍼 연구보다 훨씬 높은 것으로 나타났다.

하지만 직종에 대한 높은 전반적인 만족도와 응답자가 느끼는 직종의 사회적 지위 간에는 큰 차이가 있는 것으로 드러났다. 이는 국제회의 통역사들이 일을 즐기는 반면에 마땅히 인정을 받지 못한다고 느낀다는 점을 시사한다.

반면에 비통역사들의 응답을 보면 통역 직종을 높이 인정해주는 것으로 나타났다. (자세한 내용을 위해서는 쿠르츠, 1983c, 1991 참고).

이 두 가지 연구의 표본 크기가 작았기 때문에(각각 20명과 60명) 그 결과는 당연히 통계적으로 유의미하지 않았다. 연구결과의 전반적 타당도를 검증하기 위해서는 회의 통역사들의 자기 인식과 직종에 대한 인식, 그리고 통역사에 대한 외부 인식을 알아보는 (소규모 및 대규모) 연구가 더 많이 필요하다.

3.6 통역사에게 표준화된 심리검사 사용하기

신뢰도와 타당도가 이미 입증되어 통역사들에게 유용하게 실시할 수 있는 심리검사가 많이 존재한다(아나스타시(Anastasi), 1976). 국제회의 통역사의 성격과 관련한 실증적 연구가 부족하다는 점을 감안하면 이러한 검사는 특히 유용할 수 있다. 아래의 예시를 통해 이러한 접근 방법을 설명할 수 있다.

통역사에게 필요한 내지는 통역사의 전형적인 성격적 자질 중에 연구자들이 어김없이 손꼽는 것은 스트레스 받는 상황에서 일할 수 있는 능력이다. 다음 예시에서도 이를 확인할 수 있다. "대개의 경우 통역사는 (중략) 업무를 하며 견디기 힘든 중압감을 오랫동안 끊임없이 받으며 이겨내야 한다(More often than not the interpreter (…) must in his profession stand a long and continuous strain which is hard to bear)"(에르베르(Herbert), 1952, p. 6). "통역은 (중략) 강철 같은 배짱을 요구한다((…) interpretation requires that one have nerves of steel)"(그라비에(Gravier), 1978:vi). "통역하는 동안 통역사는 중압감을 느낀다(When he interprets, the interpreter is under pressure)"(셀레스코비치, 1978, p. 45). 롱리(Longley, 1989, p. 106)는 통역 직종의 기본 전제요건 중 하나로 "장 기간 압박 속에서 일할 수 있는 능력"을 꼽는다.

위에서 언급한 스트레스에 대한 쿠퍼 연구(쿠퍼 외, 1982)에서는 45%의 응답자가 자신들이 받는 스트레스의 40% 이상이 업무와 관련이 있다고 했고, 20%에 육박하는 통역사가 스트레스의 60% 이상이 일 때문이라고 응답했다. 하지만 논문 저자는 높은 수준의 업무 관련 스트레스가 보고된 것에 비해 일에 대한 만족도가 높은 것을 발견했다. 이러한 연구결과를 보면 업무와 연계된 스트레스를 견뎌내는 능력이 통역사들 사이에서 공통 분모일지 모른다는 점을 시사한다.

구트만(Guttman) 외가 비엔나대학교 심리학연구소에서 실시한 심리-작업능력 측정(ergopsychometric) 연구(즉, 중립적 조건과 스트레스를 받는 조건 하에서 심리검사를 실시한 연구)는 (구트만(Guttmann), 1982; 구트만과 에트링거(Guttmann and Etlinger), 1991) 부담을 느끼는 상황에서 동일한 과제 수행 능력 혹은 더 향상된 능력을 보이는 사람이 있고(일명 "consistent performers") 스트레스가 없는 중립적 조건에서는 똑같이 과제 수행을 하지만 스트레스를 받는 상황에서 실패하는 사람들(일명 "training champions", 다시 말해 실제 경기 상황이 아닌 훈련 당시의 모습을 기준으로 평가를 한다면 금메달을 딸 사람들)이 있다는 잘 알려진 현상을 확인했다.

국제회의 통역사들은 심리학자들이 객관적 스트레스 요인이라고 하는 조건 속에서 일하는 것이 분명하다(지속적인 정보의 과부하, 엄청난 수준의 집중력이 요구되는 업무, 피로감, 부스라는 갇힌 환경 등). 따라서 통역사들이 "consistent performer"에 해당한다는 가설을 시험해보는 것은 솔깃한 일이었다.

불안감을 많이 느끼는 사람이 그렇지 않은 사람보다 스트레스를 받는 상황에서 수행 능력이 떨어진다는 사실을 시사하는 여러 편의 연구가 있다(필립(Philipp), 1988). 슈필버거(Spielberger, 1972)에 의하면 *상태불안*(*state anxiety*)과 *특성불안*(*trait anxiety*)을 구분해야 한다. *상태불안*은 특정한 상황에서 경험하게 되는 불안, 긴장, 불안감, 벌어질지 모르는 일에 대한 두려움으로 특징 지어진 감정적 상태로 정의할 수 있다. 반면 *특성불안*은 걱정을 하는 일반적 경향으로 정의할 수 있다. 불안감이 높은 사람들은 더 많은 상황에서 위협을 느끼고 이에 대한 반응으로 더 높은 특성불안을 나타내게 되는 것이다.

상태 및 *특성불안*을 시험하기 위해서 슈필버거 외(1970)는 상태-특성불안척도(STAI, the State and Trait Anxiety Inventory)를 개발했다. 널리 사용되고 있는 자기평가 설문지인 STAI는 다양한 정도의 상태 및 특성불안을 반영하는 2개 세트 각각 20개 문항으로 구성되어 있다. 피험

자들은 각 진술에 대해 어느 정도 공감하는지 표시하게 되어 있다. 첫 세트의 문항은 "특정 상황에서" 갖는 느낌에 대해 묻고 있고(*상태불안*), 두 번째 세트에서는 "일반적으로" 어떤 느낌인지 묻는다(특성불안).

운동선수를 대상으로 한 연구에서 상태-특성 불안척도를 통해 흥미로운 결과를 얻을 수 있었다. 예상과 달리 지속적으로 훈련을 한 운동선수들은 "training champions"에 비해 대체로 *특성불안*이 더 높은 것으로 나타났다. 다시 말해서 운동선수들이 더 많은 불안을 느꼈고 더 많은 상황에 대해 걱정했다. 하지만 스트레스를 받게 되면 운동선수의 *상태불안*은 낮아졌다(필립, 1988). 따라서 상태-특성 불안척도를 통해서 알 수 있는 것은 지속적인 훈련을 하는 운동선수들이 높은 불안감을 느끼더라도 상황에 따라 그러한 감정을 상대적으로 잘 다스린다는 사실이다(이러한 능력은 내재된 것일 수도 있고 학습에 의한 것일 수 있다).

국제회의 통역사들이 "'정신적 장벽(mental block)' 혹은 정신적 마비를 가져올 수 있는 근거 없는 두려움에 발목 잡히지 않으면서 메시지의 전환에 집중해야 한다"(코글린(Coughlin), 1988, p. 359)는 점을 감안한다면 통역사 역시 자신의 *상태불안*을 적절히 다스리면서 무대공포증을 불필요하게 느끼지 않는다는 가설을 검증하기 위해 상태-특성 불안척도를 유용하게 사용할 수 있을 것으로 판단했다(쿠르츠, 1996, 1997b). 셀레스코비치(1978, p. 41)에 의하면 스트레스가 통역사에게 미치는 영향은 긍정적이다. 그는 아래와 같이 말한다.

> 최고의 통역사도 회의 상황에서 할 수 있는 일을 '준비 없이(cold)' 하지는 못할 것이다.
> 동시통역에서는 연사가 말을 시작하는 순간 마이크를 켜야 한다. 이것 자체도 많은 이들에게는 무대공포를 유발하기에 충분해서 아무런 말도 잇지 못하게 될 것이다. 하지만 통역사에게는 통역에 필요한 강도 높은 분석 작업을 하기 위한 자극제가 된다.

나는 예비조사에서 국제회의통역사협회 소속의 통역사 32명(여성 24명, 남성 8명)에게 상태-특성 불안척도(STAI)를 실시했다. 이들의 *상태불안*을 알아보기 위해서 통역하기 직전 부스에 있을 때의 느낌을 기술하도록 했다. 모든 회의의 성격이 달라서 통역사가 부스에서 느끼는 스트레스는 다양한 변수(예를 들어, 기축(pivot) 언어의 역할을 할 때, TV로 생중계되는 방송통역을 할 때, '일상적인 통역'을 할 때 등)의 영향을 받는다고 반박할 수 있을 것이다. 하지만 응답자들이 대답을 하면서 업무 중에 받는 스트레스의 평균 정도를 언급할 것으로 가정했다.

대다수의 응답자(여성의 66.6%, 남성의 62.5%)는 같은 연령대의 비교집단보다 현저하게 낮은 *특성불안* 점수를 기록해 평소의 각성수준이 낮고 불안감을 적게 느끼는 사람들이라는 것을 의미한다. 이들의 *상태불안*은 *특성불안*보다 높아 부스 안에서 각성수준이 높아진다는 것을 시사한다. 이는 수행능력을 향상시키는 긍정적 효과가 있다는 것을 의미한다. 즉, 스트레스를 받을 때 평소의 과제 수행능력을 유지하거나 향상시킬 수 있다는 것이다.

반면 통역사 중에 상대적으로 적은 수는 (응답자의 약 3분의 1 정도) 높은 특성불안 점수를 기록했다. 이들은 일반적으로 더 큰 불안을 느끼며 평소의 각성수준이 높은 사람들이다. 하지만 이 사람들의 상태불안은 같은 연령대의 비교집단보다 현저히 낮은 것으로 나타나 부스 안에서는 불안감을 통제하는 것을 알 수 있었다. 자신들이 느끼는 불안감을 긍정적으로 분류하고 스스로 마음을 편안하게 만들어 수행능력을 유지할 준비를 하는 것이다.

비록 본 연구에 참여한 통역사들은 *특성불안*에 있어서 동질성이 있는 집단이 아니었지만 *상태불안*을 기준으로 보면 모두 *consistent performer*에 해당했다. 위 연구결과는 성공하는 운동선수와 마찬가지로 국제회의 통역사들도 상황에 따라 불안감을 통제하는 능력이 상대적으로 뛰어나다는 가설을 뒷받침한다. 통역사는 어려운 과제를 해결하는데 반해 통역사와 언어적 구사능력이 똑같지만 두려움에 압도 당하고 악조건 속에서 이기도록 '프로그래밍'되지 않은 사람은 동일한 과제 앞에서 무너지고는 한다. 이는 통역사가 자신의 각성수준 혹은 *상태 불안*을 통제할 수 있는 능력이 있기에 때문인 것으로 해석할 수 있다.

3.7 뜻밖의 발견

마지막으로 연구자가 운 좋게도 뜻하지 않은 발견을 하는 행운이 가끔 있기도 하다. 이런 경우를 보여주는 사례를 하나 들어보겠다.

내가 심리학으로 박사학위논문을 시작하려던 당시 나는 통역학 연구를 전혀 염두에 두고 있지 않았다(참고로 해당 논문은 통역사가 집필한 최초의 통역 관련 박사논문이 되었다). 나는 단지 교사의 태도가 학생의 학업수행 평가에 미치는 영향을 연구해보고 싶었을 뿐이다. 안타깝게도 나의 지도교수는 당시 내가 선호하던 연구분야에 대해서는 그 어떠한 관심도 없었다. 그는 오히려 청각역치(auditory threshold) 연구에 관심이 많으셨다. 솔직히 말해서 나는 그 분야의 문외한이었는데다가 큰 관심도 두고 있지 않았다. 나는 내 생각을 좇아 연구하게 해줄 다른 지도교수를 찾아보거나 지도교수가 내게 준 산더미 같은 문헌자료를 읽기 시작하는 일 중에 선택해야 했다. 나는 후자를 선택했고 결국에 가서는 "끝이 좋으면 만사가 좋다"는 속담대로 유종의 미를 거둘 수 있었다.

큰 흥미 없이 문헌자료를 읽어 내려가던 중에 브로드벤트(Broadbent, 1952)의 논문을 보게 되었고, 거기에서 내 박사학위논문의 주제인 동시에 말하기와 듣기를 떠올리게 되었다(핀터, 1969).

항공 관제사를 대상으로 한 연구에서 초기 인지심리학자 중 하나인 브로드벤트(1952)는 실험대상들에게 시각적 자극에 대한 일련의 질문에 응답하도록 했다. 실험 초반에는 질문과 질문 사이에 4초의 간격을 둬서 한 질문에 답변을 한 후에 다른 질문을 받도록 했다. 실험 중반에는 일부 질문을 간격 없이 연달아 제시해 실험대상들이 앞 질문에 답변을 하는 동시에 다음 질문을 청취해야 하는 경우가 가끔 생겼다. 실험 후반에 가서는 사이에 휴지 없이 일련의 질문들이 제시되어 응답자들이 처음부터 끝까지 동시에 듣고 말해야 하는 상황이었다.

질문과 답변이 겹치지 않은 실험의 초반에는 98%의 정답율을 기록했지만 중반과 후반으로 가면서(질문과 답변이 가끔 중복되는 경우와 계속 중복되는 경우에 해당) 이 수치는 각각 80%와 70%로 떨어졌다.

브로드벤트는 단어를 단순히 나열해서 말하는 것도 새로운 메시지를 이해하는데 방해가 된다는 사실을 지적하며 사람이 남의 발화를 온전히 청취하는 동시에 말하는 것은 가능하지 않다고 결론지었다. 뜻하지 않게 박사학위논문의 주제를 발견한 순간이었다! 통역 교육을 마치고 국제회의 통역사로서 일정 정도 경험을 쌓았던 터라 나는 브로드벤트의 결론에 동의할 수 없었고 그 주장을 반증해보기로 했다. 나는 박사논문에서 통역 연습의 정도가 서로 다른 대상(통역대학원 1학년 재학생, 졸업반 학생, 경험 많은 국제회의 통역사)을 시험해봄으로써 연습이 동시에 말하고 듣는 것에 미치는 영향을 보기로 했다. 지도교수가 내가 원하는 연구분야를 탐구하도록 했다면 나는 아마도 브로드벤트의 논문을 발견하지 못했을 것이다. 그리고 통역 연구 자체에 대한 관심을 키우지 못했을 지도 모르는 일이다.

4. 결론

통역연구에 대한 1997년 오르후스세미나의 메시지 중 하나는 "광범위하고 직관적인 결론의 위험성을 인지하고 지혜를 받아들이는데 필요한 책임감 있고 비판적 태도를 견지하는 것"이었다(감베티와 미드, 1998, p. 177). 본 고를 통해 단순한 목표와 방법론을 둔 연구 프로젝트가 매우 중요할 수 있다는 점을 충분히 보여줬기를 바란다(지면을 통해 제시한 조언에 주의를 기울였다면 전달이 되었으리라 믿는다). 이 글의 주요 목표 중 하나는 소규모 연구 프로젝트 안에서도 혁신적인 발상과 방법을 찾을 수 있는 여지가 충분히 있다는 점을 보여주는 것이었다. 위에서 개괄한 여러 접근방법이 통역 연구에 관심을 두고 있거나 연구를 진행 중인 이들에게 작은 길잡이가 된다면 대단히 기쁘겠다.

미주

1. 소규모 프로젝트의 좋은 예가 무수히 많지만 그 중에서도 현장에서 이루어지는 통역의 충실성에 대한 평가(fidelity assessment)가 신뢰하기 어렵다는 점을 시사하는 질(1995b)의 실험과 실제 TV 생방송 통역에 대한 푀히하커(1995)의 연구를 언급하고자 한다.

참고
문헌

Anastasi, A. 1976. *Psychological Testing.* 4th edition. New York: Macmillan.

Böeker, M. and Anderson, D. 1993. "Remote conference interpreting using ISDN videotelephony: A requirements analysis and feasibility study". *Proceedings of the Human Factors and Ergonomics Society. 37th Annual Meeting* 1: 235-239.

Broadbent. D. 1952. "Speaking and listening simultaneously". *Journal of Experimental Psychology* 43: 267-273.

Buhler. H. 1986. "Linguistic (semantic) and extra-linguistic (pragmatic) criteria for the evaluation of conference interpretation and interprete s". *Multilingua* 5-4: 231-235.

Cooper, C. L., Davies. R. and Tung, R.L. 1982. "Interpreting stress: Sources of job stress among conference interpreters". *Multilingua* 1-2: 97-107.

Coughlin, J. 1988. "Inside or Between Languages, Oral Communication Equals Interpretation ". In *Languages at Crossroads. Proceedings of the 29th Annual Conference of the American Translators Association,* 1. D. Hammond (ed.), 355-362. Medford, NJ; Learned Information.

Eiff von, A.W. (ed.). 1980. *Stress, Phänomenologie, Diagnose und Therapie in den verschiedenen Lebensabschnitten.* Stuttgart/New York: Thieme.

Gambetti , M. and Mead, P. 1998. "The Aarhus Seminar on Interpreting Research ". *The Interpreters' Newsletter* 8: 169-180.

Gile, D. 1990a. "Research Proposals for Interpreters". In *Aspects of Applied and Experimental Research on Conference Interpretation,* L. Gran and C. Taylor (eds), 226-236. Udine: Campanotto.

Gile, D. 1990b. "Scientific Research vs. Personal Theories in the Investigation of Interpretation". In *Aspects of Applied Research on Conference Interpretation,* L. Gran and C. Taylor (eds), 28-41. Udine: Campanotto.

Gile, D. 1995a. *Regards sur la recherche en interprétation de conférence.* Lille: Presses Universitaires.

Gile, D. 1995b. "Fidelity Assessment in Consecutive Interpretation: An Experiment". *Target* 7(1): 151-164.

Gravler, M. 1978. "Preface to D. Seleskovitch 1978". In *Interpreting for International Conferences,* D. Seleskovitch. Washington, D.c.: Pen and Booth.

Guttmann, G. 1982. "Ergopsychometry - Testing under Physical or Psychological Load". *German Journal of Psychology* 6: 141-144.

Guttmann, G. and Etlinger, S. 1991. "Susceptibility to Stress and Anxiety in Relation to Performance, Emotion, and Personality: The Ergopsychometric Approach". In *Stress and Anxiety* 13, CD. Spielberger and S. B. Sarason (eds), 23-52. Washington/London: Hemisphere Publ. Corp.

Herbert , J. 1952. The *Interpreter's Handbook: How to Become a Conference Interpreter.* Geneva: Librairie de l'Université.

Hoyos, C. Graf. 1974. *Arbeitspsychologie.* Sturtgart/Berlin/Köln/Mainz: Kohlhammer.

Jaggers, B. 1981. "Technical Committee Comments". *AIIC Bulletin* IX(4): 43-44.

KurZ, I. 1981. "Temperatures in Interpreters' Booths - A Hot Iron?". *AIIC Bulletin* IX(4): 39-43.

Kurz, I. 1983a. "Temperatures Inside and Outside Booths - A Comparative Study". *AIIC Bulletin* XI(2): 67-72.

Kurz , I. 1983b. "CO2 and O2 Levels in Booths at the End of a Conference Day - A Pilot Study". *AIIC Bulletin* XI(3): 86-93.

Kurz, I. 1983c. "Konferenzdolmetscher: Berufszufriedenheit und soziales Prestige". *FIT Newsletter* II(4): 130-135.

Kurz, I. 1991. "Conference Interpreting: Job Satisfaction, Occupational Prestige and Desirability". In *Translation, a creative profession. Proceedings of the XIIIth World Congress of FIT,* M. Jovanovic (ed.), 363-376. Belgrade: Prevodilac.

Kurz , I. 1993. "Conference Interpretation : Expectations of Different User Groups". *The Interpreters' Newsletter* 5: 13-21.

Kurz, I. 1994. "A look into the 'black box' - EEG probability mapping during mental simultaneous interpreting". In *Translation Studies - An Interdiscipline* M . SnellHornby, F. Pöchhacker, and K. Kaindl (eds), 199-207. Amsterdam/Philadelphia: John Benjamins.

Kurz, I. 1995. "Watching the Brain at Work - An Exploratory Study of EEG Changes during Simultaneous Interpreting (SI)". *The Interpreters' Newsletter* 6: 3-16.

Kurz, I. 1996. *Simultandolmetschen als Gegenstand der interdisziplinären Forschung.* Vienna: WUV-Universitätsverlag.

Kurz, I. 1997a. "Interpreting: Sound vs. sound and picture". *The Jerome Quarterly* 12(1): 5-8 & 14.

Kurz, I. 1997b. "Interpreters: Stress and Situation-Dependent Control of Anxiety". In *Transferre Necesse Est. Proceedings of the 2nd International Conference on Current Trends in studies of Translation and Interpreting.* K. Klaudy and J. Kohn (eds), 201-206. Budapest: Scholastica,

Kurz, I. and Kolmer, H. 1984. "Humidity and Temperature Measurements in Booths". *AIIC Bulletin* XII(2): 42-43.

Longley, P. 1989. "The Use of Aptitude Testing in the Selection of Students for Conference Interpretation Training". In *The Theoretical and Practical Aspects of Teaching Interpretation,* L. Gran and J. Dodds (eds), 105-108. Udine: Campanotto.

Moser. P. 1996. "Expectations of users of conference interpretation ". *Interpreting* 1 (2): 145-178.

Müller-Limroth, W. 1980. "Die Beeinträchtigung der Leistung durch Stressoren am Arbeitsplatz". In *Stress, Phänomenologie, Diagnose und Therapie in den verschiedenen Lebensobschnitten,* A.W. von Eiff(ed.), 82-92. Stuttgart/New York: Thieme.

Petsche, H. and Etlinger, S. 1998. *EEG and Thinking.* Vienna: Österreichische Akademie der wissenscbaften.

Philipp, A. 1988. *Ergopsychometrie im Leistungssport: psychologische Aspekte der Leistungstestung unter Belastung.* PhD dissertation, University of Vienna.

Pinter (Kurz), I. 1969. *Der Einfluβ der Übung und Konzentration auf simultanes Sprechen und Hören.* PhD dissertation, University of Vienna.

Pöchhacker, F. 1995. "Clinton speaks German: A case study of live broadcast simultaneous interpreting". In *Intercultural Communication. Selected papers from the EST Congress-Prague* 1995. M. Snell-Hornby, Z. Jettmarová, and K. Kaindl (eds), 207-216. Amsterdam/Philadelphia: John Benjamins.

Seleskovitch, D. 1978. *Interpreting for International Conferences.* Washington, D.C.: Pen and Booth .

Seleskovitch , D. and Lederer, M. 1989. *Pédagogie raisonnée de l' interprétation.* Paris: Didier Erudition.

Spielberger, Charles D. 1972. "Anxiety as an emotional state". In *Anxiety - current trends in theory and research* Vo1. 1. C.D. Spielberger (ed.). New York.: Academic Press: 24-49.

Spielberger, C., Gorsuch, R. L.. and Luchene, R. H. 1970. *State-Trait Anxiety Inventory.* Palo Alto, CA: Consulting Psychologists Press.

Stenzl, C. 1983. *Simultaneous Interpretation - Groundwork towards a Comprehensive Model.* M.A. thesis, University of London.

Vaitl, D. 1980. "Leistungsminderung durch Stress". In *Stress, Phänomenologie. Diagnose und Therapie in den verschiedenen Lebenesabschnitten,* A. W. von Eiff (ed.), 44-58. Stuttgart/New York: Thieme.

학생의 관점에서 본 통역학 박사 연구

피터 미드(Peter Mead)
볼로냐대학교 SSLiMIT, 이탈리아

"일단 사실부터 제대로 확인하라. 그런 후에야 마음껏 왜곡하도록 하라."
Get your facts first, and then you can distort them as much as you please.

마크 트웨인

1. 돌고 돌아 시작하게 된 대학원 공부

본 고는 현재 진행 중인 통역 관련 박사 프로젝트에 대한 개인적인 경험으로서 지도를 받는 학생의 관점에서 기술한 것이다. 내용의 초점은 실질적인 문제, 이를테면 동기부여, 박사과정 초기에 봉착하는 문제들(대학, 지도교수, 연구주제의 선정), 지도교수와 연락하는 일, 비판 수용하기, 연구 대상으로 동료를 참여시키는 문제, 외국어로 연구논문을 작성하는 문제, 통계의 중요성과 시간관리의 중요성 등에 맞춰져 있다. 전후 맥락 없이 이러한 문제를 논의하면 효과는 제한적일 수 있기 때문에

서두에서는 프로젝트와 그 탄생 배경에 대해 설명하겠다.

지난 5년간 나는 파트타임 대학원생으로서 회의통역의 유창성과 관련된 문제를 연구해왔다. (연구의) 첫 단계는 박사학위 이전의 자격요건 중 하나인 *Diplôme d'Études Approfondies*(DEA)를 1995년부터 1997년까지 프랑스 스탕달대학교(그르노블 3대학)(Université Stendhal-Grenoble 3)에서 수료하는 일이었다. 이 기간에 완성한 연구 프로젝트 주제는 다섯 명의 이탈리아 사람 표본을 대상으로 한 유창성이었다. 대상은 모두 통역대학원 졸업반이었고 구체적인 연구의 초점은 순차통역과 즉흥연설(extemporaneous speech)에서 발생하는 비유창성의 여러 요소(예를 들어 휴지, 잘못된 시작(false starts), 반복)에 맞춰져 있었다(미드, 1997). 1997년 10월 프랑스 뤼미에르대학교(리옹2대학)로 학교를 옮긴 나는 현재 도착어의 유창성에 대한 박사학위논문을 준비하고 있다. 박사연구는 이탈리아어와 영어로 진행된 순차통역 90개 샘플의 휴지에 대한 것이다.

내가 영국에서 대학교 때 프랑스어를 공부하던 당시에는 멀게만 느껴지고 실현 가능성이 희박했지만 결국 수년이 지나 이루어진 일이 세 가지 있었는데, 그 중에서 하나가 박사과정을 밟는 일이었다. 지금 돌이켜 보면 그 세 가지 일–국제회의 통역사가 되는 일, 미처 배우지도 않은 언어로 전문 통역사가 되는 것, 박사학위를 위해 공부하는 것(그것도 10년이 훨씬 더 지나서야 처음 접하게 될 통역학에 대한 박사라니)–모두 우위를 가리기 힘들 정도로 모두 비현실적이었다. 통역을 더 일찍 시도해보지 못한 이유 중 하나는 내가 학교를 졸업한 1970년대 중반 영국에서는 주류 언어로 학위를 마친 사람들에게 통역 훈련이 널리 알려진 대안이 아니었기 때문이다.

졸업 후 나는 프랑스에서 2년 간 유학을 하며 학계와 멀어졌다. 지금 거주 중인 이탈리아에 자리를 잡으면서 처음으로 프랑스어가 아닌 다른 외국어에 대한 숙련도를 높일 기회를 갖게 되었다. 몇 년 간은 국제 제약사의 이탈리아 직원들에게 특수목적 영어(English for special purposes)를 가르쳤고 그 경험 덕분에 영어와 이탈리아어 의료 담화에 대한 지식을 쌓을 수 있었다. 통번역 분야에 몸 담으리라고 상상해 본 적이 한번도 없었지만 이탈리아어에서 영어로 의학 텍스트를 번역하는 일에 너무 흥미를 느낀 나머지 번역은 내 전문 활동의 상당 부분을 차지하게 되었다. 그리고 이후 의학 회의의 전문 통역을 처음으로 경험하는데 중요한 발판의 역할을 했다. 자수성가한 통역사(self-taught interpreter)가 견습 기간을 보내기에 의학 분야는 금기의 영역처럼 느껴질 수 있지만 의학 관련 내용을 가르치고 번역하면서 쌓은 지식이 있었기 때문에 쉬워 보이는 다른 주제보다 의학 담화의 통역을 시작하는 편이 내게는 상대적으로 적합했다. 실제로 의학 회의에서 전형적으로 볼 수 있는 빠른 속도의 난해한 발화가 어떤 면에서는 훨씬 전문성이 떨어지는 담화보다 틀림 없이 부담이 적다는 사실을 깨닫게 되었다. 예를 들어 시차(décalage)에 대한 주의를 기울어야 하는 점, 표현의 형식적 재표현, 문화적 지시(cultural reference)를 전달할 필요 등의 면에서 비전문 분야의 통역이 더 부담스러울 수 있다.

통역 일을 하면서 나는 전문직을 유지하는데 큰 관련이 없어 보이던 박사급 연구를 전혀 고려하지 않고 지냈다. 박사과정 진학에 관심을 가졌다 손 치더라도 수년 간 학업과 담을 쌓았던 터라 능력이 출중하고 동기가 강한 졸업반 학생들과 경쟁해서 박사과정에 진학하기에는 자격이 충분치 않다고 판단했다.

1992년에 베로나대학교(University of Verona)에서 시범적으로 진행한 통역석사학위 과정에서 이따금씩 임시 강사를 하면서 대학교 환경에 조금 노출될 기회가 있었다. 매우 흥미로운 경험이었지만 내가 참여할 수 있는 범위는 제한적이었고 학위과정이 시범 기간을 끝으로 문을 닫으면서 나의 계약도 만료가 되었다.

비슷한 시기에 볼로냐대학교에서 통번역대학원(School of Interpreting

and Translation) 설립을 추진하고 있었다. 그 이전까지는 이탈리아에서 통번역학으로 학위를 수여하는 대학교가 트리에스테뿐이었다. 수업을 분산시키고 기존 대학 부지의 혼잡을 해소하자는 움직임의 일환으로 새로운 학교는 볼로냐에서 약 70㎞ 떨어진 포를리(Forli)에 자리잡게 되었다. 1994년부터 1995년까지 이어진 학년도부터 나는 이 학교의 임시 강사로 강의를 시작하게 되었다. 당시에 전임 교강사 자리는 대학교의 주류 분야(주로 언어학) 소속 동료들로 제한되어 있었고 통번역 과목은 비전임으로 채용된 현장 전문가들이 맡았다.

2. 동기 찾기: 늦더라도 찾는 것이 낫다?

자극이 되는 포를리의 학업 환경에 노출되면서 뜻하지 않은 일이 벌어졌는데, 그것은 연구자로서의 자격을 갖출 공부에 대해 생각하게끔 동기를 제공했다는 것이다. 공부를 시작할만한 단 하나의 지배적인 이유는 없었다. 실제로 나는 이 문제를 신중히 검토한 후에서야 진학할 학교, 지도해줄 교수, 연구 주제를 찾아 나서는 실질적인 작업에 나섰다.

물론 박사학위가 생기면 정규직으로 채용될 가능성이 높아지는 건 사실이었지만, 몇몇 종신직 교수는 박사학위를 취득할 시간에 여러 개의 소규모 연구 프로젝트를 진행하며 스스로 배우는데 집중할 수 있을 것이라는 조언을 했다. 박사 공부를 한다면 중간에 짬을 내어 소논문 쓰는 게 전부지만 소규모 프로젝트는 정기적으로 연구논문을 발표할 수 있는 자신감과 경험을 축적하기에 좋은 방법이었다.

충분히 좋은 조언이었지만 오히려 반대로 (그동안 피하기만 했던) 박사과정 연구가 매력적으로 다가왔다. 한 가지 이유는 프랑스에 있는 대학에서 공부를 할 수 있지 않을까 하는 생각이 있었기 때문이다. 프랑스에서 학교를 다니며 힘들게 훈련한 언어적 반사신경이 극심한 운동 부족으로 끝내 무뎌질까 우려스러웠다. 또 다른 고려사항은 포를리에서 계속 가르칠 경우 어느 단계에서든 학생들의 졸업논문(*testi di laurea*)에 관여하게 될지도 모른다는 생각이었다. 현재는 모든 강사가 졸업논문을 지도할 자격이 있다. 지도교수의 공식 자격으로 대학원 이상의 연구 관련 학위를 요구하지 않는 것은 비판의 여지가 있지만 이렇게 함으로써 많은 능력 있는 동료들이 자신의 식견을 공유할 수 있게 된다. 상대적으로 엄격히 구조화된 체계에서는 기대하기 어려운 일이다. 실상을 보면 대부분의 졸업논문은 연구 경험이 있는 전임 교수진이 지도를 하고 비전임 강사들이 공여해야 하는 의무는 없다. 실제로 많은 동료들은 통번역 교육에 관심이 있는 현장 전문가로서의 우선순위가 학술적 연구의 관례에 맞기에는 너무 실무적이라고 주장하고, 이는 충분히 이해할만 하다. 그럼에도 불구하고 어떤 이의 졸업논문을 공동 지도하게 될지도 모른다는 생각을 하니 나부터 지속적 연구를 진행하며 지도를 받는 게 도움이 되겠다 싶은 마음이 들었다.

따라서 부질없지만 최소한 박사과정 연구에 대한 생각을 품을 만한 이유가 충분히 있는 듯 보였다. 동시에 이러한 생각을 실천으로 옮길 가능성은 압도적으로 비현실적이어서 아예 도전하지 않을 이유 역시 충분했다. 첫째, 대학원 과정의 연구를 진행하려면 몇 년 간 꾸준한 시간과 노력을 들여야 했다. 같은 기간에 개인 생활과 전문 활동을 비롯한 연구 외의 여러 삶의 영역은 등한시 할 수밖에 없었다. 둘째, 공부를 시작하면 어떤 비용을 치러야 하는지에 대한 감이 전혀 없었다. 이 부분과 관련한 내용은 아래 9절에서 다루도록 하겠다. 셋째, 박사과정 연구는 갓 졸업한 이들에게 적합한 일이라고 생각했지, 나처럼 이미 바쁜 스케줄을 소화하는 현장 전문가에게는 맞지 않아 보였다. 누가 봐도 통번역대학원을 막 졸업한 동료들이 연구에 필요한 시간과 동기를 더 쉽게 찾을 수 있다. 물론 이들은 전문 통역사로 입지를 다지거나 또 다른 언어를 배워 언어조합을 넓히는 등의 어려운 과제에 우선순위를 두고 있는 경우가 많다.

막상 닥쳐보니 박사과정 연구에 반대하는 위의 주장은 점점 커져가는 나의 열정을 막기에는 역부족이었다. 다시 공부하는 방향으로 마음을 먹고 통역학 연구에 대한 자료를 읽기 시작하면서 상대적으로 탐구가 덜 된 분야에 발을 들인다는 사실이 하나의 동기가 되었다. 그 이후에 같은 동기를 가진 동료들을 만날 기회가 있었고, 이러한 만남은 지난 몇 년 간 나의 연구 노력에 상당한 자극이 되었다. 박사학위 취득을 위한 논문을 제출했다고 하루 아침에 통역학계의 큰 연구자가 된다는 생각은 매우 순진한 것이리라. 동시에 개인의 노력이 인정 받은 학자들에 의해 비판적 심사를 받고 학계 전체의 발전에 기여할 수 있다는 생각은 컴퓨터 앞에서 장시간 홀로 씨름해야 하는 시간을 목표의식을 갖고 버틸 수 있게 해준다.

3. 박사학위 과정을 찾고 연구 시작하기

박사과정 연구를 하면서 얼마나 헌신해야 하는지 신중히 고려한 끝에 나는 1995년 봄에 다가올 가을 학기에 박사과정 입학을 검토하기 시작했다. 당시에 내가 알고 있던 이탈리아의 유일한 번역학 박사과정 프로그램은 번역연구만 하는 곳이었기 때문에 통역학에 집중하고자 하는 연구자 지망생에게는 큰 관심을 받지 못했다. 박사 연구를 하는 동시에 프랑스어를 꾸준히 연습하고 싶은 나는 즉각 프랑스를 떠올리게 되었다. 프랑스에 있는 지도교수와 연락하는 일이 또 하나의 작은 변수가 되리라고 봤지만 영국에 있는 대학교에서 박사과정을 밟는 일은 그보다 훨씬 큰 어려움을 수반하는 대안이었다.

프랑스 그르노블에서 2년 간 대학 생활을 했던 경험이 있었기에 나는 스탕달대학교에 연락을 취해서 박사과정 프로그램에 대해 문의하기로 했다. 통역학과가 있는 학교에 연락을 하는 편이 더 논리적인 대안이었겠지만 나는 일단 그르노블의 형세가 어떤지 살펴보기로 했다. 스탕달대학교에서 학교 안내서를 받은 후, 나는 16년 전에 수업을 들었던 학교의 노교수를 한 분 만나기로 약속했다. 그리고 그 분과 만난 비공식적 인터뷰 자리에서 그르노블에서 내가 취득한 석사학위(*Maîtrise*)가 스탕달대학교의 언어학 박사과정의 입학요건을 충족한다는 낭보를 듣게 되었다.

더 고무적인 이야기는 그르노블에서는 파트타임으로 공부할 수 있는 여건이 마련된다는 것이었다. 처음부터 풀타임으로 공부하는 일은 내게 비현실적이었다. 박사학위를 딴다고 자동적으로 종신직이 생기거나 기타 일자리가 보장되는 게 아니었기 때문에 그때까지 전문 통번역사로 유지하고 있던 일을 내려놓는 게 정당화되지 않았다. 게다가 연구보조금과 같은 재정적 지원을 기대하기 어려웠기 때문에 풀타임으로 연구하는 일은 불가능한 대안이었다.

그르노블에서는 통역학에 대한 특화된 전문성이 없었지만 언어교육과 같은 기존 연구 영역 내에서 통역 연구가 수용될 충분한 가능성이 있어 보였다. 그 가능성에 대해 내가 굳이 확실한 약속을 미리 받아내지 않은 것은 그때까지만 해도 무엇을 연구할지 분명하지 않았기 때문이다. 이 문제는 내가 DEA 과정을 시작하면 자연스럽게 해결되지 않을까 생각했다(프랑스 대학에서는 박사학위를 취득하기 전에 밟아야 하는 3기(期) 과정 중 마지막(*troisième cycle*) 학점이수 박사과정을 DEA라 칭한다).

일단 DEA 과정에 집중해야 했기 때문에 박사학위논문의 주제를 정하는 일이 시급하게 느껴지지도 않았거니와 연구 기법에 대해 배우기 시작하면 세부적인 주제를 쉽게 정할 수 있으리라는 자신감이 생겼다. 그렇지만 동시에 나는 적절한 연구분야를 정하는 일을 마냥 미룰 수만 없다는 것도 알고 있었다. 박사학위논문의 지도를 맡겠다는 교수의 승낙을 받기 위해서는 궁극적으로 학위취득 자격요건인 DEA 과정을 양호한 점수로 이수해야 했을 뿐만 아니라 학교의 전문 연구분야나 연구 관심에 맞는 연구 프로젝트를 제시할 수 있어야 했기 때문이다.

대개 1년 과정인 DEA 과정은 연구주제와 방법에 대한 강의 및 세미나, 과제, 일부 필기시험 그리고 짧은 박사학위 전(煎)논문(*mémoire*)으로 이루어진다. 최종 학점에서 가장 큰 비중을 차지하는 것은 학술논문(*mémoire*)으로서 구두발표를 통해 심사위원회 앞에서 그 내용을 발표해야 한다. 근무일을 빼고 학교에 나와야 하는 등 그르노블 DEA 과정을 풀타임으로 다니지 못하는 학생을 위해 2년에 걸쳐 과정을 이수하도록 허용하고 있다. 과정이 몇 가지 서로 다른 트랙으로 나뉘어 진행되기 때문에 이와 같은 수학 방법도 가능한 것이다. 또한 모든 학생이 그르노블 내 혹은 인근에 거주하지 않는다는 점을 감안해서 출석은 한 학기 혹은 그 이하 할 수 있도록 조정된 경우가 많고 강의도 주중에 집중되어 개설되는 게 일반적이다. 이러한 시간표 구성이 가능한 것은 파트타임 학생들이 과정 전체에 걸쳐서 꾸준히 출석하기가 어렵다는 현실을 알고 민감하게 대응해주는 교직원들이 있기에 가능하다. 수업에 빠졌을 때 강사들은 내용을 따라갈 수 있도록 어김 없이 읽을 자료를 추천해주고 보충자료를 제공해줬다. 이런 유연성은 내가 2년 간 자주 '통학'을 하면서 과정을 마칠 수 있도록 동기를 유지해주는데 필수 요소였다.

4. 지도교수를 선정하고 연구주제 선정하기

DEA 과정 때 집필하는 학술논문(*mémoire*)은 실제로 학생이 계획하는 박사학위논문으로 자연스럽게 이어지는 전 단계이자 장차 지도교수가 될 사람과 긴밀히 협의하며 연구를 진행해볼 수 있는 기회이다. 학술논문의 지도를 맡아줄 교수를 찾는 것은 어려운 일이 아니었지만 (해당 논문은 DEA 과정 2년차에 마칠 계획이었다) 연구주제를 찾기 위해 방향 감각 없이 맴돌기만 했다. 통역학에 대한 나의 지식은 여전히 단편적이어서 다양한 가능성을 탐구하게 되었지만 그러한 생각을 연구계획으로 어떻게 개발해야 하는지에 대해서는 막막했다. 당시에 떠올렸던 생각 중에는 여러 학교의 다양한 통역 교육 방법에 대한 조사를 진행해 보자는 것이 있었는데 나의 생각을 구체적으로 정리하지 못해서 타당한 연구 프로젝트로 이어지지 못했다. 푀히하커의 최근 연구를 보면(1999) 이와 같은 조사를 실행할 수 있는 방법이 한 가지 소개된다. DEA 과정을 밟는 당시에 나는 이런 연구를 진행하기 위해 극복해야 하는 장애물을 넘기지 못했다. 즉, '형세(terrain)'(예를 들어, 하나 혹은 두 개의 교육기관의 교육실제(teaching practices)), 연구질문(예를 들어 푀히하커의 조사처럼 수업에서 사용하는 교육자료가 무엇인지)과 방법론(설문지, 면담, 기타 등등)을 정확히 정의하지 못한 것이다.

사회언어학 모듈에서 어빙 고프만(Erving Goffman)의 에세이 *강의*(*The Lecture*)를 읽게 되면서 (고프만, 1981) 그가 기술한 대중연설에 관심을 갖게 되었고, 통역과 분명한 연관이 있다고 생각했다(미드, 1996). 이때에도 이러한 관심사를 구조화된 연구 프로젝트로 발전시킬 수 있는 방법에 대해서 바로 떠오르는 생각이 없었다. 다만, 통역 교육에서 말하기 기술을 어떻게 가르치고 평가할 수 있는가에 대해 살펴봐야겠다는 어렴풋한 생각만 있었을 뿐이다.

초기에 가졌던 이러한 발상이 불분명했던 것을 보면 박사학위논문은 차치하고 좋은 DEA 학술논문의 토대가 될만한 타당한 근거를 정의하는 일이 나에게 얼마나 어려웠는지 알 수 있다. 하지만 내가 당시에 깨닫지 못했던 것은 DEA 과정 2년차에 사실은 타당한 연구주제를 찾았다는 것이다. 문제는 해당 주제를 연구계획으로 발전시킬 수 있는 방법은 여전히 모르고 있었다. 그 후로 1년 정도 지나면서 나는 비로소 손에 잡히지 않을 것만 같던 연구 프로젝트에 착수할 정도로 준비가 되었다는 사실을 깨닫게 되었다.

DEA 과정 초기에 나는 지도교수가 학술논문의 구체적인 주제와 연구의 틀을 제시해주는 것이 맞는 게 아닌가 싶었다. 동시에 나는 지도교수의 업무가 조언하고 비평하고 바로 잡는 일이지 모든 아이디어를 주는 것이 아니라는 것도 알고 있었다. 이 점은 내가 나중에 통역에 대한 졸업논문을 준비하는 포를리 학생들의 논문을 지도해주기 시작하면서 지도교수의 관점에서 다시 생각해볼 기회가 있었다. 지도교수에게 너무 많은 것을 기대하지 말아야겠다고 생각한 또 다른 이유는 교수님과 자주 접촉하는 상황이었기 때문이다. 보름에 한번 꼴로 그르노블을 다녀갈 때면 몰아서 수업을 들어야 했고 마침 그 시기는 일주일 중에서 DEA 과정에 참여하는 교수진이 가장 바쁜 때와 맞물렸다. 교수님과 만나서 내 연구에 대한 생각을 나눌 시간이 부족한, 이상적이지 못한 상황이었다. 학생이 먼저 시간을 들여 연구의 근거와 기대하는 결과에 대한 대략적 설명을 하지 않고서는 지도교수로부터 상세하고 구체적인 지도를 기대할 수는 없다. 특히 학생이 제안하는 연구분야가 지도교수의 평소 관심사에서 벗어난 것이라면 더욱 그렇다.

지도교수와 만날 충분한 시간이 없는 문제를 해결할 수 있는 뻔한 방법 중 하나는 이메일이다. 물론, 지도교수에게 비현실적인 시간 부담을 줄 정도로 방대한 양의 메일이 오가지 않는다는 게 전제되어야 한다. 나는 DEA 과정 2년 차 때 이메일로 '개종'했지만 나의 학술논문 지도를 맡은 교수님은 의사소통 수단으로 메일을 선호하지 않으셨다. 그때로부터 3년이 흘러 이 글을 쓰고 있는 지금 누가 뭐래도 이메일은 학술 및 연구분야에서도 필수불가결한 주요 의사소통 수단으로 자리매김했다.

결국 내가 정한 학술논문의 연구주제는 볼로냐대학교에서 통역을 배우는 상급반 학생 중 소규모 표본을 대상으로 한 유창성 연구였다. 궁극적으로 나는 빽빽한 일정에 쫓겨 학술논문을 제대로 계획하고 수

정할 충분한 시간이 없었다. DEA 과정을 마치고 박사학위 과정으로 자연스럽게 올라갈 생각이었다면 보다 엄격하게 일정을 관리해야 한다는 중요성을 일깨워준 계기였다. DEA 과정 막바지에 이르면서 고민이 깊어진 또 다른 중요한 문제는 학술논문을 지도해주었던 교수님이 앞으로 작업하게 될 박사학위논문의 지도를 승낙하실지 내지는 지도를 원하시는지 하는 문제였다. 내가 참석하는 세미나에서 논의되는 연구 분야는 언어교육이었다. 관심의 초점이 다르다고 해서 통역 교육에 대한 박사학위논문을 쓰지 못하는 것은 아니었지만 어떻게 해야 조직적으로 움직일 수 있는지 분명히 알지 못했다. 심지어 DEA 과정에서 진행했던 훨씬 더 작은 규모의 연구 프로젝트에 집중하는 것조차 내게는 버거운 일이었다.

1997년 1월, DEA 학술논문의 초기 단계였던 때에 나는 오르후스 통역연구 세미나에 참석하게 되었다. 다른 사람들도 세미나 참석 후기를 보고했지만(바셀(Basel), 1997; 감베티와 미드, 1998), 개인적으로 나는 찾고자 했던 잘 정리된 연구주제를 바로 찾지 못했다. 그러는 동시에 DEA 과정 이후 그르노블에 남아야 할지 통역 전문가에게 박사학위 지도를 부탁해야 할지 기로에 서 있던 나에게 오르후스는 더 이상 돌아오지 못하는 기점과도 같았다. 오르후스 세미나의 강사들과 토의를 하면서 깨닫게 된 것 중 하나는 나 스스로 충분한 정보를 제공하지 않은 상태에서 지도교수가 맞춤형 연구주제를 하사하기를 기대해서는 안 된다는 확증이었다. 그리고 그때 오르후스 세미나에서 연구에 대한 자극을 받은 것 외에도 중요한 결실을 하나 보게 되었다. 그르노블에 계시던 지도교수님이 통역학 분야와 학제간 협력을 하는 것에 호의적이라면 다니엘 질이 나의 연구에 참여하거나 자문을 제공하겠다고 흔쾌히 승낙한 것이었다.

이 시점에서 지도교수님이 준 조언은 DEA 과정을 마치고 리옹으로 학교를 옮기는 대안을 검토해보라는 것이었다. 그렇게 하면 다니엘 질의 지도 하에 박사학위논문을 준비할 기회가 생기고, 그 전까지는 DEA 학술논문의 구두발표 때 외부 심사위원으로 위촉해서 내 연구에 참여할 수 있었다. 이런 방식은 나의 논문을 통역학 전문가에게 검토 받을 수 있는 기회였을 뿐만 아니라 질 교수 입장에서는 내 연구를 대표하는 소논문을 보고 과정 수료 후에 리옹에서 박사과정 연구를 계속 진행하기에 적합한 후보인지 판단할 수 있는 기회이기도 했다. 관련된 모든 당사자가 이러한 제안에 합의했고 결국 DEA 과정을 마친 나는 그르노블을 떠나 뤼미에르대학교(리옹2대학)로 옮겨 박사 연구를 본격적으로 시작할 수 있었다.

DEA 과정은 박사 연구에 입문하는 나에게 도움이 되었고 박사 논문을 시작하기에 앞서서 관련된 문제와 어려움을 미리 맛볼 수 있는 기회가 되었다. 박사학위 자격시험과 같은 DEA 과정은 학교를 등록한 이후에야 박사학위를 마칠 가능성이 낮다는 사실을 뒤늦게 깨닫는 사람들을 위한 자연스러운 박사연구 커트라인의 역할을 하기도 한다. 이와 유사하게 영미권의 박사과정생들은 때로 박사학위가 아닌 석사학위 자격에서 공부를 마치는 쪽으로 결정하는 경우가 있다(혹은 그렇게 하도록 권유를 받는다).

통역학으로 연구활동을 지속하고 싶은 이들에게는 통번역학 박사학위에 초점이 맞춰진 입문 형식의 대학원 과정을 가장 나은 대안으로 권하고 싶다. 프랑스어로 공부하는 경우라면 파리의 ESIT와 보다 최근에는 제네바의 ETI에서 이와 같은 목적에 맞는 DEA 프로그램을 제공하고 있다. 많은 대학에서는 언어학 혹은 인지과학 같은 분야에서 유사한 자격의 프로그램을 운영 중에 있다. 이런 프로그램은 흥미로운 연구 패러다임에 입문할 수 있는 기회가 되기는 하지만 통역에 분명한 강점을 두고 있지 않으며, 그렇기 때문에 구체적인 연구 영역을 발굴할 책임은 학생에게 있다. 해당 학문분야 내에서 그러한 접근이 가능한지 여부는 학생이 주제를 정할 능력이 있는지 및 미래의 지도교수가 익숙하지 않은 형세 속에서 협의해 나갈 의향이 있는지에 달려 있을 것이다.

5. 지도교수와 연락하기

지난 3년 간 모든 관심이 박사논문에 모여 있었던 만큼 박사과정의 2기(期)에 해당하는 학위논문 과정은 그르노블에서 보냈던 첫 2년처럼 통학하며 강의를 들을 필요가 없었다. 따라서 장거리 통학을 하면서 시간과 에너지, 비용을 들일 필요가 없게 되었다. 그렇지만 지도교수와 의미 있는 연락을 자주 하고 있어 혼자 알아서 하도록 방목된 것은 아니었다.

나와 지도교수님은 이메일로 주로 연락을 하는데, 덕분에 꾸준히 질문과 답변, 조언, 의견, 비평 등을 들을 수 있었다(모두 연구 지도를 받을 때 필수적인 요소다). 내가 가진 많은 질문은 이메일을 통해 해결할 수 있었고, 교수님의 검토가 필요한 논문의 내용은 몇 장씩 나누어 메일에 첨부해서 보내 드렸다. 때로는 분량이 큰 내용은 일반 우편('snail-mail')으로 보내기로 사전에 합의했다.

주고 받은 연락의 빈도는 그때 그때 달랐다. 둘 중 한 사람이라도 휴가를 떠나는 방학 기간 중에는 당연히 연락이 잠시 중단되었다. 그러나 이러한 일시적인 경우를 제외하고는 아무런 연락을 취하지 않고 2주를 넘기는 적은 드물었다. 단 한번의 메일 회신으로 질의응답이 끝나지 않을 때는 단 며칠 안에도 여러 번 메일을 주고 받는 경우도 있었다. 하지만 모든 박사논문의 지도가 이렇게 잦은 연락을 취하며 이루어지는 것은 아닐 것이다. 지도교수에 따라서 연락이 덜 빈번하기를 바랄 수 있다. 학생의 논문 지도가 우선순위가 아니거나 학생이 독립적으로 작업하도록 두는 게 최선이라고 생각해서 그럴 수 있다. 따라서 지도교수와 연락하는 정상적인 (혹은 이상적인) 횟수를 두고 일반화하기는 힘들다.

이메일은 수신한 메시지 중에서 관련 있는 내용을 별도로 표시해서 요목조목 회신할 수 있는 훌륭한 포맷을 제공한다. 내 경험상 이메일은 신뢰할 만한 의사소통 수단이었다(지난 3년 간 엇나가는 메시지가 없었다). 지도교수님에게는 검토 받을 내용을 보내기 약 일주일 정도 전에 사전 연락을 취해서 알리는 것을 원칙으로 했다. 교수님이 그것을 고집하지 않았지만 이는 학생과 교수 모두에게 합리적이다. 지도교수 입장에서는 예상치 못하게 많은 분량의 내용을 한꺼번에 받지 않으며 학생은 스스로 정한 데드라인에 맞춰 작업을 하게 된다. 이러한 데드라인을 이따금씩 넘기는 것은 대형 참사는 아니지만 시간 약속을 계속 해서 지키지 못하는 것은 신뢰성의 문제로 보일 수 있으며 제안된 학위논문이 끝내 마무리될 수 있는지에 대한 심각한 우려를 갖게 할 수 있다.

교수님과 연락을 주고 받은 초기에는 단순히 통역사와 통역 학생의 유창성 평가라는 어렴풋한 생각보다는 연구영역을 보다 명확히 규명할 필요가 있다는 점에 초점을 맞췄다. 그 이후에는 현장조사의 기술(記述)과 비평으로 초점이 옮겨 갔고, 최근 몇 개월 동안은 연구의 이론적 배경과 데이터 분석에 대한 상의를 하며 이를 보강하고 있다. 현장조사는 연구대상이 되는 학생과 동료 통역사로 하여금 동일한 두 개의 연설문(하나는 영어, 다른 하나는 이탈리아어)을 통역하도록 한 후에 순차통역을 녹음하는 일을 가리킨다. 통역 후에는 각각의 통역사와 인터뷰를 실시해서 통역에서 두드러지게 머뭇거린 이유에 대한 생각을 청취했다. 그 이후 모든 휴지를 기록했는데 발화가 이루어진 부분만 구분해서 잡아내고 100분의 1초 단위로 시간을 보여주는 소프트웨어 패키지(SndSamplerTM 3.7.1, © Alan Glenn, Midland Mi, USA)에 등록했고 Macintosh iMacTM을 활용했다.

논문 지도는 나에게 여러 방식으로 도움이 되었다. 첫째, 나의 지도교수는 나를 오래도록 방치하기 전에 내가 어떻게 진행하고 있는지 묻거나 시간이 흘러가고 있기 때문에 전체적인 일정에 심각한 차질을 초래

하지 않으려면 지체 없이 작업을 마무리하라고 (혹은 때로는 시작하라고!) 일깨워주는 역할을 하셨다. 그러한 차원에서 DEA 과정은 몇 개월의 기간 동안 파트타임 연구를 조직할 때 발생하는 문제를 일깨우는데 도움을 줬다. 박사학위 기간은 그보다 훨씬 길지만 한 학년도는 너무나 빨리 지나간다. 파트타임으로 연구하면서 좋은 연구 프로젝트를 구상하고 완성하는데 박사과정 3년(거기에 늘어나는 시간도 계산해야 한다)이면 충분하다는 생각은 학생이 굳은 결심을 하고 체계적이어야만 현실적이다.

박사학위가 요구하는 시간을 인식할 필요에 대해서는 9절에서 보다 상세히 논의하겠다. 나는 처음부터 연구할 준비가 되어 있었고 필요하다면 주말과 방학도 반납할 마음의 준비를 했지만 지도교수님이 시간관리의 중요성을 이따금씩 상기하도록 하지 않으셨다면 전반적으로 시간관리에 신중을 기하지 못했을 것이다. 최소한 중기적 차원에서 연구에 소요되는 시간을 계획할 필요가 있다고 상기해준 것은 무척 중요했다. 영어 속담에는 지레 걱정하지 말라는 뜻에서 “다리가 나오기 전에 건널 걱정부터 하지 마라”는 말이 있지만 그래도 사전에 다리까지 가는 길을 점검해서 통행이 막히지는 않았는지 확인하는 것은 도움이 된다.

논문 작업을 계획하면서 지도교수님은 일정에 관여했을 뿐만 아니라 (어쩌면 더 중요할 수 있는) 연구주제를 구체화하고 발전시키는데 조언을 주셨다. 연구 전반에 대한 조언도 있었지만 문헌연구과 같은 다양한 부분에 대한 의견도 아끼지 않으셨다. 특히 문헌연구의 초안을 검토하신 후에는 적절치 않은 구성의 텍스트를 가지고 나의 주제를 보다 목표의식을 갖고 예리하게 전달하는 글로 만들어갈 수 있도록 의견을 주셨다.

전반적인 연구 계획의 측면에서 보면 목표 언어의 유창성을 연구하겠다는 나의 당초 생각은 정확한 초점이 없었다. 내가 의도했던 것은 몇 개의 언어를 대상으로 동시통역과 순차통역을 보고 휴지, 잘못된 시작, 반복 등 여러 가지 비유창성(disfluencies) 양상을 통해 유창성을 평가하는 것이었다. 지도교수님과 프로젝트에 대해 논의하면서 부족했던 연구의 초점을 잡을 수 있었다. 즉, 한 가지 언어조합(A 언어 이탈리아어, B 언어 영어), 한 가지 통역방법(순차), 그리고 한 가지 비유창성(휴지)에만 집중하라고 권유하신 것이다. 경험이 부족한 연구자들이 종종 직면한 문제지만 처음에 제안하는 논문의 범위를 관리 가능한 차원으로 제한하지 못하는 문제를 해결하는 데는 교수님의 비평적 피드백이 필수적이었다.

그 외에도 지도교수의 조언이 결정적 역할을 했던 또 다른 부분은 이론 정립 단계에서 데이터 수집으로 넘어가도 좋은 시점을 인지한 것이다. 연구의 실질적인 작업을 시작하기에 앞서서 표본 크기 및 시험 자료의 종류를 결정하는 등의 문제를 철저하게 논의했다. 이러한 논의에 있어서는 일정 정도의 협상이 있는 게 통상적이다. 연구의 초점이 분명해지면서 갈수록 원문 텍스트의 선정 문제나 데이터의 일차적 구성방식 등에 대해 먼저 제안하는 나를 발견하게 되었다. 그 외의 다른 실제적 사항의 경우에는 지도교수님의 힌트나 의견이 일차적인 원동력을 제공했다. 예를 들어 지도교수님이 제안한 한 가지 주요 사항은 실험 대상들에게 연구 때 녹음한 순차통역 중에 휴지가 생긴 이유에 대해 묻고 그들의 생각을 분석하는 내용이었다. 이러한 제안에 대해 당초에 의문을 가졌지만 실험 대상들이 이 사항에 대해 자세히 이야기를 기꺼이 해주는 모습에 그런 의문은 불식되었다.

6. 지도교수로부터 평가 및 외부의 관점 구하기

연구의 측면 중에서 나 개인의 의견과 지도교수님의 승인 혹은 비평에서 비롯된 것 중에는 휴지에 대한 전문 문헌과 휴지 길이를 측정하기 위한 소프트웨어의 선택이 포함된다. 휴지에 대한 문헌검토를 진행하는 작업은 특별히 더 자극이었던 이유는 내가 관련 있는 자료를 찾고

교수님에게 제출하기 전에 내 생각을 정리해야 했기 때문이다.

이런 측면에서 두 가지 중요한 고려사항은 비평의 역할 그리고 학제간 연구를 진행하면 지도교수가 평상시에 갖는 교육 및 연구 관심사의 범위에서 벗어난 학문 혹은 주제를 포용해야 할지도 모르는 가능성이다.

위 두 가지 중 전자에 대해 먼저 논하자면 지도교수님의 비평은, 그것이 교수님의 개인적 전문성의 영역에 대한 것이든 아니면 덜 익숙한 '휴지론(pausology)'에 대한 것이든 간에, 학위논문이 모습을 갖춰 가는 데 근본적 역할을 했다. 건설적 비판은 배움의 과정에서 필수적인만큼 이런 측면에 대해 학생은 '까칠하게' 굴 필요는 없다. 학교 차원의 공부는 많은 경우 (심지어 대학교 일부 학과에서 첫 몇 년간 배우는 공부라 할지라도) 습득하는 지식에 대한 독립적이고 건설적인 생각을 전혀 장려하지 않은 채 선언적 지식(declarative knowledge)의 축적에 기반한다. (언어, 통역, 번역 등) 절차적 기술을 요구하는 학문의 경우에는 교사가 단순히 '맞고' '틀리고' 이상의 의견을 제시할 수 있는 여지가 있어야 하지만 비판을 적대감과 동일시하는 경향은 너무나 빈번히 보인다. 그럼에도 불구하고 좋은 비평의 기능은 평가와 구별에 있어야지 공격하거나 무너뜨리는 데 있어서는 안 된다.

이 원칙은 연구의 성공에 있어 필수적이다. 연구의 근거, 목표와 방법론은 일관적이고 엄격하며 충분한 정보를 바탕으로 한 추론에 기반을 둬야 하며 지도교수가 정기적으로 제공하는 비판적 의견에 의해서만 다듬는 것이 이상적이다. 욕조에 앉아 있다가 번뜩이는 영감을 얻는 것으로는 충분하지 않으며 감각적 결과가 어떻게 보이든 간에 정말 중요한 것은 그 결과를 획득한 방법이다. 신진 연구자들도 비판의 여지가 적거나 아예 없는 훌륭한 연구를 내놓을 수 있지만 그렇게 할 수 있는 사람은 분명 몇 안 된다. 통역학 같은 분야의 경우에는 대부분의 신참 연구자들은 과학적 추론을 해본 경험이 없고 필요한 기술 없이 연구에 뛰어든다. 비판의 목적은 연구를 진행하는 동안에 그러한 기술을 습득하는데 도움을 주고자 하는 것이다. 그러한 비판이 없다면 심사위원회가 우리의 논문을 탈락시키기 전까지 우리 자신의 연구가 안고 있는 한계를 깨닫지 못할 위험이 있는 것이다. 비판을 쉽게 수용하지 못하는 사람도 위안 삼을 수 있는 일이 있다면 하나라도 칭찬 받는 것이 있다면 상대적으로 그만큼 의미가 크다는 점이다. "괜찮다"든가 "나쁘지 않다"는 식의 애매한 의견을 3년 내내 듣는 것은 진심으로 배우고자 하는 학생에게는 도움이 되지 않는다.

따라서 쉽게 만족하지 않는다는 소문이 난 지도교수는 피할 대상이 아니다. 물론, 꼭 지켜야 하는 불변의 규칙이 있는 것은 아니다. 자기비판의 능력이 뛰어난 학생은 느슨한 지도를 받고도 훌륭한 학위논문을 쓸 수 있을 것이다. 하지만 대부분의 사람은 보다 엄격한 지도를 받는 편이 유익할 것이다. 문제는 자기 자신의 강점과 제약을 파악하는 데 있다.

지도교수의 일반적인 전문성과 관심사의 범위를 벗어나는 분야 혹은 주제를 연구할 가능성에 대해 말하자면, 통역사들이 왜 "음" "아" 등의 추임새를 넣는지 알아보기 위해서는 일반적으로 화자들이 왜 그런 식으로 머뭇거리는지 연구해야 했기 때문에 휴지론에 대한 배경 자료를 찾아 읽어야 했다. 이러한 사전 조사 없이는 나의 연구와 관련이 있을 지도 모르는 이론, 연구방법, 연구결과 등에 대한 지식 없이 연구를 시작하는 것을 의미했다. 최악의 경우 응용언어학 혹은 심리언어학의 전문가들이 이미 수년 전에 결론을 내린 문제에 대해서 내가 몇 년 간 연구하느라 시간을 보낼 수도 있는 문제였다.

다행히도 휴지에 대한 문헌을 미리 읽어본 결과 휴지론이라는 분야 안팎으로 연구할 내용이 여전히 많다는 것을 알 수 있었다. 이와 무관하게 휴지론에 대한 문헌을 탐구하면서 나는 지도교수님의 전문분야 밖에 있는 주제에 대한 지식을 습득하고 정리하고 제시하는 경험을 하게 되었다. 따라서 목적의식을 갖고 분명한 방법으로 필요한 주장과 반론을 지도교수님에게 제시해야 할 필요가 있었기 때문에 흥미로운 경험이었다. 심리언어학이나 응용언어학 분야의 전문가가 되었다고 말한다면 과장일 것이다. 실제로 나의 지도교수는 이런 분야 및 인접 분야에만 국한된 문헌을 파고드느라 연구목적을 잊거나 역량이 안 되는 영역으로 빠지지 않도록 주의를 당부했다. 따라서 나는 휴지에 역점을 두고 문헌조사를 진행했고 그 목표는 통역사의 휴지에 대한 연구질문과 가설을 세우는데 필요한 휴지론에 대한 적절한 개괄을 위한 균형 잡힌 문헌검토를 하는데 있었다.

SndSampler™ 소프트웨어를 활용한 휴지에 대한 실제적 작업을 통해 나는 음성파일의 음성학적 패턴을 오실로그램(oscillogram)으로 시각화할 수 있었고 이는 학위논문을 구성하는 한 부분으로써 내가 독립적으로 완성하고 지도교수에게 보고했다. 이처럼 학생 스스로 지도교수가 전문지식이 없는 좁은 영역에 전문성을 개발하는 일은 드문 경우가 아니다. 실제로 학위논문이 지도교수가 이미 철저히 다룬 주제에 국한된다면 새로운 연구로 가치를 더할 여지가 적을 것이다. 중요한 것은 진행하는 연구에 대해 적절히 보고하고 설명하는 것이다. 학생이 지도교수에게 자신의 연구를 만족스럽게 설명하지 못한다면 분명히 뭔가가 잘못된 것이다.

따라서 휴지에 대한 나의 이론적·실제적 연구는 정평이 난 전문가에게 검토를 부탁하기 보다는 지도교수가 비판적 외부 독자로 평가해주었다. 언어학 분야 내에서도 휴지론은 연구가 제대로 이루어진 영역이라기보다는 전문성이 있는 틈새로 보인다. 휴지의 인식론적 지위가 어떻든 간에 휴지가 연구주제 그 자체로서 의미를 갖는 것은 아니었지만 휴지의 관점에서 통역을 바라본다는 점에서 휴지 연구는 학위논문에 중요한 부분이었다. 따라서 휴지를 연구하는 것은 지도교수나 나에게 문제가 되지 않았다.

학위논문에서 휴지론과 통역이 각각 차지하는 비중이 전자로 무게가 기울었다면 심리언어학이나 인지과학 분야 전문가의 지도를 받는 것이 상식적이었을 것이다. 그랬다면 지도교수는 통역에 대한 문헌에 대해 의견을 제시하지 못했을 것이다. 이론적으로 보면 가장 이상적인 학제간 연구 방법은 통역 전문가와 휴지론 연구자와 모두 일하는 것이다. 이러한 조합을 이루어내기 위해서는 상당한 운 혹은 인내심이 요구된다는 점을 제외하더라도 학생의 입장에서는 이런 방법이 이론적으로 생각하는 것보다 실제로 만족스럽지 못할 가능성이 있다. 두 전문가의 우선순위를 조율하는 것이 예상보다 어려울 수 있는 것이다.

그르노블에서 나는 통역에 대한 전문지식이 없는 지도교수와 DEA 과정 논문을 준비한 경험이 있었다. 그 결과로 나온 졸업논문(*mémoire*)에 오류와 한계가 있지만 그것을 두고 통역사가 아닌 교수와 협력하는 것 자체의 수용성에 회의를 갖는 것은 아니다. 나의 논문에 대해 갖고 있는 회의감은 되돌아 봤을 때 적절히 계획하고 수정하는데 필요한 충분한 시간을 갖지 못했다는 인식에서 비롯된다. 통역사가 아닌 교수와 협업하는 것은 분명 성공적일 수 있지만 연구의 실질적 설계에 사용될 통역학의 내용(모집단, 표본, 분석의 종류 등)에 대해서 지도교수에게 명확히 알려줘야 하는 책임은 학생에게 있다.

7. 친구들로부터 약간의 도움 받기

포를리와 트리에스테의 학생들은 연구 대상으로 흔쾌히 참여해주는 열성을 보였다. 전문 통역사 동료들은 학생과 같은 정도로 흔쾌히 연구에 임해줄 것으로 기대하지 않았지만 동료들은 실제로 도움을 주었고 협조적이었다. 물리적인 거리 등의 문제로 일부 통역사의 참여는 불가능했으며 연구에 참여할 의사가 있는 잠재적 섭외 대상의 수가 제한되었지만 내가 참여를 부탁한 이들은 거의 어김없이 기쁘게 수락해줬다.

참여할 의지가 있었던데는 두 가지 가능한 이유가 있다. 주된 이유는 연구 참여가 많은 시간을 요구하지 않았고 불편함을 감수할 필요가 없었기 때문이다. 연구에 참여한 15명의 통역사 중 7명은 동료 교강사로 학교에서 쉬는 시간을 이용해 녹음하고 면담에 임했다. 남은 8명 중에서 3명은 포를리에 살아 교통체증 때문에 혹은 기차를 타고 학교까지 오느라 시간을 허비할 필요가 없었다. 또 3명의 경우에는 내가 가정 방문을 했다. 또 다른 동료는 나와 파트너로 짧은 동시통역 일을 함께 마치고 그 후에 참여해줬다. 마지막 사람은 나와 일면식도 없었지만 전화 통화로 학교에서 만날 약속을 기꺼이 잡아줬다(이 사람은 실험에 이미 참여했던 다른 통역사의 친구였다).

동료들의 불편함을 최소화하고 멀리 이동할 필요가 없게끔 함으로써 연구 참여를 주저하는 사람은 단 한 명도 없었다. 여건이 허락했다면 더 많은 사람들의 집을 직접 방문하고 싶었지만 많은 경우에는 전문적인 업무와 가정 생활 때문에 내가 여가 생활을 과도하게 침해하지 않으면서 가정 방문을 할 수 있는 방법이 없었다. 가정 방문을 통해 수집할 수 있는 자료의 범위 역시 연구에 따라 다르다. 설문지와 면담의 경우에 이런 방법은 충분히 수용 가능하다. 그뿐만 아니라 내 연구와 같은 순차통역 관련 연구를 진행하기에도 통역사의 집은 여느 환경과 동일하다. 반면에 동시통역을 녹음해야 하는 경우라면 부스 안에서 수집해야 하는 경우가 많을 것이다(예를 들어 더블 트랙 녹음, 릴레이 통역에 대한 연구 등). 그러나 일부 경우에는 동시통역조차도 비교적 조용한 환경에서 두 개의 녹음기를 놓고 만족스러운 수준으로 녹음할 수 있다.

통역사 섭외를 용이하게 했던 두 번째 요인은 몇몇 전문 통역사들이 동료 교강사이거나 이전에 내게 배웠던 학생들이라는 점이다. 따라서 연구에 대한 나의 관심에 동조해준 것이다(아니면 거절하는 것이 야박해 보인다고 생각했을지도 모른다!).

참가자 한 두 명은 실험을 앞두고 약간 떨렸다고 인정했다(특히 내가 참가자의 영어를 '평가'할지도 모른다는 생각에 걱정했다고 한다). 이와 같은 불안감을 이야기했든 하지 않았든 간에 나는 통역에 대한 품질평가를 하거나 '상위 10개의 통역'을 선정하려는 게 아니며 논문에도 모든 참가자가 익명으로 처리된다는 점을 구체적으로 전달하는데 주의를 기울였다.

동료 통역사들은 통역 중의 머뭇거림에 대해서 허심탄회하고 충분하게 이야기해줬다. 또 대부분은 녹음과 면담을 모두 마치고 내 연구에 대한 설명을 듣고 싶어했다. 학문적 연고나 이해관계가 전혀 없는 한 노련한 통역사는 면담이 다 끝난 후에 통역사가 무엇을 왜 말하는지에 대해 연구를 할 만큼 한 학계가 이제는 통역사가 아무런 말을 하지 않을 때 무슨 일이 벌어지는지를 탐구하면서 연구의 동력을 유지하는 것 같다는 의견을 전했다. 적대감이 아니라 유머 섞인 질책으로 전한 의견이었으며 나 또한 그렇게 받아들였다.

8. 다른 능력 동원하기: 언어와 통계의 문제

학위논문의 준비 과정에서 드러난 또 다른 도전은 외국어로 집필하고 통계를 조금 배워야 할 필요–혹은 관점에 따라서는 기회–가 있었다는 점이다. 통역학 박사학위논문이 탄력을 받기 시작하면 이 두 가지 문제는 통역학 분야에 기여하고 싶어하는 연구자들에게 중요도가 더욱 커지리라 본다.

통역을 연구하는 학자들 사이에서는 자신의 모국어가 아닌 언어로 출판물을 내는 것은 전혀 생소한 일이 아니다. 국제적 차원의 학술적 협력과 교류가 많아지면서 향후 몇 년 안으로 외국어를 매개로 한 연구는 통역학 연구자들에게 일상적인 경험이 될 수도 있다. 일부 국가의 연구 기회 부족이나 해외 저명 학자 밑에서 연구하고픈 바람은 외국에서 대학원 공부를 시작하려 하는 동기가 되기도 한다. 의학과 같은 학문분야에서는 오래 전부터 이런 상황이었다.

일관된 과학적·학술적 추론을 외국어로 표현하는 경험은 과소평가해서는 안 되는 도전이지만 해당 외국어에 대한 구사능력을 끊임없이 연마하도록 하는 훌륭한 유인책이 된다. 여기에는 해당 외국어로 학술적 글쓰기의 관행에 민감해지는 것도 포함되며 이는 다독과 꾸준한 글쓰기 연습으로 터득할 수 있다. 박사학위논문의 각 장을 어학 시험 에세이처럼 교정하는 일은 지도교수의 역할은 아니지만 글쓰기에 대한 어느 정도의 피드백은 기대할 수 있다. 학위논문의 내용이 실질적으로 결정된 후에는 원고 전체를 학술적 글쓰기의 경험이 있는 원어민에게 읽도록 하는 것이 좋다. 초기 원고에서 발견되는 소소한 형식적 결점에 대해 지나치게 걱정할 필요는 없지만 계속해서 표현력이 부족하다면 지도교수에게는 피로감이 쌓일 수 있고 내용의 품질이 가려져 빛을 발하지 못할 수 있다. 따라서 사전에 자신의 언어적 능력이 충분한 수준인지 확인하는 것이 합리적일 것이다. 또 외국어로 글을 쓰는 것에 장점도 있는데, 화려한 표현 그 자체를 위해 미사여구를 쓰고 싶은 유혹이 생길 여지는 분명히 적을 것이다. 또한 언어에 따라서 구체적 방법으로 각기 다른 장점을 가질 수 있다. 개인적으로 프랑스어로 글을 쓰면 곁가지를 없애야 한다고 계속 상기하기 때문에 명확한 표현이 가능하다는 장점이 있다(나의 모국어인 영어로 작문을 할 때면 여담으로 빠질 유혹이 더욱 강하다). 이와 유사하게 영어의 기본 구문이 갖는 간결함 덕분에 원어민이 아닌 사람들이 사실과 개념을 분명하고 복잡하지 않은 방식으로 표현할 수 있다고 보는 이들도 있을 것이다.

통계에 대해 살펴보자면 간단하고 실질적인 토대의 연구는 특별한 데이터의 처리를 요구하지 않는다고 여길 수 있다. 나의 연구가 단적인 예가 될텐데 자료라고는 각 연구대상마다 수집한 두 개의 순차통역(하나는 영어, 하나는 이탈리아어)뿐인 복잡하지 않은 연구다. 통역의 대상이 된 원문은 모든 실험대상에게 동일하게 주어졌다. 휴지 측정을 위한 정확한 시스템이 필요하기는 했지만 복잡한 실험 설계에 기초한 연구는 아니었다.

동시에 연구에서 비롯된 데이터의 양은 엄청났다. 약 5분 분량씩 되는 90개의 순차통역에서 휴지의 최소 빈도는 1분당 15개 정도였다. 많은 경우에는 그보다 훨씬 많았다. 1분당 휴지의 지속시간, 휴지의 지속시간 중 각 휴지 길이 별 비중, 그리고 휴지의 이유에 대한 통역사들의 설명 등에 대한 데이터가 있었다. 당초에는 나는 이런 데이터에 대한 통계분석을 하지 않겠다고 생각했고 지도교수 역시 이를 고집하지 않으셨다. 그렇지만 지도교수는 포를리에 있는 통계 전문가를 만나보면 나의 생각이 달라질 수도 있으니 만나볼 것을 제안하셨다. 다행히도 나는 통계 기법에 정통한 한 동료로부터 도움을 받을 수 있었다.

논문을 완성하는 과정에서 이 부분은 여러 교훈을 남겼다. 내가 배운 교훈 중 하나는 적합한 데이터 처리 소프트웨어를 갖춘 상황에서도 통계 분석은 내가 상상한 것보다 훨씬 더 오랜 시간이 걸릴 수 있다는 것이다. 나는 내 연구에 대한 대략의 설명을 들으면 나의 동료가 가장 적합한 통계분석 기법을 선택하고 무슨 수를 써서라도 내 데이터 내에서 분명히 드러난 추이를 규명해줄 것이라고 믿었다. 실제로 그 친구는 내가 기대했던 것보다 연구에 대해서 훨씬 더 많은 내용을 알고 싶어했다. 비록 눈에 보이는 추이로 모든 것을 축소시켜주는 내 머릿속 통계학자의 캐리커처에 부응하지는 않았지만 그가 많은 질문을 한 이유는 내가 정한 데이터의 항목을 행렬에 변수로 나타내기 위한 것이었다. 나의 단순한 연구에서 나온 행렬는 복잡하지 않았다. 복잡하지 않은 연구에 대해 내가 많은 설명을 하지 않았음에도 불구하고 나의 동료가 데이터를 가장 잘 보여줄 수 있는 행렬을 떠올리고 시각화했다는 사실이 놀랍고 흥미로웠다.

내 연구 방법론은 단순했고 여러 종류의 가용한 정보를 생산해냈다(휴지의 빈도와 길이, 휴지의 이유에 대한 실험대상의 설명). 따라서 연구의 근거와 데이터에 대한 나의 설명만으로도 데이터 수집 후에 통계적 검정이 가능했다. 세련된 실험 연구라면 이러한 접근방법은 용인되지 않으며 연구를 설계하는 단계부터 통계 전문가의 자문을 받아야 할 것이다(연구대상의 수, 변수, 비교, 설문지 등). 처음부터 통계적 분석이 필요할 줄 알면서 통계 전문가의 의견을 묻지 않고 실험연구를 무턱대고 시작하는 일은 무모하다. 나의 경우에는 지도교수와 사전에 연구 방법론에 대해 합의를 했고, 따라서 지도교수는 데이터에 대한 통계분석의 필요성을 사전에 인지하고 있었다. 하지만 모든 지도교수가 통계에 대해 알고 있으리라고 기대해서는 안 된다. 실제로 통역학 분야처럼 소속 학자 상당수가 과학적 연구의 훈련을 받지 않은 경우에는 그렇다. 이런 경우에는 의미 있는 통계분석을 하기에는 연구설계가 적합하지 않다는 사실을 뒤늦게 깨닫는 것보다 맨 처음부터 통계적 문제에 대해 의견을 받는 것이 특히 중요하다.

데이터 수집을 마친 후에야 통계 전문가와 상의하는 연구자는 의미 있는 분석을 하기에는 너무 적은 수의 연구대상을 녹음했다는 사실을 알게 될지 모른다. 게다가 연구자는 통계 전문가와 사전에 연구 설계에 합의하는 것의 유용성을 알지 못하고 여러 가지의 비교 방식 중에서 내린 직감적 선택이 가져올 통계적 영향에 막상 놀랄지 모른다. 예를 들어 10명의 통역사가 즉흥연설과 낭독연설을 통역한 결과물을 서로 비교하는 것과 10명의 통역사가 통역한 즉흥연설과 또 다른 10명이 통역한 낭독연설을 서로 비교하는 것은 통계적으로 같지 않다. 두 번째 경우에 두 배로 많은 연구 참여자가 필요하다는 확연한 차이 외에도 피험자내(intrasubejct) 비교 및 피험자간(intersubject) 비교 간의 차이로 인해서 적용할 수 있는 통계적 검정도 다르다는 점을 고려해야 한다. 연구를 시작하기 전에 이를 인식하지 못하는 연구자는 실험을 마친 후

통계 전문가로부터 비교하고자 하는 것을 보기에는 실험 설계가 적합하지 않아 특정 검정은 진행하기 어렵다는 반갑지 않은 통보를 받고 놀라고 말 것이다.

며칠 밤에 걸쳐 통계 전문가와 함께 데이터를 들여다보면서 얻은 흥미로운 수확은 앞으로 진행하는 프로젝트에도 함께 작업하기로 계획을 세운 것이다. 그는 내 연구에서 생성된 데이터를 가지고 연구하기가 흥미로울 것이라고 생각했고 나는 통계학자의 도움을 받았을 때 얼마나 효과적으로 데이터를 검사하고 제시할 수 있는지 배울 수 있는 기회를 갖게 되었다. 추리통계는 무조건 적합한 선택은 아니지만 평균과 범위만으로 특정 사건을 대표하기 어려울 경우에는 큰 도움이 될 수 있다.

9. 시간과 비용 고려하기

박사연구를 시작할까 검토할 때 고려해야 하는 중요한 변수는 시간과 비용이다.

박사과정을 시작하기 전에 가늠하기 어려운 시간 요건은 두 가지 관점에서 고려해야 한다. 첫째, 박사학위를 취득하는데는 몇 년이라는 시간이 소요된다는 점을 피할 수 없다. 둘째, 저녁 시간과 주말, 휴일 등에 정작 얼마나 많은 시간이 걸릴지는 실제로 닥치기 전까지는 제대로 알 수 없다.

내 경우 박사 공부를 시작하기로 한 애초의 결정은 전적으로 내가 내린 것이었고 연구 프로젝트를 시작하는 순간부터 전념하겠다는 의지가 강했다. DEA 과정 초기에 대부분의 시간은 강의, 세미나, 과제 등에 할애되어 꾸준하고 여유 있게 공부할 기회가 부족한 것은 문제가 되지 않았다. 따라서 그르노블 2년차가 되면 졸업논문(mémoire)을 준비할 시간이 충분할 것으로 생각하고 안심했다. 하지만 정작 논문 작업에 본격적으로 돌입하자 분명히 정의되고 상대적으로 소소한 과제를 조율해야 하는 1년 차의 업무에 비해 소규모 연구 프로젝트를 준비하고 실행하는 것이 훨씬 부담스럽다는 것을 확인할 수 있었다.

연구를 준비하고 비교적 지속적으로 노력을 유지하는 것은 의지의 문제만이 아니라는 점을 알게 되면서 효율적인 시간 관리는 갈수록 중요해졌다. 파트타임으로 연구를 진행한다는 것은 말 그대로 한정된 시간을 최대한 활용해야 한다는 점을 전제한다. 기존의 개인적 혹은 전문적 책임을 한편으로 제쳐두거나 가벼이 처리할 수는 없다. 통역 현장으로부터의 '안식년'이 길어질수록 수입은 줄고 전문가 네트워크에서 스스로 소외될 뿐만 아니라 통역사의 활개를 펴게 하는 압박을 받으며 통역 연습할 기회를 잃게 된다. 이런 방면에서는 느슨해지지 않겠노라고 결심한 나는 늘상 하던 통역 업무는 유지하고픈 마음이 간절했다. 그럼에도 불구하고 때로는 연구가 그 외의 다른 모든 일을 제쳐두게 한다는 비르기트 스트롤츠(Birgit Strolz)의 설명처럼(스트롤츠, 1995) 나의 경험도 크게 다르지 않았다.

연구와 다른 일 간의 때로는 위태로운 균형을 유지하지 위해 부단히 애쓴 결과 DEA 졸업논문은 몰아서 썼다 쉬었다를 반복하는 식으로 진행되었다. 그 이후 박사학위논문도 비슷한 상황이었다. 파트타임으로 연구를 진행할 때는 지도교수와 현실적 데드라인에 합의할 때조차 상당한 조율을 해야 한다는 점은 피할 수 없는 듯하다. 연구를 처음 시작할 때는 전체 연구의 일부, 예컨대 문헌연구나 데이터 분석 등을 한 달 내로 준비하겠다고 약속하는 것이 현실적으로 보일 수 있다. 하지만 짧은 기간 몰아 쓰는 방식으로 논문을 진행하면서 연구결과는 책상 머리에서 몇 시간을 보냈는지에만 달려있지 않다는 것을 배웠다. 다른 모든 조건이 동일하다면 다른 약속과 약속 사이에 한 두 시간 짬을 내거나 밤늦게 공부하기보다 규칙적이고 일관된 시간에 나눠서 공부해야 집중적이고 생산적인 연구가 가능하다. 가끔 주어지는 자유시간에 참고문헌을 많이 읽을 수는 있어도 데이터 분석이나 논의를 풀어서 쓰는 일은 지속적이고 일관된 추론을 필요로 한다. 이런 작업을 수 많은 짧은 세션으로 나누어 진행하려 한다면 일을 중단했다가 다시 시작하기를 반복해야 한다. 일이 어느 정도 탄력을 받았는데 중단했다가 다시 하려면 매번 가속도가 붙을 때까지 시간을 새로 들여야 한다.

시간 할애는 효율적 연구를 결정 짓는 유일한 변수가 아니다. 문헌조사 같은 작업은 참고문헌을 필요로 하기 때문에 기차에서 내지는 분주한 통역 부스에서 잠깐 틈이 났을 때 하는 것보다는 집이나 도서관에서 하는 게 쉽다. 여덟 시간의 공부를 통근하거나 일하는 중간에 쪼개서 다양한 시간대에 진행하는 것은 자료가 충분히 갖춰진 도서관에서 하루를 온전히 보내는 것만큼 효과적일 리 없다. 물론 노트북 컴퓨터(아니면 심지어 저장 장치의 파일)는 떠돌이 연구자가 논문을 집필하거나 편집하는 데 있어서 일정 정도의 영속적은 유지할 수 있도록 도울 수 있다. 그럼에도 불구하고 연구 노력을 지속하기에는 1년 중 얼마 안 되는 기간이지만 평소의 업무에서 잠시 떠날 수 있는 기간이 최고의 시간인 것을 확인했다.

박사과정 연구에 대해서 간과할 수 없는 또 다른 측면은 소요되는 비용이다. 프랑스 대학교의 학비는 여전히 합리적인 수준이지만 타 국가에서는 훨씬 높을 수 있다. 더욱이 지도교수를 만나거나 강의와 세미나에 참석하면서 여행경비와 숙박료를 지출해야 하는 경우도 있고 이러한 약속이 통역업무와 충돌했을 때는 일을 하지 못한 기회비용도 발생하게 된다. 지출이 생길 수 있는 또 다른 부분은 음성분석 혹은 통계처리 등 특수목적을 위한 소프트웨어 구매이다. 이런 관점에서 보면 오실로그램(oscillogram) 생성을 위해 사용한 패키지는 의외로 저렴했지만 해당 프로그램을 돌리기 위해 컴퓨터를 구입해야 했다. 어떤 하드웨어를 사용해야 하든, 데이터 처리와 같은 작업을 가능하게 하는 프로그램은 일반적으로 고가이다.

따라서 박사학위는 일반적으로 생각하는 것보다 많은 재정적 부담으로 다가올 수 있다. 특히 지원금을 받지 않는 학생에게는 더 큰 부담일 것이다. 그렇기 때문에 사전에 예상 가능한 지출을 계산해보고 학교 자원을 활용함으로써 상쇄할 수 있는 비용은 없는지 확인해보라고 권하고 싶다. 예를 들어, 파트타임 연구를 하는 교강사는 개인적 비용을 들일 필요 없이 녹음장비, 컴퓨터, 학술지 등을 빈번하게 사용할 수 있을 것이다. 또 개인 사업자로 활동하는 동료라면 세무사를 통해대학 등록금 혹은 연구 목적을 위해 지출된 출장비와 숙박비 등에 대한 공제를 받을 수 있는지 확인해보는 것이 좋다. 개인 지출에 대한 절세 폭은 크지 않게 느껴질 수 있지만 몇 년에 걸친 누적효과를 생각하면 무시하지 못한다.

10. (박사과정의) 경험을 장점으로 승화하기

박사과정을 시작하고 싶은 이유 중 하나는 졸업논문의 지도에 참여하고자 했기 때문이다. 대개 연구 프로젝트를 토대로 졸업논문은 이탈리아 대학교 시스템에서 학부 졸업반 학생들이 졸업을 위해 충족해야 하는 조건이다. 몇 편의 논문에 참여할 기회가 주어지면서 나는 학생으로서 새로운 경험을 할 수 있었다.

제출된 졸업논문 중에는 상당히 수준이 높고 독립적 연구를 진행할 충분한 역량을 반영하는 연구 프로젝트들도 있다. 하지만 대부분의 경우 학생은 처음 연구주제를 선정하고 참고문헌을 찾는데 많은 지도를 필요로 한다. 그러한 조언을 해주기 위해서 관련 문헌을 충분히 찾아보는 것도 즐거운 일이었지만 박사학위논문 작업을 직접 하면서 자료를 적극적으로 찾아볼 더욱 큰 동기가 생겼다. 더 중요하게는 내 연구를 계획하고 준비하면서 그때 그때 맞닥뜨린 어려움들은 학생들이 프로젝트를 진행하면서 마주할 어려움을 이해하는데 도움이 되었다. 졸업논문을 완성하는데 보통 1년이 소요되기 때문에 연구주제를 선정하기 위해서 자료를 읽는 데는 한계가 있다. 또한 학생 스스로 주제를 정하도록 무방비로 둔다면 통역학 연구에 의욕을 잃기 쉽다. 특히 용어학(terminology)과 같은 '경쟁' 분야는 비교적 표준화된 형식에 맞춰 연구가 진행되어 1년 내로 높은 수준의 연구 프로젝트를 마칠 수 있는 상황을 감안하면 더욱 좌절하기 쉽다. 따라서 학교 측에서 통역학 연구논문이 꾸준히 나오기를 바란다면 연구주제를 기꺼이 제안할 수 있어야 한다. 박사학위논문 작업을 한 경험 덕분에 나는 학생들과 연구 프로젝트의 주제, 규모, 기한 등을 보다 잘 협의할 수 있는 역량을 갖추게 되었다.

나의 박사연구에 실험대상으로 참여했던 학생 일부는 나의 방법론과 연구결과에 대해 듣고 싶어 했다. 그 중에서 두 명은 내가 구축한 코퍼스에 포함된 몇 개의 음성파일을 대상으로 (물론 관련 통역사들의 사전 동의를 얻고) 연구를 시작하고 있다. 그 두 학생이 연구하는 주제는 내 연구와도 거리가 멀 뿐만 아니라 동원하는 방법론과 접근방법 또한 다르다. 다른 관점에서 데이터를 분석할 수 있도록 녹음자료를 모은다는 것은 음성파일을 수집하기 위해 들이는 노력을 공유할 수 있다는 것을 의미하기도 한다. 내 녹음파일을 사용하는 학생들은 현장연구 경험이 없다고 지적할 수 있겠다. 하지만 내 연구에 실험대상으로 참여했을 뿐만 아니라 그 전에 실시한 예비조사 때도 녹음에 응해준 것을 감안한다면 관련 자료를 가지고 연구할 수 있도록 한 결정은 충분히 정당화된다고 본다. 이런 상황을 통해 학생들은 공동 연구 노력을 경험하게 되고 지도교수와 폭넓게 협력하는 경험도 하게 된다.

내 데이터 통계에 상당한 시간을 할애해줬던 동료는 이제 졸업논문 프로젝트에 방법론상의 지원을 해주기 시작했다. 그의 의견은 통계분석뿐만 아니라 연구설계와 설문지 제작에도 특별히 중요한 역할을 한다. 향후 통역연구에도 계속 공동 작업을 하게 된다는 기대감이 크다. 동시에 책임감도 느끼는 것은 통역 관련 연구 프로젝트를 추진하는 학생들은 원칙적으로 조리 정연한 지도와 비판에 대한 열망이 있기 때문이다. 이러한 기대감을 충족하려면 시간, 심사숙고, 지속적인 상호작용이 요구된다.

박사학위에 관심이 있는 동료 통역사가 있다면 시작 시기를 너무 늦추지 말라고 조언하고 싶지만 충분한 경력을 쌓은 상태에서 박사과정 연구를 시작해도 보상이 크다고 생각한다. 파트타임으로 박사과정을 진행하는 몇 년 동안 가정과 전문가로서의 업무를 완전히 제쳐놓을 수 없기 때문에 시간적 압박은 분명 큰 어려움 중 하나이다. 동시에 대학원을 졸업한지 불과 1-2년 되는 통역사가 연구 프로젝트에 참여할 충분한 학생 및 전문가 샘플을 쉽게 확보할 가능성은 낮다. 이런 관점에서 본다면 수년에 걸쳐 구축한 전문가 네트워크 및 친분관계는 연구를 진행하는데 있어서 크나큰 장점일 것이다. 현장 데이터를 수집하면서 나는 학생 및 동료 통역사들과 몇 시간에 걸친 대화를 할 수 있었고 적절한 단어를 찾거나 알아보기 어려운 노트를 해독할 때 느끼는 어려움에 대한 이들의 의견은 무척 중요한 정보가 되었다(대개 유쾌한 어조로 자책을 하며 말했다).

박사학위논문을 빨리 마치고 싶은 간절한 마음도 있지만, 다른 한편으로는 논문을 끝낸 후 박사연구처럼 처음부터 온전히 나만의 프로젝트에 꾸준히 공 들일 기회가 별로 없다는 사실을 안다. 그렇기 때문에 박사연구가 통상 '자유'시간을 상당히 침해한다는 점을 간과할 수 없지만 다른 동료들도 연구에 동참해서 직접 경험해보기를 적극 권하고 싶다.

Basel, E. 1997. "Research-Based Teaching". *The Jerome Quarterly* 12(2): 8-9.

Gambetti, M. and Mead, P. 1998. "The Aarhus Seminar on Interpreting Research". The Interpreters' Newsletter 8: 169-180.

Gile, D. 1998. "Observational Studies and Experimental Studies in the Investigation of Conference Interpreting". *Target* 10(1): 69-93.

Goffman, E. 1981. Forms of Talk. Philadelphia: University of Pennsylvania Press.

Mead, P. 1996."Action and Interaction in Interpreting". The Interpreters' Newsletter 7: 19-30.

Mead, P. 1997. *Évaluation du débit en langue maternelle chez des étudiants italophones suivant un cursus d'Interprétation de Conférence: comparaison d'un discours improvisé et d'une interprétation consécutive.* Mémoire de DEA. Université Stendhal-Grenoble 3.

Pöchhacker, F. 1999. "Teaching Practices in Simultaneous Interpreting". *The Interpreters' Newsletter* 9: 157-176.

Strolz, B. 1995. "Une Approche Asymptotique de la Recherche sur l'Interpretation". *Target* 7(1): 65-74.

초보 연구자가 경험한 통역학 연구의 어려움

박사학위논문 프로젝트의 발전 과정에 대한 수기

프리델 듀스라프(Friedel Dubslaff)
오르후스경영대학, 덴마크

1. 들어가기

본 고를 통해 통역학 연구에 첫 발을 들인 연구자들이 박사학위논문을 작성하는 과정에서 만나게 되는 어려움에 대해 논의하고자 한다. 초보 연구자가 경험하는 모든 문제를 빠짐 없이 적시하는 것이 글의 목적은 아니다. 오히려 나의 개인적 경험을 토대로 이야기를 풀어나가고자 한다. 왜냐하면 학위논문을 작성하는 과정에서 내가 직접 경험한 몇 가지 문제가 통역학 연구를 하는 초보 연구자들의 보편적 상황을 예증한다고 보기 때문이다. 따라서 본 고는 개인적 견해를 담은 글이지만 좌절감을 유발하는 몇 가지 공통 원인을 독자들에게 일깨워주는 역할을 하기를 바란다.

하지만 문제의 영역에 대해 상세히 논하기 전에 간략히 나의 개인적 배경에 대해 설명할 필요가 있다. 상대적으로 많은 문제에 직면했던 이유 중에는 불충분한 배경 지식이 포함되었기 때문이다(불충분한 배경 지식과 연구 훈련의 역할에 대해서는 본 권의 게르지미쉬-아보가스트 및 질이 설명하고 있다).

학술적 글쓰기에 대한 사전 경험이라고는 1970년 함부르크대학교(University of Hamburg)의 졸업요건으로 작성했던 독일 소설가의 작품에 대한 석사학위가 전부였다. 1960년대의 독일 대학교에서 언어학을 공부한다는 것은 많은 경우 사실 문학 공부를 의미했다. 함부르크의 한 중고등학교에서 독일어를 몇 년 간 가르친 나는(영어도 조금 가르쳤다), 어느샌가 덴마크의 오르후스경영대학에서 파트타임 강사로 일하면서 외국어로서의 독일어를 가르치고, 독일 사회문화에 대한 강의를 하고, 통역교육을 하고 있었다. 내게 통역을 가르치는 일은 완전히 새로운 경험이었고 모국어가 덴마크어이면서 당시 활동 중이던 동료와 긴밀히 협력한 것 외에도 나는 기본적인 정보가 담긴 자료와 통역 교육에 대한 문헌을 섭렵했다. 그러자 더 많이 배우고 싶은 마음이 생겼다. 덴마크어 통역사 동료는 연구에 관심이 없었기 때문에 내가 통역분야에 관심을 갖게 되었던 가장 큰 계기는 하이델베르크대학교(University of Heidelberg)의 통번역연구소에서 들었던 헬라 키르히호프(Hella Kirchhoff)와 같은 분들의 인상적인 초청 강연이었다. 1980년대 후반이 되자 오르후스경영대학의 현대언어학부는 통역을 학교의 연구 영역에 공식적으로 포함시켰다. 1990년에는 통역 연구 프로젝트에 대한 박사과정 지원금을 신청할 기회가 생겼고 나는 덴마크에서 이런 지원금의 첫 수혜자 중 하나였다.

2. 문제의 영역

아래에서는 문제의 영역을 '시간 순서대로', 즉, 연구 프로젝트를 진행할 때 따르는 주요 단계에 맞춰서 논의를 하겠다. 하지만 내 연구를 포함한 모든 연구가 정해진 순서를 따라 진행되지 않기 때문에 2.1절부터

2.8절까지의 단계에 대한 설명은 통상적인 순서에서 다소 벗어난다. 가장 큰 차이라면 내 경우에는 데이터 수집을 완료한 후에야 비로소 최종 프로젝트의 주제를 잡았다는 점이다. 다시 말해, 나의 박사학위논문(듀스라프, 1996)은 박사과정 지원금을 신청했던 1990년 당시에 개괄했던 프로젝트와 상당 부분 다르다. 당시에 나는 독일어에서 통사적으로 비대칭적 언어로의 동시통역에서 대용형(代用形, pro-form)을 통한 대용어 참조(anaphoric reference)를 주제로 학위논문을 쓰게 될 줄 몰랐던 것이다(*대용형*에 대한 설명을 보려면 아래 2.4절 참고).

2.1 논문지도

논문의 지도를 맡아줄 교수진 중에 통역을 연구하는 분은 없었다. 내 지도교수의 연구분야는 문법과 번역학이었다. 통역학이 번역학에 비해 여전히 신생학문이기 때문에 오늘날에도 이와 같은 배합은 쉽게 찾아볼 수 있다.

논문 지도교수가 통역 전문가가 아닌 것 자체는 절대로 문제가 되지 않는다. 간단한 연구 프로젝트를 논의하면서 질이 지적한대로(1990, p.230) 경험 있는 연구자라면 그의 연구분야가 어떻든 간에 초보 연구자가 "일반 상식과 논리에서 방법론적으로 벗어나는 일"을 피할 수 있도록 도움을 줄 수 있다. 이는 보다 규모가 큰 프로젝트를 진행하려는 신진 연구자에게도 무척 유용한 피드백이다. 나는 운 좋게도 이런 종류의 피드백을 충분히 받을 수 있었다.

하지만 내 연구 프로젝트의 설계에 대한 피드백은 받지 못했다. 몇 년간 통역을 가르친 경력이 있었기 때문에 지도교수는 나를 통역분야 전문가로 여겼고 내게는 원하는 것을 원하는 방법대로 진행할 수 있는 완전한 자유가 주어졌다. 강의를 하면서 나는 독일어와 덴마크어 간의 통사적 차이에 관심을 갖게 되었고 내가 정한 박사 연구의 목적은 독일어에서 덴마크어로 동시통역이 이루어졌을 때 그러한 차이가 도착 텍스트에 어떤 영향을 미칠지 조사하는데 있었다. 나의 계획은 기능적 문장 투시법(FSP, Functional Sentence Perspective)을 준거틀(frame of reference)로 사용해 출발 텍스트와 목표 텍스트의 정보구조를 비교할 계획이었다(FSP는 문장의 주제(theme)-평언(rheme) 혹은 주제(topic)-논평(comment) 구조를 설명하기 위해 프라하 학파에서 만들어낸 개념이다). 통사적 차이로 인해 출발 텍스트의 정보구조가 바뀔 것이고 결국 도착 텍스트의 오역으로 이어질 수 있다고 추정했다. 번역 수업을 수강하는 학생들의 도착 텍스트에서 주제-논평 구조상의 오류는 흔하고 나의 지도교수님은 강의 시간에 이러한 측면의 중요성을 강조하고는 하셨다. 그렇기 때문에 내 프로젝트에 당연히 찬성하셨다. 게다가 내 연구계획이 통역을 대상으로 한 프로젝트에 적용 가능한지 결정할 능력이 내게 있다고 믿으셨다. 그리하여 나는 FSP에 대한 문헌을 읽기 시작했고 출발 텍스트로 사용할 수 있는 자료 중에서 특수한 독일어 어순이 들어간 흥미로운 문장이 포함된 것을 모아두기 시작했다. 또한 출발 텍스트 예문의 주제-논평 요소에 대한 정교한 전사체계(에롬스(Eroms), 1986)를 적용해 보려는 시도를 했다.

하지만 지도교수의 승인은 결국 연구 진행의 발목을 잡았다. 연구 프로젝트가 결국 통역연구에 별다른 도움을 주지 못할 것이라는 점을 깨달았을 때는 이미 수 개월 동안 작업을 한 후였다. 그러나 정보구조에 대한 연구를 버리기로 최종 결정을 내리기 전에 나는 외부 통역 연구자와 현장 전문가에게 조언을 구했다. 이들은 의미 있는 프로젝트가 아닐 것이라는 나의 의구심을 확인해줬고 결국 나는 다른 프로젝트를 찾아보기로 했다(프로젝트를 포기하게 된 이유에 대한 상세한 설명을 보려면 2.5절 참고).

이런 경험을 통해 통역 전문가가 아닌 연구자를 위한 질의 조언(1991, p. 171-172)에 합당한 이유가 있다는 것을 확인할 수 있었다. 즉, 통역에 대한 연구 설계를 결정하기 전에 실무 경험이 있는 통역사의 자문을 구하라는 것이다.

2.2 연구주제 선정

정보구조와 FSP에 대한 연구를 포기한 다음에는 연구를 어떻게 진행해야 할지에 대한 대안이 즉각 떠오르지 않아서 주변의 조언을 받기로 했다. 그 중에 하나는 번역과 통역, 즉, 번역, 순차통역과 동시통역을 모두 아우르는 종합적 통합 모델(comprehensive integrated model)을 개발하는 것이었다. 이 세 가지 번역 방식의 공통분모로 번역단위(units of translation)의 개념을 사용하겠다는 생각이었다. 동시통역에 대한 키르히호프(1976)의 논문을 읽었던 나는 키르히호프가 제시한 동시통역의 기능단위(functional unit)에 대한 개념을 알고 있었다. 이는 유연한 번역단위의 일종으로 단위의 최대 크기는 작업기억(working memory)의 용량을 포함한 몇 가지 기준에 따라 결정된다. 나는 순차통역과 번역에도 기능단위를 규명해보는 것에 흥미를 느끼게 되었고 온갖 종류의 언어처리단위에 대한 자료를 찾아보기 시작했다. 먼저 크링스(Krings, 1986), 쾨니히스(Königs, 1987), 뢰르셔(Lörscher, 1989), 띠엘(Thiel, 1990) 등 번역단위(*Übersetzungseinheiten*)에 대해 연구한 독일 학자의 글을 읽었고, 의미단위(*units of meaning*)에 대해 쓴 르데레르(1978), '청크(*chunk*)'에 대해 쓴 밀러(Miller, 1956), 원문분절(*input segmentation, 혹은 Satzsegmentierung*)에 대한 골드만-아이슬러(Goldman-Eisler, 1972)와 데쟁 르 페알(1980)의 논문 등을 읽었다.

이 주제에 매료되기는 했지만 이러한 종류의 이론적 연구가 내재적으로 안고 있는 문제를 해결하기에는 내가 준비가 되지 않았다는 사실이 곧 분명해졌다. 초보 연구자로서 나는 세 가지 번역 방식에 대한 연구문헌을 섭렵하지 못했다. 게다가 내 연구목적에 맞는 처리단위를 결정하려면 이해와 산출 양면에서 언어처리에 대한 방대한 참고문헌을 읽어야 했는데 그러려면 상당한 시간이 소요될 것으로 보였다. 하지만 가장 큰 이유는 이론적 연구의 기본적 문제와 관련된 것이었다. 즉, 통역과 번역을 모두 아우를 정도로 포괄적이면서 실무에서도 쓰일 수 있을 정도로 내실이 있는 번역단위의 개념을 어떻게 찾을 수 있는가, 하는 문제였다. 두 개의 극단, 즉 한편으로는 텍스트 전체를 하나의 번역단위로 보는 관점과 다른 한편으로는 동시통역에 현실적인 관점으로 절이나 문장 단위 등 작은 단위를 보는 관점 사이에서 연결고리를 찾아야 했다.

애초의 계획이 불편하게 다가온 또 다른 이유가 있었다. 통역학에 새로 입문한 외부인으로서 나는 도움을 요청할 수 있는 인적 네트워크가 없었고 따라서 세 가지 번역 방식에 맞는 데이터를 모두 수집할 자신이 없었던 것이다. 내가 구상했던 것은 이론적 연구 프로젝트였지만 내가 제안한 모델에 적용해볼 실증적 데이터가 여전히 필요했다. 그리고 마지막으로 적절한 방법론에 대한 확신이 없었다. 지금 돌이켜 보면 번역단위에 대한 실증적 데이터를 얻는 한 가지 방식으로 사고발화법(Think-Aloud-Protocol)과 회상법(retrospection)이 가능했을 것 같다. 하지만 당시 내성법(introspection)과 회상법은 비교적 새로운 데이터 수집법이었고 번역연구에만 사용되는 것으로 보여서 (적어도 나는 당시에 회상법을 통역에 적용하려는 시도는 들어본 적이 없었다) 이 도구를 나의 작업에 직접 적용하는데 주저했다.

신중한 검토를 거친 결과 나는 이 연구 프로젝트를 시작하지 않기로 했다. 여전히 번역단위의 개념은 흥미로운 동시에 생산적이라고 생각한다(관련 사례를 보려면 주(Zhu), 1999 참고). 그럼에도 불구하고 당시에 해당 프로젝트를 포기하기로 한 것은 나로서는 합당한 결정이었다. 쿠르츠(본 권)와 같은 노련한 지도교수들은 (본 권) 신진 연구자들에게 "너무 많은 일을 시도하지 말라"며 경고를 하고 질(본 권, 주제선정에 관한 논문)

은 박사과정 입학을 희망하는 이들에게 너무 야심찬 계획을 세워 새로운 이론, 모델, 법칙을 개발하겠다는 식으로 "지나치게 높은 목표를 세우지 말라"고 권고한다.

결국 나는 애초에 세웠던 계획으로 선회했다. 즉, 출발어와 도착어의 언어적 차이가 동시통역 결과물에 미치는 영향을 조사하기로 한 것이다.

2.3 연구문헌 읽기

정해진 연구 진행의 순서에 따르면 연구주제 선정 후에는 관련 문헌을 읽어야 한다. 이 단계에서 신진 연구자는 흔히 어려움을 경험하게 된다. 이때 내가 직면한 문제는 읽는 과정을 적절히 정리하지 못하고 일부 문헌을 비판적 태도로 읽지 못한 것에서 비롯되었다.

문헌을 읽는 과정에서 가장 정리가 안 되면서 심각한 문제를 야기했던 부분은 비현실적 시간 관리였다. 박사과정생으로서 나는 강의 책임도 적었고 행정적 업무도 제한적이었다. 그 때문에 나는 내 연구분야에 대한 탄탄하고 체계적인 지식을 습득하기 위해 자료를 다독할 시간이 충분히 있다는 느낌을 갖게 되었다. 수 년 간 강의를 했기 때문에 이런 시간을 마음대로 갖는다는 것은 거부하기 힘든 유혹이었다. 게다가 대부분의 참고자료를 일괄적으로 읽은 후에 집필을 하는 것이 좋다는 보수적인 생각을 갖고 있었다. 따라서 다른 연구 단계를 희생하면서 문헌을 읽는 단계가 지나치게 길어졌고 특히 막바지의 집필 단계에 충분한 시간을 들이지 못했다.

문제는 어떤 자료는 읽었는지에 있지 않고 언제, 어떻게 읽느냐에 있었다. 통역학은 학제간 분야(*interdiscipline*)이기 때문에 나는 언어학, 텍스트언어학, 통사론, 의미론, 음성이해(speech comprehension), 언어 산출(speech production), 그리고 번역학 분야의 고전을 읽기 시작했다. 모두 유용한 문헌이었고 일부는 필독 자료였다. 하지만 박사연구를 실제로 시작하기에 앞서 기초지식을 먼저 습득했더라면 더욱 좋았을 것이라고 생각한다.

막상 닥쳐보니 나는 문헌을 읽는데 너무 오랜 시간을 보냈다. 더욱이 여러 여건을 고려했을 때 방향을 잡기 위한 속독보다 정독을 하는 나의 읽기 기법은 부적절했던 것으로 드러났다. 고전자료 중에서 결국 내 연구에 직접 사용된 자료는 드 보그랑데(de Beaugrande)와 드레슬러(Dressler)의 텍스트언어학 입문(1981)뿐이었다는 점을 감안하면 더욱 그러하다(아래 2.4절 참고).

읽기 과정을 정리하는 것과 연관된 또 다른 문제는 책과 학술지가 여전히 수중에 있을 때 내가 읽은 방대한 양의 정보를 체계적으로 기록하거나 보관해두지 않았다는 점이다. 소실된 정보의 여러 가지 예로 독일어 용어 *Fremdbestimmtheit*의 어원을 들 수 있는데, 통역사가 생산하는 텍스트의 내용은 늘 타인에 의해 결정된다는 사실을 의미하는 말이다. 나는 한 단어로 된 이 정확한 용어를 사용하고 싶었지만 어디서 찾았는지 기억을 해내지 못했다. 이런 문제가 발생한 원인에는 당시 내 연구실에는 현대 컴퓨터 기술이 도입되기 전이었던 점도 한몫 했다. 데이터베이스에 나만의 주제어와 흥미로운 인용구를 페이지수와 함께 입력하고 참고문헌 목록을 만드는데 필요한 기본적인 정보와 더불어 저장해뒀더라면 부적절한 정보의 보관에서 비롯된 문제를 훨씬 쉽게 피할 수 있었을 것이다. 논문 집필과 기타 유사한 목적을 위해 메모하는 일에 대한 상세한 설명을 보려면 본 권에 소록된 첸꼬바와 (비판적 읽기에 대한) 질의 논문을 참고하라.

읽기 과정과 관련된 또 다른 종류의 문제는 문헌에 비판적으로 접근하지 않고 수용한 것이었다. 한 예로 키르히호프(1976)의 논문을 내가 어떻게 다뤘는지 들 수 있다. 해당 논문은 1980년대에 오르후스경영대학에 키르히호프가 초청 강연을 했을 당시에 특강과 연계되어 이미 읽었던 문헌이었다. 키르히호프(1976)의 논문은 동시통역의 필수요소를 기술한 10페이지의 간결한 논문이다. 필수요소로 언급된 내용으로는 단순한 단계모델(sequential model)과 그 변형 형태, 즉 나중에 활용할 목적으로 원문 텍스트의 대목을 작업기억에 일부러 저장하는 등의 특수한 전략이 소개되어 있다. 이 논문은 내가 처음으로 읽은 동시통역 관련 논문이었을 뿐만 아니라 내가 처음으로 구상했던 박사논문 프로젝트의 연구주제—즉 특정 언어조합의 어순 및 어순과 관련된 문제를 극복하기 위해 통역사들이 사용하는 특별한 통사론적 전략(키르히호프가 직접 언급한 전략 포함)—를 정하는데 영감을 줬던 자료였다. 내가 연구를 시작했던 1990년에 키르히호프(1976)의 연구는 분명 가장 최신 연구문헌은 아니었으며 논문 본문에도 일관성이 없는 내용이 일부 있었다. 그러나 키르히호프가 집필한 10페이지 분량의 논문이 내게 갖는 의미는 중국인들에게 모주석어록(毛主席语录, The Little Red Book)이 갖는 의미만큼이나 절대적이었다. 그 결과 나는 키르히호프가 제시하는 일반적 전략 그리고 특히나 통사적 전략이 갖는 중요성을 과대평가하게 되었다.

내가 철저하게 읽었지만 비판적으로 접근하지 못한 또 다른 출판물은 바링(Baaring, 1984)의 연구였다. 당시로써는 덴마크어로 나온 유일한 동시통역 관련 논문이었다. 그것 자체로도 정독할 이유가 충분했다. 게다가 키르히호프가 제시한 동시통역 단계의 기본 모델을 토대로 한 연구였다. 바링의 관심은 상기 모델의 암호화(encoding) 단계가 해독(decoding) 및 산출 단계와 어떻게 연관되는가 하는 문제였다. 이 문제가 나의 프로젝트와는 관련이 없었지만 나는 동시통역 모델이 몇 개의 단계로 이루어져야 하며 각 단계의 내용은 무엇이어야 하는지에 대해 개인적 견해가 당연히 있어야 한다고 생각했으며 추가 자료를 읽는데도 이 문제에 계속 집중했다.

요약하자면 가장 최근의 문헌을 찾아 읽고, 기존 문헌이 자신의 연구에 관련성이 있는지 평가할 때는 비판적 태도를 견지하고, 참고문헌과 인용문을 체계적으로 저장했는지 확인하라고 조언하고 싶다. 또한 가능한 한 일찍 학위논문에 들어가는 내용의 초안을 작성하는 것이 바람직하다.

2.4 이론적 틀 선정하기

이상적인 상황에서는 연구 프로젝트를 시작하는 초기 단계에 적절한 이론적 틀을 정하는 것이 맞다. 하지만 나는 개인적으로 연구 진행된 막바지에 이런 결정을 내렸다. 의도적인 결정이었다기보다는 여러 문제에서 비롯된 결과였다. 물론, 문제 중 하나는 논문 주제가 바뀐 것이었다. 그러나 어순과 관련된 동시통역의 어려움이라는 주제로 돌아오기로 한 후에도 무엇을 보고자 하는지에 대해서는 모호한 생각만 있었을 뿐이다.

그때까지 내가 접했던 그 어떠한 이론과 모델도 설득력 있는 대안으로 떠오르지 않았다. 예를 들어, 통번역에 대한 라이스(Reiß)와 베르미어(Vermeer, 1984)의 일반 이론에 기술된 스코포스 이론의 경우(본 권에서 푀히하커가 논의함) 도착 텍스트의 기능성을 가장 중요한 평가 잣대로 본다는 기본적인 생각 덕분에 통역과 번역을 모두 포괄할 수 있고, 그 때문에 처음 보고 매력을 느끼게 되었다. 그러나 다른 한편을 보면 분명히 번역을 위해 세워진 이론이고 통역이 언급되는 경우는 저자들이 자신의 번역 법칙과 규칙이 통역에도 적용될 수 있다고 주장할 때만 몇 차례 있을 뿐이다. 하지만 스코포스 이론은 동시통역의 처리 상황은커녕 통역 과정에서 중요한 변수들이 하는 역할을 설명하지 못한다.

동시통역을 위해 특별히 개발된 모델들이 더 나은 대안이라 판단했다. 위에서 언급한 키르히호프의 모델(1976)은 '동사 기다리기' 현상과 그에 따른 기억력의 문제에 관심이 있었던 나의 연구목적에 부합했다. 네 개의 기본 처리 단계(해독, 암호화, 언어 산출 및 새로운 내용을 청취하는 동시에 모니터링 하기)가 포함된 단순한 순차적 모델이기도 했지만 키르히호프는 여기에 저장 기능이 있는 또 다른 요소를 포함시키고 있다. 다시 말해 키르히호프는 작업기억의 역할을 고려하고 있는 것이다. 키르히호프는 또한 기억력의 한계라는 문제를 다루기 위해 정보처리 시스템이 이론적으로 처리할 수 있는 분절단위의 최대 크기를 초 단위로 정의하여 제시하고 있다. 이는 통역 현장에서 통역사들이 선호하는 최적의 분절단위 크기와는 대비되는 개념이다. 즉, 키르히호프는 작업기억의 한계에 대해서도 언급했고 그의 모델을 나의 이론적 틀로 채택했을 수도 있다. 하지만 기억력의 한계는 키르히호프의 기본 모델에서 두드러진 특징도 아니고 모델의 변수 또한 아니다. 그의 모델이 초점을 맞추고 있는 것은 정보처리의 순차적인 단계이고, 기억력의 한계는 모델을 설명하는 부분에서 언급될 뿐 모델 자체에 포함되어 제시되지 않고 있다. 따라서 나의 특수한 연구목적에 쓰기에 키르히호프의 모델은 충분히 만족스럽지 못했다.

내 연구에 선택 가능했던 모델의 또 다른 예는 잘 알려진 모저(1978)의 동시통역에 대한 흐름도(flow chart) 모델이었다. 본 모델에는 여러 기억저장소에 위치한 출발어와 도착어 처리 기능의 모든 가능한 단계를 온전히 담아내고 있다. 이 모델에는 예/아니오 결정을 내려야 하는 다수의 지점이 포함되어 있고 처리시스템은 각 지점마다 다음 단계를 실행하기 전 불충분한 정보가 있을 경우 전 단계로 돌아갈 수 있도록 되어 있다. 이러한 모델의 특징을 활용할 수 있었겠지만 연구를 구상하던 당시에는 그 잠재력을 인지하지 못했다. 처리의 어려움을 명시적으로 다루지 않았기 때문에 이 모델을 나의 연구 프로젝트에 어떻게 연결시킬 수 있었는지를 보지 못했다.

따라서 나는 박사학위논문 작업을 한참 진행하는 도중까지도 만족스러운 이론적 틀을 찾지 못했다. 그러던 중에 동시통역을 위한 질(1985)의 수행능력분할모델 초기 버전을 발견하게 되었다. 수행능력분할모델은 추상적 처리시스템 내 단계의 순서에 초점을 맞추지 않는다는 점에서 키르히호프와 모저의 모델과 극적으로 다르다. 대신, 서로 경쟁 관계에 있으면서 부담이 큰 세 가지 수행능력(*effort*)이 갖는 누적효과에 집중한다. 통역사는 주어진 통역과제를 수행하면서 그때 그때 달라지는 요구조건을 충족하기 위해 상당한 처리용량을 사용하게 된다.

제한된 처리용량이라는 문제가 모델의 한 측면이 아닌 핵심 요소라는 점에서 이 수행능력분할모델과 그 이후에 소개된 후기 버전들은 내 연구 프로젝트의 틀로 활용할 근거가 충분했다. 이 모델은 처리의 어려움을 다룬 나의 연구 관심과 정확히 맞아떨어진 것이다.

논문 작업을 한참 더 진행한 후에서야 알게 되었지만, 수행능력분할모델이 좋은 선택으로 자리잡은 데는 또 다른 이유가 있었다. 통역학의 다학제적 특성으로 인해 통역 관련 연구 프로젝트의 이론적 틀에는 타 학문의 모델 혹은 이론이 포함되는 경우가 많으며 이런 상이한 모델들은 잘 맞물려야 한다. 따라서 내 박사학위 프로젝트 최종본의 이론적 틀을 보면 세 개의 학문분야에서 끌어온 모델과 이론이 포함되어 있다. 구체적으로 보자면 –통역학 분야의 이론을 제외하고는– 텍스트언어학에서 드 보그랑데와 드레슬러(1981)의 텍스트-세계 모델을, 그리고 화용론에서 아리엘(Ariel, 1990)의 접근성 이론(accessibility theory)을(이 이론을 선택한 배경은 아래에 설명하겠다) 적용했다. 수행능력분할모델을 텍스트-세계 모델 및 접근성 이론에 접목하는데 아무런 문제도 없었다. 세 개의 모델/이론 모두에서 (작업)기억과 정보처리의 용이함 내지는 어려움은 큰 역할을 한다. 수행능력분할모델을 사용해서 일부 통역사는 기억의 과부하를 피하기 위해서 독일어 원문의 동사를 기다리지 않는 편을 선호한다고 설명할 수 있었다. 또한 발화 전체의 의미를 확신하기도 전에 원문 분절의 통역을 시작하는 통역사는 처리용량에 부담을 주지 않는 한 통역 직후에 수정하거나 발화를 개선하려고 할 것이라는 나의 추정을 뒷받침할 때도 수행능력분할모델을 적용할 수 있었다. 방금 통역한 내용을 가리킬 때 사용할 수 있는 언어적으로 경제적인 방법은 인칭대명사와 지시사 등 가장 일반적인 지시어, 일명 대용형(代用形, pro-form)을 사용하는 것이다. 드 보그랑데와 드레슬러(1981, p. 64)는 대용형을 짧고, 내용은 거의 없으며 반복 없이 상당히 큰 내용의 어절을 대체하기에 적합한 것으로 정의하고 있다. 나는 이들 저자의 텍스트-세계 모델을 사용해 담화처리에서 대용형의 효율성을 설명할 수 있었는데, 대용형의 주요 기능은 최소한의 처리자원을 사용하면서 작업기억에 현재 텍스트-세계를 유지해주는 것이다(1981, p. 69). 마지막으로 다양한 대용형의 인지적 영향뿐만 아니라 대용형과 다른 지시표현과의 관계를 설명하기 위해서 나는 아리엘의 접근성 이론과 지시표현을 *접근성 표시어*(*accessibility marker*)로 본 그의 개념을 사용할 수 있었다. 접근성 표시어는 화자와 청자의 머리 속에 해당 지시대상의 접근성(혹은 활성화 수준)을 가리키고 따라서 기억에서 인출(retrieval)하는 용이함을 나타낸다. 최종적으로 내 박사논문이 대용형에 대한 연구가 될 것이라는 사실을 언제, 어떻게 알았는지에 대한 설명을 보려면 2.7절을 참고하라.

요컨대 자신의 박사연구의 이론적 토대를 뒤늦게 발견하는 것은 최선의 순서는 아닐지 모른다. 하지만, 적어도 실증적 연구의 경우에는, 이론적 틀에 대한 최종 결정을 내리기 전에 연구를 전혀 진전시키지 못한다는 의미는 결코 아니다. 이론적 틀을 늦게 결정하는 것은 연구자가 프로젝트 진행 도중에서 발견하게 되는 중요한 최신 문헌을 포함시키고자 한다거나 내 경우처럼 기존의 중요한 문헌 중에서 뒤늦게 찾는 것을 넣고자 한다면 오히려 장점이 될 수도 있다. 게다가 늦게 결정하게 되면 이론적 배경을 설명하는 장은 (재작업 없이) 온전히 작업할 수 있어 집필이 상대적으로 용이하다. 특히 연구자가 여러 분야의 이론을 취사선택한 경우라면 더욱 그러하다.

2.5 방법 선택하기

수행능력분할모델은 내 학위논문의 이론적 틀(의 일부)로서 설득력 있었을 뿐만 아니라 내 눈을 뜨게 해주고 적절한 연구방법을 선택하는 데도 도움을 준 이론이었다.

물론 나는 동시통역 과정이 많은 변수에 달려있다는 것을 알고 있었지만 통역사마다 다른 방법으로 할당할 수 있는 수행능력분할모델의 제한적 처리용량이라는 개념을 만나기 전까지는 내 연구대상의 복잡다단한 실상과 그에 따른 방법론적 시사점은 충분히 이해하지 못했다. 예를 들어, 수행능력분할모델을 통해 나는 특정한 통사적 전략을 사용할 것인지 기타 전략을 사용할 것인지 여부는 주어진 통역과제의 성격에만 달린 문제가 아니라 개별 통역사의 처리용량 관리의 문제이기도 하다는 점을 깨닫게 되었다. 이런 깨달음은 결과적으로 실증적 데이터만이 부스 안에서 직면하는 언어적 어려움에 대응하는 방법에 대한 새롭고 의미 있는 지식을 창출하는데 기여할 수 있다는 점을 내게 분명히 인지시켰다. 수행능력분할모델 덕분에 나는 보통 하찮은 지식으로 치부 당할 수 있는 것을 결국 깨우치게 된 셈이다. 즉, 어순의 차이가 동시통역 TT에 미치는 영향을 탐구하기 위한 프로젝트를 진행할 때 가장 적절한 방법은 실증적 연구를 진행하는 것이라는 사실을 깨닫게 된 것이다.

본 절에서는 논문 최종본에 담긴 방법론을 상술하지 않고 애초에 계획했던 연구, 다시 말해 2.1절에서 언급한 정보구조에 대한 초기 프로젝트에서 경험한 방법론상의 문제에 집중하도록 하겠다. 이어지는 내용의 요점은 연구주제가 아닌 방법론이 잘못되었다는 점이다.

정보구조를 조사하겠다는 발상은 번역학, 그것도 동독 라이프치히 학파(Leipzig School)에 소속된 한 학자의 연구에서 영감을 받은 것인데, 그는 ST의 주제-논평 구조가 TT에도 유지되어야 한다고 주장했다

(쾨니츠(Koenitz), 1987). 내가 만약 실제 통역자료 혹은 실험에서 수집한 통역 결과물을 대상으로 ST와 TT 간의 정보구조를 공정하게 비교했더라면 TT의 정보구조 중에서 동시통역 과정에서 비롯되었다고 판단할 수 있는 주요 특징을 발견해서 제시했을지도 모른다. 그랬다면 나의 조사는 통역학 분야에 의미 있는 기여를 했을 것이다. 그러나 나는 그 방법을 택하지 않았다. 대신 나는 방법론상 몇 가지의 다른 결정을 내렸는데, 그 때문에 새로운 통찰력을 얻는 것은 어려웠고 어떤 면에서는 불가능하기까지 했다.

첫째, 나는 ST 데이터로 문어 텍스트를 사용하기로 했다. 더구나 데이터는 일관성이 있는 텍스트가 아닌 여러 텍스트에서 발췌한 짧은 대목을 모아놓은 데이터를 활용할 계획이었다. 그 근거는 ST 내에 구체적인 어순 현상이 많이 포함되어 있어야 한다는 것이었다. 따라서 나의 ST 자료는 비록 유럽의회에서 발표하고 통역한 실제 연설문에서 따온 짤막한 발췌문이었지만 실제 통역상황에서 접하는 자료와는 상당한 거리가 있었다.

둘째, TT는 내가 수집한 어순 문제에 대한 해답을 만들어 놓은 것이어야 한다고 결정했고, 그 해답은 나와 통역을 가르치는 몇몇 동료가 정하기로 했다. 이렇게 결정한 이유 중에는 연구대상으로 참여할 통역사를 확보할 여력이 없었다는 점도 한몫 했다. 하지만 이것을 심각한 문제로 인식하지 않았던 것은 만들어 놓은 해답에 대해 논의하는 것이 데이터를 생성하는 적법한 방법이라고 봤기 때문이다. 어차피 내가 바랐던 것은 모범답안과 바람직하지 않은 답안을 모두 포함하는 다양한 종류의 해답을 모은 후 분석결과를 가지고 학생들에게 통역에서 주제-논평 구조의 오류를 피할 수 있는 방법을 제시하는 것이었다.

셋째, 나는 수동태, 개방형 문장(open-ended sentences), 어순의 변화와 기타 유사한 전략 등 TT의 정보구조를 바꾸거나 심지어 왜곡할 것이라고 믿는 몇 가지의 한정된 통사적 전략만을 살펴보기로 결정했다. 그 근거는 학생들에게 제안할 수 있는 안전한 정보구조 전략–예를 들자면 Regarding x (x에 관해 보자면) 혹은 As to x (x에 대해서)처럼 잘 알려진 주제표지(topic marker)혹은 출발어(독일어)보다 도착어(덴마크어)에 보다 자주 등장하는 구문–예를 들어 논평표지(comment marker)로 사용된 분열문(cleft)–이 있는지 알아보고자 했기 때문이다.

요컨대, 이 모든 방법은 대조문법(contrastive grammar)을 다룬 프로젝트에는 의미 있게 적용되었겠지만 동시통역에 대해서는 의미가 있는지 의구심이 들었다. 처방적 방법론 때문에 통역학 연구에 새로운 기여를 할 수는 없었다. 정보구조라는 주제 자체에 잘못을 찾을 수는 없었기 때문에 보다 적절한 방법을 적용해가면서 같은 주제의 연구를 진행할 수도 있었겠지만 이 주제에 대한 나의 관심이 크게 줄면서 더 이상 진행할 동기가 없었다.

그러나 나는 여전히 언어 간의 통사적 차이가 TT에 미치는 영향에 대해서 연구하고 싶었다. 하지만 새롭게 수정될 프로젝트는 실험연구여야 했다. 그 이유는 '동사 기다리기' 현상이랄지 유사한 이유에서 문제의 소지가 될 수 있는 전치수식(pre-modification)이 긴 명사구 등 독일어 어순의 다양한 특징이 상대적으로 많이 등장하는 ST를 그대로 사용해야 했다. 그런 다음에는 이런 텍스트를 실험 환경에서 통역사에게 제시해야 했다.

2.6 데이터 수집하기

상기에서 언급한 다양한 언어적 현상을 포함하는 동시에 주어진 여건 하에서 가능한 높은 수준의 진정성(authenticity)을 갖춘 텍스트를 찾는데 시간이 걸리기는 했지만 ST 자료를 준비하는 일은 데이터 수집 단계에서 가장 쉬운 작업이었다(원래 유럽의회 대표들이 발표한 짧은 연설문을 몇 개 선정했다. 당시 언론에서 논의되던 여러 주제의 연설문을 골라 잠재적 실험대상자들의 사전준비는 필요 없었다.). 이런 종류의 ST 데이터는 TT 데이터와는 달리 내가 소속된 학교 관계자의 도움만으로 확보가 가능했다.

내가 알아보고자 한 여러 가지 중에는 학생과 전문 통역사의 과제 수행 간의 차이가 있는지 여부였기 때문에 각 집단에서 대상을 섭외해야 했다. 하지만 앞서 언급했듯이 전문 통역사를 직접 섭외할 수 있는 여력이 내게는 없었다. 고급 학년의 학생 통역사의 경우도 마찬가지였다. 소속 학교의 학생들은 동시통역을 처음 배우는 초보였기 때문에 학생들의 수준을 벗어나는 어려운 실험자료를 제시하는 것은 그다지 의미가 없었다. 그래서 나는 덴마크에서 대학원 수준의 통역교육을 제공하는 유일한 기관인 코펜하겐경영대학(Copenhangen Business School)의 회의통역센터(Centre for Conference Interpreting)에 도움을 청해야 했다.

통역학 분야의 신진 연구자이면서 통역사도 아닌 나는 친분이 없는 동료에게 쉽게 도움을 요청하기에는 스스로 자격이 없다는 생각에 주저하게 되었다. 더구나 시간 제약이 있어서 즉각 도움을 청해야 했다. 코펜하겐에서 진행하는 6개월 간의 교육기간이 끝날 무렵이었고 이 시기를 놓친다면 실험에 대학원 학생들을 섭외할 기회는 8개월 이후에나 있었다. 하지만 코펜하겐의 동료 잉게 바링(Inge Baaring)은 무척 친절했고 거리낌없이 졸업시험을 치르기 전에 몇 번 남지 않은 수업시간을 활용해 실험을 실시할 수 있도록 허락해주면서 강사로서의 불편함을 감수해가면서 나의 연구 프로젝트를 지원할 준비가 되어 있었다.

전문 통역사를 섭외할 때도 나는 외부의 도움을 받아야 했다. 당시에 나는 오르후스경영대학의 통역실습실로 와서 실험에 참여해달라고 부탁하며 신세를 질 수 있는 네트워크의 동료가 없었다. 하지만 과거에 가르쳤던 한 제자를 통해 브뤼셀 통역사들과 연이 닿았다. 이 학생은 번역사로 활동하기 전 유럽의회에서 몇 년 간 통역사로 근무한 경력이 있었다. 그는 나와 유럽의회의 덴마크어 수석 통역사 간에 다리를 놓아 주었다.

내 프로젝트가 덴마크어가 포함된 첫 박사연구라서 그랬는지 다행히도 유럽의회 통역사는 내 연구에 관심을 보였다. 따라서 그는 네 명의 숙련된 프리랜스 통역사들이 월요일 오전을 비우게 했고 이들은 유럽의회에 모여 코펜하겐에서 준비한 나의 ST에 대한 통역을 녹음해줬다. 그 외에도 EU 빌딩에 출입하기 위한 방문증 발급 등 기타 실무적 준비를 도와주기도 했다. 하지만 기술적 차원에 대해서만큼은 내가 혼자 준비하고 대처해야 했다. 실험이 진행될 부스 내에는 녹음시설이 없다는 이야기를 듣고 EU 소속 기술인력이 쉽게 해결할 수 있는 문제인지에 대한 확신이 없었기 때문에 나는 데이터 수집을 위해 네 개의 커다란 녹음기를 들고 오르후스에서 브뤼셀까지 직접 갔다.

연구 프로젝트에 사용할 데이터를 수집하기 위해서는 코펜하겐과 브뤼셀 두 곳의 도움이 절대적이었기 때문에 필요한 지원을 충분히 받을 수 있을지 염려스러웠다. 사람들이 도움 요청에 긍정적으로 응해주니 크게 안심했고 감사했다.

이렇게 긍정적인 경험을 할 수 있었던 데는 덴마크의 전문 통역사와 연구자 공동체가 작고 상대적으로 규모가 큰 공동체보다 상부상조할 가능성이 높기 때문은 아닌지 모르겠다. 어찌되었건 연구 프로젝트의 타당성은, 적어도 통역사 섭외의 관점에서만큼은, 네트워크가 없는 초보 연구자가 걱정하는 것보다 쉬운 문제일 수 있다.

2.7 데이터 수집하기

초반의 연구 데이터에 해당하는 학생들이 통역한 TT를 수집할까지만 해도 나는 내가 진행하는 조사의 구체적인 목표가 무엇인지 여전히 모르는 상태였다. 하지만 실험 참여자들이 부스에서 실제로 어떻게 통역했는지 알고자 하는 생각은 있었고 가능하다면 그 이유도 보고 싶었다. 그러나 통사적 전략의 중요성에 대한 확고한 생각이 있었기 때문에 기대 편견이 여전히 있었다. 그랬기 때문에 나는 분열문, 수동문, 주제 표시어가 포함된 구문 등을 발견할 기대감으로 녹음테이프를 처음 들었다. 하지만 독립된 일부 예시를 제외하고는 실험 참여자들은 이러한 요소 없이 통역을 해낸 것으로 드러났다.

이러한 전략이 정보 구조에 미치는 효과를 조사할 의도가 여전히 있었더라면 크게 실망할 수 있는 결과였다. 그렇지만 내가 이미 깨달은 사실을 데이터가 뒷받침했을 뿐이었다. 즉, 내가 애당초 구상했던 정보 구조에 대한 프로젝트는 현실과 동떨어져 있었고 동시통역에 대한 새롭고 의미 있는 지식을 창출할 수 없다는 것이었다.

어쨌든 나는 무엇을 보고자 하는지 정하기도 전에 데이터를 모아놓은 썩 바람직하지 않은 상황에 놓여 있었다. 하지만 어순 차이에 대한 나의 특수한 관심에 따라 설계된 실험이었기 때문에 새로운 연구질문을 던질 수만 있다면 어순 차이라는 주제에 대해서는 새로운 지식을 제공할 수 있을 것이었다. 그에 따라 데이터를 다시 한번 검토하고 새로운 질문을 만들어 나의 최종 가설을 세우게 되었다. 위에서 언급했다시피 처음 데이터를 검토하면서는 주제-논평 구조의 잠재적 오류나 통사적 차이에 기인한다고 볼 수 있는 TT의 응집성 문제 등을 발견하지 못해 보고자 하는 현상을 찾지 못했다. 그런 중에 나는 동시통역이라는 상황에서 실험 참여자들이 응집성 있는 TT를 어떤 방식으로 만들어 내고 있는지 궁금해졌다. 그에 따라 나는 텍스트언어학에서 텍스트성 (textuality) 그리고 특히 응집성을 나타내는 가장 보편적 수단이라고 하는 대명사와 지시 대명사를 찾아보기에 이르렀다. 결국 이것은 연구대상으로서 가능성이 있어 보였다. ST의 가상 (문어) 번역본과 비교해보니 TT 데이터에는 소소한 첨가가 많은 것처럼 보였고 이렇게 첨가되는 어절은 대명사와 지시 대명사로 직전 맥락에 연결되는 것처럼 느껴졌다. 그리고 마지막으로 이런 첨가 현상은 어순과 관련된 문제요소가 포함된 '흥미로운' ST의 구절을 통역할 때 집중적으로 발현되는 것처럼 보였다. 이제 나는 시험하고픈 가설을 세울 수 있었다. 다름 아닌 독일어에서 덴마크어처럼 통사적 비대칭성이 있는 언어 방향으로 동시통역을 할 때 TT는 ST보다 더 많은 대명사와 기타 기능적으로 유사한 대용형을 포함한다는 가설이었다.

데이터를 분류하고 내가 찾은 첨가된 어절마다 다른 기능을 부여하는 일은 상당한 시간이 걸렸고 많은 어려움을 낳았다. 하지만 데이터 분석에 대해 상술하지는 않겠다. 다만, 긍정적 부작용으로 ST와 대비된 TT의 정보구조에 대해 많은 것을 배웠다고만 일러두겠다.

요약하자면 가설이 무효화된다고 프로젝트 전체가 무효가 되는 것은 아니라는 점을 기억하는 것이 좋다. 신중하게 수집한 데이터가 있다면 한 가지 구체적 질문에 대한 답만 주는 것인 아니기 때문이다. 연구를 시작하는 단계에서 프로젝트가 한참 진행된 후에 방향을 바꿔야 할지도 모르는 가능성을 반영하는 것도 좋은 방법일 수 있다. 연구 방향을 바꿀 필요가 있더라도 이미 진행한 작업을 상당 부분 활용할 수 있다는 점에서 질은 학위를 위한 연구를 시작할 때 대안적 경로를 사전에 계획하라고 조언한다(본 권, 주제선정에 대한 논문).

2.8 집필하기

끊임 없는 시간의 압박 때문에 내게 집필 단계는 불편한 시간이었다. 주제가 몇 차례 바뀌고 문헌자료를 읽으면서 시간관리에 문제가 생기면서 연구 프로젝트는 상당히 지연되었다.

하지만 가장 큰 문제는 생각을 글로 표현하는데 소요되는 시간과 노력을 과소평가했다는 점이다. 관련된 모든 문헌을 먼저 읽고 나면 학위논문 전체에 대한 비교적 완전한 그림이 그려질 것이라고 생각한 나는 문헌을 읽는데 우선순위를 뒀다. 반면 글쓰기는 소소한 노력으로 가능할 것이라고 봤다. 하지만 프로젝트의 마지막 단계에서 나는 프로젝트에 대한 짤막한 개요를 집필하고 연구의 목적과 결과에 대한 구두 발표를 하는 것은 상대적으로 쉬웠던 것에 비해 방대한 생각들을 논리적 단계에 따라 정리해서 기록하는 일은 무척이나 부담스러우면서 많은 시간을 필요로 하는 작업이라는 점을 발견하게 되었다. 그 결과 나는 주어진 기한 내에 박사연구를 마치지 못하고 학생으로서 업무 부담이 적은 행복한 시절이 지나간 후, 보다 어려운 상황에서 논문을 완성해야 했다.

질의 지적대로(본 권, 주제선정에서 대한 논문) 학위논문 집필에 소요되는 시간을 과소평가하는 일은 흔한 현상이며 초보 연구자라면 연구 프로젝트의 기한을 정할 때 이를 인지하고 있어야 한다.

3. 결론

첫 연구 프로젝트를 진행하면서 여러 문제와 씨름하는 일은 무척 길게 이어지는 과정일 수 있고 굉장히 불쾌한 경험일 수도 있다. 연구를 하는 과정에서 몇 차례 우회하게 되면서 특정 분야에 대해, 그리고 전반적인 연구 방법에 대해 이해를 넓힐 수 있겠지만 예상이 가능한 초보자들의 실수가 있고 이는 충분히 피할 수 있고 또 피해야 한다. 이 글에서 논의한 문제를 포함해서 많은 예측 가능한 문제들은 배경지식과 연구훈련의 부족에서 비롯된다는 점에서 박사학위 프로젝트를 시작하기 전에 충분한 준비를 통해 일부 문제를 해결할 수 있을 것이다. 본 권에서 여러 저자들이 사전 연구 세미나를 언급했는데, 이러한 관점에서 보면 본 권에서 여러 저자들이 언급한 사전 연구 세미나는 유망한 방법으로 보인다(주제선정에 대한 게르지미쉬-아보가스트, 질 논문, 석사학위과정의 세미나에 대한 첸꼬바 논문 참고).

참고
문헌

Ariel, M. 1990. *Accessing Noun-Phrase Antecedents.* London and New York: Routledge.

Baaring, I. 1984. *Om omsætningsprocessen ved simultantolkning med tysk som udgangssprog.* (On the encoding process in simultaneous interpreting with German as the source language), [ARK 21]. Copenhagen Business School.

Beaugrande, R.-A. de und Dressler, W.U. (Hg.) 1981. *Einführung in die Textlinguistik* [Konzepte der Sprach- und Literaturwissenschaft 28]. Tubingen: Niemeyer.

Dejean Le Féal, K. 1980. "Die Satzsegmentierung beim freien Vortrag bzw. Verlesen von Texten und ihr EinfluB auf das Sprachverstehen" . In *Sprache und Verstehen* [KongreBberichte der 10. Jahrestagung der GAL], W. Kühlwein und A. Raasch (Hg.), Bd. 1, 161-168. Tubingen: Narr.

Dubslaff F. 1996. *Die Wiederaufnahme durch Proformen beim Simultandolmetschen aus dem Deutschen.* Unpublished doctoral dissertation. The Aarhus School of Business.

Eroms, H.-W. 1986. *Funktionale Satzperspektive* [Germanistische Arbeitshefte 31]. Tübingen: Niemeyer.

Gile. D. 1985. "Le modèle d'efforts et l'equilibre d'interprétation en interpretation simulranée". *Meta* 30(1): 44-48.

Gile, D. 1990. "Research proposals for interpreters". In *Aspects of Applied and Experimental Research* on *Conference Interpretation,* L. Gran and C. Taylor (eds), 226-236. Udine: Campanotto.

Gile, D. 1991. "Methodological aspects of interpretation (and translation) research ". *Target* 3(2): 153-174.

Goldman- Eisler, F. 1972. "Segmentation of input in simultaneous interpretation". *Journal of Psycholinguistic Research* 1(2): 127-140.

Kirchhoff, H. 1976. "Das Simultandolmetschen: Interdependenz der Variablen im DolmetschprozeB, Dolmetschmodelle und Dolmetschstrategien". In *Theorie und Praxis des Übersetzens und Dolmetschens,* H.W. Drescher und S. Scheffzek (Hg.), 59-71. Frankfurt und Bern: Lang.

Koenitz, B. 1987. *Thema-Rhema-Gliederung und Translation* [Übersetzungswissenschaftliche Beiträge 10]. Leipzig: VEB Verlag Enzyklopädie.

Königs, F. G. 1987. "Was beim Übersetzen passiert: Theoretische Aspekte, empirische Befunde und praktische Konsequenzen". *Die neueren Sprachen* 86(2):162-185.

Krings, H. P. 1986. *Was in den Köpfen von Übersetzern vorgeht: Eine empirische Untersuchung zur Struktur des Übersetzungsprozesses an fortgeschrittenen Französischlernern* [Tübinger Beiträge zur Linguistik 291]. Tubingen: Narr.

Lederer, M. 1978. "Simultaneous interpretation: Units of meaning and other features", In *Language Interpretation and Communication* [NATO Conference Series III 6], D. Gerver and W. Sinaiko (eds), 323-332. New York: Plenum.

Lörscher, W. 1989. "Strategien des Übersetzungsprozesses". *Linguistische Berichte 119: 53-84.*

Miller, G. 1956. "The magical number seven plus or minus two". *Psychological Review* 63, 81-97.

Moser, B. 1978. "Simultaneous interpretation: A hypothetical model and its practical application". In *Language interpretation and communication* [NATO Conference Series III 6]. D. Gerver and W. Sinaiko (eds), 353-368. New York: Plenum.

ReiB, K. und Vermeer. H. 1984. *Grundlegung einer allgemeinen Translationstheorie* [Linguistische

Arbeiten 147]. Tübingen : Niemeyer.

Thiel. G. 1990. "Übersetzungseinheiten. Theoretisches Prinzip - didaktisches Instrument". In *Übersetzungswissenschaft: Ergebnisse und Perspektiven. Festschrift zum* 65. *Geburtstag fur Wolfram Wilss.* R. Arntz und G. Thome (Hg.), 184-190. Tübingen: Narr.

Zhu, C. 1999. "Ut [sic] once more: The sentence as the key functional unit of translation". *Meta* 44(3): 429-447.

데이터의 조작:
통역 결과물 중심의 박사연구를 통해 본 데이터 기술의 문제

헬 V. 담(Helle V. Dam)
오르후스경영대학, 덴마크

1. 들어가기

연구를 처음 배우면 실증적 연구를 실시할 때 데이터를 가지고 기본적으로 두 가지만 하면 된다는 인상을 받게 된다. 즉, 데이터를 모으고 그런 후에 분석하면 되는 것으로 간주한다. 하지만 내가 박사학위를 위해 연구를 하면서 얻은 경험에 비춰보면 데이터 수집과 데이터 분석 사이에는 꽤나 긴 단계가 있을 수 있다. 일명 분석을 하기 위해 수집한 데이터를 준비하는 단계가 있는 것이다. 이에 따라 나는 데이터 관련 작업은 (최소한) 세 개의 단계로 나뉜다고 말하고 싶다. (1) 수집, (2) 분석을 위한 준비, 그리고 (3) 분석이라는 세 단계다. 이 글의 초점은 데이터 관련 단계 중 두번째에 초점을 맞추게 될텐데, 지면에서는 조작(manipulation) 단계라고도 명명할 것이다. 그 이유는 아래에서 설명하겠다.

모든 종류의 통역 데이터에 필요한 사전 조작 방법을 완전히 다룰 수도 없고 다루지도 않겠다. 오히려 내 경험상 데이터 조작이 중요하고 문제 발생의 소지가 많은 연구와 해당 데이터로 논의를 제한하겠다. 구체적으로 말하자면 결과물 비교연구, 즉 통역으로 진행된 의사소통 상황에서 생산된 ST와 TT를 비교분석하는 기본적 방법을 채택하는 연구에 집중하겠다. 본 논의의 출발점은 내가 통역학 박사학위를 취득하기 위해 실시한 실증적 연구이며(담, 1995) 이에 따라 일반적이고 추상적이기보다는 개인적이며 묘사적인 수기가 되겠다. 비록 범위가 제한적이지만 이 글을 통해 개인적으로 중요하다고 느꼈지만 지금까지 통역 관련 문헌에서는 간과되어 온 데이터 작업의 한 단면에 관심을 집중시키는데 기여하기를 바란다.

먼저 나의 박사연구에 대한 배경 설명을 하고 연구가 완성되는데 영향을 미친 요소는 무엇이었는지 살펴보겠다(2절). 해당 절은 데이터와 관련한 문제에 초점을 맞춘다. 그 다음으로 통역학 문헌에서는 데이터의 문제를 어떻게 다뤄 왔는가 간략히 개괄하겠다(3절). 이어서 일반적으로 연구 프로젝트에서 데이터가 어떤 위상을 갖는지 논의하고 특히 통역 연구 프로젝트에서의 위상은 어떤지 다루겠다(4절). 마지막으로 나의 박사학위논문에서 사전 데이터 조작의 예를 들어 논의를 이어가고(5절) 그 중에서도 전사(transcription)(5.1), 번역(5.2), 분절화(5.3)를 살펴보겠다.

2. 배경: 데이터, 방법, 주제의 선정

내가 통역학 박사학위 취득을 위해 연구를 시작했을 1991년 당시에 통역학 분야는 패러다임 변화를 겪은 직후였다. 1990년대 이전의 지배적 패러다임이 개념분석이었다면–우리 분야는 "개인적 이론 제시(personal theorizing)" 혹은 심지어 "추측(speculation)"으로도 발현되었다(질, 1990)–1990년 초가 되자 실증적 연구를 강하게 촉구하는 목소리가 컸다. 따라서 (순수)이론적 연구에 비해 실증적 연구의 인기가 높은 것은 분명해 보였지만 통역학 내부의 실증적 전통이 확연히 부족한 상황에서 어떻게 하면 실증적 연구를 실시할 수 있고 해야 하는지에 대한 이해는 상대적으로 분명해 보이지 않았다.

따라서 나처럼 실증적 프로젝트를 시작하고자 하는 초보 통역학자가 가장 먼저 던지는 질문은 이랬다. 어떤 종류의 데이터를 가지고 연구를 해야 하나? 이 질문은 물론 일반 방법론 선택의 문제와도 긴밀히 연결되어 있다. 논리적 수순에 따라 나는 일단 문헌들을 우직하게 읽어 내려가면서 기존 통역 연구에서 방법론적 영감은 없는지 찾아봤다. 그러면서 나는 통역학 분야의 실증적 연구의 양은 부족할지 몰라도 방법론적 다양성의 측면에서는 무척 풍부하다는 것을 곧 알게 되었다. 연구를 막 시작하는 초보에게는 압도적이었다. 예를 들어 트리에스테 학파의 정교한 학제간 연구물을 통해 언어-손동작 간섭(verbal-manual interference, 파브로 외, 1990)과 같은 방법 및 그런 방법에서 도출한 데이터를 접할 수 있었다(본 권에 수록된 리카르디, 지암발리, 루소의 논문 참고). 문헌에 소개된 또 다른 방법론의 예를 보면 동공측정(pupillometry)(톰몰라와 니에미, 1986), 상기(recall)와 인지(recognition) 실험(랑베르(Lambert), 1989), 설문을 사용한 조사(알트만(Altman), 1990), 통역사의 노트를 토대로 한 연구(셀레스코비치, 1975) 등이 있다. 이처럼 폭넓은 종류의 연구방법과 데이터 외에도, 비록 관심의 초점이 매우 상이했지만, 통역의 ST와 TT가 데이터로 활용이 된 연구의 예도 많이 찾아볼 수 있었다(거버(Gerver), 1974; 슐레징거(Shlesinger), 1989, 1994; 갈리나(Gallina), 1992).

나는 어떤 방식으로든 결과물 데이터를 활용하는 종류의 연구를 선택하기로 금방 결정했다. 사실은 특정한 방법을 선택했다기보다는 그 외의 방법을 포기했던 것인데, 신경언어학, 심리언어학, 사회학적 연구방법에 대해서 일절 아는 바가 없던 나는 기본적으로 언어학에 기반한 텍스트 분석에는 꽤 익숙했던 것이다.

나의 수기를 통해 유추했겠지만 나는 주제를 선정하기에 앞서 기본적으로 어떤 데이터를 사용하고 싶은지, 그에 따라 어떤 방법을 적용할지 먼저 결정했다. 물론 이는 연구 프로젝트를 계획하는 일반적인 순서에서 명백히 벗어난 것으로 볼 수 있을 것이다(본 권, 주제선정에 대한 질 참고).

박사논문의 주제를 선정하게 된 과정은 누구 못지 않게 우연히 이루어졌다. 텍스트 분석을 통역 결과물 데이터에 적용하고 싶다는 대강의 생각은 있었지만 초기에는 무엇을 보고 싶은지 구체적인 생각이 없었다. 실제로 주제를 고민하는 과정이 결실을 맺은 것은 박사과정에 입학한 후 약 한 달이 지나서 일반 언어학 이론, 모델 및 방법에 대한 강좌를 들으면서였다. 이 강좌를 수강하면서 나는 언어학과 심리언어학 양 분야에서 요약 연구에 폭넓게 사용된 담화의 거시구조에 대한 반 다이크(Teun A. van Dijk)의 이론을 접하게 되었다(반 다이크, 1980 참조). 그런 후 나는 (많은) 통역 텍스트가 원문을 축약한 것과 크게 다르지 않다(혹은 그럴 가능성이 있다), 다시 말해 요약과 정성적으로 매우 유사하다는 발상을 가지고 연구하기 시작했다. 이에 따라 나의 프로젝트는 서서히 모양새를 갖춰 가기 시작했다. 주제는 통역에서의 텍스트 축약(text condensing)이었고, 접근방법은 반 다이크의 거시구조 모델을 통역 데이터에 접목하는 방식을 택한 것이다. 통역 방식 중에서는 순차통역이 축약된 TT를 낳을 것이라는 가정 하에 데이터는 순차통역 실험을 통해 수집할 계획이었다.

이렇게 연구주제와 대강의 방법론에 대한 생각을 굳힌 나는 데이터 작업을 시작할 준비가 되었다. 그러나 그 시점에서 나는 실제로 어떻게 진행해야 하는지 구체적으로 알지 못한다는 사실을 깨달았다. 이는 통역학 분야에 대한 개인적인 연구훈련 부족에서 일부 기인하지만 앞서 언급한 통역학 내부의 실증적 전통의 부족 또한 분명히 한몫을 했다.

3. 통역연구문헌에서 본 데이터의 문제

드물기는 하지만 실증적 연구와 그에 따른 데이터의 문제를 포함해서 통역학 연구 방법론을 명시적으로 다룬 몇 편의 논문이 실제로 1990년대 초에 나왔으며, 그 중에서 다니엘 질의 기여가 눈에 띈다(질, 1990a, 1990b, 1991 참고). 이들 논문은 악명 높은 통역 데이터의 접근성 문제, 생태적 타당성(ecological validity)과 대표성의 문제 등 통역에 대한 실증적 연구에서 발생하는 많은 문제와 함정에 대해 체계적으로 논의하고 있고, 당시에 실증적 통역 연구 프로젝트를 시작하려던 젊은 초보 연구자였던 나에게 귀중한 자료였다. 하지만 실증적 프로젝트와 실제로 연계되어 있지 않아 추상적 논의에 그쳤던 논문들은 일반적인 표집의 문제 그리고 특별히 통역 연구를 위한 데이터의 선정 및 수집에 관여하는 문제에 자연스럽게 초점을 맞췄다. 반면 데이터 관련 작업에서 다음 단계에 해당하는–도입에서 데이터 작업의 두번째 단계 혹은 데이터 조작 단계라고 일컫는–분석을 위한 데이터의 준비에 대한 논의는 하지 않았다.

실제로 분석을 위한 데이터의 준비 문제는 통역에 대한 그 어떤 논문에서도 주제로 다루지 않았다. 연구방법론을 다룬 문헌은 데이터 선정 및 수집에 초점을 맞추는 경향이 있었을 뿐만 아니라 1990년대 초에 실제로 실시되었던 소수의 실증적 연구는 미출판 박사학위논문에 보고되어 접근 가능하지 않았거나[1] 소논문에 요약된 형식으로만 보고되어 해당 데이터가 분석 전에 어떻게 준비되었는지 기술할 지면이 없었던 것이다. 따라서 실증적 연구에 대한 출판 논문에서 데이터 준비 과정에 대해 "데이터는 아래와 같이 전사 및 분석되었다"는 식의 간략한 기술만 하는 일은 예외가 아닌 규칙이나 다름 없었다. 그리고 그런 측면에서 보면 1990년대 초 이후 크게 달라진 점은 없다.

대체로 보면 내 연구의 실증적 내용을 시작하면서 데이터 선정과 수집이 어렵고도 문제의 소지가 많다는 사실을 발견하고 크게 놀라지는 않았다. 통역 관련 문헌에 반복적으로 강조된 부분이기 때문이다. 하지만 분석을 위해 데이터를 준비하는 일이 얼마나 많은 시간과 결정을 요구하는 대대적인 작업인지 알게 되었을 때는 진심으로 당황했다.

이런 배경에서 본 논문은 바로 다음과 같은 기본적인 질문을 논의하고자 한다. 진행하고자 하는 연구를 위해 충분히 타당하고 충분히 대표성이 있다고 판단되는 통역 (결과물) 데이터를 수집한 후에는 실제로 어떻게 처리해야 하는가? 다시 말해서 분석을 위한 데이터 준비는 어떻게 해야 하는가?

이 질문에 대해서 나 또한 정답을 갖고 있지 않다는 점을 인정하지만 이어지는 내용에서는 박사연구 과정에서 내가 스스로 택한 몇 가지 결정을 소개하도록 하겠다. 나의 수기에서 분명히 드러나겠지만 나는 연구를 진행하는 도중에 필요한 결정을 그때마다 내렸다. 즉, 다양한 방식으로 데이터 준비를 해야 하는 필요가 생길 때마다 결정을 한 것이다. 하지만 이상적으로는 데이터의 준비도 연구 초기부터 계획하고 관련 결정을 해야 한다. 연구 프로젝트의 어느 측면과 마찬가지인 셈이다.

내가 분석을 위한 데이터 준비를 어떻게 했는지 알아보기 전에 배경 설명을 위해 먼저 연구에서 데이터가 갖는 위상에 대해 간략히 논의하겠다.

4. 데이터 vs. 사실(fact)

내가 박사과정에 입학하면서 일원이 된 학문 공동체는 마침 데이터의 문제와 연구에서 데이터가 갖는 위상에 큰 관심을 갖고 있었다. 내가 연구를 시작한 그 시기는 코퍼스 언어학이 부상하던 때와 맞물렸다. 새롭게 떠오른 코퍼스 언어학 분야의 학자들은 컴퓨터 기술을 통해 수집한 방대한 규모의 코퍼스는 상당한 양의 탄탄한 데이터를 접근 가능하게 해서 이를 바탕으로 언어에 대해 대적하기 어려운 수준의 결론을 내릴 수 있다고 주장하는 경향이 있었다. 나의 지도교수였던 헤닝 놀케를 포함한 학교의 여러 정통 언어학자들 입장에서는 위와 같은 주장의 기저에 깔린 신념은 매우 도발적이었다. 따라서 이들은 데이터의 성질과 위상에 대한 논의에 다시 불을 지펴야 한다고 느꼈고 당연히 나를 포함한 학생들을 만나서도 데이터 문제의 중요성을 매우 강력하게 피력했다.

따라서 나는 원칙에 입각해서 데이터와 사실(fact) 간의 명백한 구분을 짓는 학풍에서 연구훈련을 받게 되었다. 스승들의 말에 따르면 사실은 "실제 세상 속에 존재하는 것(out there in the real world)"인[2] 반면 데이터는 연구자가 자신의 연구에 관련이 있는 사실을 대표적으로 선정한 것이었다(옌센(Jensen), 소렌센(Sørensen)과 베크너(Vikner), 1989, p. 183). 이런 구분은 몇 가지 시사점을 갖는다. 일단 데이터 모음은 유한한 반면 사실은 무한하다는 점을 강조한다. 논란의 여지가 없는 주장이지만 (코퍼스 언어학자를 포함한) 우리에게 아무리 많은 양의 데이터를 모아도 관련한 모든 사실을 절대 알 수 없다는 점을 상기하게 한다는 의미가 있다.

이 맥락에서 더 중요하게는 데이터와 사실의 속성이 서로 다르다는 점을 상기하게 한다. 사실은 비교적 구체적인 실세계의 현상을 의미한다면 데이터는 사실 중에서도 연구자가 기술(description)의 대상으로 삼아 모은 것으로서 이에 따라 구조와 해석이 부여되는 것이다(놀케, 1994, p. 26). 원 데이터(raw data)라고 일컫기도 하는 사실의 모음에 이와 같은 해석적 설명이 부여되었을 때 실제적이고 조작적 데이터가 되는 것이다. 내가 앞서서 데이터 작업의 두번째 단계, 분석을 위한 데이터 준비 단계, 데이터 조작 단계라고 명명한 것은 바로 이런 식으로 원 데이터를 설명 겸 해석하는 일을 가리키는 것이다. 조작 단계라고도 부르는 이유는 논의를 위해서이다. 즉, 연구자가 원 데이터를 기술 겸 해석하는 일은 절대로 객관적일 수 없다는 점을 부각하기 위한 것이다. 다시 말해 연구자가 분석을 위해 데이터를 준비할 때 정도의 차이는 있지만 데이터를 조작하게 됨에 따라 궁극적으로 '명백한 불변(hard and solid)'의 사실이었던 것도 조작을 거치게 된다.[3]

이는 데이터가 실세계의 사실(fact)을 대변하는 것이 맞다면 데이터가 특별히 '명백한 불변'인 경우는 드물다는 것은 의미하기도 한다. 오히려 데이터는 연구자가 보여주고자 하는 사실에 대한 가설의 위상을 갖는다고 할 수 있다(옌센, 소렌센과 비크너, 1989, p. 183). 더 구체적으로 말하자면 데이터는 일명 외부가설(external hypotheses)의 산출물이라고 할 수 있다. 외부가설이란 연구대상의 일부를 구성하거나 형성하지 않는다는 점에서 주어진 연구 외부에 있다. 그 반대는 우리가 흔히 가설로 이해하는 일명 내부가설(internal hypotheses)로서 주어진 연구에서 명시적으로 세우고 시험하는 것이다. 외부가설로 본다면 우리의 데이터는 진실이거나 진실이 아니다. 그 중간 어딘가에 있기도 하다. 그렇기 때문에 외부가설은 (내부가설도 마찬가지지만) 검증에서 증명되어야지만 진실로 성립하며, 이는 우리 데이터에도 똑같이 적용된다.

그렇다면 이런 외부가설은 어떻게 검증할 수 있는가? 원칙적으로는 다른 '보통의' (내부)가설을 검증하는 방법과 똑같이 하면 된다. 자연과학에서 쓸 법한 빈틈 없는 방법이 없다면–실제로 언어 혹은 텍스트가 연구대상일 경우에는 이런 식의 방법이 없기 마련이다– 인문학에서 쓰는 보다 유연한 검증 방법에 만족해야 한다. 다시 말해, 직관이나 강력한 주장을 펼치는 것에 의존하는 방식으로 검증을 해야 한다(옌센, 소렌센과 비크너, 1989).

직관이라는 주관적 개념을 보다 객관화하기 위해서 (외부)가설을 검증할 때 집단적 직감을 활용하는 방법이 있다(놀케, 1994, p. 27). 쉽게 말해서 자신만의 직관에 의지하는 대신 주변의 다른 사람들에게 주어진 정보가 대변해야 하는 실세계의 사실을 정확히 설명하고 있다는데 동의하는지 물어 확인하는 방법이다. 다른 이들도 동의하면 간주관적 합의(intersubjective consensus)를 이루게 되는 것인데, 여전히 객관적인 상황은 아니지만 최소한 공유된 주관성이다.

주장에 근거해서 (외부)가설과 그에 따른 데이터를 검증하는 방법도 이와 유사하다. 주어진 데이터가 실제 세계의 사실에 상응한다고 아무리 설득력 있게 주장하더라도 실제로 그런지 검증할 수 있는 방법은 없다. 하지만 강력한 주장을 펼치면 우리가 갖고 있는 것이 진정한 데이터라고, 즉, 실세계의 사실(fact)에 대한 진정한 표현이라고 다른 사람들을 설득할 수 있다. 따라서 충분히 강력한 주장을 펼친다면 문제의 데이터가 갖는 진정성에 대해 간주관적 합의를 이끌어낼 수도 있을 것이다.

요약하자면 분석을 위해 원 데이터를 기술할 때는 데이터가 대변해야 하는 실세계의 사실에 가장 근접하도록 설명 해야 한다. 그렇지만 아무리 신중히 데이터를 기술한다 하더라도 우리의 설명이 실제로 실제 세계에 대한 진정한 표현인지, 다시 말해, 데이터와 사실 간의 필요한 대응이 실제로 이루어졌는지는 보장할 수 없는 일이다. 따라서 자신의 선택에 대해서는 명시적이고 설득력 있게 주장할 수 있어야 하고 가능하다면 자신이 모은 데이터의 진정성에 대한 직관 혹은 기저의 가설을 남들이 뒷받침하도록 하는 것이 좋다.

여러 종류의 데이터 중에서도 위에서 언급한 내용은 통역의 결과물, 즉 ST와 TT에서 얻은 데이터에 적용하기 가장 적합하다고 믿는다. 사실 통역 결과물 데이터의 가장 눈에 띄는 특징은 원 데이터 때의 모습과(이때는 주로 음성 혹은 영상 형태로 저장된 일시적 소리이다) 분석을 위한 영구적이고 적절한 접근이 가능하게끔 연구자가 정리한 최종적인 모습 간에는 (보통의 경우) 큰 간극이 있다는 것이다. 데이터를 가공하지 않은 형태와 조작적 형태 간의 차이가 크다는 것은 최종적인 모습을 갖추기 위해서 통역 데이터를 기술하고 해석해야 하는 일련의 과정을 거쳐야 한다는 것을 의미한다. 어떤 형식으로 데이터를 기술하느냐는 해당 연구의 속성에 따라 다양할 수 있다. 다음 절에서는 연구를 진행하면서 원 데이터를 조작적 데이터로 바꾸기 위해 내가 사용한 기술방법–혹은 조작–을 소개하겠다.

5. 비교연구(comparative study)에 등장하는 결과물 데이터 조작의 예

나의 박사논문에서 다룬 원 데이터의 개념적 특징을 소개하고 이런 특징으로 인해 어떤 조작이 필요했는지 설명하기에 앞서서 먼저 연구의 데이터와 목적을 간략히 소개하겠다.

나의 박사논문 데이터는 다섯 명의 통역사가 스페인어 ST에서 덴마크어로 순차통역한 것으로서 동일한 ST에 대한 다섯 개의 TT가 있었으며 모든 통역은 오디오 테이프로 녹음했다(담, 1995, 1996). 2절에서 언급했다시피 논문의 주제는 텍스트 축약이었고 기본적인 연구질문은 다음과 같았다. TT는 ST의 축약본인가? 그렇다면 축약은 어떻게, 그리고 왜 이루어졌는가? 이에 따라 연구방법에는 두 가지 주요 특징이 있었다. (1) 통역의 결과물을 토대로 한 것이었고, (2) ST와 대응되는 TT를 비교하는 것이 연구방법의 중요한 부분이라는 점에서 비교연구의 속성을 지녔다. 이어지는 절에서 보듯이 이런 특징은 기본적인 분석이 가능하도록 원 데이터를 기술–혹은 조작–하는 방법에도 영향을 줬다.

5.1 전사(Transcriptions)

통역의 모든 결과물 데이터가 그렇지만 나의 데이터는 구두 데이터였고 가공하지 않은 원 데이터 상태에서는 연속적으로 이어지는 소리가 전부였다. 이에 따라 내 데이터는 너무 즉흥적이고 차별화되지 않아서 신중하고 철저한 분석을 하기에는 유용하지 않은 것이 분명했다. 분석과 내부가설 검증의 단계 전에 최소한 녹음 파일에 대한 전사(transcription)가 어떤 식으로든 필요했다.

그런데 어떤 식으로 전사를 하는 것이 적합한가? 실증적 전통과 통역에 대한 기존의 실증적 연구가 부족한 탓에(2, 3절 참고) 적합한 전사 체계를 정하는데 기존의 통역 관련 문헌을 참고하는 것은 크게 도움이 되지 않았다. 동시에 90년대 초에는 통역학 내부에서 학제간 연구에 대한 요구는 오늘날만큼이나 강했다(예를 들어 그랜과 도드스 (eds), 1989; 질, 1991, 1994, 1999). 이 두 가지 상황으로 인해 나는 전사 체계에 대한 경험이 축적된 통역 외의 분야에서 영감을 찾아야겠다고 결심하게 되었다. 따라서 처음으로 눈을 돌리게 된 것은 대화분석(conversational analysis, CA)이었다. 대화분석은 (사회)언어학의 하위 분야 중 하나로서 구어에서 드러나는 사회적 질서를 탐구하는데 관심을 두고 있기 때문에 구어의 전사가 매우 중요하다.

대화분석에서 개발한 전사 체계의 기본적인 특징은 완전성에 있다. 즉, 구어를 서면으로 굉장히 면밀히 기록하는 특징이 있다(예컨대 제퍼슨(Jefferson), 1984, 1989; 맥위니(MacWhinney), 1991; 뒤 보아(Du Bois), 1991; 엘리히(Ehlich), 1993). 따라서 대화분석을 위해 만들어진 여러 체계를 보면 언어적, 운율적, 준언어적, 언어외적 특징을 포함한 구어 의사소통 행위의 모든 측면을 포착하려고 하는 경우가 많다. 처음에는 내 연구에 이런 접근방식이 맞는 것 같았다. 적어도 대화분석 연구 내에는 일종의 합의가 있었을 뿐만 아니라 이런 접근방식을 사용해서 기술한 데이터라면 '사실(true)'이라고 받아들여질 것 같았다. 처음 접했을 때 완전성의 원칙은 전사된 결과물 간 가능한 최고의 유사성이라는 원칙과도 상통하는 것 같았다. 즉, 데이터와 그 데이터가 보여줘야 하는 실세계의 사실 간의 유사성이 가장 높아 보였다(4절 참고).[4] 따라서 처음에는 단어뿐만 아니라 억양(intonation), 강세(stress), 속도, 휴지, 유언휴지(voiced hesitation) 등 구어의 특징을 전사본에 표시했다.

하지만 대화분석에 기초한 전사관행을 내 연구에 적용한 것이 점점 실수로 느껴졌다. 완전성의 원칙에 따라 전사하는 일은 너무나 많은 시간을 소요했고 그에 따라 완성한 전사본은 해독이 거의 불가능했다. 그뿐만 아니라 그보다 더 중요하게는 내가 실세계와의 유사성을 완전성과 착각했다는 것이다. 한 데이터 세트에 대한 설명이 관련이 있는 사실에 쉽게 상응할 수 있다는 것, 즉, 반드시 완전하지 않더라도 충분히 정확할 수 있다는 것을 깨닫는데 시간이 조금 걸렸다. 다시 말하자면 선별적인 전사본 자체는 문제가 되지 않는다는 것이다. 다만 전사할 때 적용하는 선별의 원칙이 관련성이라는 기준을 따르는 것, 즉, (선별적) 전사본에 반영하고자 하는 구어의 측면이 진행하고자 하는 연구에 관련된 것인지가 중요하다. 연구 프로젝트의 맥락에서 본다면 관련성은 프로젝트의 목적에 따라 결정되고 이에 따라 분석 대상으로 삼을 특징이 결정된다. 나는 다니엘 오코넬(Daniel O'Connell)과 사빈 카월(Sabine Kowal, 1994) 덕분에 이를 깨우치게 되었다. 기존의 전사관행을 분석하고 조명하면서 이들은 가독성, 시간, 관련성의 이유를 들어 경제성의 원칙에 따라 전사할 것을 제안하고 있다. 내가 해당 논문을 접한 것은 나의 박사논문 제출기한 약 1년 반전, 박사연구가 상당히 많이 진행된 시점이었다. 주어진 시간 안에 나는 나의 전사관행을 겨우 수정할 수 있었지만 전사본을 필요로 하는 통역연구를 계획하는 연구자에게는 처음부터 이 논문을 추천하고 싶고, 동일 저자가 추후에 쓴 논문도 참고하길 바란다(오코넬과 카월, 1995a, 1995b, 1999).

내 연구의 주요 목적은 통역사들이 ST에서 TT로 통역하는 과정에서 생기는 특정 언어적 변화 즉, 텍스트 축약의 언어적 발현을 규명하는 것이었기 때문에 구어의 측면 중에서 분석대상으로 삼고 내 연구의 맥락에서 관련이 있다고 간주되는 것은 사실 언어적 특징뿐이었다. 이와는 반대로 운율적, 준언어적, 언어외적[5] 특징 중 관련이 있다고 간주된 것은 없었다. 결국 나는 전사본을 통해 분석할 연설문 중에서 언어적 측면만 기록하기로 결정했다. 이는 전사본에 실제 단어만 남기고 그 외의 억양, 강세, 유언 및 무언휴지(filled & unfilled pause)를 비롯한 측면은 거의 빠짐 없이 제거했다는 것을 의미한다. 실제로 나중에는 단어가 아닌 것, 즉 미완성한 단어 등은 모두 빼기로 결정하기에 이르렀다. 다시 말하지만 이렇게 결정한 이유는 이런 현상이 내 연구와 관련성이 없었고 그대로 반영하면 전사본의 가독성이 떨어진다는 효과만 있었을 것이기 때문이다.

지금까지 설명한 내용은 전사하는 방법을 배운 경험 중 전반부인데, 처음에는 대화분석에서 기법을 차용했다가 차후에 버리게 된 과정은 학제간 연구에 대한 작은 경고가 될 수 있다. 물론 연구방법론에서 영감을 받고 상대적으로 신진 분야에 해당하는 통역학을 지원하는 의미에서 학제간 활동의 참여를 권하는 연구자들의 논리에 동의한다. 하지만 어느 학문분야에 눈을 돌린다 하더라도 해당 분야의 학자들은 완전히 다른 접근방법과 기법이 통용되는 전혀 생소한 연구과정/프로그램에 몸 담고 있다는 것을 염두에 둬야 한다고 생각한다. 따라서 다른 학문분야의 연구방법을 차용하기 전에 반드시 이런 기법들이 개발된 보다 큰 맥락을 신중하게 고려해야 한다. 다시 말하자면 타 분야의 방법이 우리의 연구목적에 맞거나 적절히 조정될 수 있는지 확인해야 한다.

그런데 상기에서 설명한 전사 기법의 선정 외에도 데이터 조작은 또 있었다. 원 데이터의 소리를 표준 철자법에 따라 표기했는데, 이는 분명한 추상적 표기이다. 말을 글로 옮기는 방법에는 여러 가지가 있겠지만 다양한 표기법 중에서 기본적으로 발음 나는대로 적는 기호법(notation)이 있고 기본적으로 철자에 따라 기록하는 철자법이 있다. 따라서 같은 (영어) 발화도 *jeatchet* 혹은 *did you eat yet?* 두 가지로 표기할 수 있다(오코넬과 카월, 1999, p. 106). 내가 철자법을 고른 이유는 전사본의 가독성을 높이는 것으로 나타났을 뿐만 아니라 철자법이야 말로 구어를 가장 적절히 나타내는 방법이라는 충분한 합의가 있기 때문이다(이는 (외부)가설로서 주변의 몇몇 언어 사용자에게 문의하여 확인할 수 있었다). 이런 합의는 데이터와 사실 간의 실제 대응을 바탕으로만 이루어졌다기보다는 오랜 기간 사용되어왔기 때문에 이루어진 것이다.

데이터를 여러 가지 방법으로 조작한 결과 나온 전사본은 테이프에 실제로 녹음된 소리를 보기 좋게 정리한 면이 없지 않았다. 이런 전사본은 원 데이터를 왜곡해서 나타내기 때문에 분석에 적절치 않다고 주장할지 모른다. 하지만 여기서 내가 전달하고자 하는 내용은 데이터는 본질적으로 일정 정도 '왜곡'을 거치게 된다는 점이다. 아무런 조작을 거치지 않았다면 데이터가 아니다. 적어도 쓸모 있는 데이터는 아니다. 게다가 나의 전사본은 관련성을 토대로 선정한 내용을 반영하고 합의를 바탕으로 한 표기법에서 비롯된 것이었기 때문에 손쉽게 읽히고 준비하는데 너무 많은 시간이 소요되지 않는다는 추가적 이점이 있었다. 그럼에도 불구하고 조작을 거친다는 전사본의 특성상 실제 데이터를 분석하는 동안에는 실제 녹음된 내용을 수시로 확인해 대응이 이루어지고 있는지 확인하는 것이 좋다.

5.2 ST의 번역

텍스트에 대한 전사를 마친 후 나는 드디어 데이터 분석을 위한 준비를 모두 마쳤다고 생각했다. 하지만 이 또한 지나치게 낙관적인 생각으로 드러났다. 이 시점에서 문제가 된 것은 원 데이터의 구어적 특징이 아니라 비교연구의 특징에서 기인한 것이었다. 즉, 'ST와 TT를 비교한다'는 기본적인 계획이 말처럼 단순하지 않다는 것을 깨닫게 되었다.

이런 관측은 실제로 논리적이기도 하다. ST와 TT는 정의대로 서로 다른 언어로 표현되기 때문에 둘을 직접 비교할 수는 없다. 어릴 적 수학 선생님의 말을 빌자면 코끼리와 사과를 같은 단위로 취급하고 직접 비교할 수 없듯이 내 연구에서처럼 하나는 스페인어, 다른 하나는 덴마크어로 표현된 텍스트 간의 직접 비교는 불가능한 것이다.

그럼에도 불구하고 ST와 TT 간의 직접 비교는 수 많은 통역학자에 의해 명시적이든 암묵적이든 진행된 바 있고 흥미롭게도 우리는 이런 비교를 타당하다고 받아들인다. 이와 같은 비교를 얼토당토않다고 느끼지 않는 것은 우리가 ST 혹은 TT의 뒤에 숨은 번역본을 구성하고 수용하거나 또 다른 비교점(tertium comparationis)을 사용해서 비교를 하기 때문이라고 조심스럽게 추측하고 싶다. 다른 어떤 방법이나 근본적인 추론과정과 마찬가지로 이런 '정신적 번역(mental translation)'은 (그게 무엇이든 간에) 명시화되어야 다른 사람들이 그 타당성을 평가하고 그에 따라 일반적으로 분석과 결과를 통제할 수 있을 것이다. 이러한 연구방법, 분석, 결과의 투명성은 실제로 연구의 기본적 원칙 중 하나이다(질, 1990a, p. 29).

ST와 TT 간의 비교분석을 위한 적합한 기준으로 삼을 수 있는 데이터 기술방법에는 여러 가지 종류를 떠올릴 수 있다. 많은 문제의 소지가 있다는 것을 알고 있었지만 나는 이 시점에서 ST에서 대한 최소한의 번역을 통해 데이터를 기술하기로 결정했다(번역 원칙에 대한 설명을 보려면 아래 내용을 참고할 것).[6] 내 연구목적을 이루기 위해서는 ST를 도착어로 번역하는 것이 비교점을 설정하는 방법 중에서는 언어적 차이를 실질적으로 없애고 결국 비교가능성을 확보할 수 있는 가장 단순한 방법이라고 느꼈다.

이 맥락에서 내 연구의 가장 큰 목적은 통역에 의해 결정되는 텍스트 축약의 발현을 규명하는 것이지 관계되는 두 언어의 근본적 체계 간의 차이를 규명하는 것은 아니라는 점을 지적해야 한다.[7] 그렇기 때문에 ST와 TT 간 순수하게 언어에서 비롯된 길이의 차이를 제외하고 통역 과정의 결과에서 비롯된 것으로 간주할 수 있는 차이만 최종 데이터에 반영될 수 있도록 조치를 취해야 했다. 언어에서 비롯된 길이의 차이에 대한 간단한 예로 스페인어로 '노란색'(amarillo)을 가리키는 단어와 그에 대한 덴마크어의 격식에 맞는 대응어(gul)를 들 수 있다. 덴마크어 대응어가 스페인어 단어에 비해 글자와 음절 수가 적다는 것도 자명하지만 내 연구의 맥락에서 짧은 덴마크어 단어를 축약의 발현으로 분석하는 게 의미 없다는 것 또한 분명하다. 또한 비록 '경찰(politiet)'을 뜻하는 덴마크어 표현이 스페인어의 격식에 맞는 대응어(la policía)보다 단어 수가 명백히 적지만 전자를 후자의 축약으로 분류하는 것도 적합하지 않을 것이다. 하지만 앞서 설명했다시피 ST를 (특수한 방식으로) 번역하게 되면 순수한 언어 차이에서 비롯된 ST와 TT 간의 길이 차이를 실질적으로 없애고, 이 번역을 통해 ST와 TT를 비교할 수 있을 것이라고 생각했다.

TT가 아닌 ST를 번역하기로 한 이유는 ST는 하나이지만 TT는 여러 개라는 점에서 한편으로는 실질적인 선택이었고, 실제로 연구대상이 ST가 아닌 TT라는 점에서 다른 한편으로는 방법론상의 선택이었다.[8] 그렇기 때문에 (중요한) 데이터와 사실 간에 가능한 높은 수준의 대응을 이루기 위해서 TT에 대한 조작은 최소화해야 했다(4절 참고).

번역은 두 개의 기준에 따라 이루어졌으며 원칙적으로 서로 반대 방향으로 진행되었다. 한편으로는 TT의 형식적 구조를 반영한 번역이어야 했으며 그에 따라 형태, 통사, 어휘의 차원에서 도착어를 닮아야 했다. 이 첫 번째 기준에 따른 번역의 목적은 출발 텍스트와 도착 텍스트가 구조적으로 비교 가능하도록 하는 것이다. 다른 한편으로 번역된 텍스트는 다른 모든 면에서 ST의 직접 번역이어야 하며, 따라서 특별히 텍스트 차원에서 언어 사용의 관습이 출발어를 닮아야 했다. 이 기준은 번역이 실험 참가자가 통역하는 출발어를 가능한 한 많이 반영하도록 하기 위해 정의되었으며 보다 중요하게는 조작된 데이터가 최대한 원 데이터와 가깝게 대응하도록 하여 궁극적으로 그것이 반영해야 하는 사실을 충실히 드러내도록 만들어졌다.

번역된 ST를 사용한 비교에 대한 명백한 반론은 하나의 텍스트에 대한 번역은 절대로 유일하지 않고 이에 따라 완전히 객관적인 번역은 존재할 수 없고 항상 번역사의 해석, 선호도, 규범 등을 반영한다는 점이다. 다시 말해 번역본을 비교점으로 사용해서 드러내고자 하는 실세계의 사실과 비교적 정확하게 대응하는 데이터를 확보하기가 굉장히 어렵다는 것이다. 하지만 내 경우처럼 번역을 위한 기준을 사전에 정의하면 위의 약점은 상당 부분 줄일 수 있다. 단, 외부의 (준)전문가들이 번역 결과물이 해당 기준을 따랐다는 점을 확인하고 더 넓게는 데이터 분석의 기준점으로 번역을 사용하는 일의 타당성을 인정해줘야 한다. 나는 ST의 최소한의 번역 문제에 대해 여러 명의 동료, 언어학자, 번역사에게 자문을 구했고 실제로 이 연구방법 및 적용방식에 대해 필요한 간주관적 지지를 받을 수 있었다.

또 덧붙이자면 나는 이후의 연구 프로젝트에서 다른 종류의 비교점을 놓고 실제로 실험해봤지만(담, 1998 참고) 여기서 설명한 최소한의 번역보다 비교점으로 추천할만한 것을 찾지 못했다.

5.3 분절하기(Segmentation)

데이터 준비를 위한 세 번째이자 마지막 단계로 나는 ST와 TT를 보다 작은 일련의 단위로 나누기 시작했다. 나는 이 절차를 분절하기(segmentation)라 명명하기로 했지만 이 용어를 통역사들이 통역하면서

ST를 작은 단위로 쪼개는 일(chunking)과 혼동해서는 안 된다. 이 행위 역시 분절(segmentation)이라고 자주 불린다(예를 들어, 골드만-아이슬러, 1972). 이에 따라 분절단위(segment)는 분석의 단위이지 처리단위로 이해해서는 안 된다.

데이터를 분절한 목적은 기본적으로 한편으로는 체계적인 심층 분석이 가능할 정도로 작고 다른 한편으로는 ST와 TT 간의 비교가 가능할 정도로 동질적인 분석의 단위를 찾는데 있었다. 따라서 데이터를 보다 작은 단위로 나누는 기본적인 이유는 '두 개의 텍스트를 갖다가 서로 비교'하는 것이 가능하지 않다는 이해에서 출발한다. 경우에 따라서 통역과 관련된 텍스트는 어떤 의미에서는 '스스로 알아서 분절'되기도 하는데, 예를 들자면 대화통역에서 각각의 순서가 독립적인 발화단위로 바라볼 수 있기 때문이다. 하지만 내 연구의 경우처럼 하나의 텍스트가 (긴) 독백일 때는 경우가 다르다. 그렇기 때문에 나는 데이터를 분석하기 전에 보다 작고 다루기 용이한 단위로 미리 나눌 필요가 있었던 것이다.

다시 말하지만 내가 박사연구를 시작한 1990년대 초에는 통역 연구를 위한 의미 있는 분석의 단위가 무엇인지 정의하는 문제에 대해서 다룬 관련 문헌은 거의 없었다. 하지만 명제분석(propositional analysis)을 기반으로 통역을 연구하려는 몇몇 시도는 있었다. 즉, 의미적 명제(semantic proposition)를 분석의 기본단위로 삼는 것이었다. 인지심리학의 배경을 가진 학자들이 이런 시도를 했다는 사실은 놀랍지 않다(랑베르, 1989; 딜링거, 1990). 인지심리학 분야에서는 텍스트 이해와 상기를 연구하는데 이미 수 십 년 전부터 명제분석을 표준 도구로 활용해오고 있다. 내 분석의 중요한 기반이 된 반 다이크(1980)의 거시구조 이론에서도 명제를 분석의 기본단위로 제안했기 때문에 나의 당초 의도는 내 연구에도 명제를 적용하는 것이었다.

상당히 기본적인 반 다이크의 명제분석(1980)에서는 명제가 텍스트의 의미론적 구조를 나타내는 기본 단위이다.[9] 명제는 술부와 하나 이상의 논항으로 이루어져 있다. 술부는 명제의 핵심요소이고 대개는 각각의 목적어가 지니는 속성 혹은 목적어 간의 관계를 표시하는 기능을 한다. 이런 목적어가 명제의 논항에 해당한다. 간단한 예로 John loves Sheila와 같은 표면적 문장은 반 다이크의 명제분석에 따라 loves(John, Sheila)라는 명제로 표기된다(반 다이크, 1980, p.17). 여기서 loves는 술부, John과 Sheila는 순서에 따른 각각의 논항이 된다.

이와 같은 명제 표기법이 표면적 텍스트 이면의 의미론을 나타내고자 하는 기본적인 시도라고 본다 하더라도 엄격한 논리의미(logico-semantic)의 측면에서 본다면 의미론적 표현이라고 보기 어렵다. 따라서 명제모델은 공식언어로 표현된 문맥과 독립적인 의미론적 필수요소에 대한 의미론적 분석을 반영한다기보다는 자연언어–이 경우는 영어–에서 발생하는 문맥에 의존적인 표면적 표현의 직접적인 전달이다. 따라서 이와 같은 비교적 최근의 명제분석은 비형식적이지만 의미론적으로는 자연언어와 유사하다고 볼 수 있다.

관련된 내용을 더 많이 배울수록 나는 명제가 내 연구목적에 적절한 분석단위가 아니라는 점을 깨닫게 되었다. 일단 명제모델은 공식적 표상체계(representation system)의 단점은 모두 내포하면서 이런 체계가 이상적으로 갖춰야 할 장점은 없어 내재적으로 문제의 소지가 크다. 이상적으로 공식적 체계를 통해서는 텍스트의 의미에 대한 완전히 객관적 설명을 제시할 수 있어야 한다. 하지만 위에서 설명한 명제모델은 문맥과 독립적인 불변의 텍스트 의미를 포착하지 않고 텍스트 표면에 나타나는 언어적 표현을 재현한다는 의미에서 이런 이상과 상당히 동떨어졌다. 다른 한편, 이 모델은 공식적–혹은 준공식적–체계의 가장 큰 단점은 분명히 갖고 있다. 즉, 이 모델에 따라 분석을 수행하는 것은 굉장히 복잡하고 많은 시간을 소요한다. 내 경험상 텍스트의 몇 줄을 명제로 분석하는데도 몇 시간이 걸리고 상당히 많은 해석이 개입되는 작업이다. 그리고 필자 외에도 이런 반론을 제기하는 사람은 또 있다. 반 다이크 본인도 단 한가지 예를 들면서 명제분석을 제안하고는 자신이 "묘사한 번거롭고 (상당히 단순화했지만) 미세한 명제 표기법"을 포기한다(반 다이크, 1980, p.66). 이어지는 책의 본문에서는 분석대상 텍스트를 단순히 문장으로 분절하는 모습을 보인다. [10]

명제분석이 내재하는 복잡성 외에도 구체적인 문제는 내 연구에 적용하면서 발생했다. 일단 데이터 준비 후에는 형태에 대한 분석이 예정되어 있었고 분석 내용 중에는 구문에 대한 설명도 포함할 계획이었다. 그랬기 때문에 텍스트의 표면 구조를 반영하는 분석의 단위가 필요했고, 이런 면에서 본다면 의미론적 명제는 절대로 내 연구에 적절한 분석단위가 될 수 없었다.

궁극적으로 나는 텍스트의 표면 구조를 반영하는 분석단위 혹은 분절단위를 연구에 활용하기로 결정했다. 이 분절단위는 요약에 대한 한 노르웨이 박사학위논문의 저자가 제안한 단위에서 영감을 받았지만 동일하지는 않다(플로툼(Fløttum), 1989).

기본적으로 내가 사용한 분절단위는 하나의 동사를 중심으로 모인 일련의 단어로 특징 지을 수 있다. 이 핵심동사는 정동사(finite verb)이거나 준동사(non-finite verb)일 수 있다. 정동사일 경우에는 분절단위가 주절이든 종속절이든 간에 일반적인 문법상의 절에 대응하기 때문에 분절단위의 경계를 정하는데 문제가 없었다.

동사가 준동사인 경우, 분절단위는 더 이상 보통 절에 대응하지 않았고 분절단위 간 경계 설정을 위한 원칙을 추가로 정의해야 했다. 기본적으로 나는 준동사에 기초한 분절단위는 동사 자체로 시작해서 그에 이어 혹시 있을 접속사, 전치사, 부사가 연결되는 형태인 것으로 결정했다.

내 연구에서 정동사를 기본으로 한 절만 분석 기준으로 삼지 않고 준동사가 자체적인 분절단위를 이루도록 한 이유는 정동사를 기초로 텍스트를 나누면 면밀한 비교를 하기에는 너무나 긴 분절단위가 생기는 경향이 있었기 때문이다. 게다가 대부분의 경우 준동사와 그에 연결된 요소들은 그 자체로 통사적 의미론적으로 응집성 있는 단위를 이루고 있는 것을 발견할 수 있었다. 예를 들어, 분절단위를 구성하는 요소로서 정동사와 준동사를 모두 사용할 경우 다음과 같이 상대적으로 긴 문장도 두 개의 분절단위로 나눌 수 있었다.

> *I then divided the texts into a series of smaller units//in order to make in-depth comparisons possible.* (심층 비교를 가능하게 하기 위하여 // 텍스트를 여러 개의 작은 단위로 나눈 것이다.)

분절단위에 대한 위의 정의에 따라 내 데이터에서 ST와 TT 분절단위 간의 비교가능성을 확보하는데 유일한 조직적 문제는 통역사들이 ST에 본래 포함된 것보다 더 많은 동사를 사용하는 경향이 있다는 점이었다. 일례로 통역사들은 ST의 명사화 된 어절을 조직적으로 동사화하여 development 같은 단어가 develop로 대체되는 경우를 자주 볼 수 있었다. 이와 같은 변화는 실제로 문어를 구어로 바꿀 때 전형적으로 나타나는 것으로서 내 데이터에 특별히 빈번했던 이유는 ST가 본래 문어 텍스트로서 글쓰기의 전형적 어역(register)을 드러내는 반면(치프(Chafe), 1982) TT는 본질적으로 구어였기 때문이었을지 모른다(슐레징거, 1989 참고). 어쨌든 이런 변화는 큰 문제가 되지 않았다. 가끔 두 개의 (혹은 그 이상의) TT 분절을 하나로 합치는 단순한 방법으로 해결할 수 있었다. 이런 방식으로 필수적이었던 ST와 TT 분절 간의 비교가능성을 되찾을 수 있었다.

위에 개괄한 체계는 시행착오라고 설명할 수 있는 과정의 기본적 결과라고 볼 수 있다. 나는 여러 가지 분절 원칙을 시도해보고 내 연구에 적용되지 않는다고 판단되면 그 방법을 버렸다. 조동사를 제외한 정동사와 준동사 등 동시를 분절단위의 구성요소로 활용하면서 다루기 용이한 적절한 크기의 단위를 확보할 수 있었고 텍스트 내, 그리고 텍스트 간 동질성이 있어서 일반적으로 비교하기에 적합했다. 여전히 유효하게 사용된다는 점 외에[11] 본 체계의 가장 큰 장점은 텍스트의 표면적 구조를 반영한다는 점(이로 인해 의미에 대한 분석을 가로막지 않으면서 형태에 대한 분석을 가능하게 한다), 단순하며 사용이 용이하다는 점, 명제분석처럼 해석의 여지가 큰 표상에 비해 데이터 조작을 많이 필요로 하지 않는다는 것이다.

6. 결어

나의 원 데이터는 전사, 번역, 분절의 과정을 통해 조작적 데이터로 거듭났고 드디어 분석 단계로 넘어갈 수 있게 되었다.

지금까지의 수기를 통해 크게 두 가지를 보여줄 수 있었기를 바란다. 첫째는 데이터 수집과 데이터 분석 사이에 분석을 위해 수집한 데이터를 준비하는 과정이 상당히 길게 이어질 수 있다는 것이다. 이런 데이터 준비 작업이 존재하며 작업량이 많을 수 있다는 점을 인지하고 나의 경우와는 달리 연구 프로젝트를 계획할 때 반영하는 것이 중요할 것이다. 둘째는 분석을 위해 데이터를 준비하는 과정에는 상당한 정도의 선정, 축약, 해석, 다시 말해 조작이 있다는 것이다. 이런 조작의 유무가 데이터와 사실(fact)을 구분 짓는다. 데이터는 연구자의 해석에 따른 결과물로서 가설과 매우 유사하고 따라서 특별히 '명백하고 불변'하지 않다. 그 결과, 데이터는 전통적인 가설과 마찬가지로 주장으로 뒷받침하고, 검증하고, 확인하는 과정을 가능한 한 많이 거쳐야 한다.

미주

1. 내가 박사과정을 시작한 1991년에는 관련 박사학위논문이 단 두 편 있었다(셀레스코비치, 1975; 르데레르, 1981). 거의 십 년이 다 된 현재까지도 상황은 크게 달라지지 않았다. 지금까지 전 세계적으로 완성된 관련 학위논문은 한 손에 꼽을 정도다(출처: 통역에 대한 다니엘 질의 참고문헌 목록).

2. 사실(fact)을 순수하게 실세계의 현상으로 보는 관념을 일부 학자는 단순화한 것으로 간주할 수 있을 것이다. 하지만 본 논문에서 피력하고자 하는 기본적인 주장을 설명하는데 충분한 가치가 있다고 판단하기 때문에 이런 시각을 있는 그대로 채택하고 전달하기로 한다.

3. 물론 분석을 위해 데이터를 준비하는 단계 이전에도 데이터에 대한 조작은 존재한다. 다시 말해, 원 데이터로 사용될 사실을 선정하고 수집하는 과정에도 조작은 개입하게 된다. 하지만 그와 같은 종류의 조작은 여기서 관심사항이 아니다.

4. 내 연구에 사용된 실험 데이터가 단 한번이라도 (실세계의) 사실로서의 지위를 지녔다고 주장하는 것은 무리가 있지만 논의를 위해 본 논문에서는 그렇게 전제하겠다.

5. 내 원 데이터는 테이프에 음성녹음만 한 반면, 영상녹화를 필요로 하는 관계로 어차피 기록할 수 없는 여러 가지의 언어외적 특징(예: 시선과 몸짓)이 있었다.

6. 통역 논문 중에는 ST 혹은 TT, 그리고 경우에 따라서는 양쪽 모두에 대한 번역본을 사용하는 사례가 있지만 이런 경우에는 번역본이 영어가 아닌 타언어의 데이터를 독자들에게 전달하는 기능을 주로 하며 일명 영어주석(English glosses)이라고 한다(세튼, 1999; 담, 1998, 2000; 바덴조, 1992). 참고로 이런 번역문이 갖는 분석도구로서의 기능에 대한 바덴조의 견해(본 권) 및 자신의 박사학위논문에서 ST의 번역본을 비교점으로 활용한 숄다거의 사례(본 권)를 볼 것.

7. 이는 연구를 비교언어학이 아닌 통역학 분야 내에 둔다는 의미에서 중요하다.

8. 본 연구는 물론 비교연구로서 ST와 TT 모두 관련이 있었지만 연구의 주요 목적이 일반 화자/연사가 아닌 통역사가 어떻게 발화하는가에 대해 통찰을 얻는 것인 만큼 주요 관심 대상은 TT였다.

9. 명제 외에도 반 다이크는 보다 복잡한 의미론적 표상의 단위로서 FACTS를 소개하면서 "여러 개의 명제 간의 위계적 구조를 할당하는 개념적 단위"라고 설명하고 있다(반 다이크, 1980, p.17). 명제가 구(phrase)나 구의 일부 등 상대적으로 작은 표현의 단위에 해당하는 게 일반적이라면 기본적으로 FACTS는 절(clause)과 문장처럼 보다 큰 표면적 표현의 단위와 대응한다.

10. 이후에 통역 연구에 명제분석을 적용한 두 명의 다른 연구자는 나보다 좋은 결과를 얻은 것으로 보고하고 있다(톰몰라와 린트홈(Lindholm), 1995). 이에 따라 톰몰라와 린트홈은 자신들이 사용한 명제분석 방식을 두고 "비교적 명쾌하다"고 설명한다(1995, p.125). 하지만 설명에 뒤이어 이들이 제시하는 명제분석 모델을 보면 이들 역시 명제체계의 복잡성을 완전히 간과하고 있지는 않다는 것을 알 수 있다.

11. 이 체계가 효과적인 이유, 다시 말해 ST와 TT 간 비교가능한 단위를 만들어내는 이유 중 하나는 분석의 단위가 통역 과정에서 사용하는 전형적인 처리의 단위와 비교적 잘 맞아떨어지기 때문이다. 즉, 통역사들이 ST를 분절하는데 있어서 동사가 상당히 중요한 역할을 하는 것으로 보고되고 있기 때문이다(골드만-아이슬러, 1972).

참고문헌

Altman, J. 1990. "What Helps Effective Communication? Some Interpreters' Views". *The Interpreters' Newsletter* 3: 23-32.

Chafe, Wallace L. 1982. "Integration and Involvement in Speaking, Writing, and Oral Literature". In *Spoken and Written Language: Exploring Orality and Literacy,* D. Tannen (ed). Norwood, New Jersey: Ablex.

Dam, Helle V. 1995. *Tekstkondensering i Foredragstolkning: Formel og Sproglig Analyse på Grundlag af Spansk-Danske Tolkninger* [Text Condensation in Consecutive Interpreting: Formal and Linguistic Analyses Based on Spanish-Danish Interpretations]. PhD dissertation, Aarhus: Faculty of Modern Languages, Aarhus School of Business, Denmark.

Dam, H. V. 1996. "Text Condensation in Consecutive Interpreting: Summary of a PhD Dissertation". *Hermes* 17: 273-281.

Dam, H. V. 1998. "Lexical Similarity vs Lexical Dissimilarity in Consecutive Interpreting. A Product-oriented Study of Form-based vs Meaning-based Interpreting". The *Translator* 4(1): 49-68.

Dam, H. V. 2000. "On the Option between Form -based and Meaning-based Interpreting: The Effect of Source Text Difficulty on Lexical Target Text Form in Simultaneous Interpreting". In *Översättning och Tolkning,* B.E. Dimitrova (ed). University of Uppsala: Ekonomikum.

van Dijk, Teun A. 1980. *Macrostructures. An Interdisciplinary Study of Global Structures in Discourse, Interaction, and Cognition.* Hillsdale, New Jersey: Lawrence Erlbaum.

Dillinger, M. 1990. "Comprehension during Interpreting: What do Interpreters Know that Bilinguals Don't?". *The Interpreters' Newsletter* 3: 41-58.

Du Bois, John W. 1991. "Transcription Design Principles for Spoken Discourse Research". *Pragmatics* 1: 71-106.

Ehlich, K. 1993. "HIAT - a Transcription System for Discourse Data". In *Talking Data: Transcription and Coding in Discourse Research,* J.A. Edwards and M. D. Lampert (eds). Hillsdale, New Jersey: Lawrence Erlbaum.

Fabbro, E, Gran, L., Basso, G. and Bava, A. 1990. "Cerebral Lateralization in Simultaneous Interpretation ". *Brain and Language* 39: 69-89.

Fabbro, E, Gran, B. and Gran. L 1991." Hemispheric Specialization for Semantic and Syntactic Components of Language in Simultaneous Interpreters". *Brain and Language* 41: 1-42.

Fløttum, K. 1989. *La Nature du Résumé Scolaire. Analyse Formelle et Informative.* Doctoral Disserta tion, Trondheim: University of Trondheim.

Gallina, S. 1992. "Cohesion and the Systemic-Functional Approach to Text: Applications to Political Speeches and Significance for Simultaneous Interpretation". The *Interpreters' Newsletter*4: 62-71.

Gerver, D. 1974. "The Effects of Noise on the Performance of Simultaneous Interpreters: Accuracy of Performance". *Acta Psychologica* 38: 159-167.

Gile, D. 1990a. "Scientific Research vs. Person al Theories in the Investigation of Interpretation". In *Aspects of Applied and Experimental Research on Conference Interpretation,* L. Gran and C. Taylor (eds). Udine : Campanotto Editore.

Gile, D. 1990b. "Research Proposals for Interpreters". In *Aspects of*

Applied and Experimental Research on Conference Interpretation, L. Gran and C. Taylor (eds). Udine: Campanotto Editore.

Gile, D. 1991."Methodological Aspects of Interpretation (and Translation) Research". *Target* 3(2): 153- 174.

Gile, D. 1994. "Opening up in Interpretation Studies". In *Translation Studies. An Interdiscipline,* M. Snell-Hornby, F. Pöhhacker and K. Kaindl (eds). Amsterdam and Philadelphia: John Benjamins.

Gile, D. 1999. "Doorstep Interdisciplinarity in Conference Interpreting Research". In *Anovar/Anosar. Estudios de Traducción e Interpretación,* A. Álvarez Lugrís and A. Fernández Ocampo (eds). Vigo: Servicio de Publicacións da Universidade de Vigo.

Goldman-Eisler, F. 1972. "Segmentation of Input in Simultaneous Translation". *Journal of Psycholinguistic Research* 1(2): 127-140.

Gran, L. and Dodds, J. (eds} 1989. *The Theoretical and Practical Aspects of Teaching Conference Interpretation.* Udine: Campanotto Editore.

Jefferson, G. 1984. "Notes on a Systematic Deployment of the Acknowledgement Tokens "yeah" and "mm hm"". *Papers in Liguistics* 17: 197-216.

Jefferson, G. 1989. "Preliminary Notes on a Possible Metric Which Provides for a 'Standard Maximum' Silence of Approximately one Second in Conversation". In *Conversation: An Interdisciplinary Perspective,* D. Roger and P. Bull (eds). Clevedon, United Kingdom: Multilingual Matters

.Jensen, Per A., Sørensen, F. and Vikner, C. 1989. "Data, Corpora, and Linguistic Research". *Hermes* 2: 179-186.

Lambert, S. 1989. "Recall and Recognition among Conference Interpreters". In *The Theoretical and Practical Aspects of Teaching Conference Interpretation,* L Gran and J. Dodds (eds). Udine: Campanotto Editore.

MacWhinney, B. 1991. *The CHILDES Project: Tools for Analyzing Talk.* Hillsdale, New Jersey: Lawrence Erlbaum.

Nølke, H. 1994. *Linguistique Modulaire: de la Forme au Sens.* Louvain: Peeters.

O'Connell, D.C. and Kowal, S. 1994. "Some Current Transcription Systems for Spoken Discourse: A Critical Analysis". *Pragmatics* 4: 81-107.

O'Connell, D.C. and Kowal, S. 1995a. "Basic Principles of Transcription". In *Rethinking Methods in Psychology,* J. A. Smith, R. Harré and L. Van Langenhove (eds). London: Sage.

O'Connell, D.C. and Kowal, S. 1995b. "Transcription Systems for Spoken Discourse". In *Handbook of Pragmatics,* J. Verschueren, J. O. Östman and J. Blommaert (eds). Amsterdam: John Benjamins.

O'Connell, D.C. and Kowal. S. 1999. "Transcription and the Issue of Standardization". *Journal of Psycholinguistic Research* 28(2): 103-120.

Seleskovitch, D. 1975. *Langage, Langues et Mémoire. Études de la Prise de Notes en Interprétation Consécutive.* Paris: Minard.

Setton, R. 1999. *Simultaneous Interpretation. A Cognitive-Pragmatic Analysis.* Amsterdam and Philadelphia: John Benjamins

Shlesinger. M. 1989. *Simultaneous Interpretation as a Factor in Effecting Shifts in the Position...of Texts on the Oral·Literate Continuum.*

MA·thesis. Tel Aviv: Department of Poetics and Comparative Literature. Faculty of the Humanities. Tel Aviv University.

Shlesinger. M. 1994. "Intonation in the Production and Perception of Simultaneous Interpretation". In *Bridging the Gap. Empirical Research in Simultaneous Interpretation,* S. Lambert and B. Moser-Mercer (eds). Amsterdam and Philadelphia: John Benjamins.

Stenzl, C. 1983. *Simultaneous Interpretation. Groundwork towards a Comprehensive Model* MA-thesis. London: University of London.

Tommola, J. and Niemi, P. 1986. "Mental Load in Simultaneous Interpreting: An On-line. Pilot Study". In *Nordic Research in Text Linguistics and Discourse Analysis. Papers from the First NORDTEXT Symposium,* L. Evensen (ed). Trondheim: Tapir.

Tommola, J. and Lindholm, J. 1995. "Experimental Research on Interpreting: Which Dependent Variable?". In *Topics* in *Interpreting Research,* J. Tommola (ed). Turku: University of Turku, Centre for Translation and Interpreting.

Wadensjö, C. 1992. *Interpreting as Interaction.* PhD dissertation. Linköping: the University of Linköping.

담화분석을 통해 통역에 접근하기

세실리아 바덴조(Cecilia Wadensjö)
린셰핑대학교, 언론정보학부, 스웨덴

1978년에 나는 스톡홀름 대학교에서 러시아어-스웨덴어 통역으로 학사학위를 취득했다. 그곳의 통역교육과정은 당시 처음 개설된 프로그램 중 하나였다. 개설된 과목은 의학, 법률, 비즈니스, 사회복지 분야의 면대면 상황에서의 통역에 초점을 맞추고 있었다. 하지만 병원과 법정 등 현장에서 통역을 직접 경험하면서 수업 때 접했던 것보다 현실은 훨씬 더 복잡하다는 것이 분명해졌다. 나는 통역이론과 통역사가 매일 일하는 현장 간의 보다 긴밀한 연결고리가 필요하다고 봤다. 나와 동료들이 알고 있는 통역이라는 사회적 행위는 기존 문헌에서 사실상 기술되거나 탐구되지 않은 상황이었다.

1. 적합한 대학 프로그램 찾기

따라서 연구자가 되겠다는 나의 선택은 특별한 종류의 사회적 행위 및 통역 직종에 대한 직접적인 관심에서 비롯되었다. 통역사들의 업무를 수년 간 연구한 지금 나는 내가 생각했던 것보다 탐구할 내용이 훨씬 많다는 것을 알게 되었다. 배우면 배울수록 실제로 알지 못하는 것에 대한 자각이 커지기 마련이다. 내 관점에서 보면 통역은 다양한 이론적 각도에서 그 자체로서 연구되어야 한다. 또한–특히 이 부분이 흥미롭다고 보는데–통역사가 중개하는 의사소통 행위는 보다 일반적인 면대면의 사회적 상호작용을 연구하는 확대경으로 사용될 수 있다.

이런 개인적 관심에도 불구하고 스웨덴 린셰핑대학교(Linköping University)의 언론정보학부가 아니었다면 과연 박사학위 과정을 시작하게 되었을지 의문이다. 1984년에 나는 본 학부에 대해 알게 되었고 그곳에서 사회적 상호작용에서 벌어지는 대화에 대한 학제간 연구를 진행한다는 것을 전해들었다. 이곳에서 진행되는 연구 프로젝트를 보니 내가 학부 때 다녔던 두 곳의 대학교의 어학 관련 학부에서 볼 수 없었던 또 다른 종류의 언어적 관심과 언어 사용에 집중하고 있다는 것을 알 수 있었다. 1986년에 나는 린셰핑 박사과정에 지원했고 의사소통 현상으로서의 통역에 대한 프로젝트를 진행하기로 하고 입학하게 되었다.

2. 문제를 포착하고 연구방법 찾기

의사소통 현상으로서의 통역에 대해 관심을 갖게 된 것은 나의 개인적 실무 경험 때문이었다. 통역사로서 어떻게 행동해야 하는지는 알고 있었다. 즉, 메시지를 최대한 충실히 전달하고 중립적으로 통역에 임하라고 한다. 하지만 현실에서 경찰 심문, 사회 서비스 관련 면담, 정신상담이 이루어지는 면담 등에 참여하면서 위와 같은 통역의 원칙을 어떻게 적용해야 하는지 불분명한 상황을 경험하게 되었다.

더욱이 통역사로 일하면서 나는 사람들이 다양한 방식으로 언어를 이해하고 사용하며 나를 언어 중개자로 활용한다는 것을 깨닫게 되었고 사람들이 나의 업무를 어떻게 보는가에 따라 나의 업무조건도 달라진다는 사실을 경험했다. 의뢰인, 환자, 용의자, 의료계 종사자, 법조인 등의 사람들은 주어진 상황 및 통역사를 포함한 대화참여자에 대한 바람과 기대에 맞춰 말을 한다. 따라서 나는 통역사로 일하면서 언어적·사회적 지식의 중요성을 몸소 경험했고 이처럼 다양한 종류의 언어지식이 얼마나 깊게 상호작용하는지 깨닫게 되었다.

그때까지 내가 접했던 대부분의 통역 관련 문헌은 통역사의 뇌에서 벌어지는 정신적 과정을 조명하는데 목적이 있었다. 이런 문헌은 통역을 통역하는 사람의 정신적 수고의 산물로 다루었고 통역활동에 내포된 인지적 제약과 통역과정에 활용되는 인지적 기술을 탐구했다. 이러한 접근방법은 심리언어학 이론 및 관련 연구설계를 토대로 하며 본 권의 다른 장에서도 다루고 있다. 하지만 내가 관심을 두고 있던 사회적 과정에 초점을 맞춘 저자는 별로 없었다. 나는 통역을 인간 의사소통의 언어적·사회적 현상으로 연구하고 싶었는데, 두 개의 언어 간의 단어와 문장보다 넓은 언어적 맥락과 개별 통역사보다 넓은 사회적 맥락 안에서 연구를 진행하고 싶었다. 따라서 나는 사회적·문화적 상황에서 이루어지는 상호작용으로서의 통역을 탐구하겠다는 연구 프로젝트를 계획했고 나의 방법론에 적합한 담화분석의 여러 가지 접근방법을 발견하게 되었다.

처음 박사연구 프로젝트를 시작할 때는 담화분석에 대한 어렴풋한 생각만 있었을 뿐이고 통역연구에 이를 적용하는 방법과 이유도 막연했다. 담화분석의 개념을 처음 접했던 것은 통번역학 분야의 문헌을 통해서가 아니라 의사소통 및 사회적 상호작용 속의 대화에 대한 수업 덕분이었다. 본 논문에서는 담화분석을 접한 이후 내가 적용한 접근방법을 개괄하고자 한다. 하지만 그에 앞서서 외래 분야라고 볼 수 있는 담화분석에 대한 일반적 내용을 살펴보겠다.

3. 담화분석이란?

반 다이크(1985)의 *Handbook of Discourse Analysis*을 읽으면 드러나는 내용이지만 담화라는 용어는 언어학, 인류학, 사회학, 심리학, 철학 등 여러 학문분야에 걸쳐 폭넓게 사용되고 있다. 4권으로 이루어진 반 다이크의 저서는 1980년대 중반 담화분석이라는 표제 아래 언어사용, 텍스트, 대화 상호작용에 공통의 관심을 두고 있었던 다학제적 분야의 상황을 반영하고 있다. 때로는 동일한 연구분야를 두고 텍스트 언어학과 화용론이라는 이름이 사용되는 것을 볼 수도 있다. 쉬프린(Schiffrin, 1994)은 담화분석이라는 표제의 기원을 젤리그 해리스(Zellig Harris)에서 찾는다. 1952년 그는 담화분석이라는 제목으로 미국의 한 언어학 학술지에 논문을 발표한 바 있다. 그의 연구 프로젝트는 이후에 담화분석이라 명명된 분야와는 완전히 다른 언어학의 한 갈래인 언어구조주의(linguistic structuralism)의 이론과 방법을 확장하고자 하는 것이었다. 담화분석이라는 표제 아래 연구되는 내용을 보면 *담화의 구조*(담화를 텍스트로 정의된 단위로 구성되었다고 보는 관점), *담화의 내용*(기호학적 접근방법), *인간 상호작용의 역학*(담화를 활동으로 보는 관점) 등이 포함된다.

하지만 학문적 언어 연구의 방향이 언어구조에서 언어사용으로 옮겨 간 것은 (혹은 언어구조만큼 언어사용을 중시하게 된 것은) 담화분석보다 훨씬 이전의 일이다. 예컨대 20세기 초 프라하 학파와 영국의 실증적 전통의 연구에서도 이런 시각을 찾아볼 수 있다. 언어의 일상적 사용에 초점을 두게 된 데는 20세기 초 활발한 활동을 벌인 말리노브스키(Malinowski) 같은 인류학자를 비롯한 민족지 학자들의 공이 컸다(J. R. 퍼스(Firth), 1968 참조). 말리노브스키는 이제는 보편화된 민족지학의 현지조사 접근방법, 일명 참여관찰법(participant observation)을 주창했다. 이를 위해 그는 쉽게 말해 현지인이 되었다. 즉, 트로브리안드 섬처럼 그가 연구대상으로 삼은 곳의 사람들과 함께 살고 이들과 대화를 한 것이다. 그의 핵심 주장 중 하나는 트로브리안드 섬 현지인들의 말에 대한 언어학적 분석은 단순히 현지어 대신 영어 단어를 삽입하는 방법으로는 진행할 수 없다는 것이다. 그의 관측에 따르면 언어 사용은 발생한 상황뿐만 아니라 참여자의 현재 관습과 사회 심리학과 밀접하게 연관되어 있다는 것이다(말리노브스키, 1923). 언어학이 보통의 상황에서 사람들이 실제로 말하는 방식에 대한 것이라는 그의 생각은 J. R. 퍼스와 M. A. K. 할리데이(Halliday) 등의 영국 언어학자들이 이어받아 더욱 발전시켰다. 이런 생각은 또한 비트겐슈타인(Wittgenstein)의 연구에도 반영되었는데 *Philosophical Investigations*의 핵심 주장은 단어의 뜻이 그 용례에 따라 결정된다는 것이었다(비트겐슈타인, 1958). 또한 오스틴(Austin)의 연구에도 영향을 줘서 *How to Do Things with Words*(1962)라는 저서는 단어의 기능과 뜻 간의 연결고리에 초점을 맞추고 있다. 비트겐슈타인과 오스틴 모두 언어철학자로서 담화분석이 학문연구의 한 영역으로 발전하는데 크나큰 영향을 미쳤다.

Approaches to Discourse(1994)라는 저서에서 쉬프린은 여러 담화분석 전통의 이론과 방법을 명확하게 설명하면서 타 언어학의 영역과 어떻게 연관되는지 서술하고 있는데, 이에 대해 담화분석은 "광범위하면서 다소 모호한 하위분야"라는 견해를 밝히고 있다(쉬프린, 1994, viii). 그의 저서에는 화행론(Speech Act Theory), 의사소통 민족지학(Ethnography of Communication), 대화분석, 변이분석(Variation Analysis) 등의 폭넓은 학문적 전통을 다루는 장이 있는데 이 모든 영역은 두 개 혹은 그 이상의 학문분야에 뿌리는 두고 있다.

쉬프린의 주장처럼 모든 담화분석은 의사소통 모델을 근간으로 하고 있으며 그가 자신의 연구에서 보여주듯이 담화에 접근하는 방법은 어떤 모델을 채택하느냐에 따라 크게 달라진다. 책의 마지막 장에서 쉬프린은 세 개의 다른 의사소통 모델 즉, 코드 모델(code model), 추론 모델(inferential model), 상호작용 모델(interactional model)을 구분하면서 여러 전통이 각각의 모델에 다르게 할당될 것을 제안하고 있다(1994, p. 391-405). 각 모델을 기술하는 출발점은 의사소통을 개시하는 사람의 역할이다. 다시 말해, 코드 모델에서는 생각을 전달하는 화자(actor)가 있다. 반면 추론 모델은 자신의 의도를 타인에게 분명히 드러내는 개별 화자(actor)의 역량에 초점을 맞춘다. 마지막으로 상호작용 모델은 초점을 화자에서 청자로 옮기는데, 다른 말로 하자면 두 대화자(actor)의 의사소통 행위로 관심의 초점이 움직인다. 마지막 모델에서는 대화자의 의도와 무관하게 의사소통이 이루어질 수 있다고 본다. 상호작용 모델의 핵심을 전달하기 위해 쉬프린은 의사소통 연구자 바츨라비크(Watzlawick) 외(1967)의 주요 주장을 인용한다. 즉, "의사소통을 *안 할래야* 안 할 수 없다."(p.48-49)

4. 통역사가 중개하는 담화에 대한 나의 접근방법

물론 연구의 출발점과 대상으로 삼은 단위가 무엇이냐에 따라 연구방법은 달라지기 마련이다. 개인을 연구의 주요 단위로 본다면 담화분석적 접근방법에 실험적 혹은 준실험적 연구 설계를 고려할 수 있을 것이다.

내 연구의 경우를 보면 지금까지 철저하게 비실험적(non-experimental) 연구모델을 적용했다. 의사소통 모델 중에서는 상호작용 모델을 전제로 하고 있고 연구의 주요 단위는 통역(즉, 한 개인이 타인의 생각을 전달하는 행위)이나 통역사(즉, 타인의 의도를 전달하는 개인)가 아닌 일명 통역사 중개 만남(interpreter-mediated encounter)이다.

통역사 중개 의사소통에 대한 비실험적 연구 프로젝트를 설계할 때 나는 통역이 *어떻게* 진행되는가?라는 개방형 질문에서 시작했다. 통역이 특정 방식으로 진행되는가 그렇지 않은가? 라는 방식으로 질문하지 않았다. 그랬다면 가설을 가정하고 이를 검증하거나 기각해야 할 것이다. 내가 수집한 데이터는 몇몇 기관, 대화자 및 언어를 포괄하도록 정리되어 있지만 이런 특징을 통제하거나 안정적 변수로 삼을 계획은 없었다. 이런 식의 분석적 용어는 실험연구를 설계할 때 등장하는 것이다. 내가 기록한 면담 간의 비교가능성은 자동적으로 확보되지 않았고 연구에서 항상 관심을 두고 있는 문제도 아니었다. 통역사가 중개하는 상호작용의 속성을 연구하면서 오히려 분석의 초점으로 삼은 것은 의사소통 상황에 대한 통제권과 책임이 통역사와 의뢰인 간에 어떻게 분산되는가 하는 문제이다.

비실험적 담화 연구의 방법론과 관련한 핵심 사항 중 하나는 하고자 하는 분석에 의미가 있는 맥락과 해당 맥락의 층위는 무엇인가 하는 문제다. 예를 들어, 자신이 연구자로서 연구대상에 어떤 영향을 미치는지 검토하려고 할 수 있고, 혹은 데이터를 수집하는 상황이 조사 대상이 되는 활동에서 일상적으로 벌어지는 상황을 얼만큼 제대로 반영하는지 궁금할 수 있다. 이런 관심 사항을 기록의 대상이 되는 상호작용의 자연스러움이라는 주제로 묶을 수 있다(연관 있는 맥락의 한계를 정의하는 문제에 대한 자세한 논의를 보려면 드류(Drew)와 헤리티지(Heritage), 1992; 듀란티(Duranti)와 굿윈(Goodwin), 1992; 실버맨(Silverman), 1993을 참고할 것).

내가 연구를 시작하던 1987년에는 대화분석이라는 연구분야가 내 연구에 큰 영감을 주게 되었다. 이를 처음 주창한 사람은 1964년에서 1975년까지 UCLA에서 근무한 하비 삭스(Harvey Sacks)였다. 그의 *Lectures on Conversation*(삭스, 1992)는 이후 그의 공동연구자였던 이마누엘 쉐글로프(Emanuel Schegloff)와 게일 제퍼슨(Gail Jeffersson)에 의해 출간되었다. 대화분석의 목표는 일상적인 대화에서 드러나는 사회질서의 층위를 조사하고 사람들이 서로 상호작용하면서 특별한 목적을 이루기 위해 사용하는 방법을 알아보고자 하는데 있다. 이런 문제를 탐구하기 위해 사용하는 과학적 방법은 자연적으로 발생하는 대화를 기록하고 전사하는 것이다.

특정 대화를 녹음하면 기억에 의존해 대화를 재구성하는 것과는 비교할 수 없을 수준으로 상세한 설명이 가능하다. 녹음은 대화의 같은 대목을 반복적으로 관찰하는 것을 가능하게도 한다. 참여관찰법의 경우처럼 단일 연구자만 대화를 관찰하는 것이 아니라 수 많은 연구자가 동일한 데이터를, 그것도 서로 다른 시점에 분석할 수 있게 된다. 따라서 연구결과는 통제 가능하고 대안적 분석은 검증해볼 수 있다. 이는 대화분석이 엄격한 경험적 학문분야라는 주장을 뒷받침하는 핵심 내용이다(삭스, 1984, p. 26).

따라서 통역사 중개 상호작용에서 의사소통이 *어떻게* 이루어지는지 (그리고 불발되는지) 알아보기 위해 적용한 주요 방법은 자연적으로 발생하는 대화–다시 말해 내가 연구자로서 현장에 있지 않아도 사람들이 자연스럽게 말했을 면담 상황–을 녹음/기록하고 전사하는 것이었다. 관찰의 대상이 된 사람들은 통역사의 도움을 받아 자신의 의무를 충실히 이행한 전문인이거나 자신의 개인적 일을 처리한 의뢰인 혹은 환자였다. 이와 같은 프로젝트를 시작하기 전에 데이터를 녹음하고 전사하는 것과 관련한 실질적 문제를 신중히 고민해야 한다. 여러 실질적 문제 중 빈번하게 맞닥뜨리게 되는 것은 필요한 종류의 만남이 성사되는 상황에 어떻게 접근하느냐의 문제이다.

5. 실질적 문제: 데이터에 접근하고 참여자 선정하기

연구 프로젝트를 계획하는 단계에서 연구자의 자격으로 방문하고자 하는 기관 혹은 조직의 일상업무를 이해하고 있을 지도 모른다. 예를 들어 과거에 그곳에서 통역사나 언어 전문가로 근무한 경험이 있는 경우가 이에 해당한다. 개인적인 생각이지만 연구자의 자격으로 맡겨진 데이터에 대해서는 해당 목적 외의 연구를 진행할 의도로 허락을 구하지 말라는 조언을 하고 싶다. 그래야만 연구자가 아닌 다른 자격으로 일을 할 때 업무 외의 개인적 이해관계가 있다는 인상을 주지 않을 수 있다. 나는 녹음 작업을 계획할 때 연구 프로젝트에 대한 간략한 소개와 함께 주요 연구 문제, 필요로 하는 녹음의 횟수와 종류, 정보 수집을 위해 사용할 기타 다른 방법(면담,현장 일지 등) 등의 내용을 적어두었다. 이렇게 정리한 내용을 들고 데이터 수집을 할 수 있도록 허락해달라는 요청을 했다.

필요한 녹음의 횟수를 살펴보면 20개의 만남을 녹음한 코퍼스는 내가 정한 연구 문제에 대한 주요 데이터로는 방대한 양이라고 간주할 수 있다. 반면 실험연구를 계획하고 있어서 주어진 상황에서 특정 현상의 발생 빈도를 알아보고자 한다면 이는 적은 숫자일 수 있다. 하지만 인간 상호작용의 한 측면을 탐구하고자 하는 사례연구라면 원칙적으로는 단 하나의 녹음자료로도 연구가 가능하다.

대화 녹음에 대한 허락을 요청할 때 나는 늘 해당 기관의 최고위책임자에게 연락을 시도했다. 기관에서 전체적인 허락이 떨어지면(이는 기관에 소속된 누군가가 연구자의 역량으로 기관 내에 있는 나의 존재를 책임진다는 의미이다) 자료 수집을 시작해도 좋다. 승인을 받은 후에도 때로는 불청객이 된 기분일 수 있지만 어쨌든 거기에 있어도 된다는 허락은 받은 것이니 괜찮다.

담화 관련 자료를 수집할 때는 조건이 맞는 면담이 언제 어디에 있을지에 대한 정보를 받고 반대로 이러한 모임에 참여하는 사람들에게 정보를 전달해줄 수 있는 사람들이 필요할 수 있다. 이 단계에서는 조직 내에 지인이 있는 것이 연구자에게는 상당히 도움이 된다.

물론 어떤 면담의 적합도는 현재 연구의 관심과 연구문제에 따라 결정된다. 면담을 선정할 때 나는 지인(경찰관과 의료계 종사자)들에게 일상적 만남이라고 스스로 생각하는 것을 소개해달라고 부탁했다. 이는 대화의 상호작용이 어떻게 조직되고 관리되었는지를 보고 대화의 내용에 지나치게 집중하지 않기 위해서 결정한 사항이었다. 또한 보다 특수하거나 극적인 사례를 탐구하고 녹음하기 위한 승인을 요청했을 때 가끔 맞닥뜨리는 반대를 피하고자 하는 이유도 있었다.

전체적인 허락을 받았다 하더라도 녹음을 하기에 앞서서 연구 프로젝트에 참여시키고자 하는 모든 사람들의 개인적 동의를 구해야 한다. 윤리적 이유로 일반인들에게는 대개 해당 기관을 방문하기 전에 기관을 통해 미리 서신을 보내면서 동의를 구하고, 본인의 명시적 승낙 없이는 이들의 자료에 어떠한 접근도 하지 못한다는 사실을 고지했다. 반면 통역사들에게는 직접 연락을 취했다. 나 역시 통역사이기 때문에 연락을 취할 수 있는 전문 통역사 네트워크는 크다.

선정된 면담의 참여자들은 언제든 관찰과 녹음을 중단할 수 있는 선택권과 철저한 익명성을 보장 받아야 한다. 어떤 이들은 숨길 것이 없기 때문에 비밀유지가 되지 않아도 개의치 않는다고 한다. 그럼에도 불구하고 나는 동일한 면담에 참여하고 녹음된 세 사람이 모든 점에 대해서 변함 없이 동의하리라는 법이 없다는 사실을 염두에 두고 처음 계획대로 항상 익명성을 보장해왔다.

마지막으로 통역사들이 녹음될 면담을 선정하거나 통역사 스스로 전문가 혹은 일반인에게 녹음에 대한 승낙을 요청하지 않도록 주의할 필요가 있다고 생각한다. 통역사에게 이런 요구를 하게 되면 면담을 방해한다는 비난을 받을 위험이 높아진다. 연구자 자신이 유창한 언어에 대해 연구를 한다면 각각의 참여자에게 직접 허락을 요청할 수 있다.

연구에 선정된 언어조합은 방법론 및 분석기법에 몇 가지 영향을 줄 있다. 일단 통역사가 중개하는 상호작용을 전사하기 위해서는 연구자(및 연구조교)는 두 개의 언어 모두 유창하게 구사할 수 있어야 한다.

내가 박사 연구 프로젝트를 시작할 때는 어떤 언어조합을 선택해야 하는지에 대한 분명한 답이 없었다. 나의 지도교수가 처음 제안한 생각은 많이 사용하는 언어인 핀란드어와 스페인어 대화를 연구해보라는 것이었다. 자주 사용하는 언어인 만큼 녹음할 수 있는 면담도 자주 있을 것이고, 전사를 도와줄 수 있는 해당 언어의 전문가들과도 연이 있다는 것이 이유였다.

언어 전문가의 도움을 받으려면 추가적인 비용이 발생한다는 경제적인 이유도 일부 있었지만 더 중요하게는 실용성과 분석의 용이함이라는 이유 때문에 나는 박사논문에 러시아어-스웨덴어 자료만 사용하기로 결정했다. 내가 원하는 종류의 조사를 진행하기 위해서는 양 언어 모두에 대한 언어적·문화적 역량이 요구되었다. 내가 실제로 녹음한 스페인어-스웨덴어 자료에서는 사람들이 하는 모든 이야기를 이해하지 못해 답답했고 누군가를 통해 대화 내용을 모두 전사해야 했다. 그렇기 때문에 러시아어-스웨덴어 대화를 전사하는 과정에서 분석할 요소를 발견하는 일은 상대적으로 훨씬 보람이 있었다. 내 경험에 비춰보면 특정 언어조합을 연구 대상으로 선정할 때 가장 중요한 기준은 해당 언어에 대한 연구자 자신의 구사능력이 되어야 한다.

6. 전사(transcriptions)–주요 분석 도구

녹음자료를 일차적 데이터로 연구한다는 것은 어느 정도의 전사작업을 전제로 한다. 즉흥대화를 처음 전사한 일은 여러 가지 면에서 눈을 뜨게 한 경험이었다. 내가 직접 통역사로 참여한 대화를 전사한 일이었는데, 처음에는 나의 통역이 서투르고 부정확했다는 사실에 민망했다. 하지만 대화 참여자들이 애초에 '잘못' 말했다는 점을 들며 스스로를 위로했다. 전사를 하면서 나는 일단 문어와 구어의 규범이 서로 크게 상이하다는 점을 확인하게 되었고, 둘째는 통역에 대한 나의 선입

견에 문어의 규범이 심각하게 내재화되었다는 것을 알 수 있었다. 사람들이 '정확하게' 말했다면 어떻게 이야기했어야 하는지가 아니라 어쩔 수없이 사람들의 말을 발화한 그대로 받아 적으면서 나는 더욱 꼼꼼하게 듣는 법을 배웠고 세부사항에 대한 감각도 높일 수 있었다.

사람들이 실제로 어떤 말을 어떻게 했는지 꼼꼼하게 들으면 평소에는 주의를 끌지 않았던 현상을 인식하게 된다. 연구자료의 전사 과정에서 발견하게 되는 이런 현상은 보다 체계적 분석에 포함시킬만한 요소가 무엇인지를 가리키는 지표가 될 수 있다.

통역사 중개 상호작용에 대해 연구하면서 전사본을 제3의 언어(C언어)로 번역하는 과정도 유용한 분석도구가 되었다. 러시아어(제2언어, B언어)와 스웨덴어(나의 모국어)에서 영어(제3언어, C언어)로 번역하면서 나는 러시아어와 스웨덴어 전사본에서 거리를 두고 둘을 더욱 분명한 시각에서 바라볼 수 있게 되었다.

전사를 하는 사람들은 발음, 강세, 높낮이 등의 변화를 텍스트에 반영해야 하는지 논의하고는 한다. 내 입장은 현재 분석에 중요하다고 판단되는 시점에만 해당 특징을 표시하는 것이다. 그 이유 중 하나는 그렇지 않아도 전사본의 철자법은 일반 문어에서 벗어나기 때문에 읽기가 어렵다는 점이다. 예를 들어, 전사본의 구두점은 문법적 경계를 표시하는데 사용되지 않고 의사소통과 관련이 있는 운율적 종결(억양)을 나타내기 위해 쓰인다. 맞춤법 또한 발음상의 변화를 나타내는 비전통적 방법으로 사용될 수 있다. 게다가 전사작업은 굉장히 많은 시간을 소요하기 때문에 가능한 경우에는 전통적 방식으로 글을 쓰는 것이 시간을 아끼고 가독성을 높이는 방법일 수 있다(본 권, 담의 논문 참고).

전사는 1970년대부터 연구방법이자 이론으로서 활발하게 사용되어 왔다. 텍스트로서 전사본이 갖는 분석적 효과 및 (광의에서) 해석과정으로서의 전사행위에 대한 논문은 제퍼슨(1973), 오크스(Ochs, 1979), 에델스키(Edelsky, 1981) 등에 의해 집필된 바 있다. 듀란티(1997, p. 122-161)와

허치비(Hutchby)와 우피트(Wooffitt, 1998, p. 73-91)는 각각의 저서에 전사기법에 대한 장을 담고 있다.

담화 데이터를 분석할 때 전사본을 녹음파일과 함께 긴밀히 연결시켜 살펴봐야 한다는 점을 여러 문헌에서 거듭 강조하고 있다. 또한 전사를 할 때 특정 이론적 관점을 현장에 적용시켜야 한다는 점 역시 분명히 제시하고 있다. 예를 들어 녹음된 대화에 대한 나의 전사본에는 (바덴조, 1998a의 예 참조) 사람들이 진짜 이름을 갖고 있고–물론 익명성을 보장하기 위한 가명이다–특정 범주의 구성원으로만 언급되지 않는다. 이는 통역사나 그 어떤 참여자도 모든 면에서 특정 사회적 범주를 대표하는 것으로 자동적으로 간주해서는 안된다는 이론적 가정을 반영한 조치이다.

구어로 진행된 상호작용을 전사하는 일은 테이프에 녹음된 목소리가 텍스트로 전환되는 것을 의미하기도 한다. 전사된 텍스트는 실증적 담화자료를 구조화하는데 중요한 도구로 쓰인다. 전사본을 분석할 때 대화 참여자를 텍스트의 생산자로 보고 싶은 유혹이 있을 것이다. 하지만 사람의 말을 텍스트의 생산으로 본다는 것은 인지적 관점을 적용하는 것이다. 의사소통의 상호작용 모델을 적용하여 대화자의 행동에 초점을 맞춘다면 이러한 참여자의 활동, 예를 들어 농담하기, 동의하기, 피드백 제공하기, 차례에 따라 말하기 등을 구별하는 것이 보다 의미 있을 것이다. 말을 텍스트로 보는 접근방법은 분석과정에서는 유용하지만 이런 접근방법이 시사하는 바가 무엇인지 철저히 이해하지 않은 상태에서 사용하게 된다면 오해를 낳을 소지가 있다(더 자세한 논의를 보려면 바덴조, 1998a, p. 94-101 참고).

7. 자연 발생 발화 녹음하기

내가 통역사가 중개하는 상호작용을 기록하기 시작한 1980년대 중반에는 영상녹화보다는 음성녹음이 훨씬 진행하기 쉬웠다. 비디오 카메라에 비해 녹음기의 부피가 작았기 때문에 나는 개인적으로 음성녹음이 덜 거슬린다고 생각했다. 특히 개인의 온전성에 덜 위협적이라고 보는 의견이 많았다(이는 특히 통역행위에 공식적인 비밀유지 조항이 적용되는 환경에서는 중요한 사항이다). 사람 간의 상호작용을 녹음/녹화하려면 관찰하고 기록하고자 하는 이들의 신뢰가 선행되어야 한다.

최근 몇 년 간 우리는 비디오 기술의 급속한 발전을 목도했다. 다루기도 비교적 쉽고 조명이 어두운 곳에서도 고화질 영상을 제공하는 소형 비디오 카메라를 얼마든지 구할 수 있고 카메라로 녹화하는 것에 대해서도 많은 사람들은 편하게 생각한다. 전산화한 비디오 데이터를 다루는 관련 기술 또한 상당한 발전을 거듭했다. 예를 들어 필요하면 영상에 등장하는 사람들의 익명성을 보장해주는 효율적인 기법이 많이 존재한다.

인간 상호작용을 연구하기 위한 데이터 수집에 음성녹음을 선호하는 사람들이 있고 반면 여러 가지 이유로 영상을 선호하는 이들이 있다. 각각의 기법마다 장단점이 있고 관련한 가능성과 어려움이 있다. 어느 쪽을 선택하는지는 기본적으로 다루고자 하는 연구문제가 무엇이고 이에 따라 어떤 종류의 정보를 필요로 하는지에 따라 달라질 것이다. 영상자료는 더 많은 정보, 언어·비언어적 활동을 포함한 보다 세밀한 정보를 제공한다. 음성자료의 경우에는 몸짓을 비롯한 다른 비언어적 의사소통의 요소에 대한 기록이 없지만, 사실상 연구에서 이런 정보를 필요로 하지 않는다면 굳이 녹화를 하면서 시간과 돈을 들일 필요가 있는가? 더구나 음성녹음을 하는 현장에 연구자가 직접 참관할 수 있다면 녹화하지 않아도 사람들이 움직이고 물건을 다루는 모습 등 세부 사항을 충분히 볼 수 있다. 그뿐만 아니라 비디오 테이프로도 포착하기 어려운 사람들의 무안함, 안도감 등 미묘한 측면도 볼 수 있을 것이다.

8. 어디서 시작해야 하나?

자연스러운 상황에서 인간 상호작용을 녹음하는 것과 관련된 실질적인 문제를 여기서 더 자세히 다루지는 않겠다. 곧 시작하려고 하는 독자를 위해서 참고할만한 자료 두 개를 소개하는 것으로 갈음하겠다. 구드윈(Goodwin, 1993)은 다양한 기술적 문제에 대한 개인적이고도 구체적 조언을 준다. 여기에는 녹음장비를 다루는 법, 테이프 자료를 정리하고 보관하는 방법, 녹음자료에서 발췌한 내용을 강의에 사용하는 방법 등의 내용이 포함된다. 듀란티(1997, p. 340-347)도 그의 교재 *Linguistic Anthropology*의 부록에서 상호작용을 녹음하기 위한 유용한 정보를 제공하고 있다. 초보자가 흔히 범하는 실수를 피하기 위한 방법과 좋은 녹음 품질을 보장할 수 있는 방법 등을 소개하고 있는 것이다. 현장조사를 하면서 가끔 경험했던 좌절감을 상기해보면 이와 같은 실질적 조언을 박사학위 연구를 시작한 초기에 접했더라면 얼마나 소중했을지 깨닫게 된다.

여러 종류의 담화에 대한 연구는 급속하게 성장하는 분야이다. 녹음장비가 보편화된 1970년대 초부터 사람 간의 대화를 녹음하고 전사하는 방법으로 언어사용과 인간 상호작용에 대한 과학적 지식을 얻는데 광범위하게 사용되었다. 그러나 통역사가 중개하는 대화를 녹음해서 진행한 연구의 수는 여전히 부족한 상황이다. 그 중에서 일부 연구를 소개하자면 법정통역(베르크-셀릭손, 1990; 얀센(Jansen), 1995; 헤일(Hale), 1997; 브레넌(Brennan), 1999), 통역사가 중개하는 의사 면담(엥겔룬드 디

미트로바(Englund Dimitrova), 1997; 뷔리크(Bührig)와 메이어(Meyer), 1998; 바덴조, 1998a; 케임브릿지(Cambridge), 1999; 푀히하커와 카드리치(Kadric), 1999; 테블(Tebble), 1999), 경찰 심문(바덴조, 1997, 1998a, 1999; 크루그로프(Krouglov), 1999), 교육 상황(로이(Roy), 1993, 2000; 압펠바움(Apfelbaum), 1997, 1998a), 비즈니스 상황(압펠바움, 1998b), 정신 상담(바덴조, 1998b) 등의 상황에서 수집한 담화자료를 조사한 연구들이 있다.

법정, 세관, 경찰, 기업, 교육기관, 보건 및 정신보건 기관 내의 업무는 모두 통역사의 존재에 의해 일정 정도 영향을 받고 통역사가 하는 일의 속성에 대한 사람들의 생각에 따라 영향을 받는다. 다중언어 사용이 예외가 아닌 일상이 되어버린 이와 같은 환경에서 벌어지는 인간 상호작용의 많은 측면은 아직 기술되거나 탐구되지 않고 있다. 즉흥대화를 녹음, 전사, 분석하는 일은 통역사가 수행하거나 통역사와의 상호작용에서 발생하는 언어 및 언어 사용의 속성에 대한 지식을 얻고 이를 체계화하는 방법 중 하나일 수 있다.

Apfelbaum, B. 1997. "Der Umgang mit interkulturellen Konflikten in Gesprächen mit Dolmetscherbedarf. Beispiele aus einer deutsch-französischen Industriekooperation". *GAL- Bulletin* 26: 63-78.

Apfelbaum, B. 1998a. "Instruktionsdiskurse mit Dolmetscherbeteiligung. Aspekte der Turnkonstruktion und Turnzuweisung". In *Neuere Entwicklungen in der Gesprächsforschung. Vorträgedes Pragmatischen Kolloquiums Freiburg,* A. Brock and M. Hartung (eds.), 11-36. Tubingen: Narr.

Apfelbaum, B. 1998b. "'I think I have to translate first···' Zu Problemen der Gesprächsorganisation in Dolmetschsituationen sowie zu einigen interaktiven Verfahren ihrer Bearbeitung". In *Fremde im Gespräch,* B. Apfelbaum and H. Müller (eds), 21-45. Frankfurt am Main: IKO - Verlag für Interkulturelle Kommunikation.

Austin, J. 1962. *How to Do Things with Words.* Cambridge, MA: Harvard University Press.

Berk -Seligson , S. 1990. *The Bilingual Courtroom.* Chicago: The University of Chicago Press.

Brennan , M. 1999. "Signs of Injustice". *The Translator* 5(2): 221-246.

Bührig, K. and Meyer, B. 1998. "Fremde in der gedolmetschten Arzt-Patienten-Kommunikation". In *Fremde im Gespräch;* B. Apfelbaum and H. Müller (eds), 85-105. Frankfurt am Main : IKO - Verlag fur Interkulturelle Kommunikation.

Cambridge. J. 1999. " Information Loss in Bilingual Medical Interviews through an Untrained Interpreter". *The Translator* 5(2): 201-219.

van Dijk, Teun A. (ed). 1985. *Handbook of Discourse Analysis.* London/ Orlando, FL: Academic Press (four volumes).

Drew. P. and Heritage, J. 1992. "Analysing Talk at Work: An Introduction". In *Talk at Work: Interaction in Institutional Settings.* P. Drew and J. Heritage (eds). Cambridge: Cambridge University Press. Studies in Interactional Sociolinguistics 8.

Duranti, A. 1997. *Linguistic Anthropology,* Cambridge: Cambridge University Press.

Duranti, A. and Goodwin, Charles (eds). J992. *Rethinking Context - Language as an Interactive Phenomenon.* Studies in Social and Cultural Foundation of Language 11. Cambridge: Cambridge University Press.

Edelsky, C. 1981. "Who's Got the Floor?". *Language in Society* 10: 382-421. Cambridge University Press.

Englund Dimitrova, B. 1997. "Degree of Interpreter Responsibility in the Interaction Process in Community Interpreting". In *The Critical Link: Interpreters in the Community,* S.E. Carr. R. Robert s, A. Dufour, and D. Stern, 147-164. Amsterdam/Philadelphia: John Benjamins.

Firth. J. R. 1968. *Selected papers of J. R. firth* 1952-59 *edited by F. R. Palmer.* London/Harlow: Longman.

Goodwin. C. 1993. "Recording Human Interaction in Natural Settings". *Pragmatics* 3(2): 181- 209.

Hale. S. 1997. "The Treatment of Register Variation in Court Interpreting". The *Translator* 3(1):39-54.

Harris, Z. 1952. "Discourse Analysis" . *Language* 28: 1-30.

Hutchby, Land Wooffitt, R. 1998. *Conversation Analysis.* Cambridge. UK: Polity Press.

Jansen. P. 1995. "The Role of the Interpreter in Dutch Coutroom Interaction and the Impact of the Situation on Translational Norms". In *Translation and the Manipulation of Discourse: Selected Papers of the CERA Research Seminar in Translation Studies 1992-1993,* P. Jansen and A. Robyns (eds), 133-155. Leuven , Katholieke Universiteit Leuven, Publications of the CERA Chair for Tran slation. Communication and Cultures 3.

Jefferson. G. 1973. "A Case of Precision Timing in Ordinary Conversation: Overlapped tagpositioned address terms in closing sequences". *Semiotica* 9: 47-96.

Krouglov, A. 1999. "Police Interpreting: Politeness and Sociocultural Context". *The Translator* 5(2): 285-302.

Malinowski, B. 1923. "The problem of meaning in primitive languages". In The *Meaning of Meaning,* C. K. Ogden and I.A. Richards (eds), 296-336. New York: Harcourt . Brace and World,

Ochs, E. 1979. "Transcription as Theory". In *Developmental Pragmatics.* E. Ochs an d Bambi B. Schieffelin (eds). New York: Academic Press.

Pöchhacker, F. and Kadric, M. 1999. "The Hospital Cleaner as Health care Interpreter: A Case Study". The *Translator* 5(2): 161-178.

Roy, C. 1993. "A Sociolinguistic Analysis of the Interpreter's role in Simultaneous Talk in Interpreted Interaction". *Multilingua* 12-4: 341-363.

Roy, C. 2000. *Interpreting as a Discourse Process.* Oxford: Oxford University Press.

Sacks, H. 1984. "Notes on Methodology". In *Structures of Social Action: Studies in Conversation Analysis,* John M. Atkinson and John

Heritage (eds), 21-7. Cambridge: Cambridge University Press.

Sacks. H. 1992. *Lectures on Conversation. Introduction by Emanuel Schegloff, (ed.) Gail Jefferson.* 2 *vol.* Oxford: Blackwell.

Schiffrin, D. 1994. *Approaches to Discourse.* Oxford UK/Cambridge USA: Blackwell.

Silverman, D. 1993. *Interpreting Qualitative Data: Methods for Analysing Talk. Text and Interaction.* London/Thousand Oaks/New Delhi : Sage Publications Ltd.

Tebble, H. 1999. "The Tenor of Consultant Physicians: Implications for Medical Interpreting". The *Translator* 5(2): 179-200.

Wadensjö, C. 1997. "Recycled Information as a Questioning Strategy: Pitfalls in Interpreter Mediated Talk". In *The Critical Link: Interpreters in the Community,* S.E. Carr. R. Roberts, A. Dufour. and D. Steyn, 35-54. Amsterdam/Philadelphia: John Benjamins.

Wadensjö, C. 1998a. *Interpreting as Interaction,* London/New York: Longman.

Wadensjö, C. 1998b. "Erinnerungsarbeit in Therapiegesprächen mit Dolmetschbeteiligung". In *Fremde im Gespräch,* B. Apfelbaum and H. Müller (eds), 47-62. Frankfurt am Main: IKO - Verlag für Interkulturelle Kommunikation.

WadensJö. C. 1999. "Telephone Interpreting and the Synchronization of Talk in Social Interaction". The *Translator* 5(2): 247-264.

Watzlawick, P., Beavin, J. H. and Jackson, D. D. 1967. *The Pragmatics of Human Communication.* New York: Norton.

Wittgenstein, L. 1958. *Philosophical Investigations*. Oxford: Blackwell.

이론적 틀 내에서 연구하기

프란츠 푀히하커(Franz Pöchhacker)
비엔나대학교, 오스트리아

1. 들어가기

통역을 가르치는 교강사와 대학 수준의 통번역 과정에 재학 중인 예비 통역사들은 실무를 중시하는 경향이 있다. 전자의 경우는 직접 통역을 하기 때문에 전문적인 통역 현장의 현실에 따라 실무중심의 관점을 갖게 되는 것이고 후자는 실천을 통해 (통역을) 배우며 많은 연습을 하며 관련 기술을 터득한다. 일부 통역 과정은 비록 대학교 내에 개설되었지만 이론을 거의 다루지 않는다. 그렇지만 통역학 분야에서 나오는 대부분의 연구는 통역사 겸 교강사('interpretrainers')와 통번역대학원의 재학생들에 의해 시행된 것이다(푀히하커, 1995, p. 49f 참조; 그리고 다니엘 질이 편집하는 IR(TI)N Bulletin의 연이은 발행본). 연구가 이론과 조금이라도 관련이 있다면 통역연구를 하는 이들은 어느 시점에선가 이론적 문제를 다뤄야 할 것이다. 그런데 과연 그런가?

본 장은 이론의 역할, 보다 구체적으로 말하자면 박사학위 수준에서 진행되는 통역연구의 일반적인 이론적 틀에 대해 조명해보고자 한다.

본 권의 전체적인 방향에 맞춰 지극히 개인적인 수기를 나누고자 한다. 과학철학의 내용을 빌려와서 설명하려고 하기보다는 나의 학문적 배경과 경험을 토대로 논의를 풀어나갈 것이고 이론적 틀 내에서 진행한 통역연구의 사례로서 나의 박사학위논문을 참고하겠다.

먼저 *이론의 개념*에 대해 논의하고 통역연구에서 이론의 지위를 살펴보겠다. 연구자의 길로 들어서게 된 나의 *개인적 배경*을 설명한 후에는 *이론적 틀을 선정*하는데 영향을 준 변수에 대해 보다 체계적으로 짚어보겠다. 또 다시 개인적 경험을 빌려 *이론적 연구의 주요 쟁점*, 특히 통역과 관련된 이론적 연구를 조사하고 평가하는 어려움(*여기서 분석하기*라고 부르겠다)과 분석적 틀을 구성하기 위해 필요한 개념(*모델 구축하기*)에 대해 상술하겠다. 마지막으로 '이론적 연구'를 둘러싼 중대한 문제로 여겨지는 특정 통역연구 프로젝트의 이론적 구성요소와 실증적 데이터 간의 관계(*검증하기*)에 대해 간략히 살펴보겠다. 결론을 포함한 글 어디에도 연구자로서의 경험이 상대적으로 적은 이들에게 이론적 연구를 어떻게 해야 한다는 엄격한 규칙을 제시하려고 하지 않을 것이다. 그렇지만 다른 사람의 사례를 타산지석으로 삼아 비판적 고찰을 통해 배울 수 있다고 믿는다면 아래에 이어지는 개인적 수기는 몇 가지 이론적 문제와 고려사항에 대한 인식을 높이고 독자가 충분한 정보를 바탕으로 결정하는데 도움이 되리라 본다.

2. '이론'이란?

가장 일반적인 차원에서 보자면 통역에서 '이론'이란 실무를 제외한 모든 것을 가리킨다. 이와 같은 추상적이고 반의어적 개념으로 보면 통역이론은 통역 연구분야의 동의어와 유사하다고 볼 수 있다. 번역학 연구에서도 '이론'이 이처럼 사용되는 것으로 보고되고 있는데 카데(Kade, 1977, p. 28)가 일찍이 이런 용어의 사용을 두고 번역학 분야의 불확실한 지위를 반증하는 것 아니냐는 의문을 제기한 바 있다.

홈스(Holmes, 1988)의 *Map of Translation Studies*의 도움으로 (통역학에 이를 적용한 것은 잘레프스키(Salevsky, 1993)이다) 우리는 '이론'을 '순수' 통역학의 이론적 분야로 정리하고 홈스가 제시한 일반이론(general theory)과 부분이론(partial theory) 간의 구분을 따르면 된다. 이에 따라 "일반적 이론"은 연구대상 전체에 해당하는 통역을, "부분적 이론"은 통역의 특정 측면 혹은 문제에 제한되는 것으로 생각할 수 있다. 연구대상으로서 통역이 갖는 복잡성과 다양성을 감안하면 통역을 설명할 수 있는 "일반적 이론"은 상당히 일반적이어야 한다는 것이 자명하다. 아마 주요 개념과 요소 및 이들 간의 관계에 대한 정의와 설명 정도로 국한되어야 할 것이다. 대부분 회의통역과 동시통역에 한정되기는 하지만 (그리고 그런 이유로 충분히 '일반적'이라고 보기에는 무리가 따르지만) 잘레프스키(1983, 1987), 슈텐츨(1983), 그리고 심지어 셀레스코비치(1968, 1978)와 같은 학자의 연구가 이에 해당한다. 그리고 바로 여기서 문제가 발생한다. 이런 '이론가'들이 제시하는 통찰, 가정, 주장 등이 진정 '이론'이라는 명칭을 받아 마땅한가? 만약 그렇다면 이와 같은 일반이론이 통역 연구에서 존재할 여지가 있는가? 이 두 가지 질문을 하나씩 다루어보도록 하자.

가장 눈에 띄는 사례는 일명 의미통번역론(théorie du sens)으로서 파리통역번역대학원의 다니카 셀레스코비치가 학파를 형성하고 마리안느 르데레르와 함께 이끌어갔다(셀레스코비치, 1975; 르데레르, 1981; 셀레스코비치와 르데레르, 1984, 참조). 셀레스코비치가 주창한 의미론의 접근법에 따르면 번역과정은 비언어적 의미라는 중간 단계를 거치고 자연적인 이해 및 말하기 과정을 합친 것과 크게 다르지 않다는 것인데, 이는 약 20년 간 높은 평가를 받으면서 상당수의 통역(및 번역) 관련 연구의 학문적 근간이 되었다. 하지만 파리학파와 입증되지 않은 주장들에 대한 비난이 거세지자 의미론은 갈수록 좋지 않은 명성을 얻었고

"개인적인 추측(personal speculation)"과 "추측성 이론 제시(speculative theorizing)"(질, 1990, p. 29; 1995a, p. 15f)라 불리는 상황에까지 이르렀다. 과학적 탐구의 규칙에 따라 의미론을 평가한 모저-머서(Moser-Mercer, 1994, p. 17)는 이와 같은 "일반적 이론 제시(general theorizing)"를 두고 "논리적으로 엄격하게 지성을 사용하지 않아도 되는 탐구"라고 단정지었다. 가장 놀랄만한 비판은 파리학파라는 명칭을 처음 사용한(가르시아-란다(García-Landa), 1981) 파리학파의 제자로부터 나왔는데, 그는 "의미론은 존재하지 않으며 존재한 적도 없었다"고 선언했다(가르시아-란다, 1995, p. 390). 엄연한 이론인가, 어설픈 이론인가, 혹은 아예 이론이 아닌 것인가? 이는 사소한 문제가 아니다. 모저-머서(1994)도 인문학 이론의 주창자로 셀레스코비치뿐만 아니라 베르미어(1978, 1983)를 들고 있다(베르미어의 이론적 틀은 본 논문의 주요 참고 이론이었다).

두 개의 독립적인 연구 공동체에 대한 모저-머서(1994)의 언급에서 드러나듯이 이론에 부여하는 의미는 공동체에 따라, 특히 다양한 학문영역에 따라 매우 상이할 수 있다. (자연) 과학 분야의 접근방법은 실험을 통한 가설검정으로 확증하는 *예측이론*에 역점을 둔다면(랑베르, 1994, p. 6; 파브로와 그랜, 1994, p. 307; 마사로와 슐레징거, 1997, p. 14-18 참조) 인문학 연구는 *정의와 기술*(그리고 "표제 붙이기(labelling)") 및 연구하는 현상에 대한 추상적 설명을 강조하는 등 보다 일반적 차원의 이론을 다룬다. 통번역 교육기관과 통역학 연구자들은 대개 인문대학 소속인 반면 통번역학계은 인지심리학이나 실험을 중시하는 기타 다른 분야에서 진행하는 "과학적 연구"를 추구하기 때문에 이론의 구성요소가 무엇인가에 대한 갈등이 생기고 *이론*이라는 단어 자체가 폭넓게 활용되는 것은 놀랄만한 일이 아니다. 이런 상황을 감안해서 (특히 본 논의를 위해서) 포용적 관점에 따라 이론을 "추측, 추론, 추상으로 형성하고 사실로부터 일반화한 (하나 혹은 그 이상의 현상이 갖는 속성, 행위, 원인 혹은 기원과 관련한) 판단, 개념, 명제 혹은 공식"이라고 굉장히 넓게 해석하겠다(웹스터즈(Webster's), 1986; p. 2371). 이에 따라 여러 가지 방법을 통해 도출 가능한 여러 가지 이론이 존재할 수 있고, 기술의 단계에 따라 각각의 이론이 "할 수 있는" 일은 다르겠지만 마땅히 이론이라 불릴만한 '개념'은 무엇인가를 굳이 따지는 일은 의미가 없다고 본다. 홈스가 제시한 일반과 부분이론 간의 구분을 상기하면 본 논문의 핵심은 일반이론이 과연 이론인가를 묻는 것에 있지 않고 박사학위 수준의 연구 프로젝트 안에서 일반이론을 어떻게 활용할 수 있는가를 보고자 하는 것이다. 여기서 위에 제기한 두번째 질문, 바로 일반이론이 통역학 내에서 할 수 있는 역할이 있는가에 대해 살펴보겠다.

수 십 년간 의미통번역론의 지배를 받다가 (실증적) 통역 연구의 르네상스 시대를 연 것으로 평가 받은 1986년 트리에스테 심포지엄 이후 (질, 1994) "일반이론의 제시"에 대해서 상당한 회의감이 돌았다. 예를 들어 그랜과 스넬링(1993, p. 1)은 *The Interpreters' Newsletter* 논설에서 스스로 "지나치게 종합적인(omni-comprehensive) 이론에 의구심이 든다"면서 "이와 같은 이론의 지속적 적용은 답답할 정도의 무미건조함을 낳을까 두렵다"고 했다. 질(1995b)도 잘레프스키(1983, 1987), 슈텐츨(1983), 푀히하커(1994)가 제안한 통합적 이론에 대해 다음과 같이 말하며 유사한 의구심을 표현한 바 있다. "(…) 이런 구조는 지나치게 일반적이고 실증적 검증을 하기에는 지나치게 동떨어져 있으며 역동적·생산적 잠재력은 불충분하다."(질, 1995b, p. 235).[1]보다 생산적 대안으로 질(1991a, 1995b)은 자료 수집에 실증적 방법을 제시하고 있고 그랜과 스넬링(1993, p. 1)은 다음과 같은 견해를 밝히고 있다. "데이터를 처리하고 결과를 보편적 타당성이 있는 원칙으로 바꾸기 전에 폭넓은 데이터의 수집이 선행되어야 한다. 우리는 '통역에 대한 이론'을 생산하거나 적용하기보다 결과를 분석하는 편을 택하는 선택적 접근방법을 견지하겠다."

위에서 채택한 광범위한 이론의 개념을 토대로 본다면 (생산적) 실증적 연구와 (생산성이 떨어지는) 이론 간의 눈에 띄는 이분법은 실상과 다르다는 것을 쉽게 파악할 수 있다. 통역에 대한 모든 실증적 연구는 연구 대상이 되는 현상의 속성에 대한 개념을 전제로 하고 이런 개념을 토대로 하며 전체에 대한 관념이 어느 정도 있어야 부분을 따로 분리하는 것이 가능하다(partial theory). 그런 의미에서 이론은 명시적이지 않더라도 항상 존재하며 연구와 이론은 상충하는 개념이 아닌 밀접한 관계를 갖는다. 이를 반증하는 흥미로운 예시는 "Interpretation Research and Theory(IRT)"라는 표현을 처음 고안한 질이 "이론은 연구의 일부이며 '연구 및 이론'에 대해 논의하는 것은 말이 되지 않는다" (질, 1996, p. 1)며 해당 표현을 버리기로 결정한 것이다. 투리(Toury, 1991, p. 185)는 보다 단언적으로 주장한다. "애초에 잘 정의된 이론적 틀 내에서 진행되는 연구만이 '연구활동'으로 간주될 자격이 있다."

그렇다면 잘 정의된 이론적 틀은 어떻게 찾으며 연구에 적용할 수 있는가? 이에 대한 예로 나의 박사학위 연구 경험을 공유하며 여기서 보다 일반적 식견을 제시하고자 한다.

3. 연구로 가는 길: 개인적인 배경

1980년대에 비엔나 대학교에서 통번역 교육을 받을 당시 공부해야 하는 내용 중에 이론은 거의 없었다. 놀라운 일이지만 대학을 다니는 9학기 동안 이론적 내용을 전혀 다루지 않고 학교를 마쳤다고 할 수 있다. 미국 캘리포니아의 몬터레이국제대학원(Monterey Institute of International Studies)에서 회의통역으로 석사과정을 하는 동안에도 상황은 크게 다르지 않았다.

이처럼 엄연히 이론적 연구가 부재한 상황이었음에도 불구하고, 아니면 오히려 이론의 영역이 내게는 아직까지 미지의 영역이었기 때문에, 나는 몬터레이대학원에서 실무 훈련을 받은 통역에 대해 읽고 생각하는 독학을 시작했다. "통역"에 대한 책이 듬성듬성 꽂힌 도서관 책장에 몇 안 되는 두꺼운 자료 중 하나는 거버와 시나이코(Sinaiko, 1978) 편저의 NATO 회의집 모음이었다. 통역에 대한 광범위하고 심층적인 학술자료가 신출내기에게는 위협적이었지만 연구에 첫 발을 담그는 입장에서는 이상적인 입문자료였다. 당시에 학제간 영역으로 부상하던 인지과학에서 도입한 매력적 개념을 포함한 바바라 모저(Barbara Moser, 1978)의 모델과 의미통번역론에 대한 르데레르(1978)와 셀레스코비치(1978)의 논문을 비롯한 학술자료는 (동시)통역 과정의 복잡미묘함을 고민하게끔 하는 강한 자극제였다.

비슷한 시간에 나는 한스 베르미어(1978; 라이스와 베르미어, 1984)가 주창한 기능주의 학파의 몇몇 독일 번역학자들의 영향을 받아 의사소통적 상호작용의 과정에 작용하는 "텍스트", "상황", 그리고 "문화"와 같은 번역행위의 기본 개념에 대해 고민하고 있었다. 물론 나는 엄격한 관습을 따르는 독일식 학문(*wissenschaft*)에 익숙하지 않았지만 (문어 및 구어) 번역의 결과물과 과정을 지배하는 보편적 "규칙"을 만들어내기 위해 철저한 정의에 초점을 맞춘 베르미어의 노력은 나를 감명시키기에 충분했다.

그러니까 거버와 시나이코(1978)가 말하는 다양한 연구(혹은 내가 이해한 그와 같은 연구의 일부 요소)가 한편에 있었고, 그 바로 옆에는 (번역의 한 형태로서) 통역이 암시적으로만 다뤄지는 번역의 기능적 이론이 자리를 하고 있는 상황이었다. 메타-이론적 잣대가 없는 상황에서 나는 다양한 접근방법 간의 차이를 구분하거나 여러 이론이 서로 어떻게, 어느 정도로 맞물리는지 알 수 없었다. 바로 이와 같은 포스트모던한 심경을 안고 나는 29회 미국번역가협회(American Translators Association) 연차총회에 참석하기 위해 서부 해안을 따라 시애틀로 갔고 그곳에서 다니엘 질이라는 사람이 "회의통역 연구 및 이론에 대한 개괄"이라는 제목의 발표를 하는 것을 들었다. 그는 1970년대의 박사 연구 프로젝트를 언급하면서 "일반 이론과 모델을 만들어내고 실험적 방법으로 특정 가설을 검증하지 않았다"(질, 1988, p. 364)는 점과 그 이후에도 "제대로 된 연구"가 부족하다는 사실을 지적했다. 그 강연은 통역에 대한 기존 연구를 보며 배웠던 내용을 구조화하는데 도움을 주기는 했지만 한편으로는 ("제대로 된") 연구와 다른 한편으로는 이론–나중에는 "개인적 이론 제기(personal theorizing)"라고 불렀다(질, 1990)–사이의 메울 수 없을 것으로 보이는 간극을 드러내 보였다. 이후 몬터레이 재키 하머(Jackey Harmer)의 소개로 알게 된 캐서린 슈텐츨(Catherine Stenzl)의 석사학위 논문(1983)을 통해서 두 가지 접근방법 간의 화해가 가능하다는 것을알게 되었다. 이 논문은 통역 과정의 이론적 모델을 제시하는 동시에 검증 가능한 실증적 (관찰)연구로 보완할 필요성을 적극적으로 주장하고 있다. 위에서 언급한 자료와 기타 문헌에서 통찰을 얻은 나는 이론적 틀 안에서 (실증적) 통역 연구를 시도할 준비를 마쳤다.

비엔나 대학교에 신설된 번역학과의 학과장을 보좌하는 교수직에 성공적으로 지원해서 임용된 후 나는 박사학위를 마치는 조건으로 1989년 하반기부터 4년 계약으로 근무를 시작했다. 그리고 논리적인 수순에 따라 박사논문의 지도는 당시 학과장이었던 번역학자 메리 슈넬-혼비(Mary Snell-Hornby)에게 부탁했다. 나의 연구 프로젝트는 한 회의에서 제공된 독일어/영어 동시통역을 녹음한 자료를 토대로 했는데, 교원 임용은 이 프로젝트가 모양을 갖추는데 크나큰 영향을 미쳤다.

신참 조교수(*universitätsassistent*)로서 내가 맡은 첫 역할은 지도교수의 취임 강연을 준비하고 번역학의 '큰 손'들에게 공지("초청장")를 하는 것이었다. 초청 인사 중 상당수는 실제로 행사 참석을 위해 비엔나를 방문했고, 그 자리에서 지도교수는 한스 베르미어나 유스타 홀츠-맨태리(Justa Holz-Mänttäri)와 같은 분들에게 나를 통번역 이론에 대한 이런 저런 생각이 있는 조교로 소개했다. 그 이후 한스 베르미어가 하이델베르크대학교에서 본인이 가르치는 연구 세미나에 나를 초청해 이론이 통역학에 미치는 영향에 대해 강연을 부탁했을 때는 너무나 떨렸다. (하나의) 이론을 열심히 파고들어 연구하게끔 하는데 이보다 강력한 방법은 없을 것이다!

4. (보편적인) 이론적 틀 선정하기

나의 자전적 이야기에서 볼 수 있듯이 한 연구기관에서 박사학위논문이나 기타 유사한 연구 프로젝트를 위한 이론적 틀을 선정하는 문제는 반드시 몇 가지 잠재적 후보 중에서 하나의 틀을 객관적으로 선정하는 것은 아니다. 사전 지식과 학문적 사회화와 같은 결정적 요인 외에도 강력한 개인적, 사회학적, 문화적 세력으로 인해 신진 연구자는 특정 접근방법으로 이끌려 가거나 반대로 멀어질 수 있는 것이다. 어느 접근방법을 선택하든 간에 연구자 자신이 그에 대한 전적인 책임을 져야 하지만 (특히 학문적 동료들에 의해 특정 '학파'로 분류될 것이기 때문에) 박사급 연구자가 어떤 이론적 틀을 선택하는가의 문제는 특정한 사회학문적·제도적 환경과 관련된 부수적 변수의 영향을 받는다는 것을 인정해야 한다. 여기의 핵심 주체는 물론 지도교수인데, 한 극단으로는 완전히 자유방임(laissez-faire)을 하고 다른 극단으로는 "내 이론을 적용할 수 있는지 보라"며 강제하는 태도를 취할 수 있다. 후자의 경우에는 어느 지도교수를 선택하느냐에 따라 특정 이론적 틀이 결정된다고 볼 수 있다. 지도교수가 선호도를 명시적으로 드러내는 일 자체가 나쁘다고 볼 수는 없지만 연구자가 주어진 이론을 가지고 어떤 일을 할 수 있고 해야 하는지가 영향을 받을 수 있다.

이상적으로는 박사학위 연구를 희망하는 연구 지망생이 지도교수뿐만 아니라 마치 물건이 잘 갖춰진 슈퍼마켓에서 '이론 쇼핑'을 하듯이 수행하고자 하는 연구의 욕구에 가장 잘 맞는 이론적 틀까지 선택하는 상황이겠다. 하지만 현실에서는 고를 수 있는 품목이 제한적일 수밖에 없는 '동네 슈퍼' 말고는 별다른 대안이 없는 경우가 많다. 내 경우에는 지도교수에 관해서는 선택의 여지가 없었지만 이론에 대해서만큼 열린 태도를 가질 수 있었다. 메리 슈넬-혼비의 훌륭한 지인 중 독일 기능주의 학파의 인사들이 이론적 접근방법을 적용할 것을 제안했지만 궁극적인 선택은 내 몫으로 두었다. 지도교수는 논란의 여지가 있는 선택에 의문을 던지거나 개인적 선호를 강요하기보다는 나의 개인적 발전을 지원하며 논문을 비판적 관점으로 읽는 역할을 맡았다.

하지만 지도교수가 이처럼 열린 자세를 취하면 연구 방향을 정하는 것은 전적으로 학생의 몫이 된다. 무엇을 읽을지, 어떤 출처를 사용할지, 꼭 필요한 영감은 어디서 받아야 할지를 모두 스스로 결정해야 한다. 이어지는 절에서는 역시 나의 박사학위논문을 집중적으로 참고하여 이 과정에 대해 상술하겠다. 나의 첫 연구 제안서에 대한 설명을 한 이후, 이론적 틀 안에서 연구를 진행할 때 맞닥뜨리는 주요 문제로서 분석하기, 모델 구축하기, 검증하기에 대해 논의하겠다.

5. 이론적 연구의 제반 문제

1989년, 특별한 연구 패러다임에 입문하지 않았던 나는 나의 연구를 (회의통역에 대한) 개인적 경험을 토대로 하고 싶었다(내지는 그렇게 할 필요가 있었다). 연구 대상이 되는 자료는 영어-독일어 동시통역이 제공된 이틀 간의 회의였고, 주최측인 한 독일-미국 정치 재단은 양 언어로 회의 내용을 녹음했었다. 나를 포함해 통역을 진행한 세 명의 통역사는 회의 내용을 특별히 어렵다고 느꼈고 심지어 좌절감이 들기도 했는데 그 누구도 명확한 이유를 들지 못했다. 이에 따라 행사 때 녹음된 통역자료를 바탕으로 통역 서비스를 설명해보자는 것이 연구에 대한 첫 생각이었다. 그런데 통역 중에서 *무엇*을 '설명'해야 하는가? 통역의 측면 중에서 무엇을 기록하고 분석해야 하며, 이를 어떤 방식으로 해야 하는가? 이런 이유로 전반적인 개념적·분석적 틀이 필요한 것이었다.

주어진 문헌 중에서 나는 처리의 문제에 집중한 모저-머서(1978)와 르데레르(1981)보다 상황적·맥락적 변수를 보다 명시적으로 다룬 슈텐츨(1983)과 잘레프스키(1983, 1987)의 연구를 골랐다. 회의 주최측으로부터 자료 사용 요청을 하는 동안 내가 진행한 연구의 첫 단계는 문헌에 이미 제시된 이론적 틀과 모델을 면밀히 살펴보는 일이었다.

5.1 분석하기

슈텐츨(1983)과 잘레프스키(1983, 1987)의 연구에서 본 내용에 힘 입은 나는 두 저자가 제시한 이론적 개념을 비판적 시각에서 비교했다. 두 저자 모두 의사소통 상황이라는 맥락에서 이루어지는 활동으로서 통역을 설명하는 종합적 모델을 구상하려고 노력했고 번역이론을 출발점으로 삼았으며 공통으로 사용한 주요 참고문헌도 있었다(카데, 레온티에브(Leontiev)와 슈타인(Stein)의 연구 참조). 더 중요하게는 두 저자 모두 사회문화적, 상황적, 텍스트적 차원이 통역 과정과 결과에 영향을 준다고 상정했다. 물론 둘 사이에 차이도 있었다. 잘레프스키의 연구는 주로 구소련 심리언어학과 의사소통학 관점에서 번역학에 접근한 카데(1968)의 연구로부터 많은 정보를 끌어온 반면 슈텐츨은 "지시 언어학(instruction linguistics)"(텍스트는 메시지 수신자에게 보내는, 순서에 따라 배열된 복잡한 지시사항이라는 관점. 수신자는 이런 지시사항을 인지하고 텍스트를 이해하면서 의사소통 과정이 완성된다는 입장이다.)의 측면에서 슈타인(1980)이 내세운 번역의 텍스트언어학적("text theoretical") 모델을 바탕으로 한다. 목표 텍스트와 그 변수를 다룬 잘레프스키의 표상(1987, p. 33)은 통역과 번역을 모두 포괄하는 번역 일반을 설명하도록 설계되었기 때문에 보다 추상적이고 정적인 반면(다양한 관계를 설명할 수 있을 정도로 유연하기는 하지만) 슈텐츨(1983, p. 46)은 (동시)통역의 전반적 의사소통 과정을 보다 역동적인 정보 흐름 모델로 묘사한다. 그렇지만 두 개념 모두 사회학적 차원보다는 텍스트언어학 및 심리언어학에 뿌리를 둔다. 즉, (질, 1991b의 경우처럼) 의사소통 주체를 중시하기보다 텍스트와 (통역사와 수신자의) 지식구조를 전면에 내세우고 있다. 결정적으로 두 저자 모두 모델을 제시하고 논의하지만 실증적 데이터로 구성된 코퍼스에 실제로 적용하지 않는다. 슈텐츨의 연구가 60페이지 분량의 석사학위논문인 점을 감안하면 연구 범위를 벗어나는 일이겠지만 잘레프스키는 남은 지면에서 처리 문제를 다룬 후 문장 길이의 실제 사례를 들어가며 대조문법의 문제점과 통사 전략을 논의한다.

나는 두 모델을 분석해서 저자의 목표가 *무엇이고*, 어떤 이론적 개념을 제시하고, 어떤 *이론적 토대*를 사용하고, 제시한 모델에서 다루지 못한 내용은 무엇인지 알아보고자 한 것인데, 결국 분석결과가 의도했던 바와 달랐다. 그렇다면 다음 단계는 무엇일까?

그 단계에서 진행할 수 있는 몇 가지 대안이 있었다. 첫째, "(하나를) 채택하고 적용한다". 둘째, (하나 혹은 둘을) 채택하고 다듬는다". 셋째, "(둘 다) 기각하고 새로 구성한다". 첫번째 대안은 '실용적인' 이유로 접었다. 기존 모델과 방법을 새로운 데이터에 적용하는 형식의 연구는 학사 및 석사학위논문에 매우 적합하지만 박사학위 수준의 연구는 대개 이론적·방법론적 혁신을 일정 정도 제시하기를 기대된다. 그럼에도 불구하고 나는 새로운 방법과 데이터를 가지고 연구했을 지도 모른다. 다만 녹음테이프를 내 코퍼스에 활용해도 된다는 승인이 떨어지지 않는 상황이었다. 허락을 받기 전까지 모델을 적용할 데이터가 없었던 나는 이론적 차원을 보다 깊이 탐구할 준비가 되었다. "채택하고 다듬는다"는 접근방법을 택할 수 있었지만 이 방법 역시 문제를 안고 있었다. 모델의 약점을 발견하고 개선 사항이나 확장 방법(즉, 상호작용의 주체 혹은 동시 통역의 구체적 사항을 명시적으로 다루는 등)을 제시하는 차원의 문제였다기보다 각 모델의 이면에 자리한 이론적 전통(즉, 텍스트 이론과 심리언어학)에 연관된 문제였다.

기존 이론적 접근방법을 직접 검토하면서 잘레프스키(1987, p. 11ff)는 텍스트언어학/텍스트 이론이 통(번)역 연구에 기여한 정도를 평가하고, 특별히 슈타인(1980)을 지목하면서 부족한 부분이 있다는 점을 지적한다. 더군다나 슈타인(1983, p. 18) 자신도 지시 언어학에 뿌리를 둔 슈타인의 접근방법이 한스 베르미어(1983) 등으로부터 비판을 받았다는 점을 인정한다. 또한 문제가 되는 텍스트언어학 접근은 1970년대 중반으로 거슬러 올라가기 때문에 당시로써는 비교적 최신 접근방법이었다는 점을 기억해야 한다. 그보다 10-20년 뒤 이어 연구를 하려는 사람 입장에서는 선행 이론이 최신 이론과 비교했을 때 어떤 위치에 있는가가 가장 중요하다. 추후 진전 상황 때문에 무효가 된 이론적 전제가 있는가? 선행 이론에 대한 의문은 경쟁 관계에 있는 학파에서만 제기한 것인가 혹은 해당 패러다임이 '전성기를 지났다'는 게 학계의 대체적 의견인가? 저자 스스로 자신의 연구를 수정하고 개정했는가? (질의 수행능력분할모델은 1985에서 1997까지 수정되었으며 그 이후에도 계속 수정되리라고 추정한다.)

물론 이런 질문에 답을 하려면 여러 연구 접근과 이론의 진전상황을 폭넓게 이해해야 하며 자신의 학문적 영역을 넘어선 학문적 틀을 참조하는 경우라면 답을 찾기란 훨씬 어려운 과업일 것이다. 잘레프스키(1983, 1987)의 경우에는 학문적 격차뿐만 아니라 이데올로기와 연관된 격차도 좁혀야 한다. 가령, 1960년대부터 1970년대까지 구소련 심리언어학 연구는 어떤 상태인가? 결정적인 정치적 고려사항으로 인해 연구 내용이 영향을 받았는가(혹은 왜곡되었는가)? 소소한 예를 들자면 잘레프스키(1987, p. 25)는 모든 활동이 세 개의 요소로 구성된다는 아노힌(Anochin, 1966, 잘레프스키 1987에서 인용)의 논제에 따라 번역 활동을 구성하는 화행을 수신(reception), 전환(transposition), 인식(realization) 세 가지로 구분하는데, 이와 같은 아노힌의 주장이 갖는 의미를 어떻게 평가할 것인가? 연구자가 사용하고자 하는 모델을 부분적으로 형성하는 선행 이론을 조사하기 위해 얼마나 노력할 것인가? 여기서 핵심 문제는 모델의 출처나 토대가 되는 이론적 전제, 실증적 결과 및 추론 과정과 상관없이 모델을 채택(혹은 응용)하는 것이 타당한가 여부이다. 박사연구 수준에서 이런 접근은 지적 의구심을 야기할 수 있고 학위논문 공개심사를 받는 상황에서 비판에 취약할 가능성이 높아진다.

채택하는 모델의 이론적 전제에 관한 책임은 연구자가 가져야 한다는 가정 하에 나는 회의통역을 기술하겠다는 내 연구목적에 비춰봤을 때 거의 러시아어로만 된 잘레프스키(1983, 1987)의 선행 연구를 검토하는 비용이 TT에 대한 잘레프스키의 개괄적 모델을 적용해서 얻을 수 있는 잠재적 효익보다 크다는 결론을 내렸다. 슈텐츨(1983)의 모델 같은 경우에는 상황이 조금 나았다. 슈텐츨은 논문 전반에 걸쳐 내가 이미 잘 알고 있는 베르미어(1983)의 연구를 참조하고 있다. 번역에 대한 이 선행 모델은 지시 언어학(슈타인, 1980)의 측면에서 텍스트 이론을 토대로 하고 있는데, 30페이지 분량의 단일 논문에 고스란히 담겨 있었다(표면적으로는 슈미트(1973)의 텍스트언어학 이론을 기초로 한다).

하지만 위 연구를 비판적으로 검토한 후 나는 세 번째 대안, 즉 "기각하고 재구성(reject and construct)"하기로 했다. 슈텐츨의 모델을 재구성하기로 한 것인데, 거기에는 몇 가지 이유가 있었다. 하나는 앞서 언급한대로 지시 언어학을 향한 베르미어(1983)의 비판 때문이었다. 언어학 전공의 선배 교수에게 나온 비판이었으니 가벼이 여길 수 없었다. 다른 하나는 슈타인(1980) 스스로 "고위 변수의 불변성"(슈타인, 1980, p. 49 참조)을 가정할 수 있는 번역에만 이 모델을 적용할 수 있다고 명시적으로 인정했다는 점이다. 이를 넘어서는 "특별한 경우"에는 보다 종합적인 "매트릭스 이론"을 참고하라고 제시하면서 언급한 이론은 다름 아닌 베르미어(1978)의 이론이다. 실제로 슈텐츨(1983)은 그 방향에 따라 모델을 만들어 나가고, "슈타인의 모델과 달리 필자는 다음과 같은 가정을 할 수 없다"든가 "따라서 슈타인과 같은 결론을 내리기 어렵다"는 식의 말로 서두를 뗀다. 통역이라는 복잡한 의사소통 과정에서 고위변수가 "변하지 않는다"는 슈타인(1980) 모델의 필수 가정을 수용하지 않기 때문에 슈텐츨이 슈타인(1980)의 모델을 채택하면서 우회를 하는 것으로 보인다. 그렇다면 슈타인이 지도교수가 아닌 다음에야 슈텐츨은 왜 자신의 논의에서 베르미어(1983)의 견해를 열심히 전하면서 슈타인의 연구, 특히 "거의 모든 요소가 정의되어야 하는 매우 초기 모델"(슈텐츨, 1983, p. 21)을 택한 것일까? 슈텐츨의 말을 직접 빌리자면 "키르히호프와 베르미어의 폭넓은 관점을 바탕으로 통역의 전체 과정을 묘사하는 세밀한 모델을 그리는 일은 분명 시기상조일 것이다"(슈텐츨, 1983, p. 44). 슈텐츨의 참고문헌 목록에 포함된 베르미어의 연구가 1983년으로 표기되었고 슈텐츨의 논문이 같은 연도 6월에 제출된 점을 고려하면 베르미어를 다루지 못한 이유는 시기상조가 아니라 너무 늦게 발견했기 때문으로 추정할 수 있다. (반면 1978년에 출간된 베르미어의 영향력 있는 논문은 널리 구할 수 있는 학술지에서 봤을 테니 잘못 짚었을 지도 모른다. 캐서린 슈텐츨에게 직접 메일로 문의하지 않는 이상 확실히 알기 어렵다!) 이렇게 추정해보는 목적은 당연히 '진짜' 이유를 찾으려는 게 아니라 어떤 모델 혹은 이론을 적용하려고 해도 '해묵은' 것일 테니 이론적 틀 안에서 연구를 진행하고자 한다면 최신 연구를 참고해 신중하게 '업데이트'하는 작업이 필요하다는 점을 강조하려 한 것이다(그렇다고 해서 상대적으로 오래 된 모델이 새로 만든 모델보다 우월할 수 없다고 보지 않는다. '역사적' 관점에서 철저한 대조검토를 거치면 충분히 가능하다.).

나의 이론적 연구는 대략 1990년 문헌을 참고했기 때문에 슈텐츨(1983, p. 44)의 제안대로 베르미어의 폭넓은 이론적 관점을 전제로 종합적 모델을 구상해보는 일은 그렇게 시기상조는 아니었다. 하지만 기존 모델을 실증적 데이터 코퍼스에 적용하는 대신에 목적에 맞는 나만의 모델을 구상하기로 결정한다면 연구목적 자체가 크게 달라져야 했다. 데이터 분석을 벗어나는 대신 이론을 분석해서 "통역사가 수행하는 연속되는 심적 조작(mental operation)이 아니라 상황적 맥락에서 화자, 통역사, 목표언어 수신자가 참여하는 언어간 의사소통 과제로서의 동시통역"(슈텐츨, 1983, p. 1)을 설명하기 위해 개념적 도구를 구축하는 방향으로 나가야 한다는 점을 의미했다.

그리하여 다시 원점으로 돌아가서 기존 이론 연구를 분석하기 시작했다. 베르미어(1978)의 스코포스 이론이라는 새로운 연구대상이었지만 분석 절차는 이전과 동일했다. 무엇을 성취하고자 했는가? 어떤 결과를, 어떤 이론적 기반으로 도출했는가? 그리고 그의 거대한 이론적 설계에서 하지 않은 일은 무엇인가? (모든 종류의 번역을 아우르는) 베르미어의 일반 통번역 이론의 기본 원칙-기본적으로 특정 독자/청중을 염두에 둔 번역의 목적(스코포스)이 우선한다는 점, 스코포스에 정한 경우에 따라 목표문화 내에서 메시지가 "말이 되는" 것(텍스트 내적 응집성)이 원문과의 특별한 관계(상호텍스트적 응집성)를 보호하는 일보다 중요하다는 점–은 이미 잘 기술되었기 때문에(노드(Nord), 1997; 쉐프너(Schäffner), 1998) 여기서 그 내용을 논의할 필요는 없다. 행위이론이라는 스코포스 이론의 기반 역시 특별한 문제가 되지 않았다. 인식론적·철학적 주제를 다룬 방대한 양의 자료를 읽어야 하는 점을 제외하고는. 그보다 힘들었던 부분은 이론이 시간에 따라 발전해오면서 어떤 의미에서는 '구식'이 되었다는 점이다. 베르미어(1978)와 (1983), 라이스와 베르미어(1984) 1부, 베르미어(1986), (1989), (1990) 등이 묘사한 스코포스 이론은 유사했지만 또 상이했다. 그렇다면 가장 타당한 설명은 어디에 있었으며 이 중에서 어떤 것이었나? 자유롭게 선택해도 되는 것이었나? 한 이론을 다룬 논문이 십 년 넘게 이어진 상황에서 어느 선까지 절충하며 사용해도 되는 것이었나? 막상 닥치니 나는 각각의 정의와 주장을 모아 비교 분석하면서 이론적 개념을 이루는 핵심 요소를 추적하려고 최선을 다 했다. (예컨대 스코포스의 개념을 가장 잘 설명한 것은 베르미어, 1989, p. 101f 라는 사실을 찾았다.) 그렇지만 정작 내가 이론적 분석에 더 깊게 빠져든 계기는 스코포스 이론 내부의 발전 상황이 아니라 외부 상황, 즉 해당 이론이 보다 광범위한 개념적 틀과 융합하다시피 연결고리를 만들었기 때문이다. 1986년 현재 스코포스 이론은 홀츠-맨태리(1984)의 번역행위(translatorial action) 이론과 밀접하게 얽혀서 하나를 '사면' 다른 하나는 덤으로 가져가는 셈이었다. 물론, 내가 곧 깨달았지만, 대가가 전혀 없지 않았다. 장황한 이야기를 요약하자면 홀츠-맨태리의 사회-의사소통 개념은 시스템 이론을 토대로 해서 역할 관계(role constellation)를 묘사하는 모델을 제시하고 있는데, 나는 이 개념을 새로 분석해야 했다. 모호한 번역학 신언어와 매우 추상적 개념으로 가득한 홀츠-맨태리의 1984년 저서를 이해하는 과정은 무척 고됐지만 나의 개념적 지평이 넓히기 위해 절대 놓치지 않았을 경험이었다.

내 연구의 이론적 초점을 "번역행위에 대한 스코포스 이론"으로 확장했지만 내 이론연구가 맞닥뜨린 기본적인 분석상의 과제는 그대로였다. 일반 번역이론을 동시통역에 어떻게 '적용'할까? 그리고 해당 이론의 모든 요소가 동시통역이라는 번역 형태에 전적으로 적용되는가? 베르미어(1986, p. 198) 자신이 저서에서 논의한 내용 대부분 통역에도 동일하게 적용된다고 주장했기 때문에 다시 관련 문헌을 비판적으로 검토할 필요가 있었다. 그 과정에서 일치하지 않는 내용도 발견했는데, 가령 TT 설계 이전에 온전하고 철저한 TT 분석이 꼭 선행되어야 한다고 홀츠-맨태리(1984, p. 127)는 주장했다. 하지만 전체적으로 봤을 때 일반적 개념은 통역에 특화된 모델을 구축하는데 충분히 타당한 기반이라 느꼈다. 내 생각으로 내 앞에 놓인 과제는 스코포스, 상황, 텍스트, 응집성 등의 핵심 요소를 포함하는 개념적 구조를 명시하고 "필요한 부분을 약간 수정하여(mutatis mutandis) 통역에 적용"(베르미어, 1989, p. 15

참조)했을 때 정확하게 무엇이 달라지는지 규명하는 일이었다.

5.2 모델 구축하기

마사로와 슐레징거(1997, p. 20)에 의하면 "모델은 보다 부자연스럽고 구체적 형태의 이론으로 받아들여진다." 더군다나 (이런 점 때문에 특별히 내가 좋아하는데) 모델은 주로 그림으로 표상을 나타내 구성요소가 되는 개념과 관계를 도식 및 개요 형태로 보여준다. 단적인 예로 슈텐츨(1983, p. 45)의 모델을 들 수 있고, 그 외에도 모저(1978)의 가설 처리 모델(hypothetical process model)이나 질(1985)의 수행능력분할모델(modèle d'efforts)이 있다(나는 최근 강의계획서에 이를 "통역에 대한 질의 노력이론"이라 명명했다).

개념적 구조를 명시하기 시작하면서 나는 먼저 나의 종합적 틀이 다루어야 한다고 생각한 여러 개념적 층위를 모델로 그려보았다. 결과는 아래 도표 1에서 볼 수 있다.

도표 1. (회의)통역에 대한 종합적 분석의 틀

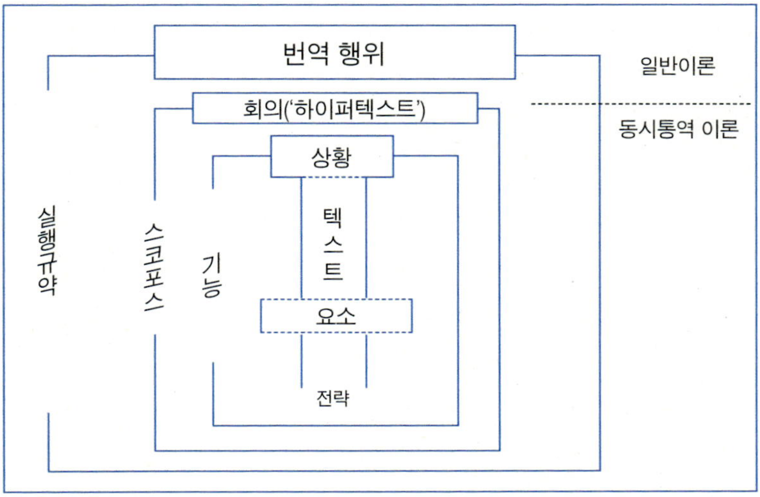

의통역을 분석하려면 먼저 "의사소통 사건(communicative event)"(드 보그랑데와 드레슬러, 1981 참조)의 구체적 요소를 설명해야 한다는 점이다. 회의라는 "하이퍼텍스트" 내에서 어느 시점에서든 구체적 "상황"이 벌어지기 마련이다. 즉, 상호작용하는 무리의 주체가 "텍스트"를 생산하고 서로 수신하는 것이다. 표상을 통해 전체 모델에서 전달하려는 기본 가정은 명쾌하다. 즉, 당사자들이 처리하는 텍스트는 보다 넓은 맥락과 밀접하게 연결된다는 점이다. 따라서 개별 텍스트나 텍스트의 요소를 분석하려면 회의 환경과 상황 및 이들이 의사소통적 상호작용의 과정과 결과에 미치는 영향 등 고위 변수를 간과할 수 없는 것이다.

여느 이론적 구상과 마찬가지로 위에서 설명하고 그려진 모델은 하나의 가설이다. 어느 수준까지 가설을 검정할 수 있는가는 분석이 필요한 여러 층위에서 개념을 조작화한 정도에 따라 달라질 것이다. 조작화를 하려면 다시 구체적 개념을 설명하는 모델 설계 작업이 많이 필요하다. 이를 위해 나는 분석 작업의 초점을 "수직"에서 "수평"으로 옮기는 것이 도움된다는 사실을 발견했다. 그러니까 개념적 모델 구축에 대한 기존 해법 및 잠재적으로 도움이 될 해법을 찾기 위해 단 하나의 사고 흐름을 따라 심층조사하는 대신 통번역학을 비롯한 다른 학문 분야의 문헌을 폭넓게 살펴봤다. 예컨대 회의상황(conference setting) 층위의 경우 다행히도 네이미(Namy, 1978)와 질(1989)의 분류체계를 찾았고 서로 다른 회의 종류를 구분하고 기술하는 기준으로 "정보흐름"을 사용하게 되었다. 하지만 회의를 상호작용의 한 종류로 보고 다룬 자료는 더 많으리라 생각했다. 내가 열심히 찾아보지 않아서 그랬는지 모르지만 (당시는 인터넷으로 도서관의 온라인 소장자료 목록 열람이 가능하기 전이었다) 언론정보학과 사회학에서 회의를 다룬 내용은 실제로 많지 않았다(예: 베일즈(Bales), 1972). 이것이 오히려 다행이었던 이유는 곧 "상황"과 "텍스트" 등 필수개념과 그 구성요소 및 특징을 다룬 내용을 찾아 끝없이 자료를 읽는 일에 매몰되었기 때문이다. 상황적·텍스트적 변수를 체계적으로 분석한 연구가 통역학 내에서는 거의 없었던 반면 소위 '화용론적 전환(pragmatic turn)'을 한 번역 이론가 및 언어학자, 상황적 구어 의사소통만 집중연구하는 담화분석가 및 심리학자들은 내가 감히 소화하지 못할 정도로 많은 연구를 내놓았다. 그 뒤로 상황과 텍스트의 속성 및 현상에 대한 식견을 담은 수 많은 연구를 비판적으로 검토하고 절충적으로 활용한 과정을 세세하게 설명하는 일은 적합하지 않다. 따라서 모델을 만든 과정을 설명하는 대신 모델을 구상한 나의 경험을 빌려서 일반적인 방법론상의 문제를 한두 가지 설명하겠다(안타깝게도 교훈이라고 부르기는 어렵다).

개념을 개선하고 관련 모델을 만드는 전 과정에 걸쳐 묻게 되는 근본적인 질문은 바로 "얼마나 멀리 가야 하는가?"이리라 본다. 첫째, 심층분석의 측면에서 얼마나 멀리 가야하며, 둘째, 다른 학문분야의 문헌을 참고하는데 얼마나 멀리 가야하느냐의 문제이다. 물론 상황과 텍스트 같은 개념은 극단적 예시일 수 있지만 통역 연구자가 세심하게 조사해야 하는 '큰 주제'–임의로 몇 가지 예를 들자면 언어습득 및 학습, 역할 행동, 전문성, 담화이해, 구어의 운율 등–도 많은 경우 비슷한 문제를 야기할 수 있다. 두 번째 질문에 대한 답은 연구자가 어떤 학문적 틀을 선택하고 그것을 어떻게 이해하느냐에 따라 크게 달라진다. 잘 정립된 학문분야 안에서 연구를 진행해서 타학문의 연구방법과 모델을 빌려올 필요가 적다고 느낀다면 선을 긋기가 상대적으로 쉬울 것이다. (예컨대 통역을 연구하는 심리학자들은 거버를 비롯해 통역을 연구한 심리학계 대가의 연구만 인용하고 심리학계의 방법론에 따라 연구를 진행하는 것에 별다른 거리낌이 없다.) 하지만 연구자 스스로 학제간 연구를 진행한다고 주장하거나–개인적으로 통역학의 현 발전시점에서는 썩 바람직한 접근은 아니지만(카인들(Kaindl), 1997)–심지어 '경계영역(interdiscipline)'에서 연구를 한다면 관련이 있다고 늘 인용되는 학문분야의 문헌(가령 인지심리학이나 심리언어학; 질, 1995a, p. 18 참조)을 안전하게 무시할 수 있다고 단정하기는 훨씬 어려우리라 본다. 지도교수가 분명히 선호하는 바가 없다면 이와 같은 연구 정책상의 문제는 박사과정생 스스로 풀어야 하는 어려운 결정이다.

분석의 깊이에 관해 '얼마나 멀리 갈 것인가'를 결정할 때는(다른 학문의 연구를 다룰지 여부도 포함되는 문제지만) 기본적인 기준은 물론 연구목적이다. 내 모델을 통해 궁극적 정의를 내리려고 하기보다는 특정 목적(예를 들어 현상을 기술하거나 이유를 설명하는 목적)에 맞도록 핵심 분석적 개념을 조작화하는 것으로 모델 설계의 목표를 제한할 수 있다. 내 경우에는 상황적–텍스트적 층위에 대해서는 풍부한 모델이 필요하다고 느낀 반면 보다 부수적인 개념은 간략하게 다루었다. 예를 들어 역할이라는 개념은 해당 주제를 다룬 1960년대의 고전연구 하나(즉, 다렌도르프(Dahrendorf), 1960)를 참고하고 사회학 분야의 관련 최신 연구가 있는지 굳이 검토하지 않았다. 회의통역이 아닌 대화통역을 연구했더라면 그보다 훨씬 중요하게 다루었을 것이다.

연구목적에 맞는 조작화는 개념분석과 모델 구상의 폭과 깊이를 제한할 뿐만 아니라 이론과 데이터 간의 핵심 연결고리와 관련이 있다. 여기서 이것을 마지막 "이론연구의 문제"라고 일컫겠다.

5.3 검증하기(testing)

가설 검정 혹은 보다 개괄적으로 말하자면 모델 적용은 엄격히 말해서 이론 연구의 영역에 있는 게 아니라 실증적 연구의 핵심원칙이다. 그럼에도 불구하고 학문적('지식창출') 과정의 두 차원인 이론과 실증연구는 분명 연결되어 있으며 실증적 학문 분야의 방법론에 대해서 둘은 불가분의 관계에 있다. 특정 연구 프로젝트 내에서 이론적–실증적 요소 간의 균형은 한쪽으로 치우칠 수 있다. 지금까지 상술한 내용을 통해 분명히 전달되었는지 모르지만 사실 나는 톰몰라와 린트홈(1995)이

"개념적 분석(conceptual analysis)"이라고 적절히 명명한 순수이론 연구를, 다른 문제를 언급하며 사용한 질(1991a. p. 166)의 표현을 빌리자면, "그 자체로도 귀중한 학문적 행위"라고 본다. 연구자가 기술적–설명적 개념과 관계에 대한 새로운 발상과 설득력 있는 주장으로 혁신을 이룰 수 있다면 굳이 실증적 연구방법을 적용할 이유가 없지 않은가?! 만약 이런 이론연구에서 (더 큰) 지적 자극을 받고 오직 실증적 연구가 '제대로 된' 연구라는 통역학계 상당수 연구자의 편견을 감내할 준비가 되었다면 마다할 필요가 없지 않은가? 아무렴, 해도 되고 말고! 문제는 지도교수와 이후 논문을 평가할 심사위원 입장에서 본 '진정한' 혁신은 찾기가 어렵다는 점이다(이런 문제의 예시로 다름 아닌 나의 모델을 들 수 있다). 따라서 이론 연구를 선호하는 연구자는 위험을 분산하는 차원에서 실증적 측면에도 혁신을 꾀할 필요가 있다. 물론, 구축한 모델은 실증적 목적에 맞도록 조작화되어야 하는 전제가 있다. 더구나 자신이 설계한 (예: 기술적) 모델을 적용하고 확인하는 방법은 잘못될 가능성이 없는 확실한 연구방법이기 때문에 내 모델이 적용 가능성이 있다고만 제시하거나 다른 연구자가 먼저 적용하도록 두는 일은 상식에 어긋난다.

모델이나 가설이 구체적이고 명확할수록 이론과 실증 중에서 실증적 연구로 무게가 실릴 것이다. 하지만 실험을 통한 가설 검증이라도 '이론적 틀 내에서 연구'하는 것이 전제된다는 점을 분명 기억해야 한다.

나의 박사학위 연구는 비록 대규모 관찰, 기술 및 (가능하면) 설명을 목표로 한 코퍼스 기반 프로젝트로 출발했지만 궁극적으로는 이론적 요소에 초점을 맞췄다. 일반 번역이론을 토대로 한 나의 실증적 연구는 대부분 모델을 확인하는 차원의 작업이었고 이를 위해 아주 면밀하고 종합적인 사례연구를 접근방법으로 활용했다. 그럼에도 불구하고 나는 (일반)이론의 구체적 가정 몇 가지를 골라 나의 현장 데이터로 시험해 보고자 시도했다. 예를 들어 도착어 문화에서 TT가 자율성을 갖는다는 주장(라이스와 베르미어, 1984, p. 115 참조)은 코퍼스에서 발견한 여러 종류의 압도적 예시로 반박할 수 있었는데, ST의 요소 및 출발어의 문화관습이 통역을 듣는 청중이 수용하는 메시지의 일부가 된다는 여러 예가 있었다. 이처럼 텍스트성에 있어 하이브리드 지위에 놓인 통역의 특성(textual hybrid status)을 입증한 것 외에도 나는 의사소통 사건의 당사자를 설명하는 나의 모델을 실제 회의 데이터에 적용했고, 이를 통해 통역사의 대상 청중이 사회문화적으로 이질성이 매우 높아 통역하는 메시지를 목표수신자와 그들의 사회문화적 지식기반에 맞춰야 한다는 스코포스 이론의 명령이 아무런 소용이 없다는 점을 보여주게 되었다.

내 박사학위논문에서 내린 결론은 선택한 이론적 틀이 통역에 특화된 모델 및 기술적 도구를 개발하기에 충분히 튼튼하고 넓은 기초를 제공하며, 이를 이용해서 슈텐츨(1983, p. 47)의 연구 이후 모두 일관되게 개탄한–슈텐츨도 직접 언급한 내용이지만–관찰연구의 부족 문제를 극복할 수 있다는 점이다. 본 논문의 결어는 아래에 이어진다.

6. 결어

내 자신의 박사연구 경험과 통역학계 동료들과 십년 간 개인적으로 의사교환 한 내용을 바탕으로 통역학 박사연구에 임하는 이들을 위하여 이론적 틀 내에서 연구하는 일에 관한 나의 생각을 공유했다. 주요 논의사항은 아래와 같이 요약할 수 있다.

- 어떤 연구이든 이론을 내포하거나 전제하기 때문에 실증적 연구자도 자신의 연구가 어떤 개념적 틀 혹은 이론 내에 자리 잡고 있는지 스스로 정의하고 이를 독자에게 명시해야 한다.
- 어떤 이론적 틀을 선택하는가는 반드시 객관적 평가의 결과가 아니라 정해진 제

도적 환경 속의 강력한 개인적·사회-학문적 힘이 작용하기 때문일 경우가 많다.

- 이론연구는 기본적으로 기존 이론연구의 목적, 해법(모델), 개념적 기반(선행 이론), 혹시 있을 한계점을 분석하는 것을 함의한다.
- (특히 다른 학문분야의) 이론과 모델을 이해하기 위해서는 탐구하고자 하는 분야의 연구방법과 최신 연구동향에 대한 충분한 지식이 뒷받침되어야 한다. 즉, 많은 논문을 비판적으로 읽어야 한다.
- 기존 모델을 철저히 분석한 연구자는 "채택하고 정제(adopt & refine)"하거나 "기각하고 재구성(reject & construct)"하기로 결정할텐데, 어느 쪽을 결정하든 개념을 개선하고 모델을 설계하는 과정이 순조로우려면 학제간 문헌을 폭넓게 검토해서 기존 해법은 없는지 찾아봐야 한다.
- 개념분석이 그 자체로 혁신을 일구는 타당한 방법이지만 궁극적으로는 자신의 이론적 모델을 실증 데이터에 적용해서 모델이 현상을 기술하고 원인을 설명하는 타당한 능력이 있다는 점을 확인하는 것이 훨씬 설득력이 있다.
- 검증해야 하는 모델 혹은 가설이 구체적이고 명확할수록 연구자는 '데이터에 새로운 이론을 적용하는 일'보다 '이론에 새로운 데이터를 적용하는 일'에 집중할 수 있다. 물론, 어느 방향으로 기울든지 연구의 길을 여행해야 하는 것은 마찬가지겠지만.

위에 명시한 항목 7개는 (이론)연구를 할 때 해야 할 일과 삼가야 할 일을 정리한 체크리스트는 아니다. 그렇지만 어떤 대안과 도전과제가 있는지를 일깨워주는데 일부라도 도움이 되길 바라며 이 정보가 선택을 돕기를 희망한다.

미주

1. "(…) on peut craindre que ces structures soient trop vastes, trop éloignées de la verification empirique, qu'elles restent insuffisamment dynamisantes et productives"

참고
문헌

Bales, R. F. 1972. "How people interact in conferences". In *Communication in face-to-face interaction,* J. Laver and S. Hutcheson (eds), 364-373. Harmondsworth : Penguin.

Beaugrande, R.A. de and Dressler, W. U. 1981. *Introduction to Textlinguistics.* London: Longman.

Dahrendorf R. 1960. *Homo Sociologicus. Ein Versuch zur Geschichte, Bedeutung und Kritik der Kategorie der sazialen Rolle.* Koln/Opladen; Westdeutscher Verlag.

Fabbro, F. and Gran, L. 1994. "Neurological and Neuropsychological Aspect s of Polyglossia and Simultaneous Interpretation". In *Bridging the Gap: Empirical research* in *simultaneous interpretation,* S. Lambert and B. Moser-Mercer (eds), 273-317. Amsterdam/Philadelphia: John Benjamins. Benjamins Translation Library 3.

García-Landa, M. 1981. "La «théorie du sens», théorie de la traduction et base de son enseignement". In *L'enseignement de l'interpretation et de la traduction: de la théorie à la pédagogie,* J. Delisle (ed.), 113-132. Ottawa: Éditions de l'Universite d'Ottawa. Cahiers de trad uctologie 4.

Garda-Landa, M. 1995. "Notes on the epistemology of translation theory ".*Meta* 40(3): 388-405.

Gerver, D. and Sinaiko, H. W. (eds). 1978. *Language Interpretation and Communication.* New York; Plenum. NATO Conference Series III 6.

Gile, D. 1985. "Le modèle d'efforts et l'équilibre d' interprétation en interprétation simultanée". *Meta* 30(1), 44-54.

Gile, D. 1988. "An overview of conference interpretation research and theory". In *Languages at Crossroads. Proceedings of the 29th*

Annual Conference of the American Translators Association, D. L. Hammond (ed.), 363-371. Medford NJ: Learned Information.

Gile. D. 1989. "Les flux d'information dans les réunions interlinguistiques et l'interpretation de conférence: premières observations" . *Meta* 34(4): 649-660.

Gile, D. 1990. "Scientific Research vs. Personal Theories in the Investigation of Interpretation". In *Aspects of Applied and Experimental Research on Conference Interpretation,* L. Gran and C. Taylor (eds), 28-41. Udine : Campanotto.

Gile, D. 1991a. "Methodological Aspects of Interpretation (and Translation) Research ". *Target* 3 (2): 153- 174.

Gile, D. 1991b. "A Communication-Oriented Analysis of Quality in Nonliterary Translation and Interpretation". In *Translation: Theory and Practice. Tension and Interdependence,* M. L. Larson (ed.), 188-200. Binghamton NY, SUNY. ATA Scholarly Monograph Series V.

Gile, D. 1994. "Opening up in Interpretation Studies". In *Translation Studies - an Interdiscipline. Selected papers from the Translation Studies Congress, Vienna, 9-12 September* 1992, M. Snell-Hornby, F. Pöchhacker and K. Kaindl (eds), 149-158. Amsterdam/Philadelphia: John Benjamins. Benjamins Translation Library 2.

Gile, D. 1995a. "Interpreta tion Research : A New Impetus?" *Hermes. Journal of Linguistics* 14: 15-29.

Gile, D. 1995b. *Regards sur la recherche en interprétation de conference.* Lille: Presses Universitaires de Lille.

Gile, D. 1996. "Editorial". *The IRTIN Bulletin* 12: 1.

Glle, D. 1997. "Conference Interpreting as a Cognitive Management Problem". In *Cognitive Processes in Translation and Interpreting,* J. H. Danks, G. M. Shreve, S. B. Fountain, and M. K. McBeath (eds), 196-214. Thousand Oaks/London/New Delhi: Sage.

Gran, L. and Snelling, D. 1993. "Editorial". *The Interpreters' Newsletter* 5: 1-2.

Holmes, J. S. 1988. *Translated! Papers on Literary Translation and Translation Studies.* Amsterdam: Rodopi . Approaches to Translation Studies 7.

Holz-Mänttäri, J. 1984. *Translatorisches Handeln. Theorie und Methode.* Helsinki: Suomalainen Tiedeakatemia. Annales Academiae Scientiarum Fennicae B 226.

Kade, O. 1968. *Zufall und Gesetzmäjßigkeit in der Übersetzung.* Leipzig: VEB Verlag Enzyklopädie. Beihefte zur Zeitschrift *Fremdsprachen* I.

Kade. O. 1977. "Zu einigen Grundpositionen bei der theoretischen Erklärung der Sprachmittlung als menschlicher Tätigkeit". In *Vermittelte Kommunikation, Sprachmittlung, Translation,* O. Kade (ed.), 27-43. Leipzig: VEB Verlag Bnzyklopädie. Übersetzungswissenschaftliche Beiträge 1.

Kaindl, K. 1997. "Wege der Translationswissenschaft - Ein Beitrag zu ihrer disziplinären Profilierung". *TExTcoNTExT* 11 (= NF 1): 221-246.

Lambert, S. 1994. "Foreword". In *Bridging the Gap: Empirical research in simultaneous interpretation,* S. Lambert and B. Moser-Mercer (eds), 5-14. Amsterdam/Philadelphia: John Benjamins. Benjamins Translation Library 3.

Lambert, S. and Moser-Mercer, B. (eds). 1994. *Bridging the Gap: Empirical research in simultaneous interpretation.* Amsterdam/Philadelphia: John Benjamins. Benjamins Translation Library 3.

Lederer, M. 1978. "Simultaneous Interpretation - Units of Meaning and other Features". In *Language Interpretation and Communication,* D. Gerver and H. W. Sinaiko (eds), 323-332. New York: Plenum. NATO Conference Series III 6.

Lederer, M. 1981. *La traduction simultanée - expérience et théorie,* Paris: Minard-Lettres Modernes.

Massaro, D. W. and Shlesinger, M. 1997. "Information processing and a computational approach to the study of simultaneous interpretation". *Interpreting* 2(1/2): 13-53.

Moser, B. 1978. "Simultaneous Interpretation: A Hypothetical Model and its Practical Application". In *Language Interpretation and Communication,* D. Gerver and H. W. Sinaiko (eds), 353-368. New York: Plenum. NATO Conference Series III 6.

Moser-Mercer, B. 1994. "Paradigms Gained or the Art of Productive Disagreement". In *Bridging the Gap: Empirical research in simultaneous interpretation,* S. Lambert and B. Moser-Mercer (eds), 17-23. Amsterdam/Philadelphia: John Benjamins. Benjamins. Translation Library 3.

Namy, C. 1978. "Reflections on the Training of Simultaneous Interpreters - A metalinguistic approach". In *Language Interpretation and Communication,* D. Gerver and H.W. Sinaiko (eds), 25-33. New York: Plenum. NATO Conference Series III 6.

Nord, C. 1997. *Translating as a Purposeful Activity: Functionalist Approaches Explained.* Manchester : St. Jerome. Translation Theories Explained 1.

Pöchhacker, F. 1994. *Simultandolmetschen als komplexes Handeln* Tübingen: Gunter Narr. Language in Performance 10.

Pöchhacker, F. 1995. "Those Who Do...': A Profile of Research(ers) in Interpreting". *Target* 7(1): 47-64.

ReiB, K. und Vermeer, H. J. 1984. *Gnmdlegung einer allgemeinen Translationstheorie.* Tübingen : Niemeyer. Linguistische Arbeiten 147.

Salevsky, H. 1983. *Allgemeine und spezielle Probleme des Simultandolmetschens als einer spezifischen Art der Redetätigkeit.* Dissertation B. Berlin: Humboldt-Unlversität.

Salevsky, H. 1987. *Probleme des Simultandolmetschens. Eine Studie zur Handlungsspezifik.* Berlin: Akademie der Wissenschaften der DDR. Linguistische Studien Reihe A 154.

Salevsky, H. 1993. "The Distinctive Nature of Interpreting Studies". *Target* 5(2): 149-167.

Schäffner, C. 1998. *"Skopos* theory". In *Routledge Encyclopedia of Translation Studies.* M. Baker (ed.), 235-238. London/New York: Routledge.

Schmidt, S. J. 1973. *Texttheorie. Probleme einer Linguistik der sprachlichen Kommunikation.* München: Fink.

Seleskovitch, D. 1968. *L'interprète dans les conférences internationales. Problèmes de langage et de communication.* Paris: Minard-Lettres modernes. Cahiers Champollion 1.

Seleskovitch, D. 1975. *Langage, langues et mémoire. Étude de la prise de notes en interprétation consécutive,* Paris: Minard-Lettres modernes.

Seleskovitch, D. 1978. "Language and Cognition". In *Language Interpretation and Communication,*

D. Gerver and H. W. Sinaiko (eds), 333-341. New York: Plenum. NATO Conference Series III 6.

Seleskovitch, D. and Lederer, M. 1984. *Interpréter pour traduire.* Paris: Didier Érudition. Collection Traductologie 1.

Stein, D. 1980. *Theoretische Grundlagen der Überserzungswissenschaft*. Tübingen: Gunter Narr.

Stenzl, C. 1983. *Simultaneous interpretation: Groundwork towards a comprehensive model.* MA thesis, University of London.

Tommola, J. and Lindholm, J. 1995. "Experimental research on interpreting : Which dependent variable?". In *Topics in Interpreting Research,* J. Tommola (ed), 121- 133. Turku: University of Turku, Centre for Translation and Interpreting.

Toury, G. 1991. "What are Descriptive Studies into Translation Likely to Yield apart from Isolated Descriptions?" In *Translation Studies: The State of the Art,* K. van Leuven-Zwart and T. Naaijkens (eds), 179-192. Amsterdam/Atlanta: Rodopi . Approaches to Translation Studies 9.

Vermeer, H. J. 1978. "Ein Rahmen für eine allgemeine Translationstheorie". *Lebende Sprachen* 23: 99-102.

Vermeer, H. J. 1983. *Aufsätze zur Translationstheorie.* Heidelberg [Selbsrverlag].

Vermeer, H. J. 1986. *Voraussetzungen für eine Translationstheorie - Einige Kapitel Kulturund Sprachtheorie.* Heidelberg [Selbstverlag].

Vermeer, H. J. 1989. *Skopos und Translationsauftrag.* Heidelberg: Universität Heidelberg. Translatorisches handeln 2.

Vermeer, H. J. 1990. "Texttheorie und Translatorisches Handeln". *Target* 2 (2): 219-242.

Webster's. 1986. *Third New International Dictionary of the English Language, unabridged.* Springfield MA: Merriam-Webster.

동시통역 박사학위논문에 대한 소고

앤 숄다거(Anne Schjoldager)
오르후스대학교, 덴마크

1. 들어가기

1996년 8월에 나는 오르후스경영대학에서 동시통역을 주제로 한 나의 박사학위논문(숄다거, 1996)의 공개심사를 치렀다. 이하에서는 이 박사학위논문의 내용을 요약하고 자기비판을 하려고 한다. 이에 더해 개인적 경험을 토대로 박사학위 프로젝트에 직접 착수한 이들에게 몇 가지 구체적 조언을 하고자 한다.

통역사들이 기술의 도움을 받아 동시통역(technically-aided simultaneous interpreting)을 한지는 꽤 되었지만 우리는 여전히 그 속성에 무지하며 아직까지 조사하지 않은 측면도 많다. 안타깝게도 이런 조사가 어려운 이유는 아직까지 통역학계에 종합적이며 일관된 이론적·방법론적 틀을 포함한 정립된 연구 전통이 부족하기 때문이다. 이런 관점에서 나의 박사논문의 가장 큰 기여는 동시통역의 실증적 연구에 사용 가능한 하나의 틀을 제시한다는 점이라 본다.

나는 나의 연구과제를 다학제적이라고 여겼다. 이미 만들어진 틀이 없었기 때문에 나는 번역학과 언어학 등 관련 분야의 생각과 방법을 표집했고 내 연구에 적합한 틀을 만들었다. 게다가 동시통역을 다룬 실증적 연구 대부분이 과정 중심으로 이루어졌다면 나는 담과 듀스라프(본 권 참고)처럼 연구대상의 도착 텍스트(TT)와 출발 텍스트(ST)를 비교하는데 연구를 국한했다는 점에서 결과 중심의 접근방법을 취했다. 또한 나는 기술적·설명적 접근방법을 택했다. 따라서 나의 주요 관심사는 연구대상의 수행능력을 평가하기보다 데이터를 관찰하는데, 즉, 분석하고 분류하는데 있었다. 그리고 가설연역법에 따른 접근(hypothetical-deductive approach)에 따라 이미 만들어진 가설을 확인 혹은 기각하기보다 가설을 제시하고 싶었다. 보다 구체적인 조사의 목표는 다음과 같았다. (1) 동시통역에서 볼 수 있는 TT와 ST 관계의 특징을 규명하고, (2) 투리(1980 and 1995)가 말하는 번역규범(translational norm)을 대상으로 한 가설을 제시하는 것이었다.

2. 데이터

1991년에 나는 통역 학생들의 통역을 녹음, 전사, 분석한 후 원문의 번역본과 비교했다. 조사에 사용된 TT는 (일부 TT는 여러 가지 이유에서 최종 분석에서 제외되었다) 8명의 초보 통역사, 5명의 통역대학원 상급반 학생, 12명의 초보 번역사, 2명의 전문 번역사가 통역 혹은 번역했다. 모든 통번역은 덴마크어에서 영어 방향으로 이루어졌다.

지금 뒤돌아보면 연구설계가 전혀 이상적이지 않았다. 솔직히 말하자면 실용적인 이유에서 그렇게 설계했다. 위 사람들이 당시에 연구 참여가 가능하고 나를 도울 용의가 있었던 이들이고 최종 분석에 어떤 데이터를 포함할지 결정하는 단계에서는 자료의 진정성보다 참여대상의 다양성과 비교가능성에 무게를 두었다.

3. 방법론적 틀 설계하기

내 연구 프로젝트가 전환점을 맞은 것은 1993년 내가 어느 박사과정 세미나에 참석하면서였다. 다름 아닌 루뱅에서 개최되며 조세 함베르트가 주관하는 세라 번역한 세미나(the CERA Chair for Translation, Communication and Cultures)인데, 1993년 CERA 초청 교수는 다니엘 질이었다. CERA 초청 교수가 통역연구에 대해 하는 이야기에 흥미를 느낄 줄 알았는데 초청 교수의 강연 외에도 이론과 연구방법론을 다루는 재미 있는 프로그램이 많다는 것을 알게 되었다. 아마 다니엘 질을 제외한 대부분의 초청 학자는 스스로 기술번역학(DTS, Descriptive Translation Studies) 연구를 한다고 봤고 규범을 찾는데 집중하는 이들이 많았다.[1] 여러 가지 측면에서 내 눈을 뜨게 한 행사였다. 세미나 참석을 계기로 나는 내 프로젝트 설계에 심각한 방법론상의 오류가 있다는 점을 인지하게 되었고, 더 구체적으로 규범이라는 개념을 알게 되면서 방법론적 도구로 활용할 수 있는지 검토해보기로 했다. 사실 1993년에 나는 처음부터 시작할 작정을 하고 모아둔 데이터 코퍼스를 모두 폐기할까 고민 중이었다. 그때까지 진행한 연구는 연구설계와 전반적인 프로젝트 목표를 점검하기 위한 예비조사라 하면 되었다. 하지만 (결국 이게 결정적인 요소였는데) 박사과정 장학금 수혜 시기가 곧 끝날 예정이었고, 연구를 처음부터 시작할 시간이 없다는 사실을 인정해야 했다. 이미 수집한 데이터를 가지고 최선을 다해보는 수밖에 없었다.

그러니까 내 조사에 적합한 방법론적 틀을 구상할 때 루뱅에서 배운 내용에서 큰 영감을 받았다. 일단 처리 용량에 대한 질의 생각들, 특히 동시통역을 다룬 수행능력분할모델(질, 1991)에 큰 영향을 받았다. 수행능력분할모델은 동시통역 과정이 서로 경쟁관계에 있는 작업(노력)으로 구성되며, 통역사는 이런 작업 사이에 주의력을 분산해야 한다고 설명한다. 나는 자료 분석에 이 모델을 설명적 도구로 활용했다. 나는 능력

(competence), 수행능력(performance), 규범(norm)의 층위로 이루어진 투리(1980, 1995)의 번역관계 삼각모델에서도 영감을 받았다. 여기서 능력은 잠재적 TT/ST 관계를 의미하고, 수행능력은 기존 관계를 뜻하며, 규범은 전환규칙의 중간규칙을 나타낸다. 이 틀을 사용했을 때 TT/ST에 대한 내 모델(아래 4절 참조)의 범주는 수행능력의 층위, 즉 실제 번역행위를 기술하는 것이었다. 나는 이 층위에서 기술함으로써 규범의 층위에 대한 흥미로운 가설을 만들어 낼 수 있는 규칙성을 발견하기를 바랐다. 내 모델의 범주를 구성할 때 나는 셰익스피어의 말장난에 대한 델라바스티타(Delabastita, 1993)의 박사학위논문과 영화와 TV 번역을 다룬 그의 소논문(델라바스티타, 1989), 특히 고대 수사학자로 거슬러 올라간다고 말하는(델라바스티타, 1993, p. 33) 변환(transformation)의 일반 범주 체계–대체(substitution), 반복(repetition), 생략(deletion), 추가(addition), 치환(permutation)–를 집중적으로 참고했다.

4. TT/ST 관계 모델

내 연구에 사용한 정의와 분류체계의 이름 등은 다른 연구자가 제안한 것을 바탕으로 했다. 위에서 언급한 델라바스티타(1993) 및 (1989)을 주로 참고했지만 그 외에도 바덴조(1992, p. 71ff), 바릭(1969, p. 20)과 (1972, p. 5), 페데르슨(Pederson, 1987, p. 115) 등도 있었다. 하지만 범주 자체는 실제로 데이터 자체에서 만들어졌다. 따라서 내가 사용한 분석방법은 TT/ST 관계의 유사성을 찾아 서로 묶고 관련 있는 정의와 제목을 결정하는 과정으로 설명할 수 있다. 분석은 통번역학계에 널리 사용하는 방법으로 나만의 직관을 따라 진행했다. 당시에는 가능하다고 미처 생각하지 않았지만 보다 객관적인 대안은 평가단을 활용해 분석의 신뢰성을 검증하는 방법이다.

표 1. TT/ST 관계 모델

주요 범주		정보에 주는 영향이 없음		정보에 주는 영향이 미미함		정보에 주는 영향이 큼	
A/	반복 Repetition	A1/	순 반복 repetition proper	-		-	
		A2/	의미론적 반복 Semantic repetition	-			
B/	치환 Permetuation	B1/	구문론적 치환 Syntactic permetuation			B2/	순 치환 Permutation proper
C/	추가 Addition	C1/	구문론적 추가 Syntactic permetuation	C2/	설명적 추가 Explicating addition	C4/	순 추가 Addition proper
				C3/	정교화에 따른 추가 Elaborating addition		
D/	생략 Deletion	D1/	구문론적 생략 Syntactic deletion	D2/	설명적 생략 Explication deletion	D3/	순 생략 Deletion proper
E/	대체/대용 Substitution	E1/	맥락적 대체 Contextual substitution	E3/	명시적 대체 Specifying substitution	E5/	중첩에 따른 대체 Overlapping substitution
		E2/	의역적 대체 Paraphrastic substitution	E4/	일반화에 따른 대체 Generalizing substitution	E6/	순 대체 Substitution proper
?/	기타	-		-		-	

나의 TT/ST 관계 모델은 ST와의 관계에 따른 TT 항목의 범주를 포함하고 있다. 표 1은 그 범주를 개괄하고 있다.

가장 좌측의 하위범주는 표준적 행위를 기술하는 것이고 가장 우측의 하위범주는 '표준을 벗어난' 행위를 가리키며 중간은 이도 저도 아닌 행위를 나타낸다. 이런 방식으로 하위범주는 ST와 갖는 유사성에서 시작해 차이점에 이르는 연속변이의 양극이라고 볼 수 있다.

TT 항목이 'A/ 반복'으로 분류되면 대응하는 ST 항목과 형식적 관계가 있다고 간주한 경우다. 'A1/ 순 반복'은 ST와 TT 항목이 똑같을 때 사용되며 'A2/ 의미론적 반복'은 항목이 의미론적으로 유사하다고 보일 때 쓰인다.

'B/ 치환'은 TT 항목이 ST 항목과 다른 텍스트적 위치에 놓일 때 발생한다. 정보에 주는 영향이 없다면 'B1/ 구문론적 치환'으로 분류되지만 정보에 미치는 영향이 상당하면 'B2/ 순 치환'이라는 하위범주에 들어간다(정보에 미치는 영향이 미미한 치환은 없다는 점을 주의하라).

'C/ 추가'는 직접 선행하는 내용이 ST에 없는 경우다. 추가가 이루어졌지만 정보에 미치는 영향이 전혀 없을 경우라면 'C1/ 구문론적 추가'라 부른다. TT 항목을 'C2/ 설명적 추가'로 분류했다면 정보에 미치는 미미한 영향이 있고 ST의 의미를 설명한 경우다. 'C3/ 정교화에 따른 추가' 역시 정보에 미치는 영향은 미미하지만 정교화에 해당하는 경우를 뜻한다(예를 들어 통역사가 이미 통역한 내용을 설명 혹은 수정하는 듯한 내용을 추가할 때). TT 항목이 정보에 미치는 영향이 상당하다면 'C4/ 순 추가'로 분류한다.

'D/ 생략'은 정해진 ST 항목과 직접 관련이 있는 TT 항목이 없을 때 발생한다. 이런 생략으로 인한 정보 영향이 없어 보이면 'D1/ 구문론적 생략'으로 분류하지만 정보 영향이 미미하면 'D2/ 설명적 생략', 영향이 상당하면 'D3/ 순 생략'이라는 범주에 포함된다.

TT 항목이 대응하는 ST 항목과 아무런 형식적 관계가 없으면 'E/ 대체'로 분류한다. 'E1/ 맥락적 대체'는 TT 항목이 ST 항목과 동일한 맥락적 기능을 갖는 경우다. 'E2/ 의역적 대체' 역시 동일한 맥락적 기능을 하지만 의역인 경우다. 'E3/ 명시적 대체'는 대응하는 ST 항목보다 명시적일 때, 'E4/ 일반화에 따른 대체'는 덜 명시적일 때 사용한다. 'E5/ 중첩에 따른 대체'는 TT와 ST 항목이 유사한 어휘장에서 유래한 것 같지만 잠재적·맥락적 의미가 상당히 다른 경우를 뜻한다. 'E6/ 순 대체'라는 하위범주에 포함되려면 TT 항목은 ST 항목과 상당히 다른 정보를 전달해야 한다.

'?/ 기타' 범주는 TT 항목이 상기 TT/ST 관계로 분류되지 않을 때 사용된다. 예를 들어 통역사가 존재하지 않는 단어를 발화하는 경우가 되겠다.

5. TT/ST 비교

TT/ST비교는 소위 적합한 번역을 비교점으로 삼아 진행했는데, 이는 문학 텍스트를 번역본과 비교할 때 투리(1980, p. 112ff)가 제안한 방법을 참고했다. 내 연구에 사용한 적합한 번역 TT-1은 구문론적·관용적 이유 때문에 의무적 변화만 있는 가상의 TT로 정의했다. 그런 TT-1은 코퍼스에 포함된 TT에서 발생한 흥미로운 선택적 변화를 보여줄 수 있었다. 규범에 의한 변화가 예일 수 있다. 반데르아우웨라(Vanderauwera, 1982, p. 178/9)에 의하면 이렇게 비교점을 사용한 연구방법은 의무적인 전환(shift)과 선택적 전환 간의 분명한 구분을 전제하고 있지만 이는 사실상 불가능하기 때문에 이런 방법은 불필요하게 분석과정을 복잡하게 만들고 결과를 왜곡할 수 있어 비판 받을 소지가 있다. 흥미롭게도 투리도 자신이 예부터 애착을 보인 이런 방법을 궁극적으로 인정하지 않았는데 그 이유는 전환의 가치, 혹은 "부정적인 방식의 추론"(투리, 1995, p. 84; 허먼스(Hermans), 1999, p. 57도 참고)에 지나치게 의존하고 있다는 것이었다.

물론 의무적 전환과 선택적 전환 사이에 구분을 짓는다는 건 분명 문제의 소지가 있지만 나는 TT-1을 사용해서 내 연구결과가 전혀 왜곡되었다고 보지 않는다. 내가 보기에 TT-1은 적어도 두 가지 측면에서 유용한 도구였다. 첫째, TT-1을 만드는 과정을 통해서 도착어로 ST의 잠재적 항목을 설명할 수 있어서 비교분석 과정이 도움을 받았다. 둘째, TT-1을 고안함으로써 글쓰기 과정에서 도움을 받았다. 학위논문을 영어로 작성했고 덴마크어 ST와 영어 TT를 다루었기 때문에 주석(gloss) 혹은 역번역(back translation)이라고도 불리는 정해진 ST 항목의 (언어적) 의미를 설명하는 대목에서 TT-1을 참고할 수 있었다.

예 (1)은 ST문장의 TT-1 중 특별히 흥미로웠던 사례를 보여준다.

예 (1) TT-1

ST	(1)Mens (2)jerntæppet (3)brasede sammen (4)i (5)øst (6)kunne (7)man (8)i (9)alverdens (10)medier (11)se (12)Gorbatjov (13)drikke gravøl (14)i (15)vest.
TT-1	(1)While (2)the iron curtain (3)was collapsing (4)in (5)the east (8)in (9) all the world's (10)media (7)you (6)could (11)see (12)Gorbachev (13) participating in the wake (14)in (15)the west. (동구권에서 철의 장막이 무너져 내릴 때 세계 언론을 통해 서구권에서 경야(經夜)에 참여하는 고르바초프의 모습을 볼 수 있었다.)

이 문장에서 대부분의 피험자는 ST 항목 중 "(13)drikke gravøl"의 번역에서 실수를 했다. 이 표현을 직역하면(무덤 맥주를 마시다) 관용 어법에 어긋나고 의미가 통하지 않는다. 가장 가까운 언어적 등가는 비록 덴마크어 단어 gravøl이 갖는 익살스러우면서도 역설적인 함의를 전달하지는 못하지만 아마도 TT-1에 제시된 "경야(經夜)에 참여하는(participating in the wake)"에 해당할 것이다(예를 보려면 숄다거, 1995a, p. 80-81).

해당 ST 항목의 여러 가지 번역을 보여주는 예 (2)를 보면 내가 선택한 범주화 방식을 이해하는데 도움이 된다.

예 (2) ST 항목 "drikke gravøl"

	TT 항목	의견
A2/	"participating in the wake" (경야에 참여하는)	의미론적으로 유사
E1/	"were participating in the funeral feast" (장례 잔치에 참여하는)	맥락적 기능이 동일
E2/	"were drinking a funeral celebratory drink" (장례식 술잔을 기울이는)	의역-음주를 강조
E4/	"were at the funeral" (장례식에 참석하는)	덜 명시적-역설적 의미가 배제
E5/	"were sad" (슬픔에 잠긴)	의미가 다르기보다 잠재적·맥락적 의미-핵심을 놓침
E6/	"was orientating himself towards" (~에 적응하고 있는)	정보가 상당히 다름

위의 예 (2)에 'E6/ 순 대체'로 분류되는 마지막 TT 항목은 영어가 모국어인 통역 상급반 학생이 발화한 통역이다. 통역이 ST와 상당히 다른 정보를 전달한 것으로 보이지만 높은 층위에서는 연사의 메시지에 실제로 충실한 통역이라는 점이 흥미롭다.

아래에 보이는 예 (3)에서는 문장 전체를 볼 수 있으며 통역사가 원문 연사에 비해 매우 뒤처진 것을 볼 수 있다.

예 (3) TT 항목 "was orientating himself towards": 뒤로 처짐

ST연사:	통역사:
Mens jerntæppet brasede	....
sammen i øst	....
....	As the iron curtain
kunne man	collapsed in the east
i alverdens medier se Gorbatjov	....
drikke gravøl i vest	it could be seen
....	in the media through-
....	out the world
....	that Gorbachev
Det var tydeligt, at Mikhail	was orientating himself
Gorbatjov var tilfreds	towards the west.

6. 결과

모든 TT는 TT/ST 관계 모델에 따라 분석하고 분류했다. 그 결과 정보에 미치는 영향이 큰 TT 항목이 나타나는 게 동시통역의 특징이라는 잠재적 결론을 내리게 되었다. 그런 다음 동시통역과 번역을 비교분석하는 것이 특히 흥미롭겠다고 생각한 분절단위(대개는 문장 단위와 일치했다)를 골라냈다. 일단 통역사의 TT 중 정보에 미치는 영향이 상당한 항목이 지나치게 많은 분절을 골랐다. 달리 표현하자면 그러한 TT 분절로 이어진 경향이 있는 ST 분절을 골랐다. 총 22개의 ST 분절이 이에 해당했다. 그런 다음에는 이에 상응하는 번역사의 TT 분절을 골랐다. 총 594개의 TT 분절을 고른 후 이에 대한 심층 분석을 진행했다. 분석결과 나는 어느 정도 규칙성을 발견하여 피험자의 번역 규범을 설명하는 가설을 세울 수 있기를 바랐다. 하지만 불행하게도 통계적 관점에서 본 심층분석 결과는 빈약했고 매우 일반적이고 썩 놀랍지 않은 결과만 도출하게 되었다.

그럼에도 불구하고 나의 연구결과가 몇 가지 재미 있는 관측으로 이어졌다고 생각한다. 특히 흥미로운 점은 'E6/ 순 대체'의 범주에 해당하는 TT 항목을 생성한 통역사는 많았지만 번역사는 전혀 없었다는 사실이다. 예 (3)을 다시 살펴보도록 하자. 예시의 통역사는 왜 ST 항목 "drikke gravøl"를 ST 의미와 (거의) 관계가 없는 TT 항목으로 통역했을까? 다음과 같이 최소한 여섯 가지 이유를 생각할 수 있다.

1. 통역사는 ST 항목을 그렇게 통역해야 한다고 생각했다.
2. 통역사는 ST 항목을 잘못 이해하고 그에 따라 통역했다.
3. (모국어가 덴마크어가 아닌) 통역사는 ST 항목을 모르고 그 뜻을 추측했다.
4. 통역사는 적절한 대응어를 찾을 시간이 없었다.
5. 통역사는 ST 항목을 듣지 못하고 그 뜻을 추측했다.
6. 통역사는 ST 항목을 잊어버리고 그 뜻을 재구성했다.

물론 통역사가 왜 그렇게 통역을 했는지 확실하게 알 방법은 없다. 통역사 스스로 어떻게 통역하고 있는지 몰랐을 가능성이 있어(즉, 1, 2번의 경우) 의도적이었다고 보기도 어렵다. 반면 통역사의 의도적 선택이었을지 모른다. 다시 말해 통역사가 문제를 인지하고 해결을 하려는 과정에서 의식적 선택을 한 것이다(즉, 3, 6번의 경우). 후자의 경우가 번역보다 동시통역에서 더 빈번하게 발생할 지 모른다. 더군다가 4-6번 이유는 동시통역에 전형적으로 (내지는 국한해서) 발생할 수 있어서 동시통역에 대한 질(e.g. 1991)의 수행능력분할모델로 분석 가능하다. 즉, 4. 산출 노력, 5. 청취 노력, 6. 단기기억 노력과 연관해 처리용량의 한계에 이른 사례로 볼 수 있다.[3] 예 (3)에서 통역과 원문 간의 긴 시차를 감안하면 6번 이유가 현실 가능성이 높다고 본다. 통역사가 연사보다 뒤처진 상태였기 때문에 ST 항목을 잊어버리고 맥락적 지식을 활용해 그 뜻을 재구성한 것으로 볼 수 있다.

나는 학위논문에서 이와 같은 행동이 규범을 따른 결과로 보고 이를 바탕으로 동시통역에서 흔히 볼 수 있는 다음과 같은 규범을 만들었다(여기서는 조금 달리 제시하고자 한다). 즉, 동시통역사는 그럴듯한 TT를 만들어내는데 필요하다면 'E6/ 순 대체'로 분류되는 TT 항목을 선택해도 된다.

다른 학자들은 (전문)통역사들이 때로 "근무조건이 특별히 열악할 때"(질, 1995, p. 201) 정해진 ST 항목과 유사성이 낮거나 없는 TT 항목을 산출하며 아마도 자기보호 때문일 것이라 지적한 바 있다. 이는 통역과 번역의 상이한 특징을 살펴보는 추가 연구의 흥미로운 출발점이 되리라 본다.

7. 결어: 몇 가지 조언

박사학위 프로젝트를 시작할 때 결점 없는 결과물을 만들어내는 것이 최종 목적이라고 생각할 필요가 없다. 오히려 박사 연구를 배울 수 있는 훌륭한 기회로 받아들여야 한다. 즉, 해당 분야 연구에 필요한 기술을 개발하고 관련 있는 지식을 습득할 수 있는 기회로 보라는 것이다. 과정을 모두 마치고 돌아보면 박사 프로젝트를 다른 각도에서 접근했어야 했다든가 심지어 어떤 결정은 순전히 틀렸고 어떤 결과는 잘못 해석했다고 주장할 수도 있다. 하지만 설사 그랬다 하더라도 프로젝트 전체가 무효가 되지는 않는다. 여기서 내 박사 연구를 전반적으로 회고하며 마무리 짓겠다. 읽는 이들에게 도움이 되기를 바란다.

데이터. 2절에서 나는 데이터 수집 과정에 몇 가지 문제가 있었다고 언급했다. 프로젝트 전체를 무효화하지 않는다면 일단 실현 가능한 방법을 택하는 것이 때로는 최선의 전략이라는 점을 내 연구를 통해 느꼈기를 바란다. 그렇다고 데이터를 처리하기 위한 최상의 조건을 포기하라는 뜻은 아니다. 이와 관련해서 해줄 수 있는 최고의 조언은 시작하기에 앞서 목표를 신중히 검토하라는 것이다. 그렇지 않으면 예측하지 못한 방법으로 우연히 데이터에 영향을 미쳤거나 기대에 미치지 못하는 데이터를 수집한 등의 이유로 적합하지 않은 데이터 때문에 프로젝트 전체를 위험에 빠뜨릴 지 모른다. 더 나아가 앞서 언급했듯이 적은 양의 데이터를 먼저 모아 예비조사를 실시한 후에 전체 코퍼스를 구축하는 게 좋은 방법이다.

방법론적 틀. 통역학계가 갖는 존재론적 지위를 감안하면 학제간 연구방법을 권하고 싶다. 내 경우 DTS(Descriptive Translation Studies), 언어학, 일반통역연구(특히 다니엘 질의 연구)를 혼합한 틀을 사용했고, 이는 박사 프로젝트의 견실한 토대가 되었다. 하지만 분석을 진행하는 동안 이미 만들어진 방법을 활용하지 못했다는 악조건이 있었다. 예를 들어 지금 와서 드는 생각은 TT/ST 비교에 직관이 지나치게 작용해 나의 결과가 과학적으로 취약하다는 것이다. 따라서 가능하기만 하다면 연구결과를 분석할 때 핵심에 초점을 맞추고 연구의 신뢰성을 검증할 수 있도록 어떤 형태로든 도움을 청하는 것이 좋다. 지도교수님의 조언을 구하는 것만으로 충분하지 않고 그 외에 프로젝트에 관여하지 않은 사람의 도움도 필요하다. 본인의 구체적 연구목표를 모르고 "편견 없이" 데이터를 바라봐 줄 사람들이 있어야 한다. 적절하다면 심사위원단을 꾸리거나 최소한 동료들(이를 테면 동료 박사과정생)에게 특정 측면에 대해 독립적 분석을 부탁하는 방법이 있다. 이렇게 다른 이들의 전문성을 빌리면 통역학계 내 정립된 연구 전통이 부족한 상황을 어느 정도 상쇄할 수 있을 것이다.

접근방법. 서두에서 언급했지만 1993년 루뱅에서 배운 내용으로부터 크게 영향 받은 내 접근방법은 설명적이고 기술적이라고 정의할 수 있다. 이 접근방법은 다음과 같은 내 연구목표에 적합했다. (1) 동시통역에 특징적인 몇 가지 TT/ST 관계를 규명함으로써 (2) 번역규범에 대한 가설을 세우고자 하는 것이 목표였다. 하지만 규범에 대한 가설을 세울 수 있는 수준에 다다르지 못했기 때문에 지금 보면 이런 목표는 너무 넓은 게 아닌가 싶다(위 6절 참고). 따라서 가능하다면 하나(혹은 그 이상)의 질문에 답하거나 가설을 입증 혹은 기각하는 방식으로 연구관심을 구체적으로 좁히라고 권하고 싶다. 그러니까 개괄적으로 규범을 찾기로 하기보다는 처음부터 하나의 구체적인 요소-가령 대체-에 집중해서 이와 같은 특징이 발현되는 이유가 규범에 의한 것인지 확인하는 방법을 택해도 됐을 것이다.

더욱이 나는 DTS 패러다임에 지나치게 몰입하는 바람에 결국 과대해석을 했을 지도 모르겠다. 예를 들자면 나는 규범이라는 개념을 발견했다는 사실에 신이 나서 현상을 설명할 때 지나치게 사용했는지도 모르겠다. 규범에 대한 이론은 안타깝게도 최근까지 많은 학자들이 간과한 번역행위의 분명한 측면을 다루고 있기는 하지만 경우에 따라서 규범이라는 개념이 덜 중요하거나 심지어 의미가 없기도 하다. 또 다른 예는 현상을 기술하는데 지나치게 노력한 나머지 평가를 소홀히 했다는 점이다. 지금 돌이켜보면 피험자의 서로 다른 통번역 수행능력을 보다 철저히 조사한 후에 각각의 규범에 대한 가설을 세웠어야 했다. 초보 통역사 중에는 기초실력이 많이 부족해서 일반 가설을 세우기에는 통역수행능력이 부적절한 사람도 찾았을지 모른다. 물론 진정한 학자는 규범적 (혹은 편향된) 태도를 피해야 한다는 건 의심의 여지가 없다. 하지만 그렇다고 해서 데이터를 평가하지 못하거나 하지 말아야 하는 것 또한 아니다. 이는 연구 프로젝트의 목표를 어떻게 잡는가 달려있는 문제다.

정리하자면 새로운 이론이나 접근방법에 압도되어 관련된 제안과 생각을 확대 해석하지 말라는 조언을 남기고 싶다. DTS의 영감을 받아 연구를 진행한 것은 옳은 결정이었지만 규범에 대한 이론이 코퍼스에 포함된 대부분의 현상을 설명할 수 있고 결과물에 대한 평가를 전혀 다루지 말아야겠다고 생각한 것은 오판이었다.

미주

1. 허먼스(1985)가 편집한 에세이집 *The Manipulation of Literature*의 영감을 받아, 이 접근방법은 The Manipulation School이라고도 불렸다(e.g. 슈넬-혼비, 1988, p. 22; 숄다거, 1995b 참고)

2. 이처럼 역번역이 광의로 쓰이기도 하는 것이 사실이지만 사실은 TT를 출발어로, 즉 역으로 다시 번역해놓는다는 의미를 내포한다. 따라서 엄밀히 말하자면 ST를 도착어로 번역해놓은 나의 TT-1은 역번역이라 할 수 없다. 번역이 유사하게 사용된 사례를 보려면 본 권의 담과 바덴조를 참고할 것.

3. 질(1991, p. 17)에 의하면 동시통역 과정은 세 가지 구성요소 혹은 노력으로 이루어진다. "L: 출발어 발화의 청취와 분석. P: 도착어 발화의 산출. M: 전략적 혹은 언어적 이유에서 비롯한 단기기억 저장 및 정보 인출 (언어 간 차이로 인해 변환이 필요하기 전까지 일정 시간 정보가 저장되는 경우)".

참고
문헌

Barik, H.C. 1969. A *Study of Simultaneous Interpretation. Unpublished thesis submitted to the faculty of the University of North Carolina at Chapel Hill in partial fulfillment of the requirements for the degree of Doctor of Philosophy in the Department of Psychology.* University of North Carolina at Chapel Hill.

Barik, H.C. 1972. "Interpreters Talk a Lot, Among Other things". *Babel* 18(1): 3- 10.

Delabastita, D. 1989. "Translation and mass-communication: film and T.V. translation as evidence of cultural dynamics". *Babel* 35(4): 193-218.

Delabastita, D. 1993. *There's a Double Tongue: An investigation into the translation of Shakespeare's wordplay, with special reference to 'Hamlet'.* Amsterdam/Atlanta: Editions Rodopi B. V. Approaches to Translation Studies.

Gile, D. 1991. "The Processing Capacity Issue in Conference Interpretation". *Babel* 37(1): 15-27.

Gile, D. 1995. *Basic Concepts and Models for Interpreter and Translator Training.* Amsterdam/Philadelphia: John Benjamins.

Hermans, T. (ed.). 1985. *The Manipulation of Literature: Studies in literary translation.* London/Sydney: Croom Helm.

Hermans, T. 1999. *Translation in Systems. Descriptive and System-oriented Approaches Explained.* Manchester: St. Jerome. Translation Theories Explained 7.

Pedersen, V. H. 1987. *Oversaettelsesteori:* Copenhagen: Samfundslitteratur.

Schjoldager, A. 1995a. "An Exploratory Study of Translational Norms in Simultaneous Interpreting: Methodological Reflections ". *Hermes* 14:

65-87.

Schjoldager, A. 1995b. "Interpreting Research and the "Manipulation School" of Translation Studies". *Target* 7(1): 29-45.

Schjoldager, A. 1996. *Simultaneous Interpreting: Empirical Investigation into Target-text/Source-text Relations. A PhD dissertation submitted to the Faculty of Modern Languages, the Aarhus School of Business, Denmark, April* 1996. Aarhus: The Aarhus School of Business.

Snell-Horn by, M. 1988. *Translation Studies. An Integrated Approach.* Amsterdam/Philadelphia: John Benjamins.

Toury, G. 1980. *In Search of a Theory of Translation.* The Porter Institute for Poetics and Semiotics, Tel Aviv University, Jerusalem: Academic Press.

Toury, G. 1995. *Descriptive Translation Studies and Beyond* . Amsterdam/Philadelphia: John Benjamins.

Vanderauwera, R. 1982. "Review: Gideon Toury. *In Search of a Theory of Translation* (Tel Aviv, Israel: The Porter Institute for Poetics and Semiotics), 1980". In *The Art and Science of Translation,* A. Lefevere and K.D. Jackson, (eds), 177-179. The University of Michigan . Dispositio 7:19-20-21.

Wadensjö, C. 1992. *Interpreting as Interaction: On dialogue-interpreting in immigration hearings and medical encounters.* Linköping: Linköping University.

결론: 문제 및 전망

다니엘 질(Danile Gile), 헬 V. 담(Helle V. Dam),
앤 숄다거(Anne Schjoldager)

본 권의 첫 기고문인 "통역학 박사학위논문 주제의 선정"은 박사학위 과정의 일부인 다양한 문제, 단계 및 결정을 설명하면서 책의 첫 장을 열고 있다. 박사 연구를 지도한 경험을 바탕으로 저자는 비교적 전반적으로 개괄하며 박사연구 과정을 이루는 각 구성요소에 특별한 비중을 할당하지 않는다. 각 저자가 개별적으로 집필한 다른 기고문은 보다 구체적인 내용을 다루며 박사과정생으로서 저자의 경험을 보고한다. 따라서 책의 첫 장에서 언급한 문제들이 뒤이은 개인적 소고에 얼마나 발견되는지, 문제의 상대적 중요성에 위계가 있는지, 도출할 수 있는 유용한 결론과 전략은 있는지 살펴보는 것도 흥미롭고 잠재적으로 유용하리라 본다.

1. 박사학위 과정의 어려움

기고문을 상세히 분석하기도 전에 눈에 띄었던 점은 저자들이 박사 연구 과정을 한 단계에서 다음 단계로 거의 자동으로 진행하여 결론까지 간 과정으로 보지 않고 대체로 어렵다는 인상을 남겼다는 것이다. 기본적으로 저자들은 불확실성, 자기회의, 스트레스, 자신의 능력에 대한 불만족으로 점철된 길고 때로는 힘든 과정을 서술하고 있다. 게다가 예상대로 기술적 어려움도 언급되었지만(데이터 처리 방법, 이론적 틀의 선정 등과 관련한 문제) 많은 문제는 실제 계획의 실행 및 조직과 관련이 있어서 기술적 고려사항보다는 학생의 전략적 결정을 요구했다.

본 권에 기고한 저자는 각자의 어려움을 극복하고 박사 연구를 마칠 수 있었고 때로는 이상적 상황과 거리가 먼 힘든 여건 속에서 연구를 마무리했다. 하지만 감당하지 못할 수준의 문제에 맞닥뜨려 수 년 간 힘들게 진행한 연구를 포기해야 하는 이들도 많다. 시작하고도 미처 완성하지 못하는 박사학위논문이 과연 얼마나 많은지 정확히 알 수는 없지만 우리가 본 여러 사례를 참고한다면 통번역학과가 있는 대학교에 입학이 허용된 박사논문 제안서 중 절반 이상, 그것도 절반을 훨씬 웃도는 수준의 제안서가 전혀 빛을 보지 못한다고 볼 수 있을 것이다. 빛을 본다 하더라도 태어나기 전의 질병으로 인해 생명만 겨우 부지하는 경우도 있다. 이런 의미에서 나라와 대학교가 달라도 학생이 느끼는 개인적 인상은 놀랍도록 비슷해서 논문 준비 과정에 있는 박사과정생들을 도와야 할 필요가 있다는 점을 시사한다.

이런 상황은 통역과 번역 연구에서 관측되었다는 점을 참고해야 한다(본 권에서 후자는 크게 다루지 않았다). 모든 분야에 걸쳐 문제의 종류와 정도가 비슷하다고 주장하는 것은 아니지만, 다른 인문학과 행동과학 분야 학위논문에 관여한 우리의 경험을 보거나 해당 분야의 여러 동료와 이야기해본 결과 타 분야의 박사과정 중퇴율도 통번역학 분야만큼 높다는 강한 인상을 받는다. 아래의 의견과 제안은 통역(및 번역)연구에 특화된 것이지만 이 외에도 폭넓게 적용 가능한 내용도 있을 줄 안다.

2. 제반 문제

2.1 기초적인 연구 기술

수기를 보면 통역연구를 포함한 번역학 연구(번역 연구의 사례를 보려면 게르지미쉬-아보가스트의 논문 참고)를 시작하는 대부분의 박사과정생은 연구 원칙과 방법론을 처음 접하는 순 초보이거나 경험이 매우 부족하여 구체적 이론, 데이터 수집 방법, 데이터 처리 방법 등을 배워야 할 뿐만 아니라 가장 기본적인 기술을 습득하고 더 중요하게는 '과학적 사고'라고 부를 수 있는 마음가짐을 단련해야 한다. 게르지미쉬-아보가스트의 제자들은 이를 주요 문제로 언급하고 있고 다른 저자들 역시 통번역학 분야의 적절한 연구배경 및 연구 전통의 부재를 지적하고 있다. 따라서 통번역학 박사과정생은 대학 졸업논문을 위한 연구를 해야 하는 타 전공의 학부생과 비슷한 위치에 있다고 볼 수 있다(관련하여 체코공화국의 사례는 첸꼬바가, 이탈리아의 사례는 리카르디, 지암발리와 루소가 설명했다). 사회학, 심리학, 교육학, 생물학, 화학, 물리학 등의 실증적 학문에서는 연구 원칙과 방법을 학부 과정에서 조기에 가르치기 때문에 해당 계통의 박사과정생들은 우리 분야와 비슷한 문제를 겪지 않는다는 사실을 주목해야 한다.

2.2 문헌의 활용

연구배경의 부족과 연계해서 자주 언급된 문제는 학생들이 문헌을 적절히 활용하는데 전문적 경험이 부족하다는 점이다(특히 게르지미쉬-아보가스트와 첸꼬바 참고). 다시 말해, 넘쳐나는 가용 문헌을 탐색해 한편으로는 가장 중요하고 유용한 자료를 찾고 다른 한편으로는 이렇게 고른 텍스트를 비판적으로 다룬 경험이 없다는 것이다. 그 결과 학생은 엉뚱한 방향을 제시하는 문헌을 읽거나 문헌을 비판적으로 활용하지 못해 "확대해석"해서(듀스라프 및 숄다거의 글 참고) 많은 시간을 허비하고 기대만큼 효율적으로 진행하지 못한다.

2.3 주제의 선정

연구원칙의 견실한 기반이 부족한 상황에서 박사과정생이 경험하는 큰 어려움은 바로 연구 프로젝트 초기에 해야 하는 주제선정이라는 점을 본 권에 제시된 여러 사례연구가 보여주고 있다(주제선정을 다룬 첫 번째 논문에서도 언급한 내용이다). 많은 이들은 한 주제를 놓고 오랜 시간 연구를 한 후에서야 계획했던 프로젝트가 타당하지 않다는 점을 깨닫는다(프라하의 카렐대학교, 번역학연구원이 석사학위 차원에서 이 문제를 어떻게 해결했는지 예를 보려면 숄다거, 듀스라프, 첸꼬바의 설명을 볼 것). 우리는 연구주제가 지나치게 야심 차거나 연구 프로젝트로 조작화하기 너무 어려워서 학위논문을 시작조차 하지 못한 여러 명의 학생도 봤다(본 권, 쿠르츠에서 관련사례 참고). 그런 의미에서 잠재적 석사논문 주제 목록을 매해 준비한다는 프라하의 제도는, 특히 제안된 주제는 선택적이어서 학생 스스로 희망 주제를 제출해도 된다는 점에서, 매우 흥미로우면서 긍정적 대안이 된다고 본다. 체코공화국과 이탈리아의 사례는 학부 졸업논문에 해당하지만 박사학위논문에까지 원칙을 확대 적용할 수 있으리라 본다(자연과학 분야에서는 비슷한 경우를 종종 볼 수 있다).

2.4 지도교수

박사과정생이 주제를 선정할 때 어려움을 느끼는 이유에는 연구훈련과 경험이 없어 문제를 예측하거나 그 파급효과를 평가하지 못하고 문제를 극복하는데 필요한 전략을 세우지 못한다는 점이 있다. 이런 배경 때문에 지도교수의 잠재적 역할이 특히 중요하다(이는 게르지미쉬-아보가스트 및 미드가 특히 강조하고 있다). 본 권의 여러 기고문에서 볼 수 있듯이 지도교수는 타 분야와 마찬가지로 학생을 기술적 측면에서 지도해야 하지만 때로는 연구원칙 및 방법을 아주 초보적인 수준에서 소개하고, 경우에 따라서는 심리적 지원도 해야 하는 입장이다(게르지미쉬-아보가스트는 박사과정생들이 겪는 "우울감"을 언급한다). 실제로 지도교수의 지원은 아무리 학생이 총명하고 동기가 강하더라도 논문의 성패를 가름할 수 있다.

맡은 역할을 효율적으로 수행하기 위해서 지도교수는 해당 패러다임의 능력 있는 연구자이어야 하는 동시에 통역과 관련 문헌에 대한 충분한 지식을 갖추고 있어야 한다. 주제선정에 대한 기고문에서 질도 설명했고 다른 저자들도 언급했지만 두 가지 조건을 모두 충족하는 지도교수를 찾기란 어렵다. 통역사들은 필요한 방법론적 전문성을 갖춘 경우가 드물고 통역 전문가가 아닌 일반인들은 통역과 통역 문헌을 제대로 이해하지 못하기 때문이다. 본 권에 여러 저자가 공유한 개인적 경험을 보면 같은 이유로 큰 문제를 겪었다는 사실을 시사하고 있고 그 과정에서 시간도 낭비하고 연구의 품질도 저해된 것으로 보인다.

또 언급된 내용은 많은 통역 연구 프로젝트가 학제간 성격을 띄고 있어 지도교수가 관련 분야에 대한 전문성도 갖추고 있어야 한다는 점이다. 이 문제는 트리에스테와 프라하의 사례에서 제도적으로 다뤄졌고(리카르디 외 및 첸꼬바를 각각 참고할 것) 학교 내에서 타 학과와 밀접한 관계가 형성되어 학생들이 타 분야 소속 교수의 공동지도를 받을 수 있다는 설명이 있었다. 하지만 그 외 다른 곳의 사정은 좋지 않아서 학생 스스로 주도권을 잡고 홀로 인접 분야 연구를 해야 한다. 미드의 사례를 예로 들면 통역사 혹은 타 분야 전문가 중 누구의 지도를 받을지 스스로 결정해야 했고 통계처리과정을 도와줄 통계 전문가도 자신이 속한 대학에서 스스로 구했다.

2.5 시간

이와 관련하여 저자들의 기고문을 통해 알 수 있는 또 다른 문제는 자기 좋을 대로 하도록 방치된 박사과정생은 주제선정에 너무 오랜 시간이 걸리고 위에서 언급했다시피 잘못된 방향으로 나가다가 왔던 길을 되돌아가야 하는 경우가 많다는 점이다(특히 듀스라프 참고). 이런 문제 외에도 저자들은 경험상 시간제약을 특히 중요하게 생각했다. (시행착오를 거치면서 시간을 비효율적으로 사용한 경우에는) 학위논문을 마치는데 필요한 총 시간과 시간 관리의 두 가지 측면에서 중요하다고 보고했다(게르지미쉬-아보가스트, 미드, 담, 숄다거 참고). 시간 문제가 불거진 이유에는 많은 통역학 박사과정생이 전문 통역사이기 때문에 몇 년 간 통역 업무를 완전히 중단할 수 없는 점이 작용한다(이 문제는 미드가 언급하고 있는데, 그는 박사과정을 밟으면서 소요되는 재정적 비용을 명시적으로 언급한 유일한 저자이다). 또 다른 이유는 경험 부족으로 인해 연구의 각 단계에 소요될 시간을 제대로 가늠하지 못하는 것이다. 여기서도 학생을 이끌어 갈 지도교수의 역할이 특히 중요하다.

3. 개요

위에서 살펴본 문제는 흥미롭게도 정립된 실증 연구분야의 박사과정생들이 경험하는 문제와 크게 다르다. 시간 관리와 논문 완성까지 필요한 총 소요시간은 비슷하지만 기존의 실증 연구분야에서는 (자료 혹은 구체적 연구 방법과 관련 있는) 기술적 문제가 상대적으로 많고, 현장실습, 실험실 장비, 실험에 참여한 피험자에게 지급하는 금전적 보상 등에 따른 재정적 문제도 고려해야 한다. 통역연구의 경우 소요되는 비용은 상대적으로 적을 뿐더러 통역을 하며 소득이 있다면 박사과정생 스스로 대부분의 비용을 치른다. 반대로 기타 실증적 분야의 박사과정생은 일반적으로 학교 밖에 소득이 없다(이 문제에 대한 미드의 반대 의견 참고). 주제선정, 논문지도, "박사과정 우울증" 등의 문제도 기존의 실증적 분야에서, 특히 연구실과 연구팀이 제도화되어 있는 경우에는, 큰 문제가 되지 않는 듯하다. 기술적·제도적 구조가 갖춰져 있고, 비슷한 문제를 연구하는 동료와 관련 주제를 연구하는 경험 많은 선배 연구자로 구성된 좋은 인적 네트워크가 있어서 학생은 충분한 지원을 받을 수 있다.

또 다른 흥미로운 점은 저자 중에서 문헌에 종종 언급되는 피험자 모집과 데이터 수집의 문제를 보고한 사람은 없다는 사실이다. 문제를 인지하지 못한 것은 아니지만(담과 첸꼬바 참고) 각자 연구 프로젝트를 적절히 계획한 것으로 보이며 일부(특히 미드, 바덴조, 듀스라프와 첸꼬바)는 동료들이 협조적 태도로 임했다고 보도하면서 놀라움을 전하고 있다.

어찌되었든 개인적 회고를 통해 전반적으로 저자들이 느낀 어려움을 분명 느낄 수 있고 이는 현재 박사과정 연구 상황을 개선해야 할 필요가 있다는 사실을 시사한다.

4. 전망

현재 상황을 개선하고 박사과정생을 도울 방법은 무엇인가?

기초적 연구 기술의 부족은 다루기 어려운 문제다. 수 년에 걸쳐 받는 연구방법 훈련을 통역(혹은 번역) 교육과정에 편입하는 것은 합리적이지 않고, 여러 과목 중 하나에 불과하다면 1년짜리 연구 세미나로 충분하지 않을 것이다. 본 권의 토대가 된 CE(T)RA 프로그램과 오르후스 세미나와 같은 단기 집중 과정은 올바른 방향으로 나가는 시도다. 게르지미쉬-아보가스트가 자르뷔르켄에서 조직해 독일을 비롯한 대학교의 전문가가 참석한 박사과정 세미나('Doktorantenseminar') 및 첸꼬바가 보고한 체코공화국의 연구 세미나, 그 외에도 이탈리아, 스페인, 핀란드 등에서 준비한 세미나 모두 바람직하지만 이것으로 충분치 않다. 현재로써 인지심리학, 사회학 등 타 학문분야의 훈련을 받지 못한 통역사가 박사 연구에 필요한 연구 기술을 습득할 수 있는 유일한 방법은 견습제도와 유사한 형식으로 식견이 있는 지도교수와 긴밀히 협조해서 연구하는 길이다. 이는 다음과 같이 상호연결 된 두 가지 문제를 야기한다.

첫째, 위에서 언급했지만 몇몇 기고문에서 설명한 바와 같이 (필요한 연구 자격과 통역 및 관련 문헌에 대한 지식이 있어) 충분한 자격을 갖추고 통역학 박사논문을 지도할 수 있는 교수가 전세계에 열명 남짓으로 많지 않고, 당연히 한 명도 없는 대학이 대부분이다.

둘째, 각 국가의 법률과 규칙에 따라 지도교수가 박사과정생과 같은 대학 소속이어야 하거나 같은 나라의 대학 소속이어야 하는 경우가 많다. 따라서 통역에 대해 잘 알지 못하는 지도교수가 마지못해 논문지도를 맡거나 연구자로서 자격이 부족한 통역사가 지도교수를 맡아 불만족스러운 상황에 놓인 학생들을 자주 보게 된다.

현 시점에서 만족스럽지 않겠지만 유일한 현실적 해법은 공동지도를 받는 방법이다. 현대 기술의 발달로 기술적 문제는 대부분 해소되었고 이메일로 논문지도를 받는 방법도 효과적이지만(본 권, 미드 참고) 문제는 논문지도에 따른 부담이 커서 현지 대학에서 맡은 업무부담과 지도 가능성 여부에 따라 (보통 금전적 보상을 받지 못하는) 공동지도를 맡겠다는 교수를 찾기가 어려울 수 있다는 점이다(단, 첸꼬바와 리카르디 외는 각각 소속된 대학에서 공동 지도교수 섭외의 문제를 보고하지 않고 있다).

시간이 지나면서 자격을 갖춘 통역학 분야 박사학위소지자가 충분히 배출되어 박사 지망생들을 지도하길 희망한다. 그러려면 최소한 십년 가까이 혹은 그 이상의 시간이 걸릴지 모른다. 그 전까지는 인내와 헌신을 최선의 대안으로 여기고, 국제 세미나나 이 책을 비롯한 문헌의 조언을 참고해 도움을 받기를 바란다.

존 벤자민스 통번역 총서 13

통번역학 연구 입문

Getting started in interpreting research

초판 인쇄 2016년 5월 20일
초판 발행 2016년 5월 30일

편저자 다니엘 질 · 헬 V. 담 · 프리델 듀스라프 · 보딜 마틴젠 · 앤 숄다거
기 획 정호정(존 벤자민스 통번역 총서 기획위원장)
옮긴이 최은아
발행인 김인철
편집총괄 · 기획 장지호 Director, University Press
편집장 신선호 Executive Knowledge Contents Creator
도서편집 김민정 Contents Creator
진수연 Contents Creator
전자책편집 최인우 Chief e-Contents Creator
마케팅 곽용창 Chief Marketing Creator
재무관리 권미경 Chief Managing Creator
김은혜 Managing Creator
발행처 한국외국어대학교 지식출판원
02450 서울특별시 동대문구 이문로 107
전화 02)2173-2493~7
팩스 02)2173-3363
홈페이지 http://press.hufs.ac.kr
전자우편 press@hufs.ac.kr
출판등록 제6-6호(1969. 4. 30)
디자인 · 편집 (주)이환디앤비 02)2254-4301
인쇄 · 제본 네오프린텍(주) 02)718-3111

ISBN 979-11-5901-075-0 94700
978-89-7464-914-2 (세트)

정가 28,000원

*잘못된 책은 교환하여 드립니다.

HU:INE 은 한국외국어대학교 지식출판원의 어학도서, 사회과학도서, 지역학 도서 Sub Brand이다. 한국외대의 영문명인 HUFS, 현명한 국제전문가 양성(International +Intelligent)의 의미를 담고 있으며, 휴인(携引)의 뜻인 '이끌다, 끌고 나가다'라는 의미처럼 출판계를 이끄는 리더로서, 혁신의 이미지를 담고 있다.